2024 | 한국전력공사 **NCS**

고시넷
공기업

한국전력공사
NCS
기출예상모의고사

5회

gosinet
(주)고시넷

정오표 확인 방법

고시넷은 오류 없는 책을 만들기 위해 최선을 다합니다. 그러나 편집 과정에서 미처 잡지 못한 실수가 뒤늦게 나오는 경우가 있습니다. 고시넷은 이런 잘못을 바로잡기 위해 정오표를 실시간으로 제공합니다. 감사하는 마음으로 끝까지 책임을 다하겠습니다.

고시넷 홈페이지 접속 〉 고시넷 출판-커뮤니티 〉 정오표

www.gosinet.co.kr

모바일폰에서 QR코드로 실시간 정오표를 확인할 수 있습니다.

학습 질의 안내

학습과 교재선택 관련 문의를 받습니다. 적절한 교재선택에 관한 조언이나 고시넷 교재 학습 중 의문 사항은 아래 주소로 메일을 주시면 성실히 답변드리겠습니다.

이메일주소 **qna@gosinet.co.kr**

한국전력공사 필기시험 정복

- 구성과 활용
- 한국전력공사 소개
- 모집공고 및 채용 절차
- 한국전력공사 기출 유형분석

파트1 한국전력공사 기출예상모의고사

채용기업 소개 & 채용 절차

한국전력공사의 미션, 비전, 경영방침, 인재상 등을 수록하였으며 최근 채용 현황 및 채용 절차 등을 쉽고 빠르게 확인할 수 있도록 구성하였습니다.

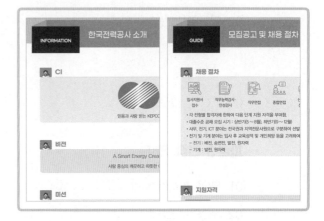

한국전력공사 기출 유형분석

2021~2022 기출문제 유형을 분석하여 최신 출제 경향을 한눈에 파악할 수 있도록 하였습니다.

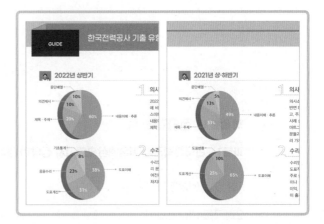

기출예상문제로 실전 연습 & 실력 UP!!

총 5회의 기출예상문제로 자신의 실력을 점검하고 완벽한 실전 준비가 가능하도록 구성하였습니다.

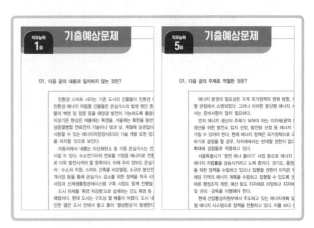

4

인성검사 & 면접으로 마무리까지 OK!!!

최근 채용 시험에서 점점 중시되고 있는 인성검사와 면접 질문들을 수록하여 마무리까지 완벽하게 대비할 수 있도록 하였습니다.

5

상세한 해설과 오답풀이가 수록된 정답과 해설

기출예상문제의 상세한 해설을 수록하였고 오답풀이 및 보충사항들을 수록하여 문제풀이 과정에서의 학습 효과가 극대화될 수 있도록 구성하였습니다.

CI

믿음과 사랑 받는 KEPCO

 비전

A Smart Energy Creator

사람 중심의 깨끗하고 따뜻한 에너지

 미션

전력수급 안정으로 국민경제 발전에 이바지

- KEPCO는 고품질 전력의 안정적인 공급과 차별화된 고객서비스 제공 및 글로벌 경쟁력 강화를 위해 노력하며, 끊임없는 도전과 혁신으로 미래 에너지산업을 이끌 글로벌 기업으로 도약합니다.
- 설립목적(한전법 제1조) : 전원개발을 촉진하고 전기사업의 합리적인 운영을 기함으로써 전력수급의 안정을 도모하고 국민경제 발전에 이바지하게 함을 목적으로 한다.

 경영방침

환경 · 보건 · 안전 EHS 경영방침

1. 기업 활동에 있어 EHS 경영을 타협 불가의 최우선 가치로 삼는다.
2. EHS 관련 법규정을 준수한다.
3. 협력사, 사업 파트너 등 모든 이해관계자에 EHS 경영을 전파한다.
4. EHS 경영의 지속적 개선을 위한 목표와 세부 실천 계획을 수립한다.

핵심가치

미래지향(Future)
우리는 먼저 미래를 준비하고
나아갑니다.

도전혁신(Innovation)
우리는 먼저 변화와 혁신을
추구합니다.

고객존중(Respect)
우리는 먼저 고객의 가치를
실현합니다.

사회적 가치(Social Value)
우리는 먼저 사회와 환경을
생각합니다.

신뢰소통(Trust)
우리는 소통을 통한 신뢰를
추구합니다.

인재상

[Global Pioneer] 무한 경쟁 글로벌 시장에서 패기와 열정으로 창의적이고 혁신적인 미래가치를 실행할 수 있는 인재

- 회사에 대한 무한 책임과 주인의식을 가지고 개인의 이익보다는 회사를 생각하는 기업가형 인재
- 융합적 사고를 바탕으로 Multi-specialist를 넘어 오케스트라 지휘자와 같이 조직역량의 시너지를 극대화하는 통섭형 인재
- 뜨거운 열정과 창의적 사고를 바탕으로 실패와 좌절을 두려워하지 않고 지속적으로 새로운 도전과 모험을 감행하는 도전적 인재
- 현재 가치에 안주하지 않고 글로벌 마인드에 기반한 날카로운 통찰력과 혁신적인 아이디어로 새로운 미래가치를 충족해 내는 가치 창조형 인재

GUIDE

모집공고 및 채용 절차

채용 절차

 입사지원서 접수 › 직무능력검사· 인성검사 › 직무면접 › 종합면접 › 신체검사· 신원조사 › 정규직 채용

- 각 전형별 합격자에 한하여 다음 단계 지원 자격을 부여함.
- 대졸수준 공채 모집 시기 : 상반기(5 ~ 8월), 하반기(9 ~ 12월)
- 사무, 전기, ICT 분야는 전국권과 지역전문사원으로 구분하여 선발
- 전기 및 기계 분야는 입사 후 교육성적 및 개인희망 등을 고려하여 회사에서 직무 결정
  - 전기 : 배전, 송변전, 발전, 원자력
  - 기계 : 발전, 원자력

지원자격

학력 · 전공	• 사무 : 학력 및 전공 제한 없음
	• 전기 / ICT / 토목 / 건축 / 기계 / 원자력
	   – 해당 분야 전공자 또는 해당 분야 기사 이상 자격증 보유자
	   – 단, 전기 분야는 산업기사 이상

외국어	• 대상 : 영어 등 10개 외국어
	• 자격기준 : 700점 이상(TOEIC 기준)
	   – 고급자격증 보유자는 외국어성적 면제
	   – 국외응시, 조회불가 성적, 특별시험 성적 등은 불인정
	   – 해외학위자도 외국어 유효성적을 보유해야 지원 가능

연령	제한 없음 (단, 공사 정년에 도달한 자는 지원불가)
병역	병역법 제76조에서 정한 병역의무 불이행 사실이 없는 자
기타	• 광주전남권 지원 시 해당권역 내 소재 학교(대학까지의 최종학력 기준, 대학원 이상 제외) 졸업 (예정) · 중퇴한 자 또는 재학 · 휴학 중인 자만 지원 가능 • 지원서 접수마감일 현재 한전 4직급 직원으로 재직 중이지 않은 자 • 당사 인사관리규정 제11조 신규채용자의 결격사유가 없는 자 • 입사일(신입사원 교육일)로부터 즉시 근무 가능한 자

입사지원서 접수

- 채용홈페이지 (http://recruit.kepco.co.kr) 온라인 접수
- 우편 및 방문접수 불가
- 입사지원서상 사진등록란, 학교명, 학점, 주소, 생년월일 기재란 없음.
- 이메일 기재 시 학교명, 특정 단체명이 드러나는 메일 주소 기재 금지
- 지원서(자기소개서 포함) 작성 시 개인 인적사항(출신 학교, 가족관계 등) 관련 내용 일체 기재 금지

 ## 직무능력검사

구분	공통영역	직렬별 영역
사무		자원관리능력, 정보능력
전기	의사소통능력, 수리능력, 문제해결능력	자원관리능력, 기술능력(전공문항)
ICT · 토목 · 건축 · 기계 · 원자력		정보능력, 기술능력(전공문항)

- 사무 : NCS 50문항(100점)
- 기술 : NCS 40문항(70점) + 전공 15문항(30점)
  - 기술 분야의 전공문항은 관련 분야의 기사(필기 및 실기) 수준으로 출제
- 직무능력검사 과락제 시행
  - 영역별 풀이 제한시간 구분 없음.
  - 5개 영역 중 1개 이상의 영역에서 과락점수 이하 득점시 총점과 관계없이 탈락
  - 과락점수 : 모집단위(직군, 권역) 대상인원의 성적하위 30%(상대점수), 과락점수 계산시 우대가점은 반영하지 않음.

 ## 면접전형

[1차 직무면접]
- 전공지식 등 직무수행능력을 평가
- 실무진 4명과 지원자 1명으로 약 10분 동안 진행

[2차 종합면접]
- 자기소개서를 기반으로 인성, 조직적합도 등을 종합평가
- 임원진 4명과 참관인 1명, 지원자 1명으로 약 15분 동안 진행

2022년 상반기

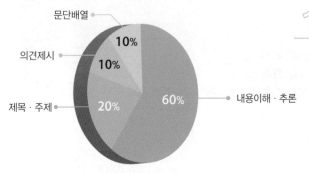

1 의사소통능력

2022년 상반기의 의사소통능력은 작년 하반기에 비해 상대적으로 높은 난이도로 출제되었다. 스마트그리드, 전기자동차 등 전기사업과 관련된 내용의 지문을 포함하여 메기 효과, 넛지 등의 경제학 관련 지문이 함께 출제되었다.

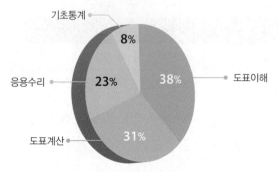

2 수리능력

수리영역에서는 전년도에 출제되지 않은 응용수리 문제와 확률 관련 문제가 다시 출제되었으나, 여전히 도표분석과 계산, 도표작성이 큰 비중을 차지하였다.

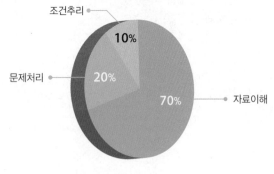

3 문제해결능력

문제해결능력에서는 주로 지문 형태의 자료를 제시하고 이를 해석하는 문제가 주를 차지하였다. 전기요금 규정을 제시하고 이를 기준으로 전기요금을 계산하는 문제 등 한국전력공사의 테마에 맞는 지문들이 제시되었다.

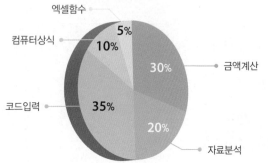

4 자원관리능력 · 정보능력

자원관리능력과 정보능력 모두 문제해결능력과 유사하게 지문을 제시하고 이를 해석하는 유형의 문제가 출제되었다. 자원관리능력에서는 부서배치나 인건비 계산 등의 문제가, 정보능력은 작년과 유사하게 엑셀 함수, 바코드 문제를 중심으로 출제되었다.

2021년 상·하반기

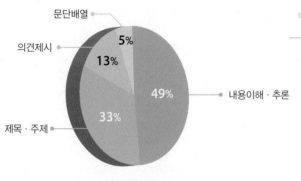

문단배열
의견제시
제목 · 주제
5%
13%
49% 내용이해 · 추론
33%

1 의사소통능력

의사소통능력은 상반기에서 긴 지문으로 구성된 반면 하반기는 지문의 길이가 상대적으로 짧아지고, 주제 이해와 내용 일치 외에도 의견 반박이나 사례 선택 등의 유형들이 출제되었다. 지문은 스마트그리드, 신재생에너지 등의 에너지 관련 지문들과 게임 산업, 건축학, 도덕적 해이 등의 여러 가지 소재들이 제시되었다.

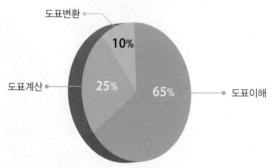

도표변환
도표계산
10%
25%
65% 도표이해

2 수리능력

수리영역은 전년도와 같이 도표분석, 도표계산, 도표작성 등 도표이해능력을 요구하는 문제들이 주로 출제되었다. 증감률과 실업률, 고용률 계산이나 커피 소비량, 교통사고 사망자 수, 당기순이익, 영업이익 계산 등을 소재로 하는 문제들이 출제되었다.

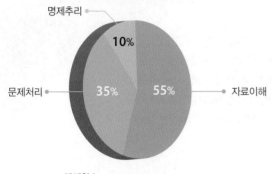

명제추리
문제처리
10%
35%
55% 자료이해

3 문제해결능력

문제해결능력은 참 · 거짓문제와 같은 논리이해 문제와 대안선택 문제, 자료해석 문제가 주로 출제되었다. 제시된 자료로는 코로나 방역수칙 공문, 탐색형/발생형/설정형 문제에 대한 이해 등이 제시되었다.

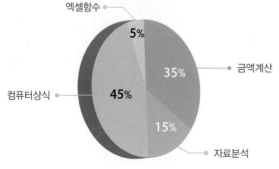

엑셀함수
컴퓨터상식
5%
45%
35% 금액계산
15%
자료분석

4 자원관리능력 · 정보능력

자원관리능력은 상반기와 난이도가 하향 조정된 하반기까지 모두 풀이에 많은 시간을 소요하는 성과급, 인건비, 출장비, 공연장 대관비 등 소재의 계산 문제들이 주를 이루었다. 정보능력은 엑셀 함수 문제와 함께 생산 코드 문제, 검색 키워드 분석 구조에 관한 설명과 그 적용 등과 같이 문제해결 유형과 접목한 다양한 문제들이 출제되었다.

고시넷 한국전력공사 **NCS**

영역별 출제비중

정보 20%
의사소통 20%
자원관리 20%
수리 20%
문제해결 20%

▶ 전력사업 관련 지문 이해하기
▶ 전기요금 계산하기
▶ 확률 계산하기
▶ 도표로 제시된 수치 파악하기
▶ 인사규정에 따라 인사발령하기
▶ 바코드의 구조 이해하기
▶ 엑셀 함수 이해하기

한국전력공사 직무능력검사에서는 주로 전기, 전력을 키워드로 하는 다양한 문제를 출제하고 있다. 의사소통능력은 주로 전력 관련 사업, 특히 전기차나 신재생에너지 발전 등의 지문을 제시하고 이를 올바르게 이해할 수 있는지를, 수리영역에서는 발전량 등에 관한 도표를 제시하거나, 문제해결에서는 누진세를 적용하여 전기요금을 계산하는 문제 등을 출제하였다. 그 외에 자원관리에서는 인사발령규정을 제시하고 이를 적용하는 문제나, 정보능력에서는 엑셀 함수, 바코드 숫자 규칙을 제시하고 이를 적용하는 문제와 같은 유형을 출제하는 모습을 보였다.

한국전력공사

파트 1 기출예상모의고사

01. 다음 글의 내용과 일치하지 않는 것은?

> 친환경 스마트 시티는 기존 도시의 건물들이 친환경 에너지를 생산해 내는 주체가 된다. 친환경 에너지 자립형 건물들은 온실가스의 발생 원인 중 하나인 화력발전소를 대체한다. 건물의 벽면 및 창문 등을 태양광 발전이 가능하도록 활용하도록 하는 것이 핵심이다. 지구촌 이상기온 현상은 여름에는 폭염을, 겨울에는 혹한을 동반한다. 냉방과 난방이 동시에 가능한 삼중열병합 연료전지 기술이나 밤과 낮, 계절에 상관없이 태양열에너지를 저장해 필요할 때 사용할 수 있는 에너지저장장치(ESS) 기술 개발 또한 앞으로 미래 도시 설계에서 중요한 축을 차지할 것으로 보인다.
>
> 자동차에서 내뿜는 이산화탄소 등 각종 온실가스는 전기차·수소차로 대체함으로써 감축시킬 수 있다. 수소전기차의 연료를 가정용 에너지로 전환하는 에너지저장기술(P2G)도 앞으로 더욱 발전시켜야 할 항목이다. 이에 우리 정부도 온실가스 감축을 위해 스마트 공장, 전기차·수소차 지원, 스마트 건축물 리모델링, 소규모 분산전원을 모아 전력을 거래하는 전력중개사업 등을 통해 온실가스 감소를 위한 정책을 적극 시행할 방침이다. 스마트 계량기 보급 사업과 신재생통합관제시스템 구축 사업도 함께 진행될 계획이다.
>
> 도시 자체를 '폭염 저감형'으로 설계하는 것도 폭염 등 기상이변을 막을 수 있는 또 하나의 해법이다. 현대 도시는 구조상 열 배출이 어렵다. 도시 내부의 열을 식히기 위한 냉방장치로 인한 열은 도시 안에서 돌고 돌아 '열섬현상'이 발생한다. 악순환이 반복되고 있는 것이다. 조○○ 울산과학기술원(UNIST) 도시환경공학부 교수는 실제로 도시가 도시 외곽에 비해 더 높은 온도를 유지하는 '열섬현상'이 발생하고 있다는 것을 실제 울산 시내 44곳에 관측소를 설치해 알아냈다. 조 교수는 "열섬효과로 발생한 1.5도의 온도 차이는 도시 주요 도로 주변에 녹지를 확보해 개방하고 차로를 줄이고 보도를 넓히는 도로 개선 방법 및 바람길 확보 등의 도시 설계로 낮출 수 있다"고 지난 1일 발표한 연구논문을 통해 밝혔다.
>
> 박○○ 광주전남연구원 책임연구위원도 광주전남연구원이 발간한 '광전 리더스 인포(Info)'에 실은 보고서를 통해 1968년부터 50년간 광주·전남지역 전남지역의 폭염기간이 지속적으로 늘고 있음을 밝히고 폭염에 대비하기 위해서는 도시에 녹지 확대 및 바람길 조성 등 도시 자체를 폭염 저감형으로 만드는 노력이 필요하다고 강조했다.

① 스마트 시티의 건축물은 태양열을 에너지원으로 활용하며, 에너지 저장기술도 보유하게 된다.

② 스마트 시티의 건축물로 도시의 열섬현상을 완화시키는 것은 불가능에 가깝다.

③ 스마트 건축물 리모델링의 주요 목적 중 하나는 온실가스 감축이다.

④ 차로를 줄이고 인도를 넓히는 것은 도시의 온도를 낮춰 줄 수 있는 방법이 된다.

⑤ 스마트 시티의 건축물은 기상이변을 막는 데에도 도움이 된다.

02. 다음 글을 통해 추론할 수 있는 내용으로 가장 적절하지 않은 것은?

항우울제는 우울증, 조울증을 비롯하여 강박신경증, 공포증 등의 신경증 치료에 쓰일 뿐만 아니라 필요에 따라 모든 과에서 처방받을 수 있는 비교적 흔한 약이다. 그 중 선택적 세로토닌 재흡수 차단제(SSRI)는 대표적인 우울증 치료 약물이다. SSRI는 뇌 속의 세로토닌 증가에 관여하는 성분으로 미국에서는 '사이코코스메틱(정신 성형)'이라 불릴 정도로 널리 이용되고 있다.

뇌의 신경세포들은 시냅스라는 구조를 통해 서로 연결되어 있는데 신경세포 말단에서 분비되는 신경전달물질이 반대쪽 신경세포의 수용체에 결합함으로써 신경세포 간에 신호가 전달된다. 뇌의 여러 신경전달물질 중 세로토닌은 '행복호르몬'이라고 불릴 만큼 기분과 식욕, 수면, 성적인 욕구 등을 담당한다. SSRI는 신경세포 말단에서 선택적으로 세로토닌이 재흡수되는 것을 억제하여 신경세포 내 세로토닌의 활성을 높임으로써 우울증 증상을 개선한다. SSRI는 우울증 치료제뿐만 아니라 불안장애, 생리 전 불쾌증후군 등의 치료제로도 사용돼 왔으며 최근에는 비만, 조루증, 만성통증 등에도 효과가 확인되면서 '만병통치약'으로 각광을 받고 있다.

하지만 세상에 완전한 약은 없듯이 최근 SSRI 계열 약물에 대한 몇몇 부정적 연구결과도 나오고 있다. SSRI 계열 중 일부 약은 투약을 중단하기가 어렵고 갑자기 중단했을 경우 초조함과 불안 등의 금단현상이 나타난다. 전문가들은 갑자기 투약을 중단하기보다 조금씩 양을 줄여나갈 것을 권하고 있다. 또한 SSRI 계열의 항우울제들이 이갈기와 두통을 일으키는 데 관련이 있다는 연구결과가 발표되기도 했다. 이 밖에도 수면장애, 성기능부전, 심장 부정맥 등 다양한 부작용이 나타날 수 있다.

부작용을 최대한 피하기 위해서는 약물 복용 전 반드시 의사와의 상담을 통해 약물이 본인 몸에 맞는지 먼저 확인해야 한다. 다른 약물들과 함께 복용하게 되면 상호작용이 나타날 수 있으므로 이에 대해서도 전문가와의 상담이 필요하다. SSRI은 다른 항우울제에 비해 약효의 발현이 느리기 때문에 아세트아미노펜과 같은 진통제 성분과 달리 기분과 신체의 변화를 감지하기까지 다소 시간이 걸린다. 1 ~ 2개월 정도 복용한 뒤에도 약의 효과가 없다면 상담을 받은 뒤 처방에 따라 복용을 지속할지의 여부를 결정하는 것이 좋다. 우울증의 원인은 개개인마다 다르므로 SSRI만으로 치료가 가능하지 않을 수도 있다. 실제로 SSRI를 단독 투여하는 경우 81% 내외의 환자에게만 효과가 있다는 연구결과가 있다. 따라서 단순히 SSRI를 복용하는 것은 우울증 치료의 해답이 아닐 수 있다.

① SSRI는 정신과 약으로만 복용되지 않는다.
② SSRI는 뇌에서 세로토닌을 더 많이 생산하게 만든다.
③ 세로토닌이 부족하면 우울감을 느끼게 될 것이다.
④ SSRI는 성기능에 있어 효과와 부작용 모두 나타날 수 있다.
⑤ 아세트아미노펜의 경우에는 그 효과가 비교적 빨리 나타난다.

03. 다음 글을 통해 알 수 있는 내용으로 적절하지 않은 것은?

5G는 5세대(5th Generation) 이동통신을 가리키는 용어로, 기존 4세대 이동통신인 LTE(Long-Term Evolution)에 비해 방대한 데이터를 아주 빠르게 전송하고 실시간으로 모든 것을 연결하는 4차 산업혁명의 핵심 기반이다. 우리나라는 2019년 4월 3일 5G 스마트폰이 출시되면서 세계 최초로 스마트폰 기반 5G 상용화를 달성했다.

5G는 데이터 전송량이 큰 고주파 대역을 사용함으로써 더 많은 데이터를 더 빠르게 전송할 수 있다. 최대 다운로드 속도는 20Gbps로, 4G의 20배에 달한다. 또한 1ms(1/1000초)의 초저지연 수준을 구현하는데, 이는 평균 100ms를 상회했던 3G보다는 100배 더 낮은 수치이며 네트워크 상태에 따라 차이가 있지만 10 ~ 50ms 수준인 4G보다는 10배 이상 개선된 성능이다. 이와 함께 4G 대비 10배 증가한 km^{2}당 100만 대 이상 대규모 단말의 동시접속이 가능하며, 에너지 효율도 100배 개선함으로써 자율주행차량과 거의 모든 전자기기들이 인터넷과 연결될 만물인터넷(Internet of Everything) 시대에 대응할 수 있는 초연결의 장점을 보유하고 있다.

4G 네트워크가 2.6Ghz 이하의 저주파 대역을 사용한 데 반해 5G는 3.5Ghz 저주파와 이보다 훨씬 높은 대역의 28Ghz를 이용한다. 고주파 대역은 데이터 전송 용량이 커지는 대신 파장이 짧아져 전파의 도달 거리가 줄어들며 회절성이 약해 장애물을 피해 가기 쉽지 않다는 단점을 갖고 있다. 반면에 4G에서 사용되는 저주파는 성능이 낮지만 커버리지가 높다. 이에 따라 5G는 4G보다 더욱 촘촘한 기지국 배치가 요구된다.

5G의 핵심기술 중 하나인 다중안테나(Massive MIMO)는 수평으로만 배치하던 4G와 달리 수십 개의 안테나를 2차원으로 배치하여 수직과 수평 방향에서 다중 사용자를 연결해 전송용량과 전송 속도를 높이는 기술이다. 4G에서는 4×4(송신안테나 4개, 수신안테나 4개)나 8×8의 MIMO 안테나가 주로 사용되지만, 5G에서는 64×64까지 안테나 수가 증가한다. 이와 함께 많은 수의 안테나에서 발사되는 신호를 정밀하게 제어해 단말기에 정확하게 연결되도록 하는 빔포밍(Beamforming) 기술이 사용되어 에너지 손실을 줄이고 전송 거리를 확장한다.

빔포밍이란 단어 그대로 Beam과 Forming이 합쳐진 말이다. 레이저빔처럼 직선으로 길게 뻗어나간 모습을 빔이라 부르며 특정한 모습으로 형태를 잡아 주는 것을 포밍이라고 한다. 즉, 빔포밍이란 통신 주파수를 빔 모양으로 만들어 주는 것을 의미한다. 기존 안테나에서 발사되는 전파가 원형으로 넓게 사방에 퍼지는 데 반해 빔포밍은 빔 형태로 한쪽으로 모아 필요한 부분에 집중적으로 쏴 주어 낭비 없이 효율적으로 사용할 수 있게 되는 것이다. 이동 통신시스템에서 빔포밍 기술의 사용 목적은 통신 도달거리 내에 균일하게 신호를 형성하지 않고, 특정 지역에 신호를 집중하기 위함이다. 즉 신호를 특정 방향으로 집중시키기 때문에 수신기에 전달되는 신호 품질을 향상하게 되고 빠른 정보전송과 더 적은 오류를 보이게 된다. 또한 불필요한 방향으로 신호를 유포하지 않고 사용자의 채널 환경에 따라 각각 다른 정보 신호를 전송할 수 있다.

① 5G는 초고속, 초저지연, 초연결의 특징을 가지고 있다.

② 2.6Ghz 대역은 28Ghz보다 파장이 길고 전파의 도달 거리가 길어 회절성이 약하다.

③ 4G 환경에서는 안테나가 1차원으로 배치되어 있었다.

④ 빔포밍은 신호가 전달되는 과정에서 혼선이 생기는 일을 줄여준다.

⑤ 4G는 5G보다 더 광범위한 영역에 신호를 보낼 수 있다.

04. 다음 글에 제시된 데카르트의 견해에 대한 반론으로 옳지 않은 것은?

> 데카르트는 가장 밑바닥 기초부터 새롭게 다져나가, 모든 앎의 출발점이 될 확실한 지식을 발굴해 내고, 여기에서부터 세계에 대한 지식을 다시 세우려 했다. 모든 지식의 기초가 될 확실한 지식은 어떻게 얻을 수 있을까? 그는 그 방법으로 '방법적 회의'를 전개한다. 데카르트는 우리가 보고 듣는 모든 것이 과연 확실한지 되묻는다. 먼저, 일상의 경험이 혹시 꿈에 지나지는 않는지 의심해 본다. 다음으로 그는 '2+3=5'와 같은 논리적 지식에 대해서도 의심한다. 사실은 '2+3=7'인데 악마가 '5'라고 믿도록 우리를 속이는 것은 아닐까?
>
> 그러나 아무리 의심해 보아도 도저히 의심할 수 없는 지식이 있다. 그것은 '내가 생각한다는 사실'이다. 이 세상에서 일어나는 일이 모두 꿈에 지나지 않는다 해도, 나는 반드시 존재한다. 이로부터 데카르트는 세상에서 가장 확실한 지식으로 다음과 같은 명제를 이끌어 냈다. '나는 생각한다. 그러므로 존재한다.'
>
> 「성찰」에서 그는 이 확실한 명제에서 출발하여 신과 세상의 모든 지식을 다시금 구성한다. 먼저 신의 존재를 증명하는데, 그 증명 과정은 이렇다. 신은 완전하다. 반면 인간은 불완전하다. 불완전한 존재가 완전한 것을 상상하고 만들어 낼 수 없다. 그렇다면 완전한 신이 있다는 생각은 신에게서 나왔다. 그러므로 신은 있다.
>
> 이어 그는 세상의 존재도 증명해 낸다. 완전한 신이 우리가 보고 듣고 생각하는 것을 속이고 있을 리는 없다. 그렇다면 내가 몸이 있으며 그런 내가 보고 느끼는 세상이 있다는 사실과 '2+3=5' 같은 지식은 참임이 분명하다.
>
> 그의 증명은 이성의 힘에 의존해 논리적 방법으로 이루어지고 있다. '내가 존재한다.'라는 필연적이면서도 확실한 명제를 토대 삼아 다른 사실들을 논리적으로 추론해 내고 있는 것이다. 결국 그는 이러한 방법으로 세상의 확실성을 증명하는 데 성공했다.

① 데카르트의 주장에는 순환 논증의 오류가 나타난다.

② 이성이 신의 존재를 증명할 수는 없으므로 '신의 존재' 증명은 성립하지 않는다.

③ 데카르트는 잘못된 전제에 근거하여 자신의 입장을 성립시키고 있다.

④ 내가 사유한다는 사실만큼은 의심할 수 없는 사실이다.

⑤ 인간에게 무의식이 존재하므로 데카르트의 '나의 존재' 증명은 성립하지 않는다.

05. 다음 글을 통해 알 수 있는 내용으로 적절하지 않은 것은?

이론적으로 조세를 세 부담의 구조에 따라 구분하면 누진세·비례세·역진세로 나눌 수 있다. 이 가운데 흔한 형태는 비례세와 누진세다. 비례세는 주로 소비와 관련된 세목으로, 세율이 고정되어 있는 경우를 말한다. 부가가치세가 대표적인 예로 세율이 10%로 고정되어 있다. 누진세는 과세표준의 크기에 따라 여러 가지 다른 세율이 적용되는 경우를 말한다. 보통은 과세표준이 커짐에 따라 높은 세율이 적용된다. 소득세, 상속세 등이 대표적인 예이다. 실제로 누진세 체계는 산업화가 일정 수준 이상 진행된 국가에서 대부분 채택하고 있는 아주 광범위하고 일반적인 조세 체계다.

누진세율 하에서는 소득이 높아질수록 더 많은 액수의 세금을 내게 되며, 소득에서 세금이 차지하는 비중 또한 높아지게 된다. 예컨대 일 년에 1,000만 원을 버는 사람이 100만 원의 세금을(10%), 2,000만 원을 버는 사람이 400만 원의 세금을(20%) 납부하였다면, 이는 누진적 부담을 가진 세제가 되는 것이다. 따라서 이러한 누진구조는 조세론적 입장에서의 수직적 형평성, 즉 고소득자들이 그렇지 않은 사람들에 비해 더 많은 세금을 부담해야한다는 성격을 자연스럽게 만족시킨다는 장점이 있다.

누진세율에도 단순누진세율과 초과누진세율이 있다. 과세표준이 증가함에 따라 단순히 고율의 세율을 적용하는 것이 단순누진세율이다. 만약 현행 소득세율구조가 단순누진세율구조라고 한다면 소득(과제표준과 동일하다고 가정)이 8,900만 원인 사람은 35%의 세율을 적용받아 3,115만 원의 세금을 내는데, 8,800만 원인 사람은 24%의 세율을 적용받아 2,112만 원의 세금을 내게 된다. 소득에서 세금을 빼고 남은 가처분소득을 비교하면 8,800만 원을 번 사람이 8,900만 원을 번 사람보다 오히려 소득이 더 많아지는 불합리한 현상이 일어난다. 이런 불합리한 점을 피하기 위해 대부분의 나라에서는 초과누진세율을 적용한다.

초과누진세율이란 과세표준을 단계적으로 구분해서 위의 단계로 진행함에 따라 순차적으로 높은 세율을 적용하는 구조이다. 즉, 8,800만 원 번 사람과 8,900만 원을 번 사람 둘 다 8,800만 원까지는 24%를 적용하고, 초과분인 100만 원에 대해서만 35%를 적용하므로 소득이 역진되는 일은 없다. 훨씬 직관적이고 합리적인 방법이다. 초과누진세율 구조는 적게 버는 사람은 적은 세율을 적용받고, 각각의 해당 구간을 넘어서는 소득에 대해서는 더 높은 세율을 적용함으로써 소득재분배기능을 갖고 있다.

반면 역진세율은 이와 반대의 세 부담 구조를 가지고 있다. 소득이 증가함에 따라 적용세율이 감소해 더 많이 벌수록 상대적으로 세 부담이 줄어드는 것이다. 가령 1년에 1,000만 원을 버는 사람은 100만 원의 세금을(10%) 내고, 2,000만 원을 버는 사람은 150만 원(7.5%)을 내는 경우가 이에 해당한다. 한 가지 주의할 점은 역진적인 세제 하에서라도 납부하는 세액 자체는 여전히 고소득자가 크다는 점이다. 예컨대 2,000만 원의 소득에 대해 극단적으로 낮은 세율, 심지어 0%에 가까운 세율이 적용된다 하더라도 그 이하까지의 소득에 대해서는 전 단계의 세율(예컨대 10%)이 적용되므로 고액 소득자가 납부하는 세금 액수는 저소득자보다 항상 클 수밖에 없는 것이다. 역진적 세제 하에서는 높은 소득을 올릴수록 세금 부담이 완화되므로 경제주체들이 더욱 많은 소득을 올리기 위해 노력한다는 장점이 있다.

　하지만 현실적으로 역진적인 세재를 채택하는 나라는 거의 없다. 역진적 조세 체계는 경제주체들이 시장에 참여해 열심히 노력해야 할 동기를 부여해 주기는 하지만 조세 형평의 관점에서 취약하기 때문에 이러한 세제를 채택하기 위한 사회적 합의를 얻을 수 없었기 때문이다.

① 고소득자에겐 역진세가 누진세보다 세금 부담이 적을 것이다.

② 빈부격차가 큰 국가에선 역진세보다 초과누진세율을 적용하는 것이 소득재분배에 있어 합리적이다.

③ 역진세율과 초과누진세율 하에서 소득자들은 여러 단계의 세율을 적용받게 된다.

④ 누진세, 비례세, 역진세의 적용은 모두 고소득자들의 납부 금액이 저소득자보다 많게 한다.

⑤ 비례세는 과세표준이 증가함에 따라 평균세율도 증가한다.

06. 다음 글을 통해 알 수 있는 내용으로 적절한 것은?

세균(細菌)의 사전적 의미를 살펴보면, '생물체 가운데 가장 미세하고 가장 하등에 속하는 단세포 생활체'이다. 일반적으로 단세포로 이루어져서 활동하는 미생물을 총칭하며, '박테리아'라고도 부른다. 모양에 따라 둥근 모양의 구균, 긴 막대 모양의 간균, 나선형의 나선균 등으로 나눌 수 있다. 구균 중에서는 사슬 모양으로 늘어선 연쇄상구균이나 포도송이처럼 뭉쳐 있는 포도상구균이, 나선형 중에는 비브리오, 랩토스피라 등이 우리에게 병원균으로 익숙한 이름이다. 박테리아와 자칫 혼동되기 쉬운 바이러스는 박테리아보다 훨씬 작고 생물과 무생물의 중간 형태를 띠고 있다. 독감 바이러스나 메르스 바이러스 등을 예로 들 수 있다.

사람의 몸속에도 세균이 살고 있다. 일반적으로 사람의 몸속에 사는 세균의 수는 사람 몸을 구성하는 전체 세포의 수보다 많다. 성인 기준으로 몸에 있는 세균의 질량을 모두 합하면 약 2kg 정도 되는데, 이 중 장 안에 있는 세균이 약 1kg 정도이다. 그중 나머지는 입안, 피부, 다른 소화기관 등 신체의 여러 기관에 분포하면서 영양소의 소화, 흡수, 알레르기를 비롯한 면역 반응, 생체 내 환경의 산성도 조절 등 여러 가지 부분에 영향을 미치고 있다. 무균 상태인 자궁에 머물던 태아는 분만과정에서 산도를 타고 내려오며 엄마의 몸에 있던 세균들과 접촉하는 과정에서 세균에 대한 면역체계가 생긴다. 이를 '세균 샤워'라고 부르기도 한다.

2003년 세계적으로 사람들을 놀라게 했던 SARS(중증급성호흡기증후군) 사건 이후로 사람들은 병을 일으키는 병원균의 심각성을 더 확실하게 인지하기 시작했다. 그 여파로 마스크나 손세정제, 살균 소독제 같은 위생용품에 대한 수요가 급증하였다. 물론 SARS는 세균이 아니라 세균보다 수백 배 작고 생물과 미생물의 중간적인 행동을 보이는 바이러스, 그 중에서도 사람에게는 감기나 배탈을 일으키고 조류나 포유류에 널리 퍼져있는 코로나바이러스의 변종 때문에 일어난 병이다. 하지만 박테리아나 바이러스는 오염된 음식이나 공기, 또는 직접 접촉을 통해 옮겨진다는 공통점이 있으므로 살균을 통해 이런 병을 예방하자는 생각이 널리 확산되었다.

'살균'이란 미생물에 물리적 또는 화학적 자극을 가해 단시간 내에 제거하는 것으로 살균하는 대상을 완전히 무균 상태로 하는 멸균과 거의 무균 상태에 이르도록 하는 소독으로 구별한다. 모든 세균이 나쁜 것은 아니지만, 사람들을 병에 걸리게 하는 병원균이나 식품을 상하게 하고 오염을 일으키는 부패균 등 사람들이 원치 않는 세균을 제거해 감염을 예방하거나 식품을 보존하기 위해 살균을 시행한다.

균의 종류와 살균 목적에 따라 여러 가지 방법을 사용할 수 있다. 물리적인 살균법은 물체를 직접 불꽃에 접촉시켜 미생물을 태워서 없애는 '화염 멸균법', 가장 간결하고 널리 쓰이는 100℃의 끓는 물에 30분간 물체를 넣어 살균하는 '자비 멸균법', 기계를 이용하여 2기압 121℃에서 15분 정도 물체를 넣어 놓고 살균하는 '고압증기 멸균법', 건조 오븐을 이용하여 165℃에서 2시간, 또는 175℃에서 1시간 멸균하는 '건열 멸균법', 파스퇴르에 의해 고안된 60℃ 정도에서 30분, 또는 75℃에서 15분 가열하여 음식의 맛과 영양은 유지시키고 유해한 미생물만을 사멸시키는 열처리 방식인 '저온살균법', 구내식당의 물컵 보관기처럼 자외선이나 감마선을 쪼여서 살균하는 '방사선 살균법', 그리고 가열, 방사선 또는 화학 물질을 이용한 멸균이 불가능한 항생제나 혈청 등을 멸균하기 위해 사용하는 '여과 멸균법'이 있다. 화학적인 멸균법은 70% 농도의 소독용 알코올, 과산화수소(H_2O_2), 락스 등 액체 형태의 화학 물질을 사용하는 '액체 소독법', 화학물질을 기화시켜 토양의 미생물을 소독하는 방법처럼 액체 물질이 묻으면 안 되거나 너무나 광범위한 영역을 소독해야 할 경우에 사용하는 '기체 소독법', 효소가 세균의 세포벽과 세포막을 터지게 해서 살균하는 '효소제 소독법', 그리고 인체에는 독성이 적고 살균만 선택해서 죽이는 약품인 항생제 등을 사용하는 방법이 있다.

① 사람은 태아 시절 모체의 자궁 내에서 세균과 접촉하여 면역체계를 갖춘다.

② 박테리아와 바이러스는 전파경로가 다르므로 감염 예방법도 다르게 적용해야 한다.

③ 미생물을 단시간 내에 제거하는 방법인 소독은 살균과 멸균으로 구분할 수 있다.

④ 모든 세균이 인체에 악영향을 미치는 것은 아니다.

⑤ 바이러스는 생물체 중에서 가장 하등에 속한다.

07. 다음 글을 읽고 이해한 내용으로 적절하지 않은 것은?

전기는 우리가 사용하는 에너지의 형태 중 그 편리함 덕분에 가장 광범위하게 사용되고 있으나, 생산과 동시에 소비가 이루어져야 하고 저장이 어려운 특성을 가지고 있다. 기존 중앙 집중형 송배전시스템은 전력 수요·공급의 불일치로 에너지 관리의 효율성에 문제를 발생시키고 있으며, 신재생에너지(태양광, 풍력 등)에서 생산되는 전기는 품질 문제로 전력망의 안정성과 신뢰도를 저하시키고 있다. 또한 여름과 겨울의 급격한 전력 수요로 인해 대규모 정전 사고가 빈번해지고 있는 상황이다. 전력망의 안정성과 신뢰도를 개선시키고, 신재생에너지의 간헐적인 출력 특성을 해결하여 효율적인 전력 활용, 고품질의 전력 확보, 안정적인 전력 공급이라는 목표를 달성하기 위해 스마트그리드 에너지저장시스템(ESS)은 그 필요성이 증대되고 있으며 미래 유망 사업 중 하나이기도 하다.

전력계통에서 요구되는 에너지저장시스템(ESS)은 다양한 출력과 저장시간에 따라 적용되는 분야가 크게 장주기용 ESS와 단주기용 ESS로 분류된다. 장주기용 ESS는 기저부하의 유효전력을 이용함으로써, 전력계통의 효율적 운영 및 안정성을 증대시키기 위한 에너지 관리용으로 이용되며, 리튬이온배터리(LIB ; Lithium-Ion Battery), RFB(Redox Flow Battery), NaS배터리(Sodium-Sulfur Battery) 및 CAES(Compressed Air Energy Storage) 시스템 등이 있다. 단주기용 ESS은 스마트그리드의 순간 정전 방지 및 신재생에 에너지원의 출력 변동 완화를 위한 전력 품질 개선용으로 이용되며, 초고용량 커패시터와 FESS(Flywheel Energy Storage System) 등이 있다. 향후 신재생에너지의 보급 확대 및 전기자동차 시장 확대로 중대형 ESS 시장은 급격히 증대될 것으로 예상되며, 전기자동차용 전력공급용 시장, 신재생에너지 및 차익거래용 시장으로 구분되어 형성될 것으로 전망된다. 또한 용량별로는 50MW 이하는 리튬 이온배터리·NaS·RFB 등의 전지 산업으로, 50MW 이상은 CAES 및 양수발전시스템과 같은 대형 발전 산업으로 시장을 형성할 것으로 예상된다.

리튬이온배터리를 이용한 2차 전지 시장은 전기자동차(EV ; Electric Vehicle) 분야뿐만 아니라 에너지저장시스템(ESS) 분야에서도 크게 각광받고 있다. 2차 전지를 이용한 대용량 전력저장시스템은 크게 배터리 시스템, 전력변환시스템(PCS ; Power Conditioning System) 및 ESS 계통운용시스템(PMS ; Power Management System)으로 구성된다.

리튬이온배터리의 대용량화를 위해서는 배터리 셀의 열화 예측, 수명계산 및 배터리 보호 등을 위한 BMS(Battery Management System)가 필요하며, 리튬이온배터리와 BMS를 합쳐 하나의 배터리시스템을 구성한다. 배터리시스템과 전력계통 사이의 전력 변환을 담당하는 PCS는 대용량의 인버터·컨버터를 통해 배터리의 DC시스템과 전력계통의 AC시스템을 연계하여 배터리의 충·방전을 가능하게 하며, 배터리시스템의 제어를 위해 BMS와 PMS 사이에서 매개 역할을 수행한다. ESS 계통운용시스템(PMS)은 부하평준화 알고리즘 및 신재생 에너지원의 출력 개선 알고리즘 등을 이용하여 전력저장장치의 충·방전을 결정하고, ESS의 상태를 감시하는 역할을 하여 대용량 전력저장장치시스템의 전체적인 제어를 한다.

① 기존 방식으로 생산되는 전기는 에너지 관리의 효율성 측면에서, 신재생에너지에서 생산되는 전기는 안정성 측면에서 문제가 발생한다.

② 스마트그리드 에너지 저장시스템은 전력망의 안정성과 신뢰도를 개선시키고, 효율적인 전력 활용, 안정적인 전력 공급 등을 위해 필요성이 증대되고 있다.

③ 장주기용 ESS는 전력계통의 효율적 운영 및 안정성을 증대시키기 위해 이용되며, 단주기용 ESS은 스마트그리드의 순간 정전 방지 및 신재생에 에너지원의 출력 변동 완화를 위한 전력 품질 개선용으로 이용된다.

④ ESS 시장은 용량별로, 50MW 이상은 리튬이온배터리·NaS·RFB 등의 전지 산업으로, 50MW 이하는 CAES 및 양수발전시스템과 같은 대형 발전 산업으로 시장을 형성할 것으로 예상된다.

⑤ 리튬이온배터리의 대용량화를 위해서는 배터리 셀의 열화 예측과 수명계산뿐만 아니라 및 배터리 보호 등을 위한 BMS(Battery Management System)도 필요하다.

[08 ~ 09] 다음 글을 읽고 이어지는 질문에 답하시오.

　　과학의 가장 큰 특성 중의 하나는 과학이 실험을 행한다는 점이다. 많은 사람들이 '과학'이라고 하면 실험을 머릿속에 떠올릴 만큼 실험은 과학의 가장 전형적인 특성이다. 물론 이론물리학자나 이론화학자처럼 실험을 하지 않고 이론만을 연구하는 과학자가 없는 것은 아니지만 결국 이들의 연구 결과 얻어진 이론도 실험적인 사실에 의해서 뒷받침이 되어야만 받아들여지게 되는 것이므로 실험과 관계가 없다고 볼 수 없다. 그러나 이와 같이 과학에서의 실험이 갖는 큰 중요성은 종종 실험에 대한 잘못된 믿음을 발생시켰다. '과학자가 실험에 의해 그간 모르던 새로운 사실들을 알아내서 이것을 정리하고 체계화하는 것이 곧 과학이다'라는 믿음이 바로 그것이다. 따라서 이런 믿음에 의하면 참다운 과학자상은 겸허한 자세로 '실험 결과가 어디로 이끌든지 그것을 좇아서' 연구에 전념하는 사람이다.

　　그러나 실험이 모르던 사실들을 새로 알게 해 준다는 생각은 대부분의 경우 잘못된 것이다. 실험을 할 때는 누구나 어떤 결과가 나오리라는 것을 예상하고서 시작하며 그러기에 '예상외의 실험 결과'라는 말이 있게 된 것이다. 그리고 이렇게 예상하지 않던 실험 결과가 얻어지면 그것을 그대로 받아들이기보다는 거의 그 결과를 믿지 않고 실험 도중에 무슨 잘못이 있었을 것으로 의심하여 세심한 검토를 하게 된다. 물론 대부분의 경우에는 무언가 잘못한 것이 드러나게 되고 이를 시정하면 다시 예상했던 결과를 얻게 된다. 만약 과학자들 사이에 완전히 받아들여진 이론으로부터 벗어나는 실험 결과가 얻어지면 그런 실험 결과를 믿는 사람들은 아무도 없고 실험을 행한 과학자 자신마저도 분명히 자신이 무슨 잘못을 범했을 것으로 확신할 것이다.

　　이것은 결국 실험이 새로운 사실들을 알게 해 준다는 생각이 잘못되었다는 것을 지적해 주는 것이며 과학의 연구에 이론적 사고가 훨씬 더 중요하다는 것을 보여 준다. 물론 그렇지 않은 경우도 있기는 하지만 이같은 '성공 사례'들은 이보다 수천, 수만 배 더 많은 통상의 예, 즉 잘못이 드러나서 그것을 시정하고 다시 예상했던 결과를 얻게 되는 예에 비해 볼 때 극히 적은 비율의 예외에 불과한 것이다. 그리고 이런 예외의 경우에도 그런 예상외의 실험 결과를 얻어 낸 과학자가 수많은 반복과 검토 끝에 결국은 그것을 받아들이는 과정에서 자기 자신의 결과에 대해서 끈질기게 의심을 품는다는 사실로부터 그가 믿고 있는 이론에 의한 선입견의 힘이 얼마나 큰가를 알 수 있다. 또한 그가 끝내 예상외의 결과를 받아들이게 되는 것은 그 결과에 대한 새로운 이론적 설명이 얻어져서야 가능하며 이런 의미에서 그가 받아들이는 것은 '예상외의 결과'가 아니라, 이런 새로운 이론을 바탕으로 했을 때 이해할 수 있는 결과, 즉 '예상할 수 있는 결과'가 되는 셈이다.

　　실험으로부터 얻어 낸 사실들을 단순히 정리하고 체계화하는 것이 과학이라는 생각도 역시 비슷한 잘못을 내포하고 있다. 실험으로부터 얻어 내는 결과 자체는 항상 분명한 사실을 말해 주지는 않는다. 많은 경우에, 그리고 현대 과학에 있어서 대부분의 실험 결과는 외부 현상이나 과학적 사실과는 거리가 먼 데이터에 불과하며 이것이 의미를 가지기 위해서는 과학자의 해석을 거쳐야 한다. 그리고 이 '해석'이 결국은 과학자의 이론적 사고에 의해서 행해지는 것이다. ㉠<u>과학의 역사상 자주 보는 커다란 논쟁들이 흔히는 똑같은 실험 결과를 가지고 이것을 어떻게 해석하느냐에 관한 것이었다.</u>

이러한 일은 역사적인 예에만 국한되지 않는다. 실제로 누구나 과학 시간에 하게 되는 실험들에서 비슷한 경험을 한다. 즉 주어진 실험에는 항상 기대되는 결과가 있으며 그 결과가 얻어져야만 실험이 제대로 되었다고 생각하고 그렇지 못한 경우에는 결과를 조작하려는 충동까지도 흔히 가지게 되는 것이다. 널리 퍼져 있는 과학에 관한 그릇된 일화들도 실험에 대한 잘못된 생각이 받아들여지는 데 작용을 했다. 예를 들어 갈릴레오가 피사의 사탑에서 무거운 것과 가벼운 두 금속 공을 떨어뜨려서 동시에 땅에 떨어지는 것을 보였다거나 공이 떨어지는 동안 맥박을 사용해서 떨어진 거리가 시간의 제곱에 비례한다는 것을 알아냈다는 것이 그것이다. 하지만 이것은 사실일 수 없다. 당시의 사회 환경에서 그런 엉뚱한 실험을 피사의 사탑 위에서 행하도록 당국이 허용했을 리도 없고 인간의 맥박을 가지고 실제로 그런 결과를 얻어 낼 수도 없었으리라는 것은 쉽게 알 수 있는 것이다. 결국 사람들이 과학적 법칙을 받아들이는 것은 그러한 실험들보다는 이 법칙들에 바탕한 이론적 설명의 합리적이고 정연한 설득력에 훨씬 더 크게 힘입은 것이다.

08. 윗글의 필자의 견해와 일치하지 않는 것은?

① 새로운 이론은 예상을 벗어난 실험 결과로부터 비롯될 수 있다.
② 과학 연구에는 과학자들의 개인적 주장이 어느 정도 개입될 수밖에 없다.
③ 과학에서 실험을 맹신하는 태도는 버려야 한다.
④ 이론과 다른 실험 결과는 흔히 그 실험을 실시한 과학자가 잘못한 것으로 여겨지기 쉽다.
⑤ 과학은 실험을 통해 알게 된 새로운 사실을 객관적으로 정리하는 학문이다.

09. 윗글의 밑줄 친 ㉠의 이유를 가장 적절하게 설명한 것은?

① 실험 결과는 실험 환경 및 조건에 따라 달라질 수 있기 때문이다.
② 과학자가 지지하는 이론에 따라서 같은 실험 결과를 다르게 해석할 수 있기 때문이다.
③ 과학자들은 결과를 미리 예측한 후 실험하기 때문이다.
④ 대부분의 과학자들은 실험 결과를 과학적 이론보다 중요시하기 때문이다.
⑤ 이미 알려진 이론과는 다른 실험 결과가 나오는 경우가 상당하기 때문이다.

10. 다음 글의 내용과 일치하는 것은?

그동안 인류 역사에서 여러 윤리 체계가 제시되어 왔다. 공리주의는 최대 다수의 최대 행복을 도모하는 행위가 선하다고 보지만, 신공리주의 윤리는 행복의 최대화보다는 고통의 최소화가 더 중요하다고 주장한다. 이타주의는 남의 이익을 자기 이익보다 우위에 놓는 원칙이며, 이기주의는 반대로 자신의 이익을 앞세우는 윤리 체계이다.

여기서 주목해야 할 것은, 전통적인 윤리 체계에서는 사람과 사람 사이의 갈등을 해소하기 위한 원칙만을 문제 삼았다는 점이다. 그러나 20세기에 대두된 환경 문제는 사람 사이의 갈등이 주제가 아니라 사람과 동물, 사람과 식물, 그리고 사람과 무생물인 강산 사이의 관계가 문제가 된다. 그러므로 환경 윤리는 사람과 자연물과의 관계를 대상으로 한다는 점에서 새로운 차원의 윤리라고 볼 수 있다. 환경 윤리의 전개를 위해서 중요한 질문은 '자연물에 어떠한 가치가 있는가?' 하는 것이다. 물론 자연물에는 인간을 위한 유용한 가치가 있다. 집, 옷, 식량 등은 모두 자연이 제공하는 것이다. 아름다운 강과 산은 인간에게 휴식처를 만들어 주고, 곰팡이나 약초 등은 인간에 유익한 많은 의약품을 제공했으며, 의약품의 안전성을 검사하는 데에는 생쥐가 사용되므로, 동식물을 포함한 자연물은 인간을 위한 도구적 가치를 지니고 있다고 말할 수 있다.

자연물이 도구적 가치를 지니고 있다는 사실을 인정하는 것만으로도 우리는 환경 윤리를 확립할 기초를 발견할 수 있다. 한 동물 종으로서 인간은 먹이 사슬의 아래 단계를 차지하는 동식물 없이는 살아갈 수 없다. 그러므로 숲의 파괴를 막고 새와 어족을 보호하는 것은 인간에게 이로운 행위이며, 동식물의 생활 근거지인 땅과 물을 황폐화하지 않는 것은 결국 인간을 위한 것이다. 희귀종인 식물을 멸종시키지 않는 것도 언젠가는 인간의 병을 치료할 특이한 물질이 그 식물에서 발견될지도 모르므로, 일단은 보호하는 것이 인간에게 도움이 된다고 볼 수 있다.

새로운 환경 윤리에 따르면, 자연물은 인간을 위한 도구적 가치뿐만이 아니고 내재적 가치를 지니고 있다고 본다. 자연물에 내재적 가치가 있다함은 그것이 다른 존재를 위하여 유용하기 때문에 가치로운 것이 아니고, 자연물 그 자체의 존재에 존엄한 가치가 포함되어 있다는 것을 말한다. 여기에는 현대의 생명 과학에서 밝혀진 사실, 즉 자연계는 무기물과 유기물, 식물과 동물, 그리고 인간이 물질 대사를 통하여 상호 의존하고 있는 하나의 생태계를 이루며, 국지적으로 한 요소의 단절은 그 지역 생태계의 파괴를 일으킨다는 사실이 크게 작용하였다.

동양 사상에서는 <u>자연을 존중하며, 인간과 자연을 주관과 객관으로 엄격히 구별하지 않았다</u>. 인간을 자연의 일부로서 간주하고, '자연에서 태어나 자연으로 돌아간다'라는 평범한 명제가 순순히 받아들여졌다. 서구인들은 인간의 힘으로 자연을 정복할 수 있다고 보았지만, 동양인들은 자연에 비하면 인간은 미미한 존재라고 생각하여 자연과의 조화를 추구했다. 이러한 사상은 단편적으로 동양화에 잘 나타나 있다. 커다란 화폭에 산과 구름, 나무와 강이 펼쳐진 한편에 자연스럽게 사람이 그려져 있는 것이다.

① 동양 사상은 자연물의 도구적 가치를 경시한다.

② 전통적인 윤리 체계에서는 자연물의 가치를 인정하지 않았다.

③ 신공리주의는 자신의 이익보다 타인의 이익을 우위에 놓는다.

④ 환경 윤리는 자연물이 가진 도구적 가치를 가장 중시한다.

⑤ 현대 생명과학은 새로운 환경 윤리의 내용과 상반된다.

11. ○○아파트 101동, 102동, 103동에 각각 하나씩 설치된 설비는 주기적으로 점검을 하는데, 점검일에는 하루 동안 해당 설비의 동작을 멈추어야 한다. 101동 설비는 11일 동작 후 점검, 102동 설비는 14일 동작 후 점검, 103동 설비는 9일 동작 후 점검한다. 202X년 1월 1일에 세 설비를 모두 점검했을 때, 다음으로 세 설비를 모두 점검하는 날은? (단, 202X년은 윤년이 아니다)

① 2월 28일   ② 3월 1일   ③ 3월 2일

④ 3월 3일   ⑤ 3월 4일

12. 박 교수, 차 교수, 정 교수가 프로젝트 하나를 완료하는 과정이 다음과 같을 때, 박 교수가 혼자 프로젝트를 진행한 기간은 며칠인가?

> • 프로젝트를 처음부터 끝까지 혼자 진행할 경우 박 교수는 23일, 차 교수는 30일, 정 교수는 25일이 걸린다.
> • 박 교수는 차 교수와 같이 프로젝트를 시작하였으나 3일 뒤 차 교수는 건강이 악화되어 프로젝트에 그만 참여하였다.
> • 그 후 박 교수 혼자 프로젝트를 진행하다, 중간에 합류한 정 교수와 함께 프로젝트를 진행하여 14일 차에 완료하였다.

① 3일   ② 4일   ③ 5일

④ 6일   ⑤ 7일

www.gosinet.co.kr gosinet

1회 기출유형

2회 기출유형

3회 기출유형

4회 기출유형

5회 기출유형

인성검사

면접가이드

13. 다음은 전기요금 개편 자료과 관련된 자료이다. 정아가 2019년부터 2020년까지 8월 기준 전기를 190kW씩 사용한데 비하여 2021년 8월에 전기를 140kW만 사용했다면, 2021년 8월분 전기요금으로 적절한 것은? (단, 부과세는 제외하며, 일 원 단위 이하는 버린다)

〈전기요금 개편 요금〉

〈개편 전〉

구간		기본요금 (원)	전력량요금 (원/kWh)
1	100kWh 이하	410	60.7
2	101 ~ 200kWh	910	125.9
3	201 ~ 300kWh	1,600	187.9
4	301 ~ 400kWh	3,850	280.6
5	401 ~ 500kWh	7,300	417.7
6	500kWh 초과	12,940	709.5

→

〈개편 후〉

구간		기본요금 (원)	전력량요금 (원/kWh)
1	200kWh 이하	910	93.3
2	200 ~ 400kWh	1,600	187.9
3	400kWh 초과	7,300	280.6

- 주택용, 2021년 1월 청구금액(2020년 12월 사용액)부터 개편 사항 적용
- 단, 7 ~ 8월 전기사용량이 급증하는 시기에는 직전 2개년의 동월과 비교해 20% 이상 감축한 가구에 대해 당월 요금(기본요금＋전력량요금)을 10% 할인함.
- 개편 후에는 필수 사용량 보장 공제 실시 : 200kWh 이하 사용 시 최종 청구금액에서 4,000원 할인 적용(다른 할인과 중복 적용 가능)

① 14,980원   ② 13,970원   ③ 12,570원

④ 8,970원   ⑤ 8,570원

14. ○○공사 신재생에너지사업처 K 대리는 신재생에너지 보급 동향에 대한 다음 표를 분석하여 관련 보고서를 작성할 예정이다. 사원 A가 분석한 내용으로 적절하지 않은 것은?

〈신재생에너지 보급동향〉

(단위 : 천 toe)

구분	20X1년	20X2년	20X3년
태양열	27.4	28.5	28.0
바이오	344.5	547.4	649.0
폐기물	1,534.5	2,522.0	2,705.0
수력	6,502.1	6,904.7	8,436.0
풍력	682.2	581.2	454.0
지열	242.4	241.8	283.0
수소, 연료전지	87.6	108.5	230.0
해양	122.4	158.4	230.0

※ toe(ton of equivalent) : 석유, 가스, 전기 등 각각 다른 종류의 에너지원들을 원유 1톤의 발열량인 1,000만 kcal를 기준으로 표준화한 단위

① 태양열에너지는 20X1년부터 20X3년까지 지속해서 증가하였다.

② 자료에 제시된 전체 신재생에너지의 공급량은 지속해서 증가하였다.

③ 풍력에너지의 보급 동향은 해가 지날수록 줄어들었다.

④ 20X2년 신재생에너지 에너지원별 점유율을 살펴보면 수력에너지가 가장 많은 비중을 차지하였다.

⑤ 에너지원별 세부내역을 살펴보면 20X3년 신재생에너지 점유율 중 폐기물에너지가 두 번째로 높은 비중을 차지한다.

[15 ~ 16] ○○공단에서 근무하는 김 대리는 최근 1년간의 원자력 발전 현황에 관한 다음의 자료를 보고 있다. 이어지는 질문에 답하시오.

〈최근 1년간 원자력 발전소 이용률 및 가동률〉

• A 원자력본부

발전소	A1	A2	A3	A4	A5
발전량(GMh)	5,841	5,783	5,858	7,209	7,722
이용률(%)	97.9	63.2	63.9	78.7	85.0
가동률(%)	98.0	63.7	64.5	79.3	86.0

• B 원자력본부

발전소	B1	B2	B3	B4	B5	B6
발전량(GMh)	8,829	6,528	9,213	0	1,721	5,760
이용률(%)	98.2	72.6	100.0	0	18.7	62.4
가동률(%)	99.3	73.2	100.0	0	18.9	63.2

• C 원자력본부

발전소	C1	C2	C3	C4	C5	C6
발전량(GMh)	8,426	6,545	6,094	6,530	7,793	9,197
이용률(%)	95.2	74.0	66.2	70.9	84.9	100.0
가동률(%)	95.5	75.4	97.0	71.4	85.4	100.0

※ 이용률 : 설비용량 대비 실제 발전량
※ 가동률 : 전체 시간 대비 실제 가동시간

15. 다음 중 김 대리가 위 자료를 이해한 내용으로 적절하지 않은 것은?

① 최근 1년간 가장 높은 평균 이용률을 보이는 원자력본부는 가장 높은 평균 가동률을 보이고 있다.

② A 원자력본부에는 이용률과 가동률이 100%인 발전소가 존재하지 않는다.

③ 발전량이 가장 높은 발전소는 세 본부 중 가장 낮은 발전량을 보이는 원자력본부 소속이다.

④ 발전소 A5의 이용률 및 가동률이 100%가 된다면, A5가 발전량이 C6보다 더 높을 것이다.

⑤ A 원자력본부의 발전소 이용률의 평균은 80% 미만이다.

16. 다음 〈보기〉는 김 대리가 위의 자료를 바탕으로 만든 그래프이다. 빈칸 ⓐ ~ ⓔ에 들어갈 내용으로 가장 적절한 것은?

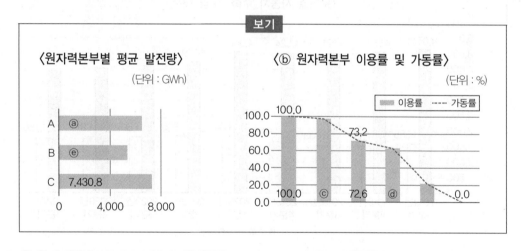

① ⓐ 6,482.6

② ⓑ C

③ ⓒ 81

④ ⓓ 63.2

⑤ ⓔ 5,208.3

[17 ~ 18] 다음은 어느 기업의 각 연도별 자동차 수출입액을 분기 단위로 산술평균한 자료와 각 연도별 자동차 수출입 대수에 관한 자료이다. 이어지는 질문에 답하시오.

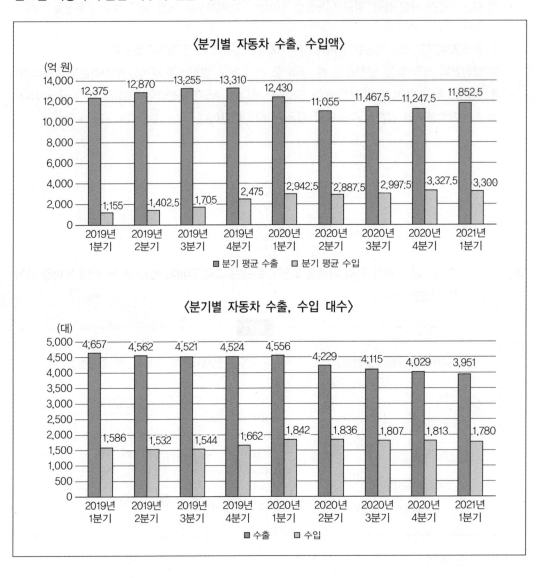

⟨분기별 자동차 수출, 수입액⟩

⟨분기별 자동차 수출, 수입 대수⟩

17. 다음 중 자료를 바르게 이해한 사람은?

① 대용 : 2020년 하반기 자동차 수출액은 2조 2천억 원 미만이야.

② 민철 : 2019년 4분기 자동차 수출액은 수입액의 5배 이상이야.

③ 재민 : 자료에서 분기별 수출액과 수입액의 차이가 가장 작을 때에도 그 차이가 8천억 원 이상이 유지됐어.

④ 수창 : 자동차 수입 대수와 수출 대수의 차이가 가장 클 때는 자동차의 수출 대수가 수입 대수의 3배를 넘었었어.

⑤ 태인 : 자동차 수출액이 가장 많았던 분기에 자동차 수출 대수도 가장 많았어.

18. 2021년 자동차의 수입액과 수출액, 수입 대수와 수출 대수가 1분기부터 4분기까지 모두 일정하다고 가정할 때 다음 (A), (B), (C)에 들어갈 값은?

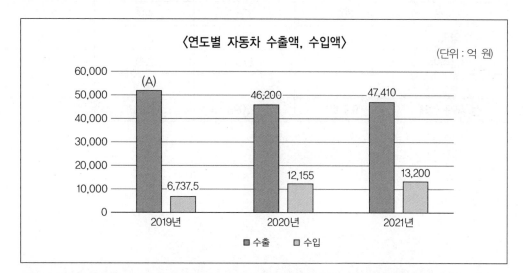

〈연도별 자동차 수출액, 수입액〉 (단위 : 억 원)

구분	수입 대수(대)	수출 대수(대)
2019년		
2020년		(B)
2021년	(C)	

	(A)	(B)	(C)		(A)	(B)	(C)
①	48,720	18,264	6,324	②	49,570	15,804	7,298
③	51,810	16,929	7,120	④	49,570	18,264	7,120
⑤	51,810	16,929	7,298				

[19 ~ 20] ○○산업연구기관의 K 연구원은 해외 주요국과 한국의 전력 소비량을 비교하고 있다. 이어지는 질문에 답하시오.

⟨해외 주요국 전력 소비량⟩

(단위 : TWh)

조사 년도 / 국가명	1990년	2000년	2010년	2020년
중국	478	1,073	3,493	5,582
미국	2,634	3,500	3,788	3,738
인도	212	369	720	1,154
일본	771	969	1,022	964
독일	455	484	532	519
한국	94	240	434	508
브라질	211	321	438	499
프랑스	302	385	444	437
영국	274	329	329	301
이탈리아	215	273	299	292
...	...	...	...	...
전 세계 합계	9,702	12,698	17,887	

19. K 연구원은 위 자료를 토대로 전 세계 전력 소비량과 한국 전력 소비량의 증감률을 비교하고 있다. 다음 중 ㉠ ~ ㉣에 들어갈 값으로 적절한 것은? (단, 증감률은 소수점 둘째 자리에서 반올림한다)

〈전 세계 및 한국 전력 소비량 증감률〉

(단위 : %)

이전 조사 년도 대비 증감률	2000년	2010년	2020년
한국	㉠	㉡	㉢
전 세계 합계	㉣	㉤	

① ㉠ 282

② ㉡ 72.4

③ ㉢ 12.8

④ ㉣ 30.9

④ ㉤ 25.2

20. 다음 중 K 연구원이 위 자료를 파악한 내용으로 적절하지 않은 것은?

① 제시된 국가들 중 1990년 전력 소비량이 가장 큰 국가는 같은 해 전 세계 합계 전력 소비량의 25% 이상을 소비했다.

② 제시된 국가들 중 1990년 대비 2000년 전력 소비량 증가값이 가장 큰 국가는 중국이다.

③ 제시된 국가들 중 2000년 대비 2010년 전력 소비량은 영국을 제외한 모든 국가에서 증가했다.

④ 제시된 국가들 중 2010년 대비 2020년 전력 소비량이 감소한 국가 수는 증가한 국가 수보다 많다.

⑤ 제시된 국가들 중 2020년 전력 소비량이 가장 작은 국가는 같은 해 가장 큰 국가의 5% 이상을 소비했다.

21. 다음 자료를 참고할 때, 전기요금과 수도요금이 가장 많이 나온 가구를 바르게 짝지은 것은?

〈전기요금 계산방법〉

㉮ 기본요금(원 단위 미만 절사)	㉱ 부가가치세(원 단위 미만 반올림) = ㉰×10%
㉯ 사용량 요금(원 단위 미만 절사)	㉲ 전력산업기반기금(10원 미만 내림) = ㉰×3.7%
㉰ 전기요금계 = ㉮+㉯-복지 할인	㉳ 청구요금 합계(10원 미만 내림) = ㉰+㉱+㉲

〈업종별 수도요금 계산방법〉

업종	사용량(톤)	요금(원/톤)	업종	사용량(톤)	요금(원/톤)
가정용	0 ~ 20	430	업무용	0 ~ 100	980
	21 ~ 30	570		101 ~ 300	1,100
	31 이상	840		301 이상	1,200
영업용	0 ~ 30	830	대중목욕탕	0 ~ 500	590
	31 ~ 50	900		501 ~ 1,000	780
	51 ~ 100	1,010		1,001 ~ 2,000	860
	101 이상	1,220		2,001 이상	940

〈가구별 전기, 수도 사용량〉

구분	전기 사용량 요금/복지 할인	수도 사용량
A 가구	23,500원/1,200원	가정용 100톤
B 가구	32,000원/1,000원	업무용 70톤
C 가구	22,000원/1,200원	영업용 80톤
D 가구	35,000원/4,200원	대중목욕탕 120톤
E 가구	30,000원/1,500원	가정용 30톤, 영업용 60톤

※ 모든 가구의 전기 사용 기본요금은 720원으로 가정함.
※ 모든 가구의 수도요금은 구간별 사용량에 따라 계산함.

	전기요금	수도요금		전기요금	수도요금
①	B 가구	C 가구	②	B 가구	E 가구
③	D 가구	A 가구	④	D 가구	B 가구
⑤	E 가구	A 가구			

22. □□기업 K사의 직원 김 사원은 지역별 태양열 에너지 생산량에 대한 다음 자료를 토대로 보고서를 작성하고 있다. 김 사원이 작성한 보고서의 내용으로 적절한 것은?

구분	전국	서울	부산	대구	인천	광주	대전	울산	세종
20X1년 에너지생산량 (toe)	28,469	976	1,026	1,252	806	734	936	437	29
총보급용량(누적)									
계(m³/년)	1,609,000	106,731	41,954	70,117	54,594	54,519	65,438	35,848	501
최근 2년 보급용량(m³/년)									
20X1년	29,033	388	415	231	313	215	492	327	125
20X0년	32,043	677	934	702	512	349	420	324	12
20X1년 용도별 보급용량(m³/년)									
가정용	10,247	44	29	54	48	25	–	54	14
공공시설	5,320	176	315	–	12	–	99	–	91
교육시설	2,298	80	–	94	–	–	73	223	–
사회복지시설	5,315	70	–	–	–	191	222	–	–
산업시설	37	–	–	–	–	–	–	–	–
상업시설	2,497	–	–	–	143	–	96	–	–
기타	3,321	18	80	93	110	–	–	41	21
합계	29,035	388	415	231	313	215	432	327	125

① 20X1년 용도별 보급용량을 지역별로 살펴보면 세종지역이 세 번째로 많다.

② 20X1년 전국 에너지 보급용량을 용도별로 살펴보면 공공시설과 사회복지시설 공급량의 합보다 가정용이 더 많다.

③ 서울의 20X1년 에너지 생산량은 부산에 비해 적지만 총 누적된 보급용량은 더 많다.

④ 20X1년 지역별 에너지 생산량을 살펴보면 부산이 제일 많다.

⑤ 20X0년 대비 20X1년에 대전, 울산, 세종 지역만 보급용량이 감소하였다.

[23 ~ 24] 다음은 M시의 신규도로 투자 우선순위 평가항목별 점수 부여 기준과 도로 노선별 평과 결과를 나타낸 내용이다. 이를 바탕으로 이어지는 질문에 답하시오.

〈평가항목별 점수 부여 기준〉

평가항목	점수 부여 기준 및 배점					반영비율 (%)
경제성	2.5 이상	2.0 이상 ~ 2.5 미만	1.5 이상 ~ 2.0 미만	1.0 이상 ~ 1.5 미만	1.0 미만	25
	100	90	80	70	60	
지자체 우선순위	아주 높음	높음	보통	낮음	아주 낮음	25
	100	90	80	70	60	
주변 여건	아주 좋음	좋음	보통	적음	아주 적음	20
	100	90	80	70	60	
도로 기능	고속화도로	주간선도로	보조간선도로	국지도로	집산도로	10
	100	90	80	70	60	
연결도로 유형	국가기간망과 직접 연결	국가기간망 접속도로와 연결	기타시설과의 연결도로	기타도로와 연결	연결 안됨	10
	100	80	60	40	20	
교통사고 발생 건수	없음	적음	보통	많음	아주 많음	10
	100	80	60	40	20	

※ 총점이 같을 때에는 경제성 점수가 높을수록 더 높은 우선순위로 간주한다.

〈노선별 평가결과〉

노선번호	경제성	지자체 우선순위	주변 여건	도로 기능	연결도로 유형	교통사고 발생 건수
갑 노선	2.27	아주 높음	보통	주간선도로	국가기간망 접속도로와 연결	적음
을 노선	2.13	높음	아주 좋음	고속화도로	국가기간망과 직접 연결	보통
병 노선	2.68	높음	좋음	고속화도로	국가기간망 접속도로와 연결	보통
정 노선	1.82	아주 높음	아주 좋음	주간선도로	국가기간망 접속도로와 연결	적음

23. 다음 중 우선순위가 두 번째인 노선으로 적절한 것은?

① 갑 노선 ② 을 노선 ③ 병 노선
④ 정 노선 ⑤ 알 수 없음.

24. 다음은 추가된 A, B, C 노선에 대한 평가결과이다. 총 7개의 노선에 대한 평가결과를 종합하였을 때, 옳지 않은 것은?

노선번호	경제성	지자체 우선순위	주변 여건	도로 기능	연결도로 유형	교통사고 발생 건수
A 노선	1.75	높음	아주 좋음	고속화도로	국가기간망 접속도로와 연결	적음
B 노선	2.44	보통	아주 좋음	주간선도로	국가기간망과 직접연결	없음
C 노선	2.78	높음	좋음	주간선도로	국가기간망 접속도로와 연결	적음

① C 노선은 우선순위 3번째이다.
② 마지막 순위는 A 노선으로 바뀐다.
③ 노선이 추가되어도 1순위는 바뀌지 않는다.
④ 정 노선의 우선순위는 2순위 내려간다.
⑤ 병 노선의 우선순위는 2순위 내려간다.

25. 전동킥보드 대여업체 A사는 전동킥보드 생산업체 M사의 요구사항을 반영해 사용 및 관리 주의사항 페이지를 만들고자 한다. 다음은 A사의 Q 사원이 작성한 전동킥보드 사용 및 관리 주의사항이다. 이에 대한 설명으로 적절하지 않은 것은?

〈전동킥보드 생산업체 M사의 요구사항〉

전동킥보드 사용 및 관리 주의사항과 관련하여 작성되어야 할 카테고리와 포함할 내용을 아래와 같이 첨부하오니, 이를 참고하시어 주의사항 페이지를 제작하여 주시기 바랍니다.

1. 주행 전 점검사항 : 타이어 공기압 관리와 적정 공기압 수치, 브레이크가 정상인지 확인 내용 포함
2. 관리 및 유지보수 : 세척 방법 및 사용금지 약품 표기
3. 주행 전 확인사항 : 보호장구 착용에 관한 내용 포함
4. 충전 시 주의사항 : 충전 이후 보관 방법에 대한 내용 포함
5. 사용자의 이해를 돕기 위한 그림 포함

〈전동킥보드 대여업체 A사의 전동킥보드 사용 및 관리 주의사항〉

• 주행 전 점검사항
 − 전원 ON/OFF : 전원의 공급이 정상적인지 배터리 잔량은 충분한지 확인
 − 브레이크 동작 확인 : 제품을 앞뒤로 움직여 정상적인지 확인
 − 타이어 공기압 및 펑크 확인, 주기적 관리 필요
 − 타이어 적정 공기압 : 타이어에 표기된 최대 공기압의 85%
 − 주요 고정부 확인 : 볼트 및 너트의 풀림 여부를 주기적 확인 필요
 − 기타 모터부 소음, 앞/뒤 라이트 점등 등 확인

• 관리 및 유지보수
 − 모든 전동제품은 특성상 물에 약하므로, 물을 주의해 주시고 젖은 상태로 두지 마십시오.
 − 장시간 사용하지 않을 경우 배터리를 최소한 2개월마다 충전하여 배터리가 방전되어 수명이 짧아지지 않도록 하십시오.
 − 배터리를 적절치 못한 방법으로 사용 시에는 화재, 폭발 등의 위험이 있으므로 제품설명서의 배터리 규정을 반드시 준수하셔야 안전하고 오래 사용하실 수 있습니다.
 − 배터리는 임의로 분해할 수 없으며, 배터리에 관한 사항은 당사 고객센터에 문의하여 전문 서비스를 받으시기 바랍니다.
 − 제품과 함께 제공되는 규격충전기를 사용하여 주시고, 재구매시에는 구입처에서 정확한 제원의 충전기를 구매해 주시기 바랍니다.
 − 세척을 원할 경우 젖은 헝겊으로 닦아야 하며 세제, 가솔린, 솔벤트 또는 기타 화학 약품은 절대 사용하지 마십시오.

- 튜브 타이어를 사용하는 제품은 주행 전 공기압 상태를 꼭 확인하시고 적정 공기압으로 관리를 해주십시오.

• 주행 전 확인사항

도로교통법을 준수해 주세요.	헬멧 등 보호장구를 반드시 착용해 주세요.	사용자매뉴얼을 꼭 숙지하세요.	물을 주의해 주세요.
25km/h 이하 주행(법정속도제한)	항상 주변을 살피세요.	음주운전 절대 금지	주행 중 핸드폰 사용을 자제해 주세요.

• 겨울철 전동제품 관리
  - 겨울철은 리튬이온배터리 사용 적정 온도보다 기온이 낮습니다. 배터리 성능이 감소하여 제품의 주행거리가 낮게 나타나고 브레이크 밀림, 제동거리가 길어지게 됩니다.
  - 고출력은 배터리에 많은 무리가 갈 수 있으므로 급출발, 급제동은 자제해 주세요.
  - 추운 곳에서 주행한 후 따뜻한 실내에 들어왔을 경우 온도차로 인해 내부 결로가 발생할 수 있으니 바로 충전하지 마시고 온도차를 줄여 충전해 주세요.

• 충전 시 주의사항
  - 지정된 충전기 사용하기
  - 보이는 곳에서 충전하기
  - 충전 후 분리하여 보관하기
  - 제품이 젖은 상태에서 충전 금지

① 사용자의 이해를 돕기 위한 그림에는 전동킥보드 법정속도에 관한 내용을 포함하고 있다.
② Q 사원은 M사가 요구한 카테고리만을 반영해 주의사항 페이지를 작성하였다.
③ 장기간 사용하지 않을 시 주의할 사항에 대해서도 작성하였다.
④ 관리 및 유지보수 부분에는 충전기와 관련된 사항도 포함되어 있다.
⑤ 주행 전 점검사항 부분에는 전원, 주요 고정부, 모터부 등에 관한 내용도 추가로 포함되었다.

[26 ~ 27] 다음 자료를 보고 이어지는 질문에 답하시오.

△△공사는 이번 신입사원 공개채용에서 2명을 선발할 예정이다. 1명은 해당 직종에서 3년 이상의 경력을 쌓은 지원자 중에서, 나머지 1명은 해당 직종에서 3년 미만의 경력을 가진 지원자 중에서 직무적합도 테스트와 면접에서 우수한 결과를 보인 지원자를 채용하려고 한다. 이 기업 인사담당자는 아래의 요건과 지원자들의 결과에 따라 합격자를 선발하고자 한다.

1. 직무적합도 테스트 관련 합격요건

   100점 만점의 시험에서 성적이 우수한 자를 선발하되, 50점 이하의 점수를 받은 지원자는 과락으로 처리, 즉시 불합격된다.

2. 면접 관련 합격요건

   면접관 3명이 A ~ D 등급으로 지원자의 면접 점수를 평가하되, D 등급이 하나라도 부여된 지원자의 경우 과락으로 처리, 즉시 불합격된다. 면접등급은 A 등급은 33점, B 등급은 22점, C 등급은 11점으로 환산한다. 예를 들어, 어떤 지원자의 면접결과가 A/B/B와 같다면 이 지원자의 면접 점수는 77점이다.

3. 부가점 관련 합격요건

   - 직무연관 자격증 : 1개당 부가점 3점 부여, 최대 6점 부여
   - 사회봉사시간 : 10시간당 1점 부여, 최대 5점 부여(시간 책정은 일의 자리에서 반올림함)
   - 자기소개서 우수자 : 5점 부여
   - 국가유공자 : 5점 부여

4. 합격자 선발 방법

   직무적합도 테스트 점수와 면접 결과 점수를 합산한 다음, 부가점을 추가하고 지원자의 총점을 집계하여 성적이 가장 좋은 2명을 선발한다. 동점자 발생 시 우선순위는 직무 적합도 테스트 점수, 면접 환산 점수, 해당직종 경력 순으로 선발이 이루어진다.

〈지원자 공개채용 결과〉

구분	직무적합도	면접결과	경력	부가점
지원자 A	70점	A/B/B	3년	사회봉사 28시간
지원자 B	85점	B/B/D	4년	직무연관 자격증 2개 사회봉사 36시간, 국가유공자
지원자 C	90점	A/B/C	경력 없음.	–
지원자 D	75점	A/A/C	3년 2개월	직무연관 자격증 1개
지원자 E	50점	A/B/B	3년 6개월	직무연관 자격증 1개
지원자 F	85점	B/B/B	1년	직무연관 자격증 1개 사회봉사 24시간
지원자 G	90점	A/C/C	경력 없음.	직무연관 자격증 3개

26. 다음은 지원자 간에 나눈 대화이다. 지원자들이 △△공사 채용의 합격요건과 모든 지원자들의 점수를 모두 알고 있다고 할 때 대화의 내용으로 옳지 않은 것은?

① 지원자 D : 합격이다!
② 지원자 G : 축하해요. 저는 떨어졌어요.
③ 지원자 C : 지원자들 중에 과락자도 있네요.
④ 지원자 A : 전 직무적합도 테스트에서 5점만 더 받았더라면 합격이었어요.
⑤ 지원자 F : 전 사회봉사를 5시간만 더 했더라면 합격할 수 있었어요.

27. 위 자료에 나타난 지원자와 합격조건을 바탕으로 할 때, 다음 중 정해진 합격자를 바뀌게 하는 지원자는?

① 지원자 H : 90점, A/C/D, 3년 6개월, 국가유공자
② 지원자 I : 100점, B/C/C, 3년 2개월, 자기소개서 우수자, 사회봉사 52시간
③ 지원자 J : 95점, B/B/C, 2년 6개월, 국가유공자
④ 지원자 K : 75점, A/A/C, 3년 3개월
⑤ 지원자 L : 90점, A/B/C, 1년

28. (주)대한은 신·재생에너지 설치의무 건축물의 건설에 따라 ○○부에 제출할 설치계획서를 작성하기 위해 담당자에게 문의하고자 한다. 아래 자료를 통해 담당자에게 문의를 하지 않아도 알 수 있는 사실을 고르면?

〈신·재생에너지설비 설치계획서 검토 사항〉

- 신재생에너지 의무이용 대상건축물의 해당 여부
- 설치계획서상의 설비가 「신·재생에너지설비의 지원 등에 관한 규정」 제2조 제1호에 정의된 '신·재생에너지설비'에 해당하는지 여부
- 신·재생에너지설비 설치를 위한 건축공사비 산정기준 및 방법 적용의 적정성
- 기타 설치계획서 작성기준의 적정성 등

〈신·재생에너지설비 설치계획서 첨부서류〉

서류명	비고
설치계획서(필수)	기관장 직인 필요
건물설계개요(필수)	건물명, 주소, 용도, 연면적, 주차장 면적 등이 표시되어 건축허가용으로 기작성된 설계개요 제출
신·재생에너지설비 견적서(필수)	• 설비회사 등에서 제시한 총괄견적서 제출 • 세부적인 견적내용은 추가 요청 시 제출
건축물 부하용량 계산내역(필수)	• 연료 및 열사용량 내역, 전력사용량 내역 • 세부적인 부하용량 계산 근거는 추가 요청 시 제출
연간 신·재생에너지 생산량 산출근거(필수)	신·재생에너지 연간에너지생산량 계산 근거 및 내용 포함
건축물조감도(필수)	
신·재생에너지설비 위치가 표시된 건축물 배치도(필수)	건축허가용으로 작성된 것으로 첨부에 해당하는 도면 제출
신·재생에너지설비 장비일람표	
기타(선택)	기타 설비계획 검토에 필요한 설명자료 제출

---

① 신·재생에너지 의무이용 대상건축물의 해당 요건
② 대리인이 설치계획서를 제출할 경우 추가로 요구되는 서류
③ 신·재생에너지설비 설치의무에서 면제되는 대상건축물의 해당 요건
④ 신·재생에너지 설치를 위한 건축공사비 산정기준 및 방법
⑤ 건물설계개요 내용에 포함되어야 하는 사항

29. 다음은 □□공사의 일부 직원 명단과 설명이다. 이를 바탕으로 추론할 때 적절하지 않은 것은?

경영지원팀(5)		연구팀(10)		홍보기획팀(7)		전산팀(3)	
이름 (직급)	사원번호	이름 (직급)	사원번호	이름 (직급)	사원번호	이름 (직급)	사원번호
임○○ (팀장)	C0901001	오○○ (팀장)	C0902001	박○○ (팀장)	N1203001	정○○ (팀장)	C1004001
이○○ (대리)	C1401002	박○○ (대리)	C1302002	손○○ (대리)	N1303002	최○○ (사원)	N1504002
최○○ (사원)	N1801003	김○○ (사원)	C1302003	윤○○ (사원)	N1503003	황○○ (사원)	N1904003
이○○ (사원)	N1801004	김○○ (사원)	N1602004	김○○ (사원)	N1803004		

- 연구팀 팀장과 경영지원팀 팀장은 입사동기이다.
- 홍보기획팀 직원들은 모두 신입직으로 입사했다.
- 전산팀 황○○ 사원은 회사 내에서 제일 최근에 입사한 사원이다.
- 직급은 '사원-대리-팀장' 순으로 높아진다.

① 2018년에 입사한 직원은 최소 3명이다.

② 2013년에는 경력직 채용만 진행되었다.

③ 사원번호가 N1602005인 노○○ 사원은 연구팀 소속이다.

④ 팀 내의 사원번호가 직급 순으로 순차 생성된다면 홍보기획팀의 직급이 사원인 사람은 5명이다.

⑤ 홍보기획팀 이외에 자료에 제시된 팀장들은 모두 경력직으로 입사하였다.

30. □□공사 홍보실은 202X년 상반기 대학생을 대상으로 대학생 발명품 공모전을 개최하고자 다음 과 같이 공고를 올렸다. 홍보실 L 사원은 공모전에 관한 문의 메일을 받고 이에 답변하고자 한다. 다음 중 ㉠에 들어갈 내용으로 가장 적절하지 않은 것은?

<〈□□공사 국제발명특허대전 대학생 발명품 공모〉

- 출품요건

출품주제	전기, 에너지, ICT, 친환경에너지 분야 – 출품자 명의로 출원 또는 등록된 특허 · 실용신안을 이용한 발명품 – 특허 · 실용신안 출원이 되지 않았더라도 아이디어를 구체화한 발명품
출품규격	가로 100cm, 폭 70cm, 높이 100cm, 무게 30kg 이내 – 전시 부스 크기에 따라 변경될 수 있으며, 규격 초과 시에는 사전 협의 필요 – 실제크기가 아닌 모형도 출품 가능
출품자격	• 국내 대학 재학생 또는 휴학생 개인 또는 팀(3명 이내)으로 신청 가능 • 1차 서류심사를 통과한 15개 내외의 출품작은 전시되어 관람객에게 선보일 예정

- 수상혜택

서류전형 우대	□□공사 공채 지원 시 서류전형 우대 –금상 수상자 : 서류 전형 면제 –은상 · 동상 수상자 : 서류전형 10% 가점 부여
상금 수여	금상(1명) : 500만 원 / 은상(2명) : 200만 원 / 동상(3명) : 50만 원

- 출품신청
  - 접수기간 : ~ 202X. 5. 28.
  - 신청방법 : □□공사 홈페이지를 통해 신청 접수
  - 접수문의 : □□공사 홍보실(chulpum@bdbd.co.kr)

- 출품제한
  - 출품자가 직접 창안 · 제작하지 않은 작품
  - 국내 · 외 발명대회에 수상한 동일 · 유사 작품
  - 국내 · 외에서 이미 공개, 발표되었거나 상용화된 작품
  ※ 표절작, 대리작 등 기타 정당하지 못한 작품을 출품한 자는 행사기간 중 혹은 행사 이후 이러한 사실이 밝혀질 경우 수상이 취소됨.

- 유의사항
  - 출품작 공모와 관련하여 제출한 서류는 일체 반환하지 않음.
  - 출품작과 관련된 지식재산권, 아이디어에 대한 권리는 출품자에게 있음.

– 아이디어를 구체화하여 출품하는 자는 아이디어에 대한 지식재산권을 출원, 등록하는 것이 바람직함.

– □□공사는 심사, 홍보 등을 위하여 전시품에 대한 내용을 전시 전, 후에 브로슈어를 통하여 제3자에게 공개할 수 있음.

[문의 메일]

안녕하세요. 이번 대학생 발명품 공모전과 관련하여 문의 드립니다. 이번 공모전에 대학 동기 2명, 졸업한 선배 1명과 함께 팀을 이루어 발명품을 출품하고자 합니다. 만들 예정인 작품이 태양열에너지 기술을 적용하여 가로 120cm, 폭 65cm, 높이 80cm으로 제작될 것 같은데, 규격에 맞지 않아 반드시 줄여야 한다는 이야기를 들었습니다. 신청은 홍보실 메일인 chulpum@bdbd.co.kr으로 보내면 되는 것으로 알고 있습니다. 만약 저희 팀이 상을 받지 못하는 경우라면 작품이 공개되지 않았으면 합니다. 공모전 관련해서 제가 이해한 내용이 맞는지요? 답변 부탁드립니다.

[답변]

□□공사 홍보실에 문의해 주셔서 감사드립니다. 문의하신 내용과 관련하여 잘못 이해하고 계신 부분이 있어 다음과 같이 정정해 드립니다.

(㉠)

① 메일이 아닌 □□공사 홈페이지를 통해 신청 접수가 가능합니다.

② 제작하시려는 작품의 주제가 저희 공모전과 부합하지 않으므로 주제를 수정해 주셔야 합니다.

③ 출품규격을 초과한 작품의 경우라도 사전 협의한다면 출품이 가능할 수 있습니다.

④ 심사 등을 위하여 전시품을 전시 전, 후에 브로슈어를 통하여 제3자에게 공개될 수 있습니다.

⑤ 팀을 이루어 신청하시는 경우 모든 팀원이 대학 재학 또는 휴학 중인 상태여야 하며 팀원은 총 3명 이내여야 합니다.

[31 ~ 32] 인사팀 직원 K는 직원들의 인사발령을 위해 인사발령 규정을 확인하고 있다. 다음 자료를 보고 이어지는 질문에 답하시오.

〈지점별 필요인원 및 선호순위〉

지점	필요인원	지점별 선호 직원 순위 (왼쪽부터 1위)
가	1명	과장 C-부장 B-부장 A-대리 I-과장 D-대리 J-과장 E-대리 G-대리 B-대리 F
나	1명	대리 I-부장 A-과장 D-대리 J-부장 B-과장 C-대리 F-대리 G-대리 H-과장 E
다	2명	부장 A-부장 B-과장 D-과장 C-대리 I-과장 E-대리 J-대리 H-대리 F-대리 G
라	1명	대리 J-과장 D-부장 A-대리 F-과장 E-과장 C-대리 I-부장 B-대리 H-대리 G
마	3명	대리 H-대리 F-대리 J-대리 I-대리 G-과장 C-과장 E-부장 A-과장 D-부장 B
바	2명	부장 B-부장 A-과장 E-과장 D-과장 C-대리 I-대리 H-대리 G-대리 F-대리 J

〈직원별 평가 결과 및 희망지점〉

직원	인사평가	실적	희망지점	직원	인사평가	실적	희망지점
부장 A	중상	수	가	부장 B	중	미	마
과장 C	상	우	나	과장 D	중	수	나
과장 E	중상	우	라	대리 F	하	우	마
대리 G	중하	가	마	대리 H	중하	양	다
대리 I	상	미	가	대리 J	중하	수	다

〈인사발령 규정〉

- 1단계 : 인사평가 결과가 중 이상인 직원에게 희망지점 발령 우선권을 준다. 이때 각 지점의 필요 인원을 충족할 때까지 직원을 배정하며 희망인원이 필요인원을 초과할 경우에는 직급이 높은 직 원을 우선 배정한다. 이때, 직원 간 직급이 동일한 경우에는 해당 지점 선호 순위가 더 높은 직원 을 우선 배정한다.
- 2단계 : 남은 직원은 더 높은 인사평가 결과를 받은 직원부터 필요인원이 충족되지 않은 지점 중 해당 직원을 선호하는 순위가 가장 높은 지점에 배정한다. 직원의 인사평가 결과가 동일한 경우에는 직급이 더 낮은 직원을 우선 배정하며, 직급이 같을 경우 더 높은 실적을 받은 직원을 우선 배정한다. 이때 실적은 수-우-미-양-가 순으로 높다.

※ 인사발령 결과로 지점에 발령된 직원이, 해당 지점의 선호 순위가 5위 ~ 10위일 경우 회사에서 해당 직원 에게 근무기간 동안 거주할 숙박시설을 제공한다.

※ 직급은 부장-과장-대리 순으로 높으며 인사평가 결과는 상-중상-중-중하-하 순으로 높다.

31. 인사발령 결과에 따라 회사로부터 숙박시설을 제공받는 직원 수는 총 몇 명인가?

① 4명　　　　　　　② 5명　　　　　　　③ 6명

④ 7명　　　　　　　⑤ 8명

32. 다음은 인사발령 규정의 변경사항이다. 이를 반영했을 경우 발령지점이 변경되는 직원 수로 옳은 것은?

〈변경사항〉

1단계 과정 중 희망인원이 필요인원을 초과할 경우 직급이 높은 직원이 아니라 더 높은 인사평가 점수를 받은 직원을 우선 배정하며, 이후 인사평가 결과가 동일할 경우 지점 기준 선호 순위가 더 높은 직원을 우선 배정한다. 이외의 사항은 기존의 인사발령 규정을 따른다.

① 4명　　　　　　　② 5명　　　　　　　③ 6명

④ 7명　　　　　　　⑤ 8명

[33 ~ 34] 다음은 ○○공장 생산직의 분기별 성과급 지급 기준과 직원들의 상반기 성과달성률에 관한 자료이다. 이어지는 질문에 답하시오.

〈○○공장 생산직 분기별 성과급 지급 기준〉

1. 개인별 성과급 : 개인별로 성과달성률(%)을 측정하여 다음을 기준으로 개인별 성과급을 지급한다.

83% 미만	83% 이상	100% 이상	110% 이상
미지급	20,000원	60,000원	90,000원

2. 라인별 성과급 : 각 라인 내 직원들의 성과달성률 평균(%p)을 계산하여 다음을 기준으로 성과급을 각 라인별 직원들에게 똑같이 나누어 지급된다(단, 성과달성률 평균은 소수점 첫째 자리에서 반올림하여 구한다)

90%p 미만	90%p 이상	95%p 이상	100%p 이상
미지급	80,000원	160,000원	220,000원

〈2/4분기 ○○공장 생산라인별 성과달성률〉

제1생산라인		제2생산라인		제3생산라인	
이름	달성률	이름	달성률	이름	달성률
A	92%	E	82%	I	70%
B	88%	F	96%	J	94%
C	106%	G	117%	K	122%
D	79%	H	95%	L	89%

33. 위 기준에 따라 ○○공장 생산직에 지급될 상반기 성과급에 대한 설명으로 옳지 않은 것은?

① 2/4분기 개인별 성과급을 지급받지 못하는 직원은 세 명이다.

② 제2생산라인의 모든 직원들은 최소 40,000원 이상의 성과급을 지급받는다.

③ 2/4분기 성과급이 100,000원 이상인 직원은 두 명이다.

④ 2/4분기 성과급을 가장 많이 받는 직원의 성과급은 150,000원 이상이다.

⑤ 2/4분기 성과급을 가장 적게 받는 사람의 성과급은 20,000원이다.

34. 다음 중 위 반기별 성과급 지급 기준의 차기 개선안을 검토한 것으로 옳지 않은 것은?

① 개인 성과달성률의 차이가 12%p임에도 불구하고 같은 개인별 성과급을 받는 경우가 발생하였으므로, 차기에는 개인별 성과급 지급 기준을 세분화한다.

② 개인 성과달성률이 120%를 초과하는 직원을 위해 차기에는 성과급 지급 범위의 확대를 검토한다.

③ 2% 차이로 개인별 성과급 지급 액수가 달라진 경우가 발생하였으므로 차기에는 개인별 성과급에 대해 단계별 성과급이 아닌 성과급 산출식에 따라 지급하는 방안을 검토한다.

④ 이번 분기 성과급을 받지 못한 직원을 위해 차기에는 개인별 성과급 지급의 하한을 내리는 방안을 검토한다.

⑤ 개인 성과달성률의 차이가 24%p임에도 불구하고 라인별 성과급에 의해 총 성과급의 차이가 20,000원에 불과한 경우가 발생하였으므로, 차기에는 개인별 성과급의 비중을 확대한다.

35. ○○기업은 일부 프로그램의 가격 및 소요시간이 변동되었다는 사실을 알게 되어 새로이 점수를 환산하려고 한다. 변동된 가격 및 소요시간이 〈보기〉와 같을 때, 다음 중 ○○기업이 선택할 프로그램은?

〈프로그램과 점수 환산〉

기준 프로그램	가격	난이도	수업 만족도	교육 효과	소요시간
요가	100만 원	보통	보통	높음	2시간
댄스 스포츠	90만 원	낮음	보통	낮음	2시간
요리	150만 원	보통	매우 높음	보통	2시간 30분
캘리그래피	150만 원	높음	보통	낮음	2시간
코딩	120만 원	매우 높음	높음	높음	3시간

〈순위−점수 환산표〉

순위	1	2	3	4	5
점수	5	4	3	2	1

• 5개의 기준에 따라 5개의 프로그램 간 순위를 매기고 순위−점수 환산표에 의한 점수를 부여함.
• 가격은 저렴할수록, 난이도는 낮을수록, 수업 만족도와 교육 효과는 높을수록, 소요시간은 짧을수록 높은 순위를 부여함.
• 2개 이상의 프로그램의 순위가 동일할 경우, 그 다음 순위의 프로그램은 순위가 동일한 프로그램 수만큼 순위가 밀려남(예 A, B, C가 모두 1위일 경우 그 다음 순위 D는 4위).
• 각 기준에 따른 점수의 합이 가장 높은 프로그램을 선택함.
• 점수의 합이 가장 높은 프로그램이 2개 이상일 경우, 교육 효과가 더 높은 프로그램을 선택함.

보기

프로그램	요가	댄스 스포츠	요리	캘리그래피	코딩
가격	120만 원	100만 원	150만 원	150만 원	120만 원
소요시간	3시간	2시간 30분	2시간	2시간 30분	3시간

① 요가　　　　　　② 댄스 스포츠　　　　　　③ 요리
④ 캘리그래피　　　⑤ 코딩

[36 ~ 37] L 마트 F&B부는 고객들의 식음료 구매 성향을 반영하여 다음과 같이 배치된 식품 매장을 리모델링하고자 한다. 자료를 바탕으로 이어지는 질문에 답하시오.

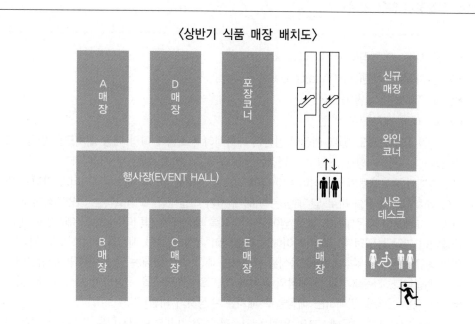

〈상반기 식품 매장 배치도〉

〈하반기 식품 매장 리모델링 주요사항〉

- 신규 매장 입점 계획 추진 : 입점 후보 업체 선정 및 평가
- 매출 개선 : 매출 하위 세 업체에 대한 업체 평가 실시 및 매출 개선안 마련
- '건강한 Y 백화점 식품 매장' 이미지 마케팅 : 저염식 · 저자극 매장 집중 홍보 계획안 마련

〈식품 매장별 상반기 매출액〉

(단위 : 만 원)

매장	업종 설명	상반기 매출액
A	저염식 중식 레스토랑	3,822
B	짭짜름한 미국식 햄버거 프랜차이즈 식당	71,080
C	유기농 채식당	2,460
D	자극적이지 않은 한식당	4,168
E	50가지 달달한 토핑 선택이 가능한 아이스크림 카페	38,967
F	매운맛 떡볶이 프랜차이즈 식당	47,460

36. L마트 F&B부 J 사원은 일부 매장의 매출액 저조로 인해 O 부장의 지시에 따라 식품 매장 배치도를 다음과 같이 변경하였다. J 사원에게 작성한 배치도에 대해 H 차장이 수정을 지시할 내용으로 적절하지 않은 것은?

> ▶ 보낸 사람 : O 부장(Ohs@lmart.co.kr)
> ▶ 받은 사람 : J 사원(Jmg@lmart.co.kr)
> ▶ 날짜 : 202X년 09월 01일
> ▶ 제목 : 매장 배치도 변경 건
>
> J 사원, 안녕하세요. 일부 매장의 상반기 매출액이 저조함에 따라 매장 배치도를 변경하고자 합니다. 다음 사항을 포함하여 변경된 배치도를 5일까지 회신 부탁합니다.
>
> 신규매장은 고객들의 접근성이 뛰어나야 하므로 엘리베이터와 에스컬레이터가 가까운 위치에 배치하되 화장실 바로 옆 매장은 피해 주시기 바랍니다. 포장코너는 와인매장과 서로 자리를 교체하여 사은데스크 바로 옆에 위치하도록 배치해야 합니다. 상반기 매출액에 따라 매출액이 가장 높았던 두 매장 사이에는 매출액이 가장 낮았던 매장을 배치하도록 합니다. 또한 신규 브랜드에 맞추어 매운 음식을 판매하는 매장 바로 옆에는 단 음식을 판매하는 매장을 배치합니다. 기존의 A와 D 매장의 위치에 "FRESH ZONE"을 구성하여 자극적이지 않고 염분이 적은 음식을 판매하는 매장들로 배치를 수정하기 바랍니다.
>
> 추가로 행사장과 사은데스크의 위치는 기존과 동일합니다. 변경사항은 반드시 H 차장의 검토를 거쳐 수정 후에 보고해 주세요.

〈J 사원이 작성한 식품 매장 배치도〉

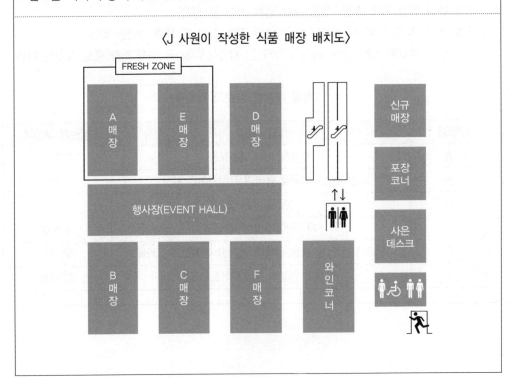

① 와인코너는 포장코너와 자리를 교체한다는 조건이 있으므로 이를 고려하여 재배치하기 바랍니다.

② C 매장은 유기농 음식을 판매하므로 "FRESH ZONE" 구역으로 위치를 수정해 주시기 바랍니다.

③ 포장코너와 사은데스크의 매장 배치는 O 부장의 메일에 따라 적절하게 작성하였으므로 수정하지 않아도 됩니다.

④ F 매장은 매운 음식을 판매하고 있으며, E 매장은 단 음식을 판매하고 있으므로 두 매장이 인접하도록 배치도를 수정하기 바랍니다.

⑤ 신규 매장은 접근성을 고려해 엘리베이터와 에스컬레이터가 가깝게 위치시키되 화장실 바로 옆은 피해야 하므로 해당 위치는 적절한 것 같네요.

37. 다음 평가표에 따라 신규 메뉴 입점 계약을 하게 될 업체는? (단, 모든 평가 항목은 100점 기준이다)

- 신규 입점 업체는 기존 업체 중 매출액 하위 세 업체와 같은 업종으로 한정한다.
- 기존 업체에 대해서는 매출액 하위 세 업체에 대해 평가를 실시한 결과 84, 89, 91점을 기록하였다.
- 등급은 1 ~ 5등급으로 구분하여 1등급은 100점을 부여하고, 한 등급이 낮아질 때마다 20점씩 차감한다. 평가 요소 점수의 평균으로 해당 업체의 점수를 결정한다.
- 평가 점수가 기존 하위 세 업체의 평가 점수 평균보다 높은 업체를 입점하도록 한다.

〈입찰 참여 업체 평가표〉

(단위 : 등급)

업체	업종	소비자 선호도	예상 매출액	임대료
㉠	중식	1	2	2
㉡	중식	3	4	1
㉢	채식당	1	3	2
㉣	한식당	2	1	1
㉤	한식당	4	3	3

① ㉠ ② ㉡ ③ ㉢

④ ㉣ ⑤ ㉤

[38 ~ 39] △△공사 인사팀 직원 김새벽 씨는 경력직원 근무지를 재배치하기 위해 각 직원들의 희망 근무지를 확인하고 있다. 〈근무지 배치 규칙〉을 참고하여 이어지는 질문에 답하시오.

〈희망 근무지〉

직원	희망 근무지	업무분야(경력)	직원	희망 근무지	업무분야(경력)
가	서울	입환유도(1년)	사	경기도	입환유도(6년)
나	강원도	고속전호(5년)	아	부산	구내운전(2년)
다	강원도	입환유도(4년)	자	경기도	입환유도(2년)
라	경기도	고속전호(3년)	차	서울	고속전호(1년)
마	제주도	고속전호(4년)	카	부산	구내운전(5년)
바	부산	구내운전(4년)	타	서울	고속전호(4년)

〈근무지 평점〉

근무지	평점	근무지	평점
강원도	2	부산	7
서울	6	광주	9
경기도	8	제주도	3

〈근무지 배치 규칙〉

- 한 근무지당 2명의 직원이 배치되며, 배치된 직원들은 업무 분야가 달라야 한다.
- 희망 근무지를 우선하여 배치하되 희망인원이 초과일 경우 고속전호, 입환유도, 구내운전 순으로 우선 배치한다(단, 동일한 업무분야의 직원 2명 이상이 동일한 희망 근무지를 작성한 경우에는 경력이 많은 순으로 우선 배치한다).
- 희망 근무지에 배치되지 못한 경우 희망자가 미달인 근무지에 배치되며 입환유도, 구내운전, 고속전호 순으로 평점이 좋은 근무지부터 순서대로 배치한다(단, 동일한 업무분야의 직원이 2명 이상 있을 경우에는 경력이 적은 순으로 우선 배치한다).

38. 김새벽 씨가 희망 근무지를 고려하여 근무지를 배치할 때, 다음 중 경기도와 서울에 배치될 직원
끼리 알맞게 짝지은 것은?

	경기도	서울			경기도	서울
①	라, 사	가, 차		②	라, 사	가, 타
③	라, 자	가, 타		④	라, 자	가, 차
⑤	사, 자	가, 타				

39. 김새벽 씨가 다음과 같이 변동된 규칙을 고려하여 근무지를 배치할 때, 다음 중 마 직원과 같은
근무지에 배치되는 직원은?

- 한 근무지당 2명의 직원이 배치되며, 배치된 직원들은 업무 분야가 달라야 한다.
- 한 근무지당 최소 1명은 경력이 4년 이상인 직원이 배치되어야 한다.
- 1차 배치 시 희망 근무지를 우선하여 배치하되, 해당 근무지의 희망 직원이 2명을 초과하는
  경우 고속전호, 입환유도, 구내운전 순으로 우선 배치한다(단, 동일한 업무분야의 직원 2명
  이상이 동일한 희망 근무지를 작성한 경우에는 경력이 많은 순으로 우선 배치한다).
- 희망 근무지에 배치되지 못한 경우 2차 배치를 실시한다. 이때 희망자가 미달인 근무지에
  배치하되, 다음과 같은 규칙을 적용한다.
  - 업무분야가 입환유도, 구내운전, 고속전호인 순으로, 같은 업무분야에서 경력이 적은 순
    으로 평점이 높은 근무지에 배치한다.
  - 단, 평점이 높은 근무지에 이미 같은 업무분야 직원이 배치되어 있거나, 최소 1명의 경력
    이 4년 이상인 직원이 배치되어 있지 않은 경우, 그 다음으로 평점이 높은 근무지에 배치
    한다.

① 가 직원　　　　② 바 직원　　　　③ 아 직원
④ 차 직원　　　　⑤ 카 직원

40. ○○공사 인사팀 대리 K는 신입사원들을 두 명씩 생산팀, 홍보팀, 영업팀, 인사팀에 배치하려고 한다. 기존의 신입사원 배치 기준에서 연수 부서에 관한 기준이 삭제되고 직원 평가 점수로만 부서를 배치하게 되었다면, 다음 중 영업팀에 배치되는 사원으로 옳은 것은?

신입사원을 배치할 때 순서는 아래와 같습니다.
1. 연수 부서와 희망 부서가 일치하면 우선 배치합니다. 이때, 희망 부서의 지망 순서는 무관하게 연수 부서와 일치하는 부서로 배치합니다.
2. 직원 평가 점수가 높은 순서대로 1지망 부서에 배치하되, 각 부서에 2명이 초과되는 경우에는 2지망 부서, 남는 부서 순서대로 배치합니다.

기준 신입사원	직원 평가 점수	연수 부서	희망 부서 (1지망)	희망 부서 (2지망)
가	4점	총무팀	영업팀	총무팀
나	3점	영업팀	총무팀	영업팀
다	1점	총무팀	영업팀	홍보팀
라	4점	홍보팀	총무팀	생산팀
마	5점	생산팀	영업팀	홍보팀
바	3점	홍보팀	생산팀	총무팀
사	3점	영업팀	생산팀	총무팀
아	2점	생산팀	총무팀	영업팀

① 가, 마 　　　　② 가, 아 　　　　③ 나, 마

④ 다, 아 　　　　⑤ 사, 마

41. ○○공사 인사처 박 부장은 엑셀프로그램을 이용하여 '2021년 신입사원 발령 사항' 게시판 자료를 만들고 있다. 다음 자료에서 F4셀에 들어갈 함수식으로 옳은 것은?

> • '(가) 성명'의 가운데 글자를 가리기 위해 '(나) 성명'에 함수 사용
> [예시] 고추장 → 고0장

	A	B	C	D	E	F	
1				2021년 신규직원 발령 사항			
2							
3	순번	수험번호	응시분야	발령 사항	(가) 성명	(나) 성명	
4	1	106	기술	기획조정실	권민경	권0경	
5	2	108	전기	안전관리본부	김다은	김0은	
6	3	109	사무	IT전략실	김남현	김0현	
7	4	112	기술	안전관리본부	서일구	서0구	
8	5	116	행정	경영지원실	이예지	이0지	
9	6	119	행정	경영지원실	한승우	한0우	
10	7	121	사무	구매물류실	박성태	박0태	
11	8	126	전기	차량본부	이선주	이0주	
12	9	129	기술	기술본부	오승훈	오0훈	
13	10	130	행정	경영지원실	박지현	박0현	
14	11	131	행정	기획조정실	전동석	전0석	
15	12	133	행정	고객서비스본부	신석호	신0호	
16							

① =TURN(F4,2,1,0)　　② =CHANGE(F4,2,1,0)　　③ =CHANGE(E4,2,1,0)

④ =REPLACE(F4,2,1,0)　　⑤ =REPLACE(E4,2,1,0)

42. 다음 글을 읽고 파악할 수 없는 것은?

□ 개인정보의 개념

• 개인정보보호법 제2조 제1항

'개인정보'란 살아 있는 개인에 관한 정보로서 다음의 어느 하나에 해당하는 정보를 말한다.

가. 성명, 주민등록번호 및 영상 등을 통하여 개인을 알아볼 수 있는 정보

나. 해당 정보만으로는 특정 개인을 알아볼 수 없더라도 다른 정보와 쉽게 결합하여 알아볼 수 있는 정보

　※ 쉽게 결합할 수 있는지 여부는 다른 정보의 입수 가능성 등 개인을 알아보는 데 소요되는 시간, 비용, 기술 등을 합리적으로 고려해야 한다.

다. 가 또는 나를 가명처리함으로써 원래의 상태로 복원하기 위한 추가 정보의 사용 · 결합 없이는 특정 개인을 알아볼 수 없는 정보(이하 "가명정보"라 한다)

　※ 가명처리 : 개인정보의 일부를 삭제하거나 일부 또는 전부를 대체하는 등의 방법으로 추가 정보가 없이는 특정 개인을 알아볼 수 없도록 처리하는 것을 말한다(개인정보보호법 제2조 제1호의2).

□ 개인정보보호의 주요 주체

• 개인정보보호법 제2조 제3호

'정보주체'란 처리되는 정보에 의하여 알아볼 수 있는 사람으로서 그 정보의 주체가 되는 사람을 말한다.

• 개인정보보호법 제2조 제5호

'개인정보처리자'란 업무를 목적으로 개인정보파일을 운용하기 위하여 스스로 또는 다른 사람을 통하여 개인정보를 처리하는 공공기관, 법인, 단체 및 개인 등을 말한다.

□ 개인정보의 유형

유형구분	개인정보 항목
일반정보	이름, 주민등록번호, 운전면허번호, 주소, 전화번호, 생년월일, 성별, 국적 등
가족정보	가족의 이름, 직업, 생년월일, 주민등록번호, 출생지 등
교육 및 훈련 정보	최종학력, 성적, 기술자격증/전문면허증, 이수훈련 프로그램, 상벌사항, 동아리활동 등
병역정보	군번 및 계급, 제대유형, 주특기, 근무부대 등
부동산 및 동산 정보	소유주택 및 토지, 자동차, 저축현황, 현금카드, 주식 및 채권, 수집품 등
소득정보	연봉, 소득의 원천, 소득세 지불 현황 등
기타 수익정보	보험가입현황, 수익자, 회사의 판공비 등
신용정보	대부상황, 저당, 신용카드, 담보설정 여부 등
고용정보	고용주, 회사주소, 상관의 이름, 직무수행 평가 기록, 훈련기록, 상벌기록 등
법적정보	전과기록, 구속기록, 이혼기록 등
의료정보	가족병력기록, 과거의 의료기록, 장애정보, 혈액형 등
조직정보	노조가입, 정당가입, 클럽회원, 종교단체 활동 등
통신정보	전자우편(E-mail), 통화내용, 로그파일(Log file), 쿠키(Cookies)
위치정보	GPS나 휴대폰 등에 의한 개인의 위치정보
신체정보	홍채, 지문, DNA, 신장 등
습관 및 취미정보	흡연, 음주량, 여가활동, 선호하는 취미활동, 비디오 대여기록, 도박성향 등

① 가명처리한 정보는 개인정보에 해당되지 않는다.

② 고인(故人)의 정보는 개인정보에 해당하지 않는다.

③ 개인뿐만 아니라 법인이나 단체도 개인정보처리자가 될 수 있다.

④ 10대 A양이 학교 밴드 동아리에 가입해서 활동한다는 정보는 교육 및 훈련정보에 해당한다.

⑤ B 사원의 연봉이 얼마 정도인지에 대한 정보는 소득정보에 해당한다.

43. ○○기업 경영팀 최 과장은 다음 표를 바탕으로 워드프로세서로 차트를 작성하였다. 작성 과정에 대한 설명으로 옳은 것을 〈보기〉에서 모두 고르면?

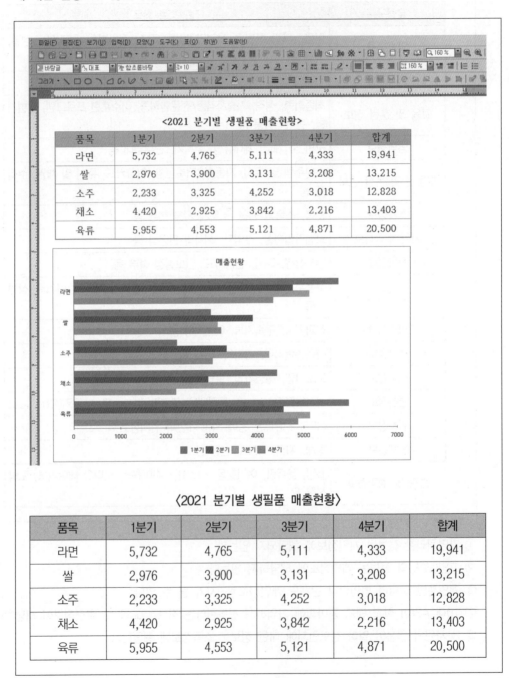

〈2021 분기별 생필품 매출현황〉

품목	1분기	2분기	3분기	4분기	합계
라면	5,732	4,765	5,111	4,333	19,941
쌀	2,976	3,900	3,131	3,208	13,215
소주	2,233	3,325	4,252	3,018	12,828
채소	4,420	2,925	3,842	2,216	13,403
육류	5,955	4,553	5,121	4,871	20,500

1회 기출유형

보기

ㄱ. 차트로 만들 셀을 드래그로 선택한 후 [표]−[차트 만들기]를 선택한다.

ㄴ. 차트를 선택하고 가로막대형을 선택하여 해당 차트를 설정한다.

ㄷ. 차트 마법사의 [범례]−[범례 모양]에서 범례의 위치와 글자를 설정한다.

ㄹ. 차트를 선택하고 마우스 오른쪽 버튼을 눌러 [캡션 달기]−[제목 달기]를 선택하고 차트 제목의 글자 크기 및 속성을 지정한다.

ㅁ. 배경색에 그러데이션 효과를 주기 위해 차트를 선택하고 마우스 오른쪽 버튼을 눌러 [차트]−[배경]을 선택하여 그러데이션 효과를 지정한다.

① ㄱ, ㄴ, ㄹ   ② ㄱ, ㄴ, ㅁ   ③ ㄴ, ㄷ, ㄹ

④ ㄴ, ㄹ, ㅁ   ⑤ ㄷ, ㄹ, ㅁ

44. 다음 일련번호 부여 방법을 참고하였을 때 독일에 수출될 가정용 커피머신 중 2022년 1월에 경상북도 구미 소재 공장에서 125번째로 생산된 제품의 일련번호는?

〈S사 커피머신 일련번호 부여 방법〉

제조 연월	제조공장		용도		유통 경로		생산 순서
	구분	번호	구분	번호	구분	번호	
제조된 연월 4자리	경기도	1	가정용	H	백화점	501	해당 제조 공장에서 생산된 순서대로 0001부터 4자릿수로 번호가 매겨짐 *연도가 바뀌면 생산 순서 번호 새로 시작
	강원도	2			대리점	502	
	충청북도	3					
	충청남도	4			홈쇼핑	503	
	전라북도	5					
	전라남도	6	매장용	S	EX가전몰	504	
	경상북도	7			아시아수출	505	
	경상남도	8					
	인천광역시	9			유럽수출	506	
〈일련번호 부여 예시〉 2022년 8월 전라남도(나주) 공장에서 1352번째로 생산되어 홈쇼핑으로 유통될 가정용 커피머신의 일련번호 : 22086H5031352							

① 22088H5060125   ② 22083S5011025   ③ 22087H5030125

④ 22087H5060125   ⑤ 22087H5050125

45. 다음 글의 내용을 올바르게 이해하지 못한 것은?

> 자신이 사용하는 컴퓨터에 바이러스가 걸렸다고 판단된다면 대부분 컴퓨터에 안티 바이러스 프로그램, 즉 컴퓨터 백신을 실행하여 바이러스를 제거할 것이다. 과거에서 현재까지 인터넷을 기반으로 컴퓨터의 발전이 급속도로 진행되고 있는데, 이와 더불어 개인정보의 중요성과 그러한 정보를 잘 보호할 수 있는 컴퓨터 백신의 중요성이 증가하고 있다.
>
> 컴퓨터가 개발되고 생겨난 초기 바이러스는 개발자의 장난이 주를 이루었다. 컴퓨터를 50번째 부팅할 때 마다 짧은 시를 보여주는 식이 그 사례이다. 하지만 현대로 넘어오면서 컴퓨터와 인터넷상에는 많은 정보가 생겨나기 시작했고 이러한 정보를 쟁탈하기 위해 여러 바이러스가 생성되기 시작하였다.
>
> 초기 백신은 하나의 바이러스가 만들어질 때마다 해당 바이러스를 막을 수 있는 형태로 개발되었으나, 무수히 쏟아지는 바이러스를 하나씩 대응하기에는 비효율적이었다. 이러한 판단 속에서 지금은 다양한 바이러스뿐만 아니라 악성코드, 트로이 목마, 웜, 스파이웨어, 애니웨어 등의 악성 프로그램을 식별하여 제거하는 형태로 발전되었다.
>
> 대개 백신 프로그램이 바이러스를 식별하는 방법은 두 가지가 있다. 첫 번째는 가장 일반적인 방법인 바이러스 서명식별 방법으로 사전에 등록된 바이러스의 고유 패턴(서명)을 PC의 파일과 대조하여 일치한다면 제거하는 것이다. 그러나 이 방법은 기존의 바이러스의 고유 패턴을 대조하기 때문에 새로운 바이러스에 대해서는 취약할 수 있다. 두 번째는 발견적 식별 방법이다. 이 또한 기존 바이러스 패턴을 기억하는 방법으로 파일이 기존 바이러스와 유사하게 판단되는 동작을 실행할 경우에 이를 감지하여 사용자에게 제시한다. 하지만 바이러스가 아닌 정상적인 프로그램 또한 바이러스로 판단하여 사용자에게 제시하므로 사용자에게 혼란을 일으킬 수 있다.
>
> 이렇게 백신 프로그램이 바이러스를 식별하는 두 가지 방법이 있지만, 이는 모두 기존 데이터를 사용하여 바이러스를 식별하는 것이기 때문에 백신 프로그램이 바이러스 제거에 100% 완벽하지는 않다. 따라서 중요한 데이터는 미리 백업해 두는 것이 좋으며 백신 프로그램은 정기적으로 업데이트하며 바이러스 감영 확률을 줄이는 것이 가장 중요하다.

① 컴퓨터 바이러스를 치료할 컴퓨터 백신이 만들어진 초기에는 하나의 백신이 하나의 바이러스만을 막을 수 있는 형태로 개발되었다.

② 초기 바이러스는 개발자들의 장난으로 만들어진 것이 주였으나 현대에 와서는 개인정보 및 중요한 정보를 빼내기 위한 목적으로 생성되었다.

③ 백신 프로그램의 기본적인 원리는 바이러스의 패턴을 데이터베이스에 저장하여 그와 유사한 패턴을 보이는 프로그램을 대조 및 식별하는 것이다.

④ 혹시나 백신이 중요한 파일을 제거할 가능성이 우려된다면 바이러스 서명식별 방법보다 발견적 식별 방법을 토대로 하는 백신을 사용하는 것이 좋다.

⑤ 바이러스 서명식별 방법은 가지고 있는 바이러스의 패턴과 컴퓨터 파일의 패턴을 비교하는 방법이고, 발견적 식별 방법은 기존 바이러스와 컴퓨터 파일의 동작 패턴을 비교하여 바이러스를 제거하는 방법이다.

[46 ~ 48] G 사원은 시스템 상태를 판독하고 그에 따른 코드를 입력하는 시스템 통합모니터링 및 관리 업무를 담당하고 있다. 다음 매뉴얼을 보고 이어지는 질문에 답하시오.

〈Status code 매뉴얼〉

Status code	조치
101	해당 시간대에는 오류가 확인되지 않았습니다. Status code 아래에는 임의의 숫자들이 출력되며, 특별한 조치가 필요하지 않습니다.
201	Status code 아래의 숫자들의 합을 FEV로 하여 코드를 입력하여 조치합니다.
205	Status code 아래의 숫자들 중 가장 큰 숫자를 FEV로 하여 코드를 입력하여 조치합니다.
207	Status code 아래의 숫자들 중 가장 큰 수와 가장 작은 수의 합을 FEV로 하여 코드를 입력하여 조치합니다.
209	Status code 아래의 숫자들 중 가장 마지막 숫자를 FEV로 하여 조치합니다.
301	Status code 아래의 숫자들 중 홀수인 숫자의 합을 FEV로 하여 조치합니다.
302	Status code 아래의 숫자들 중 짝수인 숫자의 합을 FEV로 하여 조치합니다.
999	코드 입력 테스트용 Status code입니다. 아래의 숫자들 중 해당 Section 번호보다 더 큰 숫자가 존재한다면 입력코드로 Passed를 입력하여 조치합니다. 아래의 숫자들 중 해당 Section 번호보다 더 큰 숫자가 존재하지 않는다면 입력코드로 Nonpassed를 입력하여 조치합니다.

〈FEV별 조치 매뉴얼〉

FEV	입력코드
FEV < 0	Stable
0 ≤ FEV < 100	Sustain
100 ≤ FEV < 200	Response
200 ≤ FEV < 300	Alert
300 < FEV	Fatal

〈예시〉

```
System type A, Section 140
User code 3714323
Date 202X/03/26 16 : 55 : 20
Status code 201
## 001, 072, 063, 117
Input code or press enter to continue.
〉〉 _____
```

→ Status code가 2010l므로 그 다음 줄의 숫자인 1, 72, 63, 117의 합인 253을 FEV로 한다. FEV가 200 이상 300 미만이므로 입력코드로 Alert를 입력합니다.

46. 다음 시스템 화면에서 G 사원이 입력해야 할 코드로 적절한 것은?

```
System type A, Section 75
User code 3714323
Date 202X/04/17 13 : 21 : 05
Status code 207
## 272, 104, 052, 074, 209, 108, 224, 099, 257, 118, 198, 155, 080
Input code or press enter to continue.
〉〉 _____
```

① Stable　　　　② Sustain　　　　③ Response
④ Alert　　　　⑤ Fatal

47. 다음 시스템 화면에서 G 사원이 입력해야 할 코드로 적절한 것은?

```
System type A, Section 171
User code 3714323
Date 202X/07/14 09 : 33 : 17
Status code 999
## 006, 007, 031, 020, 015, 109, 182, 050, 037, 109, 110, 163, 156, 025, 139
Input code or press enter to continue.
>>  _____
```

① Fatal   ② Passed   ③ Nonpassed

④ Stable   ⑤ Response

48. G 사원이 시스템 화면을 보고 코드를 입력하려고 하였으나 모니터링 프로그램의 오류로 시스템 화면이 다음과 같이 일부 글자가 보이지 않게 되었다. 이때 G 사원이 입력해야 할 코드로 적절한 것은?

```
System ty □ □ A, Section 0 □ □
User code 3714 □ □3
Date  □ □2X/11/ □7  16 :  □ □ : 34
Stat □ □ code 301
##  □ □0,  □ □2,  □71, 032,  □ □8, 161, 2 □5
Input co □ □ or press e □ □er to continue.
>>  _____
```

① Fatal   ② Alert   ③ Response

④ Sustain   ⑤ Passed

[49 ~ 50] 다음은 □□사의 음료상품 바코드번호 표기에 대한 자료이다. 이어지는 질문에 답하시오.

<바코드번호 표기법>

[지역코드 두 자리]-[세부지역코드 두 자리]-[주재료 코드 두 자리]-[부재료 코드 두 자리]

지역		세부지역		주재료*		부재료	
분류	코드	분류	코드	분류	코드	분류	코드
서울	02	강남	11	바나나	13	바나나	13
		홍대	12				
경기	31	분당	21	딸기	24	딸기	24
		수원	22				
강원	33	강릉	31	망고	35	망고	35
		원주	32				
충북	43	충주	41	수박	46	수박	46
		과산	42				
충남	41	대전	51	오렌지	57	오렌지	57
		세종	52				
전북	63	전주	61	사과	68	사과	68
		익산	62				
전남	61	여수	71	키위	79	키위	79
		순천	72				
경북	54	안동	81	체리	80	체리	80
		영주	82				
경남	55	창원	91	토마토	99	토마토	99
		진주	92				

※ 상품명에서 앞에 있는 재료가 주재료이고, 뒤에 오는 재료가 부재료이다.

49. 다음 중 상품명과 바코드번호가 올바르게 짝지어진 것은?

	상품명	바코드번호
①	경북 안동점에서 주문된 딸기바나나 음료	54822413
②	경기 수원점에서 주문된 망고오렌지 음료	31213557
③	경남 진주점에서 주문된 사과망고 음료	55913568
④	충남 세종점에서 주문된 토마토체리 음료	43529980
⑤	전북 익산점에서 주문된 망고딸기 음료	63623524

50. 음료 주문 시 고객이 부재료 없이 주재료만을 원하는 경우 부재료의 코드번호 두 자리에 주재료 코드번호의 앞뒤를 바꾸어 표기한다면, 다음 중 상품명과 바코드번호가 올바르게 짝지어지지 않은 것은?

	상품명	바코드번호
①	강원 강릉점에서 주문된 사과 음료	33316886
②	경북 영주점에서 주문된 바나나 음료	54821331
③	경남 진주점에서 주문된 키위 음료	55927979
④	서울 강남점에서 주문된 체리 음료	02118008
⑤	전남 여수점에서 주문된 토마토 음료	61719999

01. 다음 글에 대한 설명으로 올바르지 않은 것은?

FIT 제도는 Feed in Tariff의 줄임말로 발전차액지원제도를 뜻하며, 화석에너지 발전원을 신재생에너지 발전원으로 발전연료를 전환하여 온실가스를 감축하고자 시행된 정부보조제도이다. 2002년 정부는 신재생에너지 개발, 이용, 보급 촉진법 제17조 대체에너지 이용 발전전력의 기준가격 지침에 따라 발전단가가 높고 초기시장 형성이 어려운 신재생에너지 산업의 확장을 위해 FIT 제도를 시행하였다.

FIT 제도는 생산한 전기의 거래 가격이 에너지원별로 표준비용을 반영한 '기준가격'보다 낮을 경우 그 차액을 정부에서 지원해주는 제도이다. 차액지원 대상 대체에너지원에는 정부 무상지원금이 30% 미만인 태양광, 풍력, 소수력, 바이오에너지, 폐기물 소각, 조력, 연료전지가 해당되며, 해당 신재생에너지 발전사업자는 생산된 전력을 전력거래소에 계통한계가격으로 판매한 뒤 기준가격과 전력거래 가격 간의 차액을 전력기반기금을 통해 지원받았다. FIT 제도는 2002년부터 「대체에너지이용 발전전력의 기준가격 지침」 5차 개정을 거쳐 신재생에너지 보급과 초기 시장형성에 큰 역할을 담당하였지만 2011년 급격한 발전소 건설 붐이 나타나면서 예산상 제약기술개발 촉진 기능 미흡 등의 문제점으로 종료되고 2012년 RPS 제도가 도입되었다.

RPS 제도는 Renewable Energy Portfolio Standard의 줄임말로, 일정 규모(500MW) 이상의 발전설비를 보유한 발전사업자(공급의무자)에게 총 발전량의 일정비율 이상의 신재생에너지를 이용하여 공급하도록 의무화한 제도이다. 국내에서는 2012년 1일부터 시행되어 대형 발전소를 공급의무자로 지정해 발전량의 일정부분을 신재생에너지로 생산하도록 의무화했다.

여기서 공급의무자란 50만 kW(500MW) 이상의 발전설비를 보유한 자로 대형 발전소들 외에도 한국수자원공사, 한국지역난방공사도 포함된다. 2018년 기준 총 21개의 발전사가 공급의무자로 지정되어 공급의무량을 충당해야 한다. RPS를 통해 생산해야 하는 공급의무량은 매년 비중이 증가하는 추세이며 2017년 기준으로는 4%였지만, 우리나라와 세계 신재생에너지의 성장 흐름과 동반하여 2030년의 목표 신재생에너지 의무 보급률을 11%로 설정하였다.

공급의무자로 선정된 발전사업자는 신재생에너지를 직접 생산하거나 신재생에너지 공급인증서(REC)를 구입하여 의무량을 충당해야 한다. FIT 제도와 RPS 제도 둘 다 신재생에너지를 육성하기 위한 목적을 가진 제도이지만 방식은 매우 다르다. FIT 제도는 발전사업자에게 직접적으로 보조금을 지원하는 방식으로 정부의 재정지원이 필수인 반면에, RPS 제도는 정부가 신재생에너지 산출량을 직접적으로 규제하는 방식으로 정부의 직접적인 재정 부담이 없다. FIT 제도가 정부 주도로 일정기간 정해진 가격을 보장하는 제도인 반면 RPS 제도는 정부가 의무부과를 통해 시장을 창출해 주되, 가격은 시장원리에 따라 결정하게 하는 방식이다. 이러한 특성 때문에 각각의 장단점도 굉장히 상이한데, FIT 제도는 신재생에너지의 분산 배치에 효과적이지만 보급 규모 예측이 어려워서 정책 효과나 예산의 규모를 판단하기가 어렵다. 또한 재정 부담이 큰 것도 기존 FIT 제도의 큰 단점이기도 하다.

이는 2012년부터 이전까지 시행해 왔던 FIT 제도를 중단하고 RPS 제도로 방향을 돌린 가장 큰 이유이다. RPS 제도는 정해진 최소 공급량이 있기 때문에 공급규모 예측이 용이하고, 재정 부담이 없다는 장점이 있다. 하지만 공급비용이 낮은 에너지 선호로 일부 신재생에너지에만 편중이 될 우려가 있고, 기술기반이 없는 상태에서 경쟁체제를 도입할 시에는 외국의 기술과 제품이 시장을 선점할 수도 있다. 실제로 국내 풍력발전에 필요한 대부분의 부품이 외국에서 들여온 것이 많기 때문에, 국내 기업들이 크게 성장하지 못하는 단점이 드러나고 있는 실태이며, 발전사 대부분의 RPS 제도 실현은 청정에너지가 아닌 폐기물과 우드펠릿으로 충당하고 있다.

독일의 FIT 제도는 1990년 처음 시행된 후 2000년과 2004년, 2008년 제정 및 개정된 재생에너지법(The Renewable Energy Sources Act)을 통해 성공적인 제도로 안착되었다. 특히 전력 생산업체들의 기술개발 촉진, 발전효율 개선을 유도하기 위해 FIT 제도의 기준 금액을 매년 단계적으로 인하하였다. 그러나 독일도 최근 재정 부담 등을 이유로 FIT 제도를 개선하여, 연차별로 보급 한계용량을 설정해 이보다 높게 보급될 경우 기준가격을 조정하는 유연감소율제도를 도입하였다.

미국 내 29개 주와 워싱턴 DC는 RPS 제도를 시행하거나 비슷한 제도를 시행했다. 연방정부 및 각 주별로 재생에너지 발전량 비준 목표를 가진 미국의 2012년 설비용량은 1998년 대비 약 67% 증가하였다. 그러나 최근 유럽에서의 FIT 제도의 성공사례에 자극받아 미국 역시 FIT 제도 도입을 추진하였다. 2006년에는 6개 주에서, 2008년은 8개 주가 FIT 법안을 고려하였다. FIT 도입을 가장 활발히 추진한 캘리포니아의 FIT 제도는 모든 종류의 기술에 대해 같은 가격을 지원하고, 전력공급 시간대가 혼잡시간인지 아닌지에 따라 다른 금액이 지원된다.

① FIT 제도 하에서는 전기 생산자가 생산비용이 전기의 거래 가격보다 낮을 경우 차액지원 대상에 해당되지 않는다.

② FIT 제도의 대상에 포함되지 않는 대체에너지원에도 정부의 지원금이 주어졌다.

③ FIT 제도에서 RPS 제도로 전환이 된 가장 큰 이유로는 정부의 재정 부담이 있다.

④ FIT 제도 하에서는 다양한 신재생에너지원이 발전에 활용될 수 있었으나, RPS 제도 하에서는 일부 에너지원만이 활용되는 단점이 발생하였다.

⑤ FIT 제도는 신재생에너지를 통한 발전량을 비교적 정확히 예측할 수 있었으나, RPS 제도 하에서는 공급되는 발전량을 예측하기 어려운 단점이 있다.

[02 ~ 03] 다음 ○○공사 신입사원 연수자료를 읽고 이어지는 질문에 답하시오.

LNG 개별요금제, 가스 공급 체계에 효율을 더하다

    ○○공사는 △△공사와 '발전용 개별요금제 공급·인수합의서'를 체결해 대구, 경북 양산, 충북 청주 등의 신규 열병합발전소에 약 15년간 연 40만 톤 규모의 천연가스 고정약정물량 공급을 확정 지었습니다. △△공사가 '개별요금제'를 선택한 배경에는 ○○공사가 오랜 기간 축적해 온 노하우와 글로벌 네트워킹을 통한 공급안정성, 가격경쟁력 등이 크게 작용한 것으로 평가되고 있습니다.

(가) 우리나라는 대부분의 천연가스를 수입에 의존하고 있으며, 장기계약을 맺은 천연가스 생산국에서 국내로 들여옵니다. 이때 나라마다 계약 시점이나 책정 가격 등이 달라 가격에 차이가 생기는데, 이 차이를 없애기 위해 ○○공사는 평균 가격으로 가스를 공급하는 '평균요금제'를 실시해 왔습니다. 하지만 구매자 우위 시장으로 변화하는 상황에서 20년 이상 장기계약 시에 평균가격을 적용하는 요금제가 비효율적이라는 결론에 이르자 LNG 도입 계약을 각 발전기와 개별 연계해 발전사들의 선택권을 확대하는 개별요금제 도입의 필요성이 제기되었습니다.

(나) ○○공사의 발전용 개별요금제는 발전사가 자사의 발전기 사정에 맞게 경제적으로 LNG를 구매할 수 있다는 점과 대규모 사업자뿐 아니라 직접 수입이 어려운 중소규모의 발전사 간 공정경쟁 환경을 조성한다는 점 등의 이점을 가지고 있습니다. 또한 공사는 가스도매업자로서 적절한 LNG 비축 등으로 종합적인 천연가스 수급관리 안정에 기여할 수 있으며 소비자에게는 전기 요금 인하라는 효과를 가져다 줄 것으로 기대됩니다. 전기 요금이 왜 저렴해질까요? ○○공사의 구매력이 발휘돼 천연가스를 싸게 수입해오는 것에 대해 LNG 원료비에 이윤을 추가하지 않기 때문입니다.

    개별요금제의 적용 대상은 '제13차 장기 천연가스 수급계획' 상의 직수입 의향 물량인 신증설 및 계약 종료 발전소로, ○○공사와 기존 천연가스 매매계약이 종료되지 않은 발전사는 계약종료 시 직수입 또는 개별요금제를 선택할 수 있습니다.

    ○○공사의 발전용 개별요금제는 이제 막 본 궤도에 올랐습니다. 대규모 설비의 운영 노하우와 수급관리 경험으로 ○○공사는 개별요금제를 통하여 개별요금 소비자에 대한 비축의무를 강화해 비상대응역량을 제고하여 급변하는 LNG 시장 추이를 유연하고 적극적으로 반영하고 국내 천연가스 시장을 선도해나갈 계획입니다.

02. A 사원이 위 내용으로 연수를 받고 LNG 개별요금제에 대해 요약·정리할 때, ㉠~㉣에 들어갈 내용으로 올바르게 묶인 것은?

> LNG 개별요금제란 ○○공사가 (㉠)와/과 직접 가격 협상을 진행하는 제도로, 동일 가격으로 전체 발전사에 공급하던 기존의 (㉡)와/과 달리 (㉢)의 선택권을 확대한 제도이다. 개별요금제는 (㉣)에게도 영향을 미칠 것으로 보인다.

	㉠	㉡	㉢	㉣
①	천연가스 생산국	평균요금제	발전사	소비자
②	개별 발전사	평균요금제	천연가스 생산국	공급자
③	개별 발전사	평균요금제	발전사	소비자
④	천연가스 생산국	동일가격책정제	가스도매업자	공급자
⑤	개별 발전사	동일가격책정제	천연가스 생산국	소비자

03. A 사원이 (가)와 (나) 문단에 제목을 붙인다고 할 때 가장 적절한 것은?

① (가) 개별요금제의 탄생 배경
② (가) 평균요금제와 개별요금제의 이점
③ (나) LNG 비축으로 나타나는 천연가스 수급 안정
④ (나) 대규모 사업자와 중소규모 발전사 간의 경쟁
⑤ (나) LNG 가격 공개제도의 도입

[04 ~ 05] 다음은 우 박사가 ○○공사 신입사원 연수에서 '코로나19 시대, 디지털 문명의 주역이 되자'라는 주제로 강의를 한 후 질의응답한 내용이다. 글을 읽고 이어지는 질문에 답하시오.

1Q. 세계 7대 기업이 죄다 디지털 플랫폼 기업이다. 결국 우리의 삶 전체가 디지털로 옮겨간다는 신호일까.

1A. 디지털로 갔을 때 경험이 좋은 건 모두 옮겨 갈 거다. 안 갔을 때 좋은 것도 있다. 분위기 좋은 카페에서 커피 한 잔 마시는 경험은 커피 배달로 절대 대체할 수 없다. 그 좋은 경험이 나를 카페로 이끌겠지만, 3만 원을 송금하러 은행에 가는 경험은 결코 행복하지 않을 것이다. 플랫폼의 성공 여부는 좋은 경험을 크리에이트 하느냐의 문제다.

2Q. 지금껏 당연하다고 여겼던 상식과 기준이 흔들린다.

2A. 대표적인 게 음악이다. 미래학자 자크 아탈리도 음악 소비의 변화가 미래의 소비변화를 주도한다고 했는데, 음악이 인류의 가장 오래고도 보편적인 소비 욕구를 보여 주기에 그렇다. 음악을 듣고 싶을 때 어떻게 행동하나, 아무 생각 없이 애플리케이션을 열면 그 욕구가 순식간에 해결된다. 그렇게 문제 해결을 하면 다른 것도 요구하게 된다. 돈을 부칠 때도 송금 애플리케이션을 열지 않나. 감염 위험이 커지니 떡볶이 먹을 때도 애플리케이션을 쓸 만큼 소비가 급격하게 디지털 플랫폼으로 이동하게 됐고, 그 경험이 점점 표준이 되어 간다. 이 위기가 누군가에겐 기회가 될 텐데, 위기를 기회로 잡으려면 내 마음의 표준부터 바꿔야한다.

3Q. 아날로그가 미덕이던 예술이나 스포츠 분야까지 표준이 바뀔까.

3A. 그런 경험은 대체하기 어렵지만 두려움 때문에 못 가는 상황이라면 어떻게든 온라인으로 양식을 옮겨 대리 만족할 기회를 제공해야 한다. 그렇지 못하면 영속성을 유지할 수 없을 것이다. 내 아이디어는 이렇다. 예컨대 뮤지컬 공연에 휴대폰 제조사가 협업해 휴대폰 1만 개로 객석을 채우고 티켓을 산 1만 명이 영상통화로 보게 하는 거다. 일괄적인 영상이 아니라 내가 보고 싶은 각도로 찍게 할 수 있고, 좌석 등급제도 가능하다. 영상통화 방식이니 내 얼굴도 배우에게 보이게 된다. 관중이 보이면 배우에게도 감흥이 다르다. 그런 식의 새로운 아이디어로 방법을 찾자면 무궁무진하다. 공연도 기술을 통해 발전할 수 있다.

4Q. 올해 대중음악계엔 복고열풍이 불었다. 변화에 대한 기성세대의 저항심리라고 볼 수 있을까.

4A. 시장의 부족사회화를 보여 주는 거다. 마케팅 전문가 구루 세스 고딘의 말처럼, 인간에게는 작은 단위로 뭉치는 부족본능이 있다. 취미도 옛날에는 낚시, 등산회 정도였다면, 디지털로 커뮤니케이션하면서 아주 다양한 모임이 생겼다. 음악에도 트로트 부족, 아이돌 부족이 다 있다. 트로트의 잠재력을 알면서도 못 끌어냈던 건 '트로트 가수는 누구'라는 기존 상식을 버리지 않아서다. 아이돌 뽑듯 고객이 선택하게 했더니 팬덤이 폭발하지 않았나. 소수의 만화가가 주도하던 과거 출판시장과 달리 현재의 웹툰은 어마어마하게 크고 다양한 시장이 생겼는데, 디지털 커뮤니케이션이 새로운 시장을 만든 셈이다. 국내의 한 작가가 동남아 최고스타가 됐듯 최근 세대의 팬덤에는 국가나 언어의 경계가 없는 게 특징이고, 그래서 가능성도 엄청나다.

5Q. 팬덤의 힘이 세지니 패싸움하듯 과격해지기도 한다.

5A. 부족사회는 내 편을 보호하고 남의 편을 공격하려는 성향이 강한데, 인간의 내재된 본성이 드러나는 거다. 그래도 다행인 건 인류의 보편적 잣대란 게 있고, 그걸 건드리면 엄청난 분노를 일으킨다는 걸 아니까 조심한다. 연예인들이 악플러들을 고소하면서 자정되고 있듯이 결국 보편적 가치에 의해 판단될 거다. 디지털 문명의 특징은 문제를 드러내는 거니까. 결국 보편적 가치가 승리할 것이다.

04. 윗글을 통해 알 수 있는 사실을 모두 고른 것은?

> ㄱ. 우리가 경험하는 모든 삶은 디지털로 이동하게 된다.
> ㄴ. 아직 많은 영역에서 아날로그적 감성이 대세를 이룬다.
> ㄷ. 디지털 커뮤니케이션으로 인해 다양한 모임이 온라인에 생겨나고 있다.
> ㄹ. 코로나19는 디지털 플랫폼으로의 소비 이동을 가속화했다.

① ㄱ, ㄴ   ② ㄱ, ㄷ   ③ ㄴ, ㄷ
④ ㄴ, ㄹ   ⑤ ㄷ, ㄹ

05. 윗글에서 제시하고 있는 사회의 변화 방향과 거리가 먼 사례를 제시한 사람은?

① 상엽 : 극장에 가지 않더라도 오늘 개봉한 영화를 집에서 편하게 볼 수 있기도 해.

② 나라 : 나는 가끔 교외에 있는 아기자기한 카페에 가서 음료를 마시며 휴식을 취하고 사진을 찍기도 해.

③ 제시 : 해외여행을 갈 때 과거에는 직접 은행에 가서 환전을 했다면 지금은 모바일 앱을 통해 편리하게 환전 신청을 할 수 있어.

④ 미주 : 평일 저녁 야구장에 직접 가지 못하더라도 퇴근길에 스마트폰으로 경기 실황을 볼 수 있어.

⑤ 소민 : 배달 음식을 먹을 때 과거에는 직접 전화로 메뉴와 주소 등을 불러 주문하였다면, 이제는 배달 플랫폼 애플리케이션을 통해 편리하게 주문을 하고 있어.

[06 ~ 07] ○○공사 A 직원은 공사 홈페이지에 R&D HUB 사업에 대한 안내문을 작성하고 있다. 이를 참고하여 이어지는 질문에 답하시오.

〈○○공사의 R&D HUB 안내〉

○○공사 R&D HUB는 중소기업과 민간이 보유한 신기술이 사업화 초기단계인 죽음의 계곡을 극복할 수 있도록 돕고, 민간의 아이디어를 통하여 공사의 혁신을 도모할 수 있는 공모의 장입니다. 이 공간을 통해 기술도입을 활성화하고, 우리 공사에 도입이 적정하다고 검토된 신기술은 도입하고 그 성과를 공유할 예정입니다. 창의적인 아이템과 사업수행능력을 가진 사업자 여러분들의 많은 참여 바랍니다.

□ 운영개요
- 공모기간 : 연중
- 참여대상 : 사업자(개인, 법인)
- 대상사업 : 우리 공사 정관 내 사업범위에 명시된 분야
- 사업유형 : 수익사업, 신기술 및 특허, 기술개발 및 R&D
- 접수방법 : 공사 홈페이지(우편, 방문 접수 시 추후 홈페이지 입력) 접수 후 담당자에 연락
- 제출서류 : 홈페이지 제안양식, 사업제안서(별첨 양식 다운로드)

□ 제외대상
- ○○공사에서 이미 시행되었거나 시행 예정인 수익사업
- 단순 진정, 비판, 불만 민원 등
- 특허권, 실용신안권, 디자인권, 저작권 위반 사항
- 구체성이 부족한 단순 제안, ○○공사의 사업범위 이외의 사업

□ 수익사업
- ○○공사의 유휴공간 및 교통시설을 활용하여 진행할 수 있는 창의적이고 수익성 있는 신규사업

□ 신기술 및 특허
- ○○공사가 단독 또는 권리자 일부로 포함된 특허기술을 말하며 3건의 건설관련 특허를 보유하고 있습니다. ○○공사는 중소기업의 기술경쟁력 제고를 위해 공사가 보유한 특허를 활용하여 신기술·신제품 개발이 가능한 개방형 시스템을 구축하였으니 자세한 이용방법은 아래의 '활용방법·절차'를 참고하시기 바랍니다.
- 특허활용 개발대상 기술종류 : 자제, 공법, 실용신안 등 별도의 구분은 없습니다.
- 기술인증제품의 경우 기술인증마크등록 필수

• 활용방법 · 절차

특허의 내용, 권리자 등을 확인하고 중소기업에서 필요한 기술이면 특허사용협약 체결 후 중소기업에서 특허를 활용하여 신기술·신제품을 개발하게 됩니다. 자세한 내용은 ○○공사 담당부서로 문의 바랍니다.

또한 신기술과 특허를 활용한 사업성과는 성과공유제를 통해 이를 공유할 예정입니다.

06. 위 자료를 이해한 내용으로 적절한 것은?

① R&D HUB에 참여를 희망할 경우 두 가지 방식으로 접수할 수 있다.

② ○○공사에서 과거에 시행했던 수익사업에 새로운 요소를 추가하여 접수할 수 있다.

③ 기술개발 및 R&D 사업에 참여하는 기업은 아이디어 위주로 사업제안서 작성 후 공사와 회의를 거쳐 구체화한다.

④ 수익사업은 ○○공사 관할 교통시설을 활용하여 진행할 수 있어야 한다.

⑤ 신기술 및 특허 사업은 R&D HUB에 참여할 경우 기술인증마크를 등록하여야 한다.

07. 다음 중 제시된 자료에 대한 검토 내용으로 적절하지 않은 것은?

① 죽음의 계곡이 무슨 뜻인지 독자들이 알기 쉽게 주석을 달아 설명을 해주세요.

② ○○공사의 사업범위가 어디까지인지 정확히 기재해주세요.

③ ○○공사가 보유한 특허를 활용하는 절차에 대해 알려주세요.

④ 본 사업에 참여하는 사람들의 편의를 위해 공사의 신기술 및 특허 담당부서 연락처도 같이 명시해주세요.

⑤ R&D HUB의 일부 사업유형에 대한 설명 항목이 누락되었으니 추가로 작성해주세요.

08. 다음 글의 ㉠과 ㉡에 들어갈 내용으로 적절하게 짝지어진 것은?

우리는 전체 집단에서 특정 표본을 추출할 때 표본이 무작위로 선정되었을 것이라 기대하지만, 실제로 항상 그런 것은 아니다. 이 같은 표본 선정의 쏠림 현상, 즉 표본의 편향성은 종종 올바른 판단을 저해한다.

여론조사는 표본으로 행해지므로 표본조사에는 불가피하게 통계적인 표본오차가 수반된다. 표본오차는 모집단을 전수조사하는 대신에 표본을 조사함에 따라 발생하는 불가피한 통계적 오차로, 이는 오차범위로 명시하고 받아들인다. 그런데 여론조사를 기획하거나 실시하는 과정에서 비표본오차(Non-sampling Error)가 발생해 여론조사의 신뢰성을 떨어뜨릴 수 있다.

1936년 프랭클린 루즈벨트(Franklin Roosevelt)의 재선이 걸린 미국 대통령 선거에서 당시 인기 잡지인 더 리터러리 다이제스트(The Literary Digest)는 차량 등록자와 전화번호 등록자 총 236만여 명의 응답을 받은 여론조사 결과 당시 공화당 대선후보인 알프레드 랜던(Alfred Landon)를 지지하는 응답자의 수는 1,293,669명, 약 57%의 지지율로 루즈벨트를 꺾고 승리할 것이라는 예측을 발표했다. 그러나 대통령 선거 결과 랜던은 38%의 지지율로 참패하면서 더 리터러리 다이제스트는 무려 19%에 달하는 오차라는 오명을 쓰고 2년 뒤 폐간했다. 1936년 당시의 미국은 대공황 속에서 아직 자동차와 전화가 보급되지 않았던 시기로 더 리터러리 다이제스트가 실시한 여론조사의 표본은 공화당 지지율이 높은, 자동차와 전화를 가진 부유층에 편향되어 있었던 것이다.

여론조사의 응답비율을 10%라고 할 때 응답자 1,000명을 얻기 위해서는 초기 표본을 1만 명 이상을 구해야 한다. 이 초기 표본이 아무리 잘 설계되어 있다고 하더라도 응답한 사람들 대부분의 대답이 편중되어 있고, 응답하지 않은 다른 사람들이 또 다른 쪽으로 편중되어 있다면 응답자만 가지고 분석한 결과는 전혀 모집단을 대표할 수 없는 결과를 얻게 된다. 즉, 응답자 분포가 당초에 표본 설계와 맞지 않는 경우가 발생한 것이다.

이런 경우에는 가중치를 사용하여 보정하여 주거나, 무응답자를 무시하지 말고 무응답자가 어떤 성향을 가진 것인지를 별도로 조사하여 반영해야 한다. 실제로 설문조사는 표본설계에 기준이 되는 성별, 지역, 연령에 따라 상대적으로 덜 조사된 표본 계층에는 높은 가중치를, 더 조사된 표본계층의 의견은 낮은 가중치를 부여하는 작업이 이루어진다.

2차 세계대전 중 전투기의 보호 장비 개선을 위해 미국의 군 장성들과 전시 수학활동의 중추였던 SRG(Statistical Research Group) 사이에서 이루어졌던 논의가 좋은 사례이다. 미군은 전투기가 격추되는 것을 막기 위해 전투기에 철갑을 둘렀다. 기체 전체에 철갑을 두르면 너무 무거워지기에 중요한 부분에만 둘러야 했다. 교전을 마치고 돌아온 전투기에는 많은 총알구멍이 있었지만, 기체 전체에 고르게 분포된 것은 아니었다. 총알구멍은 동체 쪽에 더 많았고 엔진 쪽에는 그다지 많지 않았다. 군 장성들은 철갑의 효율을 높일 수 있는 기회를 발견했다. 군 장성들은 (㉠   ) 생각으로 '철갑은 얼마나 두꺼워야 할까'에 대한 대답을 받기 위해 SRG를 찾아갔다.

하지만 SRG의 수학자 아브라함 발드의 대답은 군 장성들이 원한 내용이 아니었다. 발드는 다음과 같은 주장을 펼쳤다. 만일 피해가 전투기 전체에 골고루 분포된다면 분명히 엔진 덮개에도 총알구멍이 났을텐데, 돌아온 전투기의 엔진 부분에는 총알구멍이 거의 없었다. 왜 이러한 현상이 발생한 것일까? 총알구멍이 엔진에 난 전투기는 대부분 격추되어 돌아오지 못한다. 엔진에 총알을 덜 맞은 전투기가 많이 돌아온 것은, 엔진에 총알을 맞으면 귀환하기 어렵기 때문이다. 병원 회복실을 가보면, 가슴에 총상을 입은 환자보다 다리에 총상을 입은 환자가 더 많다. 그러나 이는 사람들이 가슴에 총을 안 맞기 때문이 아니라, 가슴에 총상을 입은 사람들이 회복하지 못했기 때문이다.

발드의 주장은 바로 적용되었고, 미 해군과 공군은 이후 한국 전쟁과 베트남 전쟁까지 이를 따랐다. 이 선택이 얼마나 많은 미군기를 구해냈는지는 구체적으로 알려지지 않았으나, 미국 방위조직이 예로부터 정확히 이해한 사실은 전쟁에서 이기는 것은 상대 나라보다 좀 더 용감해서, 좀 더 자유로워서, 좀 더 신의 총애를 받아서가 아니라는 것이었다.

이 사례에서 군 장성들은 자신도 모르게 복귀한 전투기에 대해 어떤 가정을 하고 있었다. 그것은 기지로 복귀한 전투기가 (ⓛ   ) 것이었다. 군 장성들은 복귀한 전투기를 보호 장비 개선 연구를 위한 중요한 자료로 사용하고자 했다. 그러나 만약 잘못된 표본에 근거하여 정책을 결정한다면, 오히려 전투기의 생존율을 낮추는 결과를 초래할 수 있다.

	ⓐ	ⓛ
①	전투기에서 가장 중요한 엔진 쪽에만 철갑을 둘러도 충분한 보호 효과를 볼 수 있다는	출격한 전투기 일부에서 추출된 편향된 표본이라는
②	전투기에서 총알을 많이 맞는 동체 쪽에서 철갑을 집중해야 충분한 보호 효과를 볼 수 있다는	출격한 전투기 일부에서 추출된 편향된 표본이라는
③	전투기에서 가장 중요한 엔진 쪽에만 철갑을 둘러도 충분한 보호 효과를 볼 수 있다는	출격한 전투기 전체에서 무작위로 추출된 표본이라는
④	전투기에서 총알을 많이 맞는 동체 쪽에서 철갑을 집중해야 충분한 보호 효과를 볼 수 있다는	출격한 전투기 전체에서 무작위로 추출된 표본이라는
⑤	전투기의 철갑 무게를 감당할 만큼 충분히 강력한 엔진을 달아야 한다는	출격한 전투기 전체에서 무작위로 추출된 표본이라는

09. 다음 글을 통한 추론으로 올바르지 않은 것은?

전기차, 스마트인터넷, AI 등의 4차 산업혁명기술 도입으로 인해 전력 수요의 폭발적인 증가가 예상되는 바, 전력 공급의 증가뿐만이 아니라 수요자 차원의 에너지 수요관리가 점점 중요해지고 있다. 에너지 수요관리란 수요자 측면에서 에너지 소비 및 전력망 부하 감축을 위해 전력 소비자 소비 패턴 조정, 에너지 효율 향상, 전력망 분산화 등의 활동을 수행하는 것을 말한다. 에너지 수요 관리는 크게 수요 반응과 에너지 효율 향상 두 가지로 분류될 수 있다.

수요 반응(DR, Demand Response)은 시간이나 계절에 따라 전력 소비 패턴과 수요가 달라지기 때문에 이에 대처하기 위해 유동적인 요금 및 인센티브를 제공하는 것을 말한다. 최근 미세먼지 이슈가 화두로 떠오르면서 국내에서는 2020년 처음 미세먼지 DR이 발령되기도 했다. 수요 반응은 요금기반 수요 반응과 인센티브 기반 수요 반응으로 구분되며, 요금기반 수요 반응은 다시 계시별 요금제, 실시간 요금제, 피크요금제로 나눌 수 있다. 계시별 요금제는 사전에 정해진 요금 정책에 따라 계절·시간별로 다른 요금을 부과하는 것이며, 실시간 요금제는 중앙전력망의 수요에 따라 전력 요금이 실시간으로 변화하는 것을 말한다. 피크요금제는 전력 수요가 높은 피크 시간대에 평상시보다 비싼 요금을 부과하는 것이다. 인센티브기반 수요 반응은 전력 사용자가 전력공급자의 부하 감축 및 차단을 위한 프로그램에 참여하는 대가로 지원금 등의 인센티브를 받는 제도로, 전력공급자가 부하 차단을 위해 전력사용자의 전력기기를 직접 제어하는 직접부하제어와 경매 시스템을 통해 전력사용자가 감축용량과 가격을 입찰한 후, 낙찰가와 실제 감축한 전력량 실적에 기반하여 지원금을 지급하는 수요자원 시장 등의 방법이 있다.

에너지 효율 향상은 전력소비자가 높은 에너지 효율을 가진 제품을 쓰는 것으로 전력 수요 감축에 긍정적 효과를 줄 수 있으며, 이를 위해 높은 에너지 효율의 전자/가전제품에 지원금을 주는 정책 등이 고려될 수 있다. 그 외에 소비자의 효율적 에너지 사용을 돕기 위한 기술로는 '스마트 미터'와 '에너지관리시스템(EMS)'이 있다.

스마트 미터는 단순 전력사용량을 보여주는 기존의 전력 계량기와 달리 기기별 전력사용량 모니터링, 전력사용량 시각화, 전력공급자와의 쌍방향 커뮤니케이션 등의 다양한 기술을 탑재한 스마트 기기로써, 수요자 측면에서 에너지 효율 향상을 도모하고 위의 수요 반응을 구현하는 데 있어 가장 중요한 핵심 기술로서 위에서 언급된 수요 반응 프로그램의 정보를 스마트 미터가 수신할 수 있도록 한다.

에너지관리시스템은 IoT, 클라우드, AI 등의 4차 산업혁명기술 등을 활용하여 에너지 관리를 할 수 있도록 돕는 시스템으로, 사용 주체에 따라 공장에너지관리시스템, 홈에너지관리시스템, 건물에너지관리시스템 등으로 나뉠 수 있다. 가정용 에너지관리시스템은 전력요금 변화, 사용자의 전력 소비패턴 등에 따라 전자/가전기기의 전력사용을 자동으로 제어하고 이에 따른 전력사용량, 전기요금 변화 등을 스마트폰/컴퓨터 앱을 통해 표시할 수 있다.

스마트 미터가 제공하는 전력사용량에 관한 정보는 획일적으로 부과되는 요금제를 필요에 따라 다양화되고 세분화시킬 수 있게 만들어준다. 예를 들어 평일에는 일찍 출근하고 늦게 퇴근하는 직장인의 가정 내 전기 사용패턴은 평일 심야와 주말에 집중되어 있고, 오피스텔에서 재택업무를 하는 사람의 전기 사용패턴은 평일 오전과 오후에 집중되어 있다. 스마트 미터는 사용자가 이를 확인하고 자신의 전기 사용패턴에 맞는 요금제를 선택할 수 있도록 만드는 것이다.

IoT와 스마트 미터의 접목 역시 주목할 만하다. 스마트미터를 통해 전력사용량을 모니터링하고, IoT는 이를 바탕으로 설정된 효율적인 전력소비패턴에 따라 자동으로 조절한다. 스마트 미터와 IoT, 인공지능을 통해 효율적으로 조정된 전력소비로 인해 세계 전체 전력 소비가 1 ～ 2% 낮아질 것이라는 예측이 발표되었다. 수치상으로의 감소가 그렇게 크지는 않아 보일 수 있지만, 전 세계의 에너지 소비량이라는 기준에서는 큰 변화이다.

한국전력공사는 2020년부터 정부의 스마트그리드 로드맵에 따라 AMI(Advanced Metering Infrastructure) 사업을 추진하고 있다. AMI는 양방향 통신망을 활용한 지능형 전력계량기로 여기에는 스마트 미터, 에너지관리시스템 등을 모두 포함한다. 한전의 AMI 보급은 단계별로 진행되어 2024년까지 총 2,250만 호에 AMI를 보급하는 것을 목표로 하고 있다.

① 에너지 수요관리는 전력 사용의 패턴을 변화시켜 전기에너지 수요를 충족시키는 활동을 의미한다.

② 중앙집약형 전력망의 부하를 주지 않도록 소규모 발전 설비들을 배치하는 분산형 전원 보급이 확대되면 에너지 수요관리에 큰 도움이 될 것이다.

③ 소비자가 사용하는 전력량을 시각화하여 제공하는 것 역시 에너지 효율 향상을 위한 방법이 된다.

④ 수요 반응은 가전제품 제조 회사가 에너지 수요관리에 참여할 수 있는 대표적인 방법이다.

⑤ 정해진 일정량 이상의 전력을 사용할 경우 자동으로 전력 사용이 조절되게 하는 것은 에너지 효율 향상을 위한 방법이다.

10. 다음 글의 내용과 일치하지 않는 것은?

지금까지 수소에너지는 생산, 저장·운송 및 사용상의 높은 비용에 따른 경제성 결여로 보급 및 확대에 어려움을 겪어 왔다. 수소의 전통적 생산방식인 천연가스의 개질은 주원료인 천연가스의 가격경쟁력 부족이 걸림돌로 작용하였으며, 물을 전기분해하여 생산하는 수전해 방식은 추가적인 전력을 사용해야 한다는 점에서 경제성이 부족하였다. 하지만 셰일가스 혁명으로 천연가스 가격이 하락하고 신재생에너지 확대에 따른 잉여전력을 수전해 생산방식에 활용하기 시작하면서 수소생산의 경제성이 크게 개선되고 있다. 2000년대 중반 약 8달러/백만Btu였던 천연가스의 가격은 셰일혁명의 영향으로 2015년에는 2.62달러/백만Btu까지 하락하였다.

이와 함께 신재생에너지의 잉여전력을 활용한 수소 생산은 유럽을 중심으로 확대되고 있다. IEA의 세계 에너지전망에 따르면 화석연료를 사용하는 에너지 생산은 2014년 65%에서 2040년에는 36%로 감소하고 신재생에너지가 55%로 확대될 것으로 예상된다. 2040년 신재생에너지 발전설비 규모는 2012년 대비 3배 정도 증가한 14,156GW로 확대되고 이를 위해 약 7조 4,000억 달러가 투자될 것으로 추정된다. 유럽은 신재생에너지 비중을 2016년 16%에서 2030년 27%, 일본은 4.5%에서 20%, 미국은 14%에서 2035년 27%까지 확대할 계획이다. 현재 유럽은 신재생에너지의 잉여전력을 이용해 수소를 생산하고 활용하는 P2G(Power to Gas) 프로젝트를 적극적으로 추진 중에 있다. 독일의 2013년 신재생에너지 발전량 비율은 전체 발전전력량 중 25.4%까지 확대되었으며 풍력은 약 13.3%의 비중을 차지하고 있다. 독일의 경우, 2009년 73.6GWh, 2010년 126.8GWh, 2011년 420.6GWh, 2012년에는 384GWh의 버려지는 신재생에너지 잉여 전력이 있는 것으로 조사되었으며, 이를 수소 생산에 활용하기 위한 P2G 프로젝트가 활발히 진행 중이다.

한편, 수소에너지 수요는 현재의 발전용 수요 중심에서 가정용 및 상업용, 수송용 등 다양한 분야로 확대될 것으로 전망되고 있다. 수소에너지를 사용하는 세계 연료전지 시장은 2008년부터 발전용 및 가정용 연료전지의 상용화를 시작으로 수송용 등의 분야로 확대되고 있는 추세이다. 2014년까지는 발전용 및 가정용 등의 고정형 연료전지가 시장성장을 주도해 왔으나, 2015년에는 수송용 연료전지가 차지하는 비율이 급격히 확대되고 있다. 발전용의 경우 우리나라를 중심으로 수요가 확대되고 있으며 가정용은 일본, 수송용은 주요국 간의 본격적인 수소연료전지차(FCEV : Fuel Cell Electric Vehicle) 경쟁에 따른 수요확대가 예상된다. 가장 큰 시장을 형성할 것으로 예상되는 FCEV 수요에 대한 주요 시장조사 업체들의 전망을 살펴보면, 2020년에는 5만 대 이상이 보급될 것으로 보이며 2020년부터 2025년 사이에 판매 속도가 급격히 확대되는 추세를 보일 것으로 분석된다. 특히 주요국의 수송부문의 환경규제가 강화되고 있으며 수소충전소 등의 인프라 보급 및 정책적 지원이 활발해지고 있는 상황에 따라 일본은 2030년까지 자동차 판매량 중 FCEV의 비중을 30%, 독일은 25%, 미국은 2050년까지 27%로 확대할 계획이다.

향후 에너지로서의 수소의 수요는 FCEV 이외에도 지게차(Forklift), 무정전전원공급장치(UPS)를 포함한 백업전원용 장치 등 순수한 수소를 사용하는 연료전지의 상용화 보급이 주요 요인으로 작용할 것으로 보인다. 백업전원용 수소연료전지 시장은 아직 초기 형성 단계이지만 세계시장 규모는 통신기지국 및 무정전전원공급장치 시장만 고려해도 2025년에 10조 원 이상의 규모가 될 것으로 추정되고 있다.

① 수소에너지 시장의 확대 문제는 주원료의 가격경쟁력 회복이라는 선결과제에 봉착해 있다.

② 수소에너지 생산 방식은 크게 천연가스 개질과 물의 수전해 방식으로 나눌 수 있다.

③ P2G 방식에서는 신재생에너지의 잉여전력이 많을수록 생산 가능한 수소에너지가 더 많아지게 된다.

④ 우리나라와 일본은 각각 발전용과 가정용 수소에너지 시장 확대에 기여하고 있다.

⑤ 수송부문에서의 국제적 환경규제가 강화되는 것은 수소에너지 시장 확대에 긍정적인 영향을 미치고 있다.

11. 다음 A 국가의 전기요금 변동률에 대한 설명으로 옳은 것을 〈보기〉에서 모두 고르면?

〈20X2 ~ 20X9년 전기요금 변동률〉

(단위 : %)

구분	수도권	비수도권
20X2년	0.46	1.65
20X3년	1.38	1.32
20X4년	2.88	2.13
20X5년	1.72	2.87
20X6년	3.11	3.01
20X7년	4.17	3.87
20X8년	5.43	4.31
20X9년	6.48	5.28

보기

㉠ 수도권의 전기요금 변동률은 매년 상승하였다.
㉡ 비수도권의 전기요금 변동률이 수도권의 전기요금 변동률보다 높은 연도는 2개년이다.
㉢ 수도권과 비수도권의 전기요금 변동률 차이가 가장 크게 나타나는 연도는 20X9년이다.
㉣ 전년 대비 전기요금 변동률 차이가 가장 큰 연도는 수도권과 비수도권이 동일하다.

① ㉠, ㉡　　　　　② ㉠, ㉢　　　　　③ ㉡, ㉢
④ ㉡, ㉣　　　　　⑤ ㉢, ㉣

12. S 컨설팅회사 평생교육부에서 근무하는 김 사원은 다음 국내 생산가능인구(15 ～ 64세) 추이 자료를 바탕으로 평생교육 수요예측보고서를 작성하려 한다. 김 사원이 이해한 내용으로 적절하지 않은 것은? (단, 백분율 환산 시 소수점 아래 둘째 자리에서 반올림한다)

〈2006 ～ 2021년 국내 생산가능인구 증감 추이〉

(단위 : 천 명, %)

연령구분		연도별 생산가능인구 및 비중							
		2006년		2011년		2016년		2021년	
생산 가능 인구	15 ～ 19세	3,552	9.7	3,102	8	3,305	8.1	3,006	6.9
	20 ～ 24세	3,251	8.9	2,881	7.4	2,667	6.5	3,077	7.1
	25 ～ 29세	4,150	11.3	3,878	10	3,578	8.7	3,345	7.7
	30 ～ 34세	4,288	11.7	4,096	10.6	3,865	9.4	3,649	8.4
	35 ～ 39세	4,201	11.5	4,286	11.1	4,139	10.1	3,911	9
	40 ～ 44세	4,124	11.3	4,145	10.7	4,251	10.4	4,100	9.4
	45 ～ 49세	3,138	8.6	4,101	10.6	4,191	10.2	4,329	9.9
	50 ～ 54세	2,422	6.6	3,185	8.2	4,072	9.9	4,233	9.7
	55 ～ 59세	2,010	5.5	2,409	6.2	3,051	7.4	3,997	9.2
	60 ～ 64세	1,861	5.1	1,943	5.0	2,309	5.6	2,940	6.8
	15 ～ 64세	32,997	90.2	34,026	87.8	35,428	86.3	36,587	84.1
65세 이상		3,584	9.8	4,736	12.2	5,624	13.7	6,930	15.9

① 2016년 대비 2021년의 전체 생산가능인구수(15 ～ 64세)는 약 3.3% 증가하였다.

② 측정년도별로 전체 생산가능인구(15 ～ 64세)에서 차지하는 40대 생산가능인구 비중은 지속적으로 증가하였다.

③ 측정년도간 전체 생산가능인구(15 ～ 64세) 대비 30대 생산가능인구의 비중을 비교할 때, 2006년과 2011년의 비중 차이가 가장 작다.

④ 2016년은 2011년에 비해 전체 생산가능인구(15 ～ 64세) 대비 청년층(15 ～ 29세)의 생산가능인구 비중은 감소하였고, 50대의 생산가능인구 비중은 증가하였다.

⑤ 2016년 전체 생산가능인구(15 ～ 64세)에서 30대 생산가능인구가 차지하는 비중과 2021년에 전체 생산가능인구(15 ～ 64세)에서 40대 생산가능인구가 차지하는 비중은 1%p 이하의 차이를 보인다.

[13 ~ 14] 다음 자료를 보고 이어지는 질문에 답하시오.

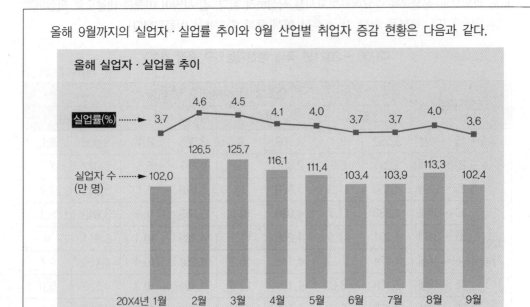

올해 9월까지의 실업자 · 실업률 추이와 9월 산업별 취업자 증감 현황은 다음과 같다.

올해 실업자 · 실업률 추이

	20X4년 1월	2월	3월	4월	5월	6월	7월	8월	9월
실업률(%)	3.7	4.6	4.5	4.1	4.0	3.7	3.7	4.0	3.6
실업자 수 (만 명)	102.0	126.5	125.7	116.1	111.4	103.4	103.9	113.3	102.4

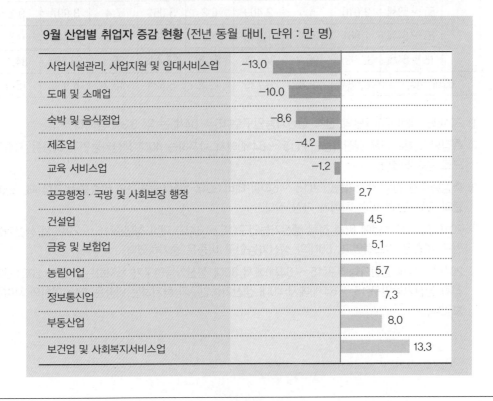

9월 산업별 취업자 증감 현황 (전년 동월 대비, 단위 : 만 명)

사업시설관리, 사업지원 및 임대서비스업	−13.0
도매 및 소매업	−10.0
숙박 및 음식점업	−8.6
제조업	−4.2
교육 서비스업	−1.2
공공행정 · 국방 및 사회보장 행정	2.7
건설업	4.5
금융 및 보험업	5.1
농림어업	5.7
정보통신업	7.3
부동산업	8.0
보건업 및 사회복지서비스업	13.3

13. 다음 중 자료에 대한 설명으로 옳은 것은?

① 20X4년 1월부터 9월까지의 평균 실업률은 4% 이상이다.

② 전년 동월 대비 취업자가 두 번째로 많이 증가한 산업은 도매 및 소매업이다.

③ 20X4년 9월 실업자 수는 1,024,000명으로, 9개월째 100만 명을 상회하고 있다.

④ 20X4년 9월에 전년 동월 대비 취업자가 감소한 산업의 취업자 총 감소량은 35만 명 미만이다.

⑤ 20X4년 9월에 전년 동월 대비 취업자가 증가한 산업의 취업자 총 증가량은 45만 명 미만이다.

14. 다음은 20X4년 9월에 전년 동월 대비 취업자 수가 감소한 산업의 지난 3년간 산업별 취업자 수이다. 이 5개의 산업에 대한 설명으로 옳지 않은 것은?

(단위 : 천 명)

구분	20X1년 9월	20X2년 9월	20X3년 9월
교육 서비스업	1,852	1,890	1,869
제조업	4,632	4,538	4,555
숙박 및 음식점업	2,217	2,318	2,298
도매 및 소매업	3,793	3,773	3,819
사업시설관리, 사업지원 및 임대서비스업	1,361	1,401	1,400

① 5개 산업 중 20X4년 9월 취업자 수가 가장 많은 산업은 제조업이다.

② 5개 산업 중 20X1년 9월 대비 취업자 수가 증가한 20X4년 9월의 산업은 교육 서비스업이다.

③ 5개 산업의 20X1년 9월의 취업자 수 순위와 20X4년 9월의 취업자 수 순위는 동일하다.

④ 20X4년 9월의 제조업 취업자 수는 숙박 및 음식점업 취업자 수의 2배 미만이다.

⑤ 20X4년 9월의 사업시설관리, 사업지원 및 임대서비스업의 취업자 수는 130만 명 미만이다.

15. 다음은 20X1년 주요국가의 석유 생산 및 소비량을 나타낸 자료이다. 이에 대한 설명으로 옳지 않은 것은?

구분	석유 생산			구분	석유 소비		
	국가	백만 ton	20X1년 비중(%)		국가	백만 ton	20X1년 비중(%)
	전세계	4,474.4	100.0		전세계	4,662.1	100.0
	OECD	1,198.6	26.8		OECD	2,204.8	47.3
	Non-OECD	3,275.8	73.2		Non-OECD	2,457.3	52.7
	OPEC	1,854.3	41.4		OPEC	-	-
	Non-OPEC	2,620.1	58.6		Non-OPEC	-	-
	유럽연합	72.7	1.6		유럽연합	646.8	13.9
1	미국	669.4	15.0	1	미국	919.7	19.7
2	사우디아라비아	578.3	12.9	2	중국	641.2	13.8
3	러시아	563.3	12.6	3	인도	239.1	5.1
4	캐나다	255.5	5.7	4	일본	182.4	3.9
5	이라크	226.1	5.1	5	사우디아라비아	162.6	3.5
6	이란	220.4	4.9	6	러시아	152.3	3.3
7	중국	189.1	4.2	7	브라질	135.9	2.9
8	아랍에미리트	177.7	4.0	8	한국	128.9	2.8
9	쿠웨이트	148.4	3.3	9	독일	113.2	2.4
10	브라질	140.3	3.1	10	캐나다	110.0	2.4

① 20X1년 한국의 석유 소비량은 OECD 대비 5% 이상이다.

② 20X1년 중국의 석유 생산량은 OECD 대비 15% 이상이다.

③ 20X1년 한국의 석유 소비량은 유럽연합 대비 20% 이상이다.

④ 20X1년 미국은 석유 생산량과 소비량 모두 가장 많은 비중을 차지한다.

⑤ 20X1년 유럽연합의 석유 소비량은 석유 생산량의 8배를 초과한다.

16. 다음은 가사노동 부담형태에 대한 설문조사 결과와 이를 바탕으로 작성한 보고서이다. 다음 ㉠~㉣ 중 옳은 내용을 모두 고른 것은?

〈가사노동 부담형태에 대한 설문조사 결과〉

(단위 : %)

구분	부담형태	부인전담	부부 공동분담	남편전담	가사도우미 활용
성별	남성	87.9	8.0	3.2	0.9
	여성	89.9	7.0	2.1	1.0
연령대	20대	75.6	19.4	4.1	0.9
	30대	86.4	10.4	2.5	0.7
	40대	90.7	6.4	1.9	1.0
	50대	91.1	5.9	2.6	0.4
	60대 이상	88.4	6.7	3.5	1.4
경제활동상태	취업자	90.1	6.7	2.3	0.9
	미취업자	87.4	8.6	3.0	1.0

※ 20세 이상 기혼자 100,000명(남성 45,000명, 여성 55,000명)을 대상으로 동일시점에 조사하였으며, 무응답과 중복응답은 없음.

보고서

1. 가사도우미를 활용한다고 응답한 남성의 비율은 전체의 0.9%로 가사도우미를 활용한다고 응답한 여성의 비율 1.0%와 비슷한 수준이며, ㉠가사노동을 부인이 전담한다고 응답한 남성과 여성의 응답자 수 차이는 8,500명 이상이다.

2. 가사노동을 부부가 공동으로 분담한다고 응답한 비율은 20대가 다른 연령대에 비해 높고, ㉡연령대가 높을수록 가사노동을 부부가 공동으로 분담한다고 응답한 비율이 낮다.

3. 경제활동상태를 기준으로 가사노동 부담형태를 유형별로 살펴보면, ㉢취업자와 미취업자가 응답한 비율의 차이는 '부인전담'에서 가장 크고, 다음으로 '부부 공동분담', '남편전담', '가사도우미 활용'의 순으로 나타난다. 또한 ㉣가사노동을 '부인전담' 또는 '남편전담'으로 응답한 비율의 합은 취업자가 미취업자에 비해 낮다.

① ㉠, ㉡   ② ㉠, ㉢   ③ ㉠, ㉣

④ ㉡, ㉢   ⑤ ㉢, ㉣

17. 다음은 20X0 ~ 20X4년 동안 에너지기술개발 사업에 사용한 정부지원금 및 민간부담금의 현황을 나타낸 자료이다. 자료에 대한 올바른 설명을 〈보기〉에서 모두 고른 것은?

(단위 : 백만 원)

구분	총사업비 (A=B+C)	정부지원금		민간부담금					
		금액(B)	비율 (B÷A)	합계		현금부담		현물부담	
				금액 (C=D+E)	비율 (C÷A)	금액 (D)	비율 (D÷C)	금액 (E)	비율 (E÷C)
합계	561,710	408,747	72.8%	152,963	27.2%	48,258	31.5%	104,705	68.5%
20X0년	110,913	79,386	71.6%	31,527	28.4%	7,665	24.3%	23,862	75.7%
20X1년	109,841	77,136	70.2%	32,705	29.8%	8,885	27.2%	23,820	72.8%
20X2년	92,606	69,020	74.5%	23,586	25.5%	5,358	22.7%	18,228	77.3%
20X3년	127,747	94,873	74.3%	32,874	25.7%	12,972	39.5%	19,902	60.5%
20X4년	120,603	88,332	73.2%	32,271	26.8%	13,378	41.5%	18,893	58.5%

보기

㉠ 민간부담금의 비율은 20X2년에 가장 낮았다.
㉡ 민간부담금 중 현금부담은 20X3년에 가장 큰 폭으로 상승했다.
㉢ 20X1년 민간부담금 중 현물부담금은 총사업비의 25% 이상이다.
㉣ 20X4년 민간부담금 중 현금부담금은 정부지원금 대비 20% 이상이다.

---

① ㉠, ㉡   ② ㉠, ㉣   ③ ㉡, ㉢
④ ㉡, ㉣   ⑤ ㉢, ㉣

18. 주택용 태양광 발전시스템의 도입 촉진 여부를 검토하기 위해 20X0년도 실적을 바탕으로 5년 뒤의 공급과 그 효과를 예측한 다음 자료에 대한 올바른 설명을 〈보기〉에서 모두 고른 것은?

구분		20X0년도 실적		20X5년도			
				현재 성장 유지 경우		도입 촉진 경우	
		건수 (천 건)	용량 (MW)	건수 (천 건)	용량 (MW)	건수 (천 건)	용량 (MW)
기존 주택	10kW 미만	94.1	454	145.4	778	165	884
	10kW 이상	23.3	245	4.6	47	5	51
신축 주택	10kW 미만	86.1	407	165.3	1,057	185.2	1,281
	10kW 이상	9.2	98	4.7	48	4.2	49
합계		212.7	1,204	320	1,930	360.4	2,265

보기

(가) 20X5년도에 10kW 이상의 설비를 사용하는 신축주택은 도입을 촉진할 경우 현재 성장을 유지할 경우보다 건당 사용량이 커질 것이다.

(나) 20X0년 기존주택의 건당 사용량은 10kW 미만의 설비보다 10kW 이상의 대용량 설비가 더 적다.

(다) 태양광 설비 도입을 촉진할 경우, 20X5년 총 신축주택 중 10kW 이상 신축주택 도입 건수의 비중은 현재 성장을 유지할 경우에 비해 0.4%p 이상 하락할 것이다.

(라) 태양광 설비 도입을 촉진하게 되면 현재 성장을 유지할 경우에 비해 20X5년 10kW 미만 기존주택의 도입 건수가 15% 이상 증가할 것이 예측된다.

① (가), (나) ② (가), (다) ③ (나), (라)
④ (가), (다), (라) ⑤ (나), (다), (라)

[19 ~ 20] 다음 ○○공사에서 발표한 전력절감계획에 관한 자료를 보고 이어지는 질문에 답하시오.

〈최대전력 절감계획〉

(단위 : MW)

연도	효율향상		부하관리 및 정책의지	계
	기기보급	효율관리		
2X20년	1,599	302	1,722	3,623
2X22년	2,207	437	2,580	5,224
2X24년	2,783	581	3,488	6,852
2X26년	3,412	737	4,418	8,567
2X28년	3,984	891	5,394	10,269

〈전력소비량 절감계획〉

(단위 : GWh)

연도	효율향상		부하관리 및 정책의지	계
	기기보급	효율관리		
2X20년	7,159	4,819	5,559	17,537
2X22년	10,478	6,812	9,170	26,460
2X24년	13,724	8,950	13,080	35,754
2X26년	16,955	11,242	17,151	45,348
2X28년	19,709	13,671	21,482	54,862

〈전력소비량 절감계획에 따른 소요재정〉

(단위 : 억 원)

구분	2X16년	2X17년	2X18년	2X19년	2X20년
효율향상	317	433	433	422	419
부하관리 및 정책의지	192	236	236	236	226
계	509	669	669	658	645

19. 위의 자료에 대한 설명으로 올바르지 않은 것은?

① 발표에 따르면 최대전력과 전력소비량 절감계획은 시기가 지날수록 증가율은 매 2년마다 감소할 것이다.

② 2년 전 대비 전력소비량 절감계획이 가장 많이 증가할 것으로 예상되는 해는 2X26년이다.

③ 2X20년 대비 2X28년의 전체 전력소비량 절감계획의 증가량에서 기기보급에 따른 효율향상으로 인한 증가가 부하관리 및 정책의지에 의한 증가보다 더 클 것이다.

④ 최대전력의 효율관리에 의한 절감계획은 매 2년마다 130 ~ 160MW 사이의 증가를 나타낼 것이다.

⑤ 2년 전 대비 기기보급에 의한 효율향상으로 절감될 것으로 예측되는 전력소비량의 예상 절감계획량의 증가량은 2X22년이 가장 클 것으로 예측된다.

20. 다음 표를 참고할 때, 2X20년 효율향상을 통한 전력소비 절감량 1GWh당 평균 소요재정과 부하관리를 통한 전력소비 절감량 1GWh당 평균 소요재정으로 바르게 연결된 것은?

	효율향상	부하관리		효율향상	부하관리
①	3,498천 원	4,065천 원	②	4,065천 원	3,498천 원
③	3,415천 원	3,808천 원	④	3,808천 원	3,415천 원
⑤	3,415천 원	4,065천 원			

[21 ~ 22] 다음 상황을 보고 이어지는 질문에 답하시오.

○○기업 인사팀 김 사원은 다음 사내 복지제도에 대한 설문조사 결과를 분석하고 있다.

〈○○기업 사내 복지제도에 대한 사원들의 생각〉

※ 조사시기 : 20X9. 04. 15. ~ 04. 25.

※ 조사대상 : 사원 453명

질문	응답	명	%
귀하는 현재 사내 복지제도에 만족하십니까?	그렇다	91	20.1
	아니다	362	79.9
귀하가 원하는 사내 복지제도는 무엇입니까? (복수응답 가능)	자녀교육비 지원	126	34.8
	의료비 지원	124	34.3
	보육시설	52	12.4
	휴식공간	137	37.8
	여가활동 지원	250	69.1
	사내 동호회 지원	84	23.2
	휴가비 지원	192	53.0
	편의시설	121	33.4
	기타	30	8.3
현재 가장 부족하다고 생각하는 사내 복지제도는 무엇입니까?	자녀교육비 지원	45	12.4
	의료비 지원	17	4.7
	보육시설	16	4.4
	휴식공간	41	11.3
	여가활동 지원	122	33.7
	사내 동호회 지원	2	0.4
	휴가비 지원	81	22.4
	편의시설	26	7.2
	기타	12	3.3
사내 복지제도가 좋은 기업이라면 현재보다 연봉이 다소 적더라도 이직할 의향이 있습니까?	그렇다	311	68.7
	아니다	142	31.3

사내 복지제도가 미흡한 이유는 무엇이라 생각하십니까?	기업 내 예산 부족	95	26.2
	정부의 지원 미비	19	5.3
	사내 복지제도에 대한 CEO의 의식 미흡	200	55.2
	조직원들의 복지제도 개선 노력 부족	41	11.2
	기타	7	2.0

21. 김 사원은 설문조사 결과를 토대로 이 팀장과 회의를 진행했다. ㉠에 들어갈 복지제도로 적절한 것은?

> 이 팀장 : 설문조사 결과가 나왔는데 어떻게 분석하셨나요?
> 김 사원 : 전반적으로 예상한 결과가 나온 것 같습니다.
> 이 팀장 : 사원들이 원하는 복지제도와 부족하다고 느끼는 복지제도의 종류가 비슷하네요.
> 김 사원 : 맞습니다. 그 두 문항에서 가장 수요가 크게 나타났던 '여가활동 지원'은 단기간에 개선하기 힘든 특성이 있기 때문에 그 다음으로 수요가 많은 (㉠)을/를 먼저 개선하는 방향으로 계획했습니다.

① 여가활동 지원   ② 휴가비 지원   ③ 자녀 교육비 지원
④ 의료비 지원   ⑤ 편의시설 확충

22. 다음 중 설문조사의 내용을 분석한 진술로 옳은 것은?

① 비슷한 연봉이라면 사내 복지제도를 더 우선시하는 사원이 그렇지 않은 사원보다 적다.
② 현재 사내 복지제도 중 가장 적은 수의 사원들이 부족하다고 생각하는 것은 의료비 지원이다.
③ 일부 사원은 원하는 사내 복지제도에 두 가지 이상을 선택했다.
④ 편의시설이 가장 부족한 복지제도라고 생각하는 사원이 편의시설을 원하는 사원보다 많다.
⑤ 조사 응답자의 과반수가 사내 복지제도에 대한 CEO의 의식 개선을 촉구하고 있다.

23. 전자기기업체 W사 개발팀 A 주임은 제품개발을 위해 휴대폰 무선 충전 기술에 대한 내용을 검토하고 있다. 다음 자료를 참고하여 A 주임이 이해한 내용으로 적절한 것은?

> 무선 충전 기술에는 몇 가지 방식이 있다. 먼저, 우리가 흔히 접하는 무선 충전 패드는 자기 유도 방식을 사용한다. 자기 유도 방식은 전자기 유도 원리를 이용하여 전력을 공급한다. 충전 패드와 스마트폰에는 모두 코일이 들어가 있다. 송신부인 충전 패드에는 전자기장을 발생시키기 위한 1차 코일이, 수신부인 스마트폰에는 유도 전류를 수신하기 위한 2차 코일이 내장되어 있다. 전원을 연결하면 송신 코일이 신호를 보내 수신 코일을 찾는다. 송신 코일이 수신 코일을 감지하면 그때부터 전자기 유도가 시작된다. 송신 코일 내부의 전자들이 코일 주변을 흐르고 자기장이 발생한다. 수신 코일 내 전자들이 이 자기장을 감지하고 수신 코일에 갇힌 전자들이 자기장으로 인해 코일 주위로 흐르기 시작한다. 이 전자의 흐름을 통해 기기에 있는 배터리가 충전된다. 자기 유도 방식은 충전 패드에 올려 두는 것만으로도 휴대폰이 충전되며 전력손실이 매우 적다. 그러나 유효 충전 거리가 4.1mm에 불과하다는 단점이 있다.
>
> 이를 보완한 방식이 자기 공진 방식이다. 자기 공진 방식은 공명현상을 이용하는데, 공명현상은 특정 진동수를 가진 물체가 같은 진동수의 힘이 외부에 가해질 때 진폭이 커지면서 에너지가 증가하는 현상을 말한다. 자기 공진 방식은 1차 코일에 흐르는 전류에서 발생하는 자기장이 2차 코일을 통과해 유도 전류가 발생한다는 점에서는 자기 유도 방식과 비슷하지만, 두 코일 간의 공진 주파수를 일치시켜 1차 코일에서 발생한 에너지가 2차 코일로 전달되는 방식이라는 점이 다르다. 자기 공진 방식은 충전거리가 길어 충전 패드에 접촉할 필요가 없으며, 자기 유도 방식보다는 더 자유로운 충전이 가능하다. 또한 여러 기기의 동시 충전도 가능하다. 하지만 코일 설계가 자기 유도 방식보다 어렵고 전자파가 많이 발생해 인체에 유해할 가능성이 높으며 원 전력의 60%까지만 수신이 가능하다. 현재는 많은 업체가 해당 방식을 사용하는 충전기의 상용화를 위해 연구 개발 중이다.
>
> 마지막으로 전자기파 방식이 있는데 이 방식은 충전기의 송신부에서 전자기파를 직접 발생하게 수신부에서 이를 전력으로 변환하는 방식이다. 전자기파 방식은 충전 범위가 넓지 않기 때문에 편리하지만, 전기장과 자기장을 동시에 발생시켜 전송 도중 에너지 손실이 크고 안정성이 아직 입증되지 않았기 때문에 상용화까지는 시간이 걸릴 것으로 보인다.

① 전자기파 방식을 통해 핸드폰을 충전할 경우, 유선 충전 방식에서 소모되는 전기보다 더 많은 전기가 소비될 것으로 예상된다.

② 주파수를 일치시키기 어려운 기기는 자기 유도 방식 무선 충전기를 사용할 수 없다.

③ 핸드폰 기기에 코일이 장착되어 있지 않다면 무선 충전 방식 세 가지 중 자기 유도 방식과 전자기파 방식을 사용할 수 없다.

④ 급속 충전을 위해서는 자기 공진 방식의 무선 충전기를 사용해야 한다.

⑤ 전자파의 인체 유해성에 대한 부분이 해결된다면 자기 공진 방식의 상용화가 가능하다.

24. ○○시는 K 종합경기장 건설에 입찰한 A ~ E 5개 업체 중 〈계약 기준〉을 고려하여 업체를 선정하고자 한다. 다음 자료에 따를 때 선정될 업체는?

〈계약 기준〉

• 서류심사를 통과한 업체 중 계약심사를 통해 가장 높은 평가를 받은 업체 하나를 최종적으로 선택한다.
• 서류심사 : 평가총점은 각 업체별 평가항목의 점수와 가중치를 곱한 값을 합하여 40점을 초과하여야 하며, 합계 점수가 40점 이하인 경우 탈락 처리한다.
• 계약심사 : 서류심사 통과업체 중 안전성 지수가 가장 높으면서 완료예상시점이 가장 빠른 업체를 우선순위로 선정한다.
• 사업 착수일은 1월 1일이며, 사업 기간은 4개월(4월 30일) 내로 제한한다.

〈서류심사 점수〉

평가항목	가중치	A	B	C	D	E
입찰가격	30%	20	50	40	40	60
안전성	50%	40	50	50	50	30
디자인	20%	50	60	40	70	30

〈계약 관련 정보〉

구분	A	B	C	D	E
사업비용(억 원)	5	6	8	4	6
완료예상시점	4월 20일	4월 27일	5월 3일	4월 11일	4월 16일

① A ② B ③ C
④ D ⑤ E

25. 서로 다른 취미(뜨개질, 미술, 보드게임, 야구, 자전거 타기)를 가지고 있는 ◇◇공사의 총무부 직원 갑, 을, 병, 정, 무는 다음 〈조건〉에 따라 서로에게 각자의 취미를 가르쳐 주기로 하였다. 그 결과가 〈보기〉와 같을 때 다음 중 옳은 것은?

조건

• 직원들은 각자 본인의 취미를 한 명에게 가르쳐준다.
• 직원들은 각자 한 명에게만 취미를 배운다.
• 취미를 가르쳐주는 직원에게는 그 직원의 취미를 배우지 않는다.

보기

• 을은 뜨개질을 가르친다.   • 병은 미술을 가르친다.
• 정은 미술을 배운다.   • 병은 무에게 야구를 배운다.
• 갑은 보드게임을 가르치고, 뜨개질을 배운다.

① 무는 자전거 타기를 배운다.   ② 정은 을을 가르친다.
③ 을은 무를 가르친다.   ④ 갑은 병을 가르친다.
⑤ 무는 정에게 배운다.

26. 윤석, 정승, 종호, 민석 4명의 직원이 휴가에 관한 대화를 하고 있다. 대화 중 3명은 진실을, 나머지 1명은 거짓을 말한다고 할 때, 다음 중 거짓을 말한 직원과 그 직원이 휴가를 다녀온 날을 순서 대로 나열한 것은? (단, 네 명의 휴가일은 서로 겹치지 않으며 휴가는 하루씩 다녀왔다)

윤석 : 나는 15일에 휴가를 가지 않았고, 내가 휴가를 다녀온 다음 날 정승이가 휴가를 갔어.
정승 : 나는 10일에 휴가를 다녀왔고, 종호는 13일에 휴가를 다녀왔어.
종호 : 나는 윤석이와 정승이보다 늦게 휴가를 다녀왔어.
민석 : 나는 10일에 휴가를 다녀왔고, 윤석이는 13일에 휴가를 다녀왔어.

① 정승, 12일   ② 정승, 14일   ③ 민석, 13일
④ 민석, 15일   ⑤ 민석, 16일

27. ○○공사의 재무팀에서 근무하는 김필승 대리는 중대한 세미나를 앞두고 세미나 장소를 대관하려고 한다. 다음 〈평가 기준〉에 따라 다음의 5개 후보지 중 총점이 가장 높은 곳을 대관하려고 할 때, 김필승 대리가 대관하게 될 세미나 장소는 어디인가?

장소	이동 시간	수용 가능인원	대관료	교통편	빔 프로젝터 사용가능 여부
갑 센터 401호	1.5시간	400명	65만 원	불량	O
을 구민회관 2층	2시간	500명	60만 원	양호	O
병 교통회관 302호	1시간	350명	90만 원	양호	O
정 지역 상공회의소 3층	3시간	700명	70만 원	양호	O
무 빌딩 5층	2.5시간	600명	100만 원	매우 양호	X

〈평가 기준〉
• 이동시간, 수용 가능인원, 대관료는 각 장소마다 1 ～ 5점을 준다.
• 이동시간과 대관료는 적을수록, 수용 가능인원은 많을수록 높은 점수가 부여된다.
• 교통편이 매우 양호하면 5점, 양호하면 4점, 불량하면 2점이 부여된다.
• 빔 프로젝터 사용이 가능하면 가점 2점이 붙는다.

① 갑 센터 401호   ② 을 구민회관 2층   ③ 병 교통회관 302호
④ 정 지역 상공회의소 3층   ⑤ 무 빌딩 5층

28. ○○팀은 연말 회식을 위해 예약할 식당을 찾고 있다. ○○팀의 회식메뉴를 다음 〈메뉴 선호 순위〉와 〈메뉴 결정 기준〉을 고려하여 정할 때, 아래 〈상황〉을 근거로 〈보기〉에서 옳은 것을 모두 고르면?

〈메뉴 선호 순위〉

팀원＼메뉴	한우	닭백숙	매운탕	중화요리	일식
A	3	2	1	4	5
B	4	3	1	5	2
C	3	1	5	4	2
D	2	1	5	3	4
E	3	5	1	4	2

〈메뉴 결정 기준〉

• 기준 1 : 1순위가 가장 많은 메뉴로 정한다.
• 기준 2 : 5순위가 가장 적은 메뉴로 정한다.
• 기준 3 : 1순위에 5점, 2순위에 4점, 3순위에 3점, 4순위에 2점, 5순위에 1점을 부여하여 각각 합산한 뒤, 점수가 가장 높은 메뉴로 정한다.
• 기준 4 : 기준 3에 따른 합산 점수의 상위 2개 메뉴 중 1순위가 더 많은 메뉴로 정한다.
• 기준 5 : 5순위가 가장 많은 메뉴를 제외하고 남은 메뉴 중 1순위가 가장 많은 메뉴로 정한다.

〈상황〉

• D는 매운탕이 메뉴로 정해지면 회식에 불참한다.
• D가 회식에 불참하면 C도 불참한다.
• E는 닭백숙이 메뉴로 정해지면 회식에 불참한다.

보기

ㄱ. 기준 1과 기준 4 중 어느 것에 따르더라도 같은 메뉴가 정해진다.
ㄴ. 기준 2에 따르면 한우로 메뉴가 정해진다.
ㄷ. 기준 3에 따르면 모든 팀원이 회식에 참석한다.
ㄹ. 기준 5에 따르면 E는 회식에 참석하지 않는다.

① ㄱ, ㄴ   ② ㄴ, ㄷ   ③ ㄷ, ㄹ
④ ㄱ, ㄴ, ㄹ   ⑤ ㄱ, ㄷ, ㄹ

29. 다음 안내문에 대한 설명으로 올바르지 않은 것은?

한국전력공사는 제3자간 전력거래계약 제도 시행에 발맞춰 RE100* 이행을 적극 지원하고, 2050 탄소중립 달성에 기여하고자 제도 활성화에 앞장서고 있습니다.

* RE100이란 기업이 전력사용량의 100%를 재생에너지로 대체하는 자발적 캠페인으로, 이행 방안으로는 제3자 PPA, 녹색프리미엄, 인증서(REC) 구매, 지분 투자, 자가 발전이 있음.

□ 개요
  • 개념 : 한전의 전력거래계약 중개를 통해 재생에너지발전사업자가 생산한 전력을 전기사용자가 직접 구매하는 제도
    ※ 발전량 정산방식, 계약단가 등 주요 계약내용은 재생E발전사업자와 전기사용자가 합의하고, 한전이 구매계약(재생에너지발전사업자－한전), 판매계약(한전－전기사용자)을 각각 체결
  • 참여대상 및 효과

구분	발전사업자	전기사용자
참여대상	• 발전에너지원 : 태양광, 풍력, 수력, 지열, 해양에너지, 바이오의 6개 분야 재생에너지 • 설비용량 : 1,000kW 초과 ※ 2인 이상 합산하여 1,000kW 초과 시 가능	• 계약종별 : 산업용(을), 일반용(을) • 계약전력 : 1,000kW 초과
효과	• 장기고정가격체결로 안정적인 수익 확보	• RE100 이행수단으로 활용

  • 근거 : 전기사업법 제31조 및 동법 시행령 19조, 신재생에너지발전전력의 제3자간 전력거래계약에 관한 지침
  • 시행 : 202X. 6. 21.

□ 참여방법
  제3자간 전력거래계약에 대한 보다 상세한 내용과 참여방법은 한전 에너지마켓플레이스를 통해 확인할 수 있습니다.

---

① 제3자간 전력거래계약 제도는 RE100 이행을 지원하기 위한 목적을 갖고 있다.

② 재생에너지발전사업자와 전기사용자는 주요 계약내용을 직접 합의하지만, 상호간 계약의 당사자가 되는 것은 아니다.

③ 모든 신재생에너지원이 사업 대상에 포함되는 것은 아니다.

④ 구매와 판매 계약은 한전 에너지마켓플레이스에서 체결할 수 있다.

⑤ RE100이란 기업 활동에 필요한 전력을 자가 발전으로만 얻도록 하는 캠페인이다.

30. 다음은 ○○공단의 4개의 에너지원에 대한 심의자료이다. 만일 임의로 선정한 2개의 에너지원의 경영진 선호도가 같다고 할 때, 선정된 에너지원과 최종 에너지원으로 결정되는 것을 바르게 연결한 것은?

○○공단에서는 향후 △△지역의 실정에 맞는 미래 에너지원을 결정하기 위하여 태양광, 풍력, 바이오, 폐기물 4개의 에너지원을 심의하고자 한다. 4개의 에너지원에 대하여 경영진 4명이 각각 다음과 같은 선호도를 나타내었다. 이때 선호 순위에 대한 가중치는 모두 동일하다. 예를 들어, 1순위와 2순위의 차이는 2순위와 3순위 또는 3순위와 4순위의 차이와 동일하다.

심사위원 선호도	경영진 A	경영진 B	경영진 C	경영진 D
1순위	풍력	폐기물	태양광	바이오
2순위	폐기물	풍력	바이오	풍력
3순위	태양광	바이오	풍력	폐기물
4순위	바이오	태양광	폐기물	태양광

위 4개의 에너지원 중 임의의 2개를 선정하여 선정된 에너지원에 대한 경영진의 선호도가 높은 에너지원 하나를 최종 에너지원으로 결정하며, 만일 두 에너지원의 선호도가 같을 경우, 경영진 C, 경영진 D의 순으로 높은 선호도를 나타낸 에너지원을 최종 에너지원으로 결정하게 된다.

	선정 에너지원	최종 에너지원		선정 에너지원	최종 에너지원
①	풍력, 바이오	바이오	②	태양광, 바이오	태양광
③	바이오, 폐기물	바이오	④	태양광, 풍력	풍력
⑤	바이오, 폐기물	폐기물			

31. 다음은 ○○회사 직원 A ~ E에 대한 자료이다. 아래 〈정보〉와 같이 실수에 대해 벌점을 부과할 때, 징계를 받는 직원은?

〈○○회사 직원 A ~ E의 실수 건수〉

구분	실수 건수(건)		우수 직원 수상 연도
	일반 실수	중대한 실수	
A	30	6	–
B	23	17	–
C	18	21	2018년 우수 직원
D	34	8	2020년 우수 직원
E	39	8	2019년 우수 직원

정보

- 일반 실수는 건당 10점, 중대한 실수는 건당 20점의 벌점을 부과한다.
- 2018 ~ 2020년에 우수 직원으로 선정된 직원은 벌점에서 100점을 차감한다.
- 다음 두 조건을 모두 만족하는 직원에게 징계를 내린다.
  - 총 벌점이 500점 이상이다.
  - 업무처리 건수 대비 실수 건수가 20% 이상이다.
- 모든 직원의 업무처리 건수는 200건으로 동일하다.

① A   ② B   ③ C

④ D   ⑤ E

32. K 공사 인재개발팀 A 대리와 B 과장은 E 기업교육업체에서 주관하는 직무역량 강화 교육 프로그램에 참여하고자 한다. 참여 가능한 직무역량 강화 교육 프로그램을 모두 수강한다고 할 때, 회사로부터 받을 수 있는 교육비와 주차비의 총액은?

〈직무역량 강화 교육 프로그램〉

- □ 주관 : E 기업교육업체
- □ 주제 : 4차 산업혁명과 기업교육
- □ 내용

일시	장소	시간	프로그램명	1인당 교육비
3/21(목)	B 대학 100주년 컨벤션센터	09 : 00 ~ 11 : 00	4차 산업혁명과 기업교육시장의 미래	3개 미만 4만 원 3개 이상 7만 원
		10 : 30 ~ 13 : 00	고객세분화 및 타겟팅하기	
		13 : 00 ~ 15 : 00	교육 기획안 작성 (시안 및 피드백)	
		15 : 00 ~ 16 : 00	변화를 이끌어 내는 교육관리자의 리더십	
		16 : 00 ~ 17 : 00	기업 내 지적재산권 교육	
3/22(금)	Q 호텔 중앙홀	10 : 00 ~ 13 : 00	트렌드를 창출하는 창의력 개발과정	2개 미만 3만 원 2개 이상 5만 원
		13 : 00 ~ 14 : 00	디지털 커뮤니케이션	
		15 : 00 ~ 17 : 30	당신의 강점으로 교육하라	

〈주차요금 안내〉

1시간	정산 방법
3/21(목) - 1,000원 3/22(금) - 1,500원	1시간 이후 30분 간격으로 500원씩 추가 요금을 부과함.

※ 유의사항
 - 교육 프로그램은 1인당 일일 최대 3개까지 수강 가능하다.
 - 교육 프로그램 참여 희망자는 개인차량을 이용하여 교육 장소로 이동하며, 차량 이용 시 K 공사에서 교육 장소까지는 30분이 소요된다.
 - 단, 교육 장소의 주차비는 교육 시간에 한하여 지급한다.

〈K 공사 인재개발팀 일정표〉

일시	시간	대상자	업무 내용
3/21(목)	09:00 ~ 10:00	인재개발팀 전원	인재개발팀 오전 회의
	10:00 ~ 12:30	C 사원	유관부서 홍보 수요조사 취합
		A 대리	협력업체 선정회의 참가
	13:00 ~ 16:30	C 사원	협력업체 교육 강의 현황 파악
	15:30 ~ 18:00	B 과장	장기 프로젝트 회의 출장
	16:30 ~ 18:00	C 사원	오후 수행 업무 보고서 작성
3/22(금)	09:00 ~ 09:30	B 과장, C 사원	주간 전략 회의(with 전략회의팀)
	09:00 ~ 12:00	A 대리	오전 출장
	09:30 ~ 14:00	C 사원	주간 회의 및 업무
	12:00 ~ 14:30	A 대리	출장 결과 보고서 작성
	14:00 ~ 18:00	C 사원	최신 직무교육 트렌드 조사
	14:00 ~ 17:30	B 과장	오후 출장

※ 출장일정은 교육 장소에서부터 바로 진행할 수 있다.

※ 교육 프로그램 수강과 인재개발팀 일정이 겹칠 경우 인재개발팀 일정을 우선으로 한다.

① 202,500원   ② 206,000원   ③ 207,000원

④ 207,500원   ⑤ 209,000원

[33 ~ 34] S 정유사는 두바이의 11개 유전을 효율적으로 관리하기 위해 각 유전에 번호를 붙여 공정 단계에 따라 정유시설을 건설하고자 한다. 이어지는 질문에 답하시오.

〈지역별 근접 유전 번호와 정유시설 건설 예상 비용〉

지역	가능한 공정 단계	근접 유전 번호	정유시설 건설 예상 비용 (백만 달러)	비고
A	1단계	1번, 2번, 3번, 11번	70	화재방지시설구비 필요
B	2단계, 3단계	1번, 5번, 10번	40	화재방지시설구비 필요
C	1단계, 2단계, 4단계	7번, 8번, 11번	80	5km 이내 화력발전소
D	4단계	6번, 7번, 8번, 9번	60	–
E	2단계, 4단계	3번, 4번, 6번, 7번	90	화재방지시설구비 필요
F	2단계, 3단계	2번, 4번, 5번	50	–

〈정유시설 건설 유의사항〉

1. 근접 유전 번호가 지역 간 중복되지 않고, 한 지역에만 속한 경우 그 지역을 특별 관리한다.
2. 5km 이내에 화력발전소가 없는 지역에 건설 가능하며, 예상 비용이 가장 높은 지역은 제외한다.
3. 압축기를 활용한 공정이 가능한 모든 지역을 반드시 포함하여 건설한다.
4. 화재방지시설이 필요할 경우, 건설 비용에 5백만 달러가 추가된다.
5. 석유의 모든 정제공정이 포함되도록 건설해야 한다.

33. S 정유사의 P 대리는 〈정유시설 건설 유의사항〉에 따라 두바이에 시추된 11개의 유전을 관리하고자 한다. P 대리가 특별 관리해야 할 지역의 수는?

① 1개   ② 2개   ③ 3개
④ 4개   ⑤ 5개

34. S 정유사의 Q 대리는 조사한 자료를 바탕으로 정유시설의 최저 건설비용을 산출하여 팀장에게 보고하려고 한다. 다음 중 Q 대리가 산출한 최저 건설비용으로 적절한 것은?

① 170백만 달러   ② 220백만 달러   ③ 230백만 달러
④ 325백만 달러   ⑤ 405백만 달러

[35 ~ 36] 다음은 ○○기업에서 부서배치를 위해 신입사원 A ~ E를 대상으로 실시한 시험의 결과이다. 이어지는 질문에 답하시오.

〈시험 결과〉

구분	정보능력	문제해결능력	대인관계능력	희망 부서
A	80	86	90	홍보기획팀
B	84	80	92	경영지원팀
C	85	90	87	미래전략팀
D	93	88	85	홍보기획팀
E	91	94	80	미래전략팀

※ 평가점수의 총점은 각 평가항목 점수에 해당 가중치를 곱한 것을 합산하여 구한다.
  (평가항목별 가중치 : 정보능력＝0.3, 문제해결능력＝0.3, 대인관계능력＝0.4)

〈부서별 결원 현황〉

- 경영지원팀 : 1명
- 홍보기획팀 : 2명
- 전산관리팀 : 1명
- 미래전략팀 : 1명

35. A ~ E 중 평가점수의 총점이 가장 높은 1명을 우수 인재로 선발한다고 할 때, 적절한 사원은?

① A   ② B   ③ C

④ D   ⑤ E

36. 시험 결과에 따라 총점이 높은 순서대로 희망 부서에 배치된다고 할 때, 다음 중 자신의 희망 부서에 배치되지 못하는 사원은?

① A   ② B   ③ C

④ D   ⑤ E

[37 ~ 38] 재무팀 소속인 A 사원은 눈의 홍채 인식을 통한 스마트폰 보안 기능을 개발하는 프로젝트의 예산 편성 업무를 담당하고 있다. 다음 회계보고서를 바탕으로 이어지는 질문에 답하시오.

※ 이 프로젝트는 5년 동안 진행되어 현재 예상비용의 90%가 사용되었다.

〈연도별 투자금액〉

회계연도	투자금액(단위 : 억 원)
2016	5.03
2017	5.16
2018	5.49
2019	5.63
2020	5.89
총계	27.2

〈스마트폰 선택 시 중요하게 고려하는 사항(복수응답)〉

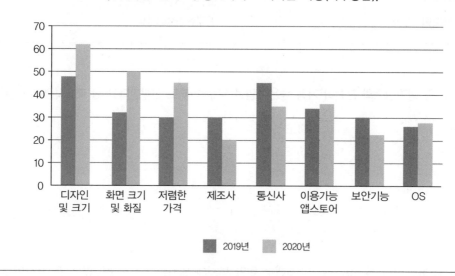

37. 2021년 예산 회의 준비를 위하여 A 사원은 〈스마트폰 선택 시 중요하게 고려하는 사항〉을 분석하였다. 자료 분석결과를 통해 예산을 배정한다고 할 때 제기할 주장으로 옳지 않은 것은?

① 저렴한 가격에 대한 응답률을 고려하면 보급형 중저가 브랜드를 개발할 필요가 있을 것이다.

② 스마트폰과 함께 이용할 수 있는 애플리케이션의 양과 질 개선에도 예산 배정이 필요할 것 같다.

③ 제조사에 대한 중요도가 감소하는 추세이므로 브랜드 홍보보다 제품 자체의 질 개발에 힘써야 할 것이다.

④ 디자인이나 크기, 화질 등 하드웨어 요소들에 대한 중요도가 증가했으므로 이 부분에 대한 예산 배정을 대폭 늘려야 한다.

⑤ 앱스토어, 보안기능, OS 등 소프트웨어 요소들에 대한 중요도가 모두 소폭이나마 증가하고 있으므로 과감하게 예산 배정을 늘릴 필요가 있다.

38. A 사원과 같은 재무팀 소속인 P 사원은 2021년 예산 회의에 앞서 다음과 같은 소식을 접하게 되었다. 〈의사결정기준〉에 따른 2021년의 가장 합리적인 프로젝트 예산 배정 비율은 얼마인가?

> **〈의사결정기준〉**
> • 합리적인 의사결정을 위해서는 매몰비용을 고려하지 않는다.
> • 소비자들은 구매 시 제품의 품질 경쟁력을 최우선적으로 고려하며, 동일한 품질의 제품이라면 먼저 출시한 것을 구매한다.
> ※ 매몰비용 : 이미 써 버리고 회수할 수 없는 비용

> 동료 사원 : P 씨, 소식 들었어? 경쟁업체인 K 전자에서 홍채인식 보안 기능을 탑재한 스마트폰을 발매했대. 이 기능에 대한 반응이 정말 긍정적인가 봐. 우리 회사도 스마트폰 홍채 인식 보안 기능에 매년 투자를 늘려왔는데, 이걸 어떻게 해야 하지?

① 0%   ② 30%   ③ 50%

④ 60%   ⑤ 90%

[39 ~ 40] ○○무역 비서실에 근무하는 A 씨는 다음 휴가 신청 안내 사항을 고려하여 휴가를 신청하고자 한다. 이어지는 질문에 답하시오.

〈휴가 신청 안내〉

1. 휴가 신청 가능 기간 : 1월 5일 ~ 1월 28일
2. 휴가 기간 : 5일 (주말 포함)
3. 유의사항
   가. 비서실장과 교대로 근무하는 것을 원칙으로 함.
   나. 사장님 및 다른 팀 휴가 일정과 겹치지 않도록 함.
   다. 사장님 업무 일정이 있는 날은 모든 팀이 근무하는 것을 원칙으로 함.
   라. 휴가 일정을 나눠서 신청할 수는 없음.

〈1월 달력〉

일	월	화	수	목	금	토
	1	2	3	4	5	6
7	8	9	10	11	12	13
	사장님 중국 출장 (8 ~ 10)					비서실장 휴가
14	15	16	17	18	19	20
	비서실장 휴가 (13 ~ 17)			사장님 거래처 대표 면담		
21	22	23	24	25	26	27
			총무팀 휴가 (24 ~ 27)			
28	29	30 사장님 국내지사 방문	31			

39. A 씨가 휴가를 신청하기 위해 고려해야 할 사항으로 거리가 먼 것은?

① 사장님 휴가 일정　　　　　　② 총무팀 휴가 일정
③ 비서실장 휴가 일정　　　　　④ 사장님 해외 출장 일정
⑤ 사장님 국내지사 방문 일정

40. A 씨가 휴가를 갈 수 있는 기간은?

① 1월 8일 ～ 1월 12일　　　　② 1월 11일 ～ 1월 15일
③ 1월 19일 ～ 1월 23일　　　④ 1월 24일 ～ 1월 28일
⑤ 1월 27일 ～ 1월 31일

41. 다음 EAN-13 코드 생성 방법과 물품별 코드 체계를 참고할 때, 인도 '병' 업체에서 생산된 장식장에 대한 EAN-13 코드로 올바른 것은?

〈EAN-13 코드 생성 방식〉

국가코드 3자리, 업체코드 4자리, 상품코드 5자리의 12개 번호와 체크숫자라고 불리는 상품 검사 코드 1자리를 포함하여 총 13개의 연속된 번호로 이루어져 있으며, 바코드와 함께 표시한다.

〈물품별 코드 체계〉

국가코드		업체코드		상품코드				체크숫자
				중분류		소분류		
908	대만	1203	갑	101	가전	24	TV	바코드 짝수 자리 숫자의 합에 3을 곱한 값과 홀수 자리 숫자의 합을 더한 후 그 값이 10의 배수가 되기 위해 추가해야 하는 최솟값
		5045	을			25	청소기	
		3385	병			28	냉장고	
320	태국	2793	정	204	주방	61	식기	
		1018	무			62	냄비	
762	인도	5622	기	207	욕실	48	수건	
		3005	경			49	비누	
		2781	신	305	거실	81	소파	
		3609	임			83	테이블	
		2551	계			85	장식장	
				306	의류	11	남성	
						12	여성	
						15	코트	
				405	유아	77	상의	
						78	하의	

① 7623385853054

② 7623385853055

③ 7623385305853

④ 7623385305854

⑤ 7623385305855

42. 주어진 자료를 바탕으로 엑셀 프로그램을 이용해 G 아파트에서 사용한 8 ~ 12월 발전사용량의 평균을 백의 자리에서 올림한 값으로 구하려고 한다. 해당 수식을 바르게 쓴 것은?

	A	B	C	D	E	F
1						
2	구분	8월	9월	10월	11월	12월
3	A 아파트	3,391,280	4,210,019	3,360,065	3,814,136	8,605,544
4	B 아파트	6,867,963	6,995,088	6,466,724	6,389,367	8,854,861
5	C 아파트	2,705,812	3,184,248	3,471,139	4,248,924	4,837,348
6	D 아파트	4,577,992	4,970,483	4,177,463	4,577,771	5,371,782
7	E 아파트	1,500,600	1,401,764	1,147,781	1,578,900	2,189,433
8	F 아파트	7,968,815	7,695,988	8,563,169	9,148,633	9,642,963
9	G 아파트	3,758,073	3,885,417	3,494,629	4,263,900	5,424,424
10	H 아파트	4,406,095	3,382,666	4,289,583	4,279,840	5,241,912

① =ROUND(AVERAGE(B9:F9),3)　　② =ROUND(AVERAGE(B9:F9),−3)

③ =ROUNDUP(AVERAGE(B9:F9),−3)　　④ =ROUNDUP(AVERAGE(B9:F9),3)

⑤ =ROUNDUP(AVERAGE(B9:F9),4)

[43 ~ 44] 다음 글을 읽고 이어지는 질문에 답하시오.

○○프로그램에서 하나의 명령문은 cards, input 등의 '중심어'로 시작하고 반드시 세미콜론(;)으로 끝난다. 중심어에는 명령문의 지시 내용이 담겨있는데, cards는 그 다음 줄부터 input 명령문에서 이용할 일종의 자료집합인 레코드(record)가 한 줄씩 나타남을 의미한다. 〈프로그램 1〉에서 레코드는 '701102'와 '720508'이다.

input은 레코드를 이용하여 변수에 수를 저장하는 것을 의미한다. 첫 번째 input은 첫 번째 레코드를 이용하여 명령을 수행하고, 그 다음부터의 input은 차례대로 그 다음 레코드를 이용한다. 예를 들어 〈프로그램 1〉에서 첫 번째 input 명령문의 변수 a에는 첫 번째 레코드 '701102'의 1 ~ 3번째 위치에 있는 수인 '701'을 저장하고, 변수 b에는 같은 레코드의 5 ~ 6번째 위치에 있는 수인 '02'에서 앞의 '0'을 빼고 '2'를 저장한다. 두 번째 input 명령문의 변수 c에는 두 번째 레코드 '720508'의 1 ~ 2번째 위치에 있는 수인 '72'를 저장한다. 〈프로그램 2〉와 같이 만약 input 명령문이 하나이고 여러 개의 레코드가 있을 경우 모든 레코드를 차례대로 이용한다. 한편 input 명령문이 다수인 경우, 어느 한 input 명령문에 @가 있으면 바로 다음 input 명령문은 @가 있는 input 명령문과 같은 레코드를 이용한다. 이후 input 명령문부터는 차례대로 그 다음 레코드를 이용한다. print는 input 명령문에서 변수에 저장한 수를 결과로 출력하라는 의미이다. 다음은 각 프로그램에서 변수 a, b, c에 저장한 수를 출력한 〈결과〉이다.

〈프로그램 1〉	〈프로그램 2〉
cards 701102 720508 ; input a 1-3 b 5-6; input c 1-2 print;	cards 701102 720508 ; input a 1-6 b 1-2 c 2-4; print;

〈결과〉

a	b	c
701	2	72

〈결과〉

a	b	c
701102	70	11
720508	72	205

43. 윗글을 근거로 판단할 때, 〈보기〉에서 옳은 것을 모두 고르면?

보기

ㄱ. input 명령문은 레코드에서 위치를 지정하여 변수에 수를 저장할 수 있다.

ㄴ. 두 개의 input 명령문은 같은 레코드를 이용하여 변수에 수를 저장할 수 있다.

ㄷ. 하나의 input 명령문이 다수의 레코드를 이용하여 변수에 수를 저장할 수 있다.

① ㄴ   ② ㄷ   ③ ㄱ, ㄴ

④ ㄱ, ㄷ   ⑤ ㄱ, ㄴ, ㄷ

44. 윗글을 근거로 판단할 때, 다음 〈프로그램〉의 〈결과〉로 출력된 수를 모두 더하면?

〈프로그램〉

```
cards
020824
701102
720508
;
input a 1-6 b 3-4;
input c 5-6@;
input d 3-4;
input e 3-5;
print;
```

〈결과〉

a	b	c	d	e

① 20,895   ② 20,911   ③ 20,917

④ 20,965   ⑤ 20,977

[45 ~ 46] 다음은 AA 전자 노트북의 제품 코드이다. 이어지는 질문에 답하시오.

예시 : 2020년에 출시된 프리미엄 시리즈 i5등급 중 썬더볼트를 지원하고 크기가 14인치인 윈도우가 미설치된 256GB 한국산 노트북의 제품 코드

ⓐ <u>20</u> ⓑ <u>P</u> ⓒ <u>5</u> ⓓ <u>T</u> – ⓔ <u>14</u> ⓕ <u>X</u> ⓖ <u>2</u> ⓗ <u>K</u>

ⓐ 출시연도	18	2018년
	19	2019년
	20	2020년

ⓔ 화면 크기	14	14인치
	15	15인치
	17	17인치

ⓑ 시리즈	S	스탠다드
	P	프리미엄
	U	울트라

ⓕ 윈도우 설치 여부	A	설치
	X	미설치

ⓒ CPU 등급	3	i3
	5	i5
	7	i7
	9	i9

ⓖ 저장 장치 용량	1	128GB
	2	256GB
	5	512GB

ⓓ 제품 특징	T	썬더볼트 지원
	X	썬더볼트 미지원
	U	USB-C 지원

ⓗ 제조국가	K	한국
	C	중국
	J	일본
	V	베트남

※ CPU는 숫자가 클수록 등급이 높다.

※ 시리즈는 울트라＞프리미엄＞스탠다드 순으로 등급이 높다.

---

45. 2019년에 출시된 스탠다드 시리즈 i9등급 중 USB-C를 지원하고 크기가 17인치인 윈도우가 설치된 128GB 베트남산 노트북의 제품 코드는?

① 19S9T-17A1V   ② 19S7U-17X1V   ③ 19S9U-17A1V

④ 19S9U-17A2V   ⑤ 19S9T-17X2V

46. 다음은 AA 전자 노트북을 구매하려는 고객들의 요구사항이다. 고객의 요구사항을 반영한 노트북의 제품 코드로 적절하지 않은 것은?

> • 이홍주 : 저는 등급이 가장 높은 시리즈의 가장 최신형 노트북을 구매하고 싶습니다.
> • 최지원 : 저는 윈도우가 설치되어 있고 썬더볼트를 지원하는 노트북을 구매하고 싶습니다.
> • 박지민 : 저는 크기가 15인치 이상인 한국산 노트북을 구매하고 싶습니다.
> • 임도건 : 저는 용량이 256GB 이상이고 CPU 등급이 i7 이상인 노트북을 구매하고 싶습니다.
> • 박성진 : 저는 최신 연도의 가장 높은 등급의 시리즈이며 가장 큰 용량의 노트북을 구매하고 싶습니다.

① 이홍주 : 20U3U-15A2C   ② 최지원 : 18S5T-14A2V

③ 박지민 : 19S7U-17A2K   ④ 임도건 : 19U3X-15A2V

⑤ 박성진 : 20U7T-15A5C

47. 다음은 대한상사에서 수입하고 있는 금속 물질의 제품 코드 체계이다. 이를 참고할 때, 2019년 1월에 독일 Boshu사로부터 입고된 5mm 판넬의 35번째 입고 제품에 대한 제품 코드로 올바른 것은?

예시 : 2019년 11월에 입고된 호주 7King 사의 S 규격 볼트 256번째 제품
→ 1911 - 1A - 01001 - 00256

생산 연월	공급자				입고 분류				입고품 수량
	원산지 코드		생산자 코드		제품 코드		규격별 코드		
	1	호주	A	7King	01	볼트	001	S	
			B	Aussie			002	L	
			C	New Ace			003	S	
	2	일본	D	Waka Waka	02	스프링	004	M	
			E	DK's			005	L	
2019년 9월 - 1909	3	대만	F	Taislon			006	XL	00001부터 다섯 자리 시리얼 넘버가 부여됨.
			G	Wang Chung			007	2mm	
	4	독일	H	Takitaki	03	판넬	008	3mm	
			I	Boshu			009	5mm	
2020년 12월 - 2012			J	Hi touch			010	3m	
	5	미국	K	Testum	04	H빔	011	5m	
			L	Sky joint			012	10m	
			M	Ever sun					
	6	중국	N	Chexing					
			O	Datong					

① 01194K0200500035 ② 01194I0300503500 ③ 01194I0300500035

④ 19014I0300900350 ⑤ 19014I0300900035

[48 ~ 50] 다음의 글을 읽고 이어지는 질문에 답하시오.

○○회사 직원 G는 사내 시스템의 모니터링 및 관리 업무를 맡아 업무 처리 방식을 익히고 있다.

□ 시스템 안내

제시값	설명	종류 및 예시	
System Code	• 시스템의 고유 코드 • System Code에 따라 FEV를 적용할 Error Code 선정	• C# : 모든 Error Code를 선정 • D# : 먼저 발견된 Error Code 2개를 선정 • E# : SV값이 제일 큰 Error Code 2개를 선정	
System Type	• 시스템의 종류 • Error Value를 이용한 FEV의 지정 방식 제시	• 32# : EV 중 최대/최소값의 평균을 FEV로 지정 • 64# : 모든 EV들의 평균을 FEV로 지정	
Standard Code	• 시스템의 기준 코드 • 장치별 기준값(Standard Value ; SV)를 표시	예) Standard Code : A12_B8_C10 　　장치 A의 기준값(SV) 12, 　　장치 B의 기준값(SV) 8, 　　장치 C의 기준값(SV) 10	
Error Value	오류의 각 항목별 위험값(EV)	예) Error Code of A : HV13_CV81_IV29 　　장치 A의 HV 항목 위험값(EV) 13, 　　　　CV 항목 위험값(EV) 81, 　　　　IV 항목 위험값(EV) 29	
Error Code	• 각 오류의 위험 코드 • 발견된 순으로 제시		
Error Division	각 오류의 위험 항목	HV(Hazard Value)	에러의 위험도
		CV(Complexity Value)	에러의 복잡도
		IV(Influence Value)	에러의 확산성

구분	종류 및 예시	
FEV(Final Error Value)	각 Error Code의 위험값으로 산출되는 최종 에러값	
SV(Standard Value)	• 각 장치에 대응하는 위험 항목에 대한 기준값 • 해당 위험 항목과 비교하여 시스템의 최종 평가 값(FV)을 조정	• SV > FEV일 경우 : FV값 -1 • SV = FEV일 경우 : FV값 변동 없음 • SV < FEV일 경우 : FV값 +1
FV(Final Value)	• 최종 산출된 FEV값에 따른 전체 시스템의 최종 평가 값 • FV의 기본값은 0이며, 기본값에 장치별로 SV와 FEV를 비교한 값을 합산하여 산출	

□ 입력 코드 안내

입력값	설명	종류 및 예시
Input Code(입력 코드)	진단에 따라 관리자가 해당 코드를 입력	하단의 표 참고

진단 기준	진단 결과	Input Code(입력 코드)
FV < −1일 경우	정상	Green
FV = −1일 경우	주의	Yellow
FV = 0일 경우	재진단 필요	Orange
FV = 1일 경우	위험	Red
FV > 1일 경우	경고	Black

시스템 관리 예시1

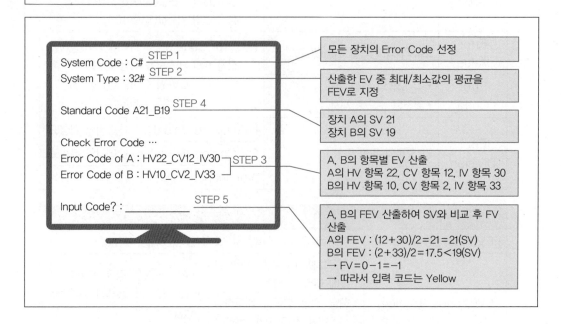

System Code : C#   STEP 1
System Type : 32#   STEP 2

Standard Code A21_B19   STEP 4

Check Error Code …
Error Code of A : HV22_CV12_IV30   STEP 3
Error Code of B : HV10_CV2_IV33

Input Code? : _____   STEP 5

모든 장치의 Error Code 선정

산출한 EV 중 최대/최소값의 평균을 FEV로 지정

장치 A의 SV 21
장치 B의 SV 19

A, B의 항목별 EV 산출
A의 HV 항목 22, CV 항목 12, IV 항목 30
B의 HV 항목 10, CV 항목 2, IV 항목 33

A, B의 FEV 산출하여 SV와 비교 후 FV 산출
A의 FEV : (12+30)/2=21=21(SV)
B의 FEV : (2+33)/2=17.5<19(SV)
→ FV=0−1=−1
→ 따라서 입력 코드는 Yellow

시스템 관리 예시2

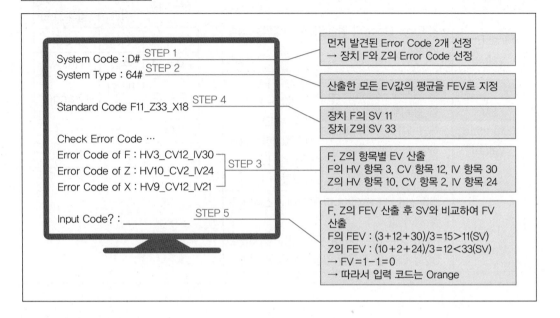

System Code : D# STEP 1
System Type : 64# STEP 2

Standard Code F11_Z33_X18 STEP 4

Check Error Code …
Error Code of F : HV3_CV12_IV30
Error Code of Z : HV10_CV2_IV24   STEP 3
Error Code of X : HV9_CV12_IV21

Input Code? : _____ STEP 5

먼저 발견된 Error Code 2개 선정
→ 장치 F와 Z의 Error Code 선정

산출한 모든 EV값의 평균을 FEV로 지정

장치 F의 SV 11
장치 Z의 SV 33

F, Z의 항목별 EV 산출
F의 HV 항목 3, CV 항목 12, IV 항목 30
Z의 HV 항목 10, CV 항목 2, IV 항목 24

F, Z의 FEV 산출 후 SV와 비교하여 FV
산출
F의 FEV : (3+12+30)/3=15>11(SV)
Z의 FEV : (10+2+24)/3=12<33(SV)
→ FV=1−1=0
→ 따라서 입력 코드는 Orange

시스템 설명 요약

제시값	설명	종류 및 예시	
System Code	• 시스템의 고유 코드 • System Code에 따라 FEV 값을 적용할 Error Code 선정	• C# : 모든 Error Code를 선정 • D# : 먼저 발견된 Error Code 2개를 선정 • E# : SV값이 제일 큰 Error Code 2개를 선정	
System Type	• 시스템의 종류 • Error Value를 이용한 FEV의 지정 방식 제시	• 32# : EV 중 최대/최소값의 평균을 FEV로 지정 • 64# : 모든 EV들의 평균을 FEV로 지정	
Standard Code	• 시스템의 기준 코드(SV)	예) Error Code of A : HV13_CV81_IV29 　　장치 A의 HV 항목 위험값(EV) 13, 　　　　　CV 항목 위험값(EV) 81, 　　　　　IV 항목 위험값(EV) 29	
Error Value	• 오류의 각 항목별 위험값(EV)		
Error Code	• 각 오류의 위험 코드		
Error Division	• 각 오류의 위험 항목	HV(Hazard Value)	에러의 위험도
		CV(Complexity Value)	에러의 복잡도
		IV(Influence Value)	에러의 확산성

구분	종류 및 예시	
FEV (Final Error Value)	• 각 Error Code의 위험값으로 산출되는 최종 에러값	
SV (Standard Value)	• 각 장치에 대응하는 위험 항목에 대한 기준값 • 해당 위험 항목과 비교하여 시스템의 최종 평가 값(FV)을 조정	• SV > FEV : FV값 −1 • SV = FEV : FV값 변동 없음 • SV < FEV : FV값 +1
FV (Final Value)	• 최종 산출된 FEV값에 따른 전체 시스템의 최종 평가 값 • FV의 기본값은 0이며, 기본값에 장치별로 SV와 FEV를 비교한 값을 합산하여 산출	

진단 기준	진단 결과	Input Code (입력 코드)
FV < −1	정상	Green
FV = −1	주의	Yellow
FV = 0	재진단 필요	Orange
FV = 1	위험	Red
FV > 1	경고	Black

48. 다음 중 제시된 프로그램에 대한 설명으로 적절하지 않은 것은?

① System Code는 FV를 산출하는 데 필요한 FEV 값을 적용할 Error Code를 결정한다.

② 현재의 시스템에서 FV는 반드시 −2, −1, 0, 1, 2 중 하나의 값을 가진다.

③ FV가 0보다 작을 경우, 입력 코드는 Green과 Yellow 중 하나이다.

④ 각 장치별로 SV와 FEV를 비교하였을 때 FV의 조정값은 1, 0, −1 중 하나이다.

⑤ System Code가 D#일 경우, 최초로 발견된 Error Code의 SV가 FEV보다 작으면 입력 코드는 Orange, Red, Black 중 하나이다.

49. 모니터에 나타나는 정보를 이해하고 시스템 상태를 판독하여 입력할 코드로 적절한 것은?

```
System Code : C#
System Type : 64#

Standard Code X21_Y10_Z12

Check Error Code …
Error Code of X : HV18_CV5_IV22
Error Code of Y : HV10_CV10_IV10
Error Code of Z : HV6_CV20_IV1

Input Code? : _____
```

① Green   ② Yellow   ③ Orange

④ Red   ⑤ Black

50. 모니터에 나타나는 정보를 이해하고 시스템 상태를 판독하여 입력할 코드로 적절한 것은?

```
System Code : D#
System Type : 32#

Standard Code U30_S44_N72

Check Error Code …
Error Code of U : HV32_CV60_IV2
Error Code of S : HV98_CV50_IV2
Error Code of N : HV121_CV79_I90

Input Code? : _____
```

① Green   ② Yellow   ③ Orange

④ Red   ⑤ Black

01. 다음 중 탄소배출권 거래중개인의 자질과 능력으로 추론할 수 없는 것은?

2005년 온실가스를 줄이기 위한 국제 협약인 교토의정서가 발효됨에 따라 의무 감축 국가들은 2008년부터 2012년까지 1990년 대비 평균 5.2%의 온실가스를 감축할 의무를 갖게 되었다. 또한 교토의정서에서는 온실가스 배출량을 줄이기 위한 방법으로 온실가스를 배출할 권리를 사고파는 '탄소배출권 거래제'라는 제도를 도입함으로써 국가와 기업들이 다양한 온실가스 감축사업을 통해 온실가스를 줄이고, 감축한 만큼의 온실가스를 사용 또는 방출할 권리를 다른 국가나 기업에 매매할 수 있는 탄소 시장이 열리게 되었다.

호주는 사용하는 에너지의 대부분을 석탄을 이용한 화력발전소로부터 공급하는데 석탄을 연소하면 불가피하게 대기 중으로 이산화탄소가 방출된다. 이때 사람들이 기존 전구를 에너지 절약형 전구로 교체하면 더 적은 양의 에너지를 사용하게 되므로 대기로 방출되는 이산화탄소량이 줄어든다. 따라서 기차역이나 쇼핑센터 주변에서 절전형 전구와 물 절약형 샤워헤드를 사람들에게 무료로 나눠 주는데, 이를 통해 사람들이 덜 방출한 이산화탄소가 탄소배출권(Carbon Credits)이라는 경제적 가치를 창출하게 된다. 전구와 샤워헤드 한 세트(전구 6개와 샤워헤드 1개)가 6 Carbon Credits가 되고 1 Carbon Credits는 12AUD의 가치를 가지므로 전구와 샤워헤드 한 세트는 72AUD의 가치를 가지게 된다. 이런 방식으로 국가 전체가 확보한 탄소배출권의 총량 범위 내에서 국가나 기업은 다른 나라나 기업에 탄소배출권을 판매할 수 있게 되는 것이다.

이러한 배경으로 성립된 탄소 시장에서 탄소배출권을 팔거나 사려고 하는 국가나 기업 간의 거래를 주선하는 사람이 바로 탄소배출권 거래중개인이다. 탄소배출권 거래중개인은 탄소배출권 판매자와 구매자 정보를 확보하여 온실가스 저감 사업에 대해 기업에 조언하거나 사업에 직접 관여하는 등 고객 확보를 위해 다방면의 노력을 기울인다. 판매자와 구매자가 확보되면 협상을 체결하기 위해 적절한 매매 가격 산정이나 배출권 이전 및 발행의 보증 문제 등에 대해 조율한다. 거래에 따른 위험을 관리하는 방법을 찾아 고객에게 조언하는 것도 중요한 일이다. 이렇게 모든 것이 갖추어지면 최종적으로 감축분에 대해 구매 계약을 체결하게 된다.

① 국제적인 정책, 경제의 흐름에 민감해야 한다.

② 온실가스 저감 기술에 대한 기본적인 이해가 필요하다.

③ 공식적으로 정해진 탄소배출권 가격을 정확히 파악하고 전달해야 한다.

④ 수요와 공급에 대한 경제학적 지식을 가지고 있어야 한다.

⑤ 구매 계약 체결의 법적 절차를 잘 알아야 한다.

02. 다음 중 (가) ~ (마)를 내용에 맞게 순서대로 나열한 것은?

(가) 전력 공급자는 스마트그리드를 활용하여 전력 사용 현황을 실시간으로 파악하여 공급량을 탄력적으로 조절할 수 있다. 전력 소비자는 전력 사용 현황을 실시간으로 파악함으로써 이에 맞게 요금이 비싼 시간대를 피하여 사용 시간과 사용량을 조절할 수 있으며, 태양광 발전이나 연료전지, 전기자동차의 전기에너지 등 가정에서 생산되는 전기를 판매할 수도 있게 된다.

(나) 또한 가전제품과 네트워킹을 통하여 전력사용을 최적화하고 소비자에게 실시간 전기요금 정보를 제공하는 전력관리장치 '어드밴스트 스마트 미터(Advanced Smart Meter)'와 전기자동차 충전 인프라, 분산형 전원(배터리), 실시간 전기요금제, 전력망의 자기치유 기능, 신재생에너지 제어 기능, 직류(DC) 전원 공급, 전력 품질 선택 등을 필수요소로 하는 '한국형 스마트그리드 비전'을 발표하였다. 또 제주특별자치도를 스마트그리드 실증단지로 선정하고, 2030년까지 전체 전력망 지능화를 완료할 계획이다.

(다) 스마트그리드란 '발전−송전 및 배전−판매'의 단계로 이루어지던 기존의 단방향 전력망에 정보기술을 접목하여 전력 공급자와 소비자가 양방향으로 실시간 정보를 교환함으로써 에너지 효율을 최적화하는 '지능형 전력망'을 가리킨다. 발전소와 송전·배전 시설과 전력 소비자를 정보통신망으로 연결하고 양방향으로 공유하는 정보를 통하여 전력시스템 전체가 한몸처럼 효율적으로 작동하는 것이다.

(라) 이처럼 많은 장점을 지니고 있어 세계 여러 나라에서 스마트그리드를 차세대 전력망으로 구축하기 위한 사업으로 추진하고 있다. 한국도 2004년부터 산학연구기관과 전문가들을 통하여 기초기술을 개발해왔으며, 그린에너지산업 발전전략의 과제로 스마트그리드를 선정하고 법적·제도적 기반을 마련하기 위하여 지능형전력망구축위원회를 신설하였다.

(마) 또한 스마트그리드는 자동조정시스템으로 운영되므로 고장 요인을 사전에 감지하여 정전을 최소화하고, 기존 전력시스템과는 달리 다양한 전력 공급자와 소비자가 직접 연결되는 분산형 전원체제로 전환되면서 풍량과 일조량 등에 따라 전력 생산이 불규칙한 한계를 지닌 신재생에너지 활용도가 증대된다. 신재생에너지 활용도가 높아지면 화력발전소를 대체하여 온실가스와 오염물질을 줄일 수 있게 되어 환경문제를 해소하는 데도 도움이 된다.

① (가)−(다)−(라)−(마)−(나)　　　② (가)−(다)−(마)−(라)−(나)

③ (다)−(가)−(마)−(라)−(나)　　　④ (다)−(라)−(마)−(가)−(나)

⑤ (다)−(가)−(라)−(마)−(나)

03. N 지역자치단체는 지역화폐인 N 카드 사업의 개선을 위해 문제점과 소비 트렌드를 다음과 같이 분석하였다. 이를 바탕으로 회의에서 제시할 개선안으로 적절하지 않은 것은?

〈N 카드의 문제점〉

1. 가맹점 직원이 N 카드로 결제하는 방법을 잘 모르거나 N 카드 가맹점에 안내 스티커가 부착되어 있지 않은 경우가 많다.
2. N 카드를 지원하는 온라인 쇼핑몰을 거의 찾아볼 수 없다.
3. N 카드로 결제를 하기 위해서는 매번 앱을 실행하여, 로그인을 하고 결제화면에 들어가서 별도의 인증절차까지 거쳐야 하는 번거로운 과정을 거쳐야 한다.
4. 전통시장을 제외한 부문은 지난해 말 소득공제율이 30%로 하향 조정되었다. 체크카드, 현금영수증의 소득공제율도 30%이므로 혜택이 동일하다.
5. 공공자전거 대여서비스 '씽씽이' 대여요금 50% 할인 이외의 수요빈도가 낮았다.

〈2021년 소비 트렌드〉

소비 트렌드	설명
구독경제	매달 일정한 금액을 지불하고 서비스를 이용하는 소비경제
언택트 마케팅	1인 가구 증가, 코로나 바이러스 대유행 이후 '사회적 거리두기'로 확산된 비대면 소비문화
오팔(OPAL) 세대	은퇴한 베이비부머 세대인 50 ～ 60대 소비층이 새로운 주류 소비층으로 부각
MZ 세대	1980 ～ 2000년 출생자의 자기중심적 소비문화
뉴트로(Newtro)	'새로운 복고', 낯선 20세기 문화의 재해석
초개인화	사용자의 수요데이터 기록을 분석하여 사용자 맞춤형 컨텐츠를 제공
편리미엄	시간과 노력을 줄여주는 편리를 위해서 비용을 더 지불하는 소비문화

---

① N 카드는 씽씽이 할인용 카드라는 이미지가 강한 것 같습니다. 사용자의 소비성향을 분석해서 추천 상품을 제시해주는 식으로 수요 범위를 확대해야 합니다.

② N 카드로 결제를 하는 과정이 너무 번거롭습니다. 편리미엄 트렌드에 따라 결제 과정을 최소화할 수 있도록 앱을 개선해야 합니다.

③ 비대면 소비문화에 따라 온라인 쇼핑에서 N 카드를 사용할 수 있는 방안을 모색해야겠습니다.

④ N 카드는 아직 가맹점과 소비자의 인지도가 낮습니다. 요즘 유행하는 뉴트로 디자인의 홍보물을 제작하는게 좋겠습니다.

⑤ 새로운 소비층으로 떠오르는 MZ 세대에 맞춰 젊은 이미지를 강조하는 새로운 결제수단을 어필해야겠습니다.

04. 다음 글을 읽고 회의 중 제안한 내용으로 옳지 않은 것은?

> 과학기술정보통신부는 공인전자서명의 우월한 법적 효력을 폐지하는 내용의 전자서명법 전부개정안이 제378회 국회(임시회) 본회의를 통과했다고 20일 밝혔다. 이번 개정으로 전자서명의 시장경쟁이 촉진돼 블록체인, 생체인증 등 신기술 기반의 다양한 전자서명이 활성화되고 국민의 전자서명 이용 편리성도 높아질 것으로 기대된다.
>
> 1999년 제정된 전자서명법은 공인인증제도를 도입해 인터넷을 통한 행정, 금융, 상거래 등을 활성화하는 등의 성과를 이뤄냈다. 하지만 공인인증제도가 20년 넘게 유지되면서 우월한 법적 효력을 가진 공인인증서가 전자서명시장을 독점하며 신기술 전자서명기업의 시장진입 기회를 차단하고 액티브엑스 설치 등 이용자의 불편을 초래하는 등 다양한 문제들이 지속적으로 지적돼 왔다. 이에 따라 과기정통부는 공인인증제도 개선정책을 발표하고 시민단체, 법률전문가, 인증기관 등이 참여한 4차산업혁명위원회 규제·제도혁신 해커톤과 법률전문가, 이해관계자 검토회의 등을 거쳐 전자서명법 전부개정안을 마련해 국회에 제출했다.
>
> 전자서명법 개정안의 주요내용은 △공인전자서명의 우월한 법적 효력 폐지를 통한 다양한 전자서명수단 간의 경쟁 활성화 △전자서명 인증업무 평가·인정제도 도입 △전자서명 이용자에 대한 보호조치 강화 등이다. 공인전자서명의 우월한 법적 효력이 폐지되면서 공인·사설 인증서 차별이 없어져 전자서명시장에서 자율경쟁이 촉진됨에 따라 블록체인, 생체인증 등 다양한 신기술을 이용한 새로운 전자서명 서비스 개발이 활성화될 전망이다. 전자서명 이용기관은 기존 공인전자서명 대신 편의성 및 신뢰성이 높은 다양한 전자서명수단의 이용을 확대해 나가고 국민들도 액티브엑스 설치 등의 불편함이 없는 다양한 편리한 전자서명 서비스를 이용할 수 있을 것으로 전망된다.
>
> 다양한 신기술 전자서명의 개발·확산에 대응해 이용자에게 신뢰성 및 안정성이 높은 전자서명의 선택을 지원하고 신기술 중소기업 전자서명 서비스의 신뢰성 입증, 시장진출 기회를 확대하기 위해 전자서명인증업무 평가·인정제도가 도입된다. 국제통용 평가기준에 맞춘 신기술 전자서명 평가·인정제도 마련으로 우리나라에 국한된 전자서명이 아닌 국제시장을 선도하는 전자서명 기술 개발·이용이 촉진될 것으로 기대된다.
>
> 한편 공인인증제도가 폐지돼도 기존의 공인인증서는 다양한 전자서명 수단 중의 하나로 계속 사용될 수 있다. 기존 공인인증서 이용자에 불편이 없도록 기발급 공인인증서는 유효기간까지 이용할 수 있도록 하며 이후에는 이용기관 및 이용자 선택에 따라 일반 전자서명 중 하나로 사용할 수 있게 된다.

① 새로운 제도 도입 시 다른 국가에서도 통용될 수 있을 지까지 고려하는 게 경쟁력 강화에 기여할 수 있습니다.

② 기존의 공인인증서가 시장을 독점하는 상황은 전자서명 시장에서 경쟁이 치열해짐에 따라 자연스럽게 해소될 것입니다.

③ 기존 전자서명 방식이 새로운 전자서명 방식으로 완전히 대체되어야 하므로 한동안 이용자의 편의성이 낮아지는 한계도 존재합니다.

④ 전자서명법의 개정은 생체인증 등 신기술을 이용한 전자서명의 발전에도 영향을 미칠 것입니다.

⑤ 공인인증제도는 인터넷을 통한 상거래를 활성화하는 등 많은 성과를 이루어 냈습니다.

[05 ~ 06] 다음 글을 읽고 이어지는 질문에 답하시오.

울산시는 2030년까지 6GW 이상의 부유식 해상풍력발전단지를 조성한다는 계획을 밝혔다. '울산시 새로운 바람, 부유식 해상풍력'을 울산형 그린뉴딜 사업으로 추진한다는 것이다. 울산시는 수심 200m 이내 넓은 대륙붕과 연중 평균풍속 초속 8m 이상 우수한 자연조건, 신고리원전이나 울산화력 등의 발전소와 연결된 송·배전망 인프라, 여기에 미포산업단지 등 대규모 전력 소비처, 세계적인 조선해양 플랜트 산업 기반을 갖추고 있어 부유식 해상풍력 생산에 최적의 조건을 갖췄다.

울산시는 먼저 2025년까지 사업비 6조 원을 투입해 원자력 발전소 1개 규모와 맞먹는 1GW 이상의 부유식 해상풍력발전단지를 조성하기로 했다. 이후 시범운영을 거쳐 2030년까지는 6GW 이상의 부유식 해상풍력발전단지를 확대 조성한다는 계획이다. 시는 이렇게 하면 약 21만 명의 고용 효과가 있을 것으로 예상한다. 또 이 사업에 참여하는 5개 민간투자사 한국지사의 울산 유치와 100여 개 이상 서플라이 체인업체의 울산공장 설립 등도 예상돼 지역경제 활성화에 도움이 될 것으로 기대한다. 이와 함께 연간 698만 2천의 이산화탄소 저감 효과와 정부의 2030년까지 재생에너지 비중을 20%로 높이자는 계획인 '재생에너지 3020' 해상풍력 분야 목표에서 50%(6GW)를 울산시가 담당하며, 명실상부한 그린에너지 도시로 도약할 수 있을 것으로 전망하고 있다.

시는 부유식 해상풍력 클러스터 조성도 검토하고 있다. 기술 개발, 제작 생산, 운영 보수, 인력 양성 등 부유식 해상풍력 추진의 전 주기를 아우르는 연관 시설의 집적화로 비용 감소와 기술혁신을 위한 클러스터를 조성한다는 계획이다. 부유식 해상풍력 클러스터에는 부유식 해상풍력 집적화 산업단지와 연구원, 부유식 해상풍력 시험평가 인증센터, 디지털 관제센터, 부유식 해상풍력 소재부품 기업지원센터, 안전훈련센터 등의 시설이 조성된다. 시는 산업통상자원부가 제3차 추가경정 예산에 그린뉴딜 관련 예산을 4천 639억 원 편성했고, 해상풍력 부문에는 195억 원이 할당하여 향후 해상풍력 분야에 투자가 집중될 것으로 본다. 따라서 울산시가 추진하는 부유식 해상풍력 육성 사업도 더욱 탄력을 받을 수 있을 것으로 기대한다.

울산시는 앞서 2018년부터 부유식 해상풍력산업 기술 국산화와 경쟁력 제고를 위해 총사업비 92억원을 투입해 '5MW급 부유식 대형 해상풍력 발전시스템 설계기술 개발'과 '200MW급 해상풍력 실증단지 설계기술 개발', '정부 연구개발(R&D) 과제에 컨소시엄 구성'을 추진해 오고 있다. 앞으로도 부유식 해상풍력산업 경쟁력 제고와 기술개발을 위한 국책 과제에 참여해 해당 분야 기술 국산화에 힘쓸 예정이다. 2019년부터는 국내외 굴지의 부유식 해상풍력산업 업체 민간투자사 5곳과 업무협약을 체결해 울산 동해 가스전 인근에 대규모 부유식 해상풍력발전단지 조성도 추진하고 있으며 중앙부처 등 관계기관, 지역 어민들과도 발전단지 조성을 위한 협의를 계속하고 있다.

05. 다음 중 글의 제목으로 적절한 것은?

① 울산시, 지역경제 활성화에 기대감 생겨
② 울산시, 2030년까지 6GW 부유식 해상풍력발전단지 조성
③ 울산시, 해상풍력발전단지로 21만 명 일자리 모집
④ 산업통상자원부, 해상풍력 분야에 집중 투자할 것으로 밝혀
⑤ 울산시, 우수한 자연환경 갖춘 것으로 드러나

06. 윗글을 읽은 ○○발전 직원들이 나눈 대화로 옳지 않은 것은?

① 정부는 2030년까지 해상풍력 분야의 목표를 12GW로 설정하여 해상풍력 분야를 발전시키려고 하는구나.
② 2030년까지 6GW 부유식 해상풍력발전단지가 조성되면, 약 21만 명의 고용 효과가 있겠구나.
③ 산업통상자원부는 제3차 추가경정예산으로 그린뉴딜 사업 중 해상풍력 부문에 약 4%를 할당했구나.
④ 울산시는 부유식 풍력발전 생산에 필요한 최적의 자연조건을 갖추었다고 볼 수 있어.
⑤ 울산시는 부유식 해상풍력 클러스터를 이미 갖추었기 때문에 부유식 풍력발전 생산에 매우 유리하구나.

[07 ~ 08] 다음 글을 읽고 이어지는 질문에 답하시오.

　　퇴근 후 공부를 통해 또 다른 삶을 사는 직장인이 늘고 있다. 샐러던트(Saladent)는 샐러리맨(Salaried man)과 학생인 스튜던트(Student)가 합성된 신조어로 '공부하는 직장인'을 일컫는다. 직장인이 하는 공부는 크게 회사 업무를 위한 공부와 자기계발 및 개인적인 목표를 위한 공부로 나눌 수 있다. 회사 업무를 위해 필요한 공부로는 업무 전문성을 높이기 위한 공부가 대표적이다. 이는 연령별로 조금 차이가 있다. 20 ~ 30대의 젊은 직장인은 주로 승진이나 이직에 유리한 어학 공부와 업무 전문성을 높이기 위한 공부에 매진한다. 또한 실무와 관련된 공부로는 경제·경영학이 주를 이룬다. 중년층 직장인은 조직을 이끄는 부서장인 경우가 많다. 넓은 식견과 통찰력이 요구되므로 프로젝트를 성공적으로 수행하기 위해 변화하는 사회, 경제, 문화 전반의 트렌드에 민감하게 반응한다. 회사 내 교육 프로그램을 통해 새로운 정보들을 흡수하고, 부족한 부분은 외부 강연으로 보충한다.

　　자기계발과 개인적인 목표를 위한 공부로는 여가와 취미, 재테크, 노후 대비 등을 들 수 있다. 이들 분야는 배우는 내용이나 학습 목표는 다르지만, '더 나은 삶, 더 즐거운 삶'이라는 공통분모를 가지고 있다. 중년층이 가장 관심 갖는 공부는 자격증 취득 공부다. 전직, 고용 불안으로 인한 실직이나 은퇴 후를 대비한 제2의 직업, 평생직장을 얻기 위한 것으로, 공인중개사, 사회복지사, 사회조사분석사, 주택관리사, 직업상담사 자격증 등이 있다. 젊은 층의 관심 분야는 좀 더 폭이 넓다. 자격증 시험은 물론 외국어나 재테크 공부에도 시간을 투자한다. 이들이 공부하는 방법은 주로 '독학'이다. 한 취업포털사이트가 20 ~ 30대 직장인 708명을 대상으로 한 설문 조사에 따르면 '독학'으로 공부하는 직장인이 43.3%로 가장 많았고, 그 다음을 '인터넷 강의(29.9%)'가 차지했고, '대학원 및 사이버대학 등에 진학'을 한다는 직장인은 10.7%였다. 이어 '학원 수강(7.9%)', '스터디그룹 활동(3.1%)', '개인 과외(2.7%)' 등의 순이었다.

　　학습지 교사가 집으로 방문하는 방문 학습지를 이용하는 직장인도 증가했다. 학원에 다닐 시간 여유가 없는 경우도 있지만, 교사가 집으로 방문해 수업 내용을 지도해주는 옛날 방식이 효과적이라고 생각해 신청하는 경우가 많다. 백화점 문화센터를 찾는 경우도 있다. 전문성을 띠는 학원보다 좀 더 편하게 배울 수 있다는 이유에서다. 백화점 문화센터는 '주부들의 놀이터'로 여겨졌지만 최근 20 ~ 30대 직장인이 늘면서 악기 연주, 요가, 홈트레이닝 같은 다양한 수업을 진행하고 있다. '쿡방'과 '집밥'이 큰 인기를 끌면서 요리를 본격적으로 배우려는 직장인도 크게 늘었다. 특히 일만큼 가정을 중시하는 문화가 정착되고, 매주 한 번 가족과 시간을 보낼 수 있는 '패밀리데이'를 시행하는 기업이 늘면서 남성 직장인들의 요리수업 참여도가 눈에 띄게 늘었다. 남성들의 교육 참여가 증가한 곳이 또 있다. 바로 육아교육이다. 육아휴직의 확대와 동등한 육아 분담에 대한 사회 분위기가 무르익으면서 남성들이 교육을 통해 출산 직후의 육아는 물론 아이의 성장과정을 함께 돌보는 양육 교육에 관심을 보이고 있다.

　　효과적이고 성공적인 공부를 위해 전문가들은 두 가지를 강조한다. 하나는 일주일 동안 공부할 총 시간을 미리 정해놓고 이를 맞추려고 노력하는 것이다. 다른 하나는 자투리 시간을 최대한 활용하는 것이다. 하루에 점심시간을 30분만 아껴도 일년에 무려 130시간이라는 계산이 나온다. 짧은 시간 동안 집중력을 끌어올려 학습 효과를 극대화할 수 있는 자투리 시간을 활용하는 것이 좋은 방법이다.

공부는 책상 위에서 하는 것만을 가리키지 않는다. 앞서 살펴본 것처럼 다양한 취미 활동 역시 내 삶을 풍요롭게 만드는 공부다. '최고의 능력자는 공부하는 자'라는 괴테의 말처럼 더 나은 삶, 더 즐거운 삶을 위한 자양분은 공부에서 비롯한다.

07. 다음 중 윗글에 대한 이해로 옳지 않은 것은?

① 직장인들의 공부 목적은 크게 업무 역량 강화와 자기계발 및 개인적인 목표로 나눌 수 있다.

② 업무 관련 공부의 경우에는 연령에 따라 상이한 경향을 보이고 있다.

③ 중년층은 사적인 목표에서 자격증 취득을 가장 우선시 하고 있다.

④ 최근 직장인들은 다양한 장소에서 여러 방식으로 배움을 시도한다.

⑤ 연령대와 상관없이 직장인 과반수가 독학을 선호함을 알 수 있다.

08. 필자가 윗글에서 정보나 주장을 전달하기 위해서 사용한 방법이 아닌 것은?

① 수치를 통한 정보를 전달하였다.

② 새로운 사회변화를 설명하였다.

③ 미래지향적인 방향을 제안하였다.

④ 다양한 접근방법을 제시하였다.

⑤ 권위자의 말을 인용하여 주장의 근거로 제시하였다.

[09 ~ 10] 다음 자료를 읽고 이어지는 질문에 답하시오.

〈자료 1〉

　러시아 화장품 시장의 매출 규모는 세계 시장의 약 3%를 차지하고 있다. 최근 러시아 화장품 시장은 유럽 지역에서 영국, 독일, 프랑스 다음으로 네 번째로 큰 규모로 알려져 있다. 2020년 기준 러시아 화장품 시장이 2,080억 루블(약 29억 2,000만 달러)이며 패키지 단위로는 24억 개에 달했다. 해당 수치는 7년 전 대비 약 2배가 성장한 것이다.

　러시아 화장품 시장을 세분화한다면 페이스 스킨케어 제품이 19%의 비중을 차지하고 있고 향수가 18%, 색조 화장품이 15%, 헤어 제품(관리 및 염색)이 11%, 샤워 제품이 9%, 바디케어 제품이 5%이다.

　시장분석기관에 따르면 2020년 기준 러시아 매니큐어 및 페디큐어 제품 시장 규모는 전년 대비 1.6% 성장한 58억 루블(약 9,000만 달러)을 기록했다. 시장 매출은 꾸준히 증가세를 보이고 있는데 이는 다양한 가격 세그먼트 형성 때문인 것으로 파악된다. 네일아트 시장은 수입 의존도가 74%로 매우 높은 편이며 중국 수입 점유율이 2020년 기준 15.1%에 이른다. 러시아는 네일아트 제품을 수출하고 있으며 A사가 45% 이상을 점유하고 있고 최대 바이어는 B사(수출의 5.2% 점유)이다. 시장분석기관에 따르면 2020년 기준 러시아 네일아트 제품의 온라인 구매가 전년 대비 12% 증가했고 고객의 25.5%가 6개월에 한 번씩 네일아트 서비스를 받는다고 한다.

〈자료 2〉

코로나19 이후의 러시아 화장품 시장 트렌드
– 자가격리 시행과 많은 화장품 매장의 폐업으로 화장품 구매에 대한 관심이 크게 감소했으나 온라인 거래는 52.6% 증가해 코스메틱에 대한 관심이 회복되고 있으며 온라인 스토어가 주된 역할을 하고 있다.
– 전문가들은 매출의 대부분이 온라인 스토어로 이동하고 있으며 온라인 스토어 매출이 15 ~ 20배 성장할 것으로 예상하고 있다. 기업은 블로거, TV광고가 향후 업계에서 큰 역할을 할 것으로 확신하고 있다.
– 가장 인기있는 제품은 최대 100루블의 배송비로 저렴하게 배송가능한 100 ~ 250루블의 저가 코스메틱이며, 1,000루블이 넘는 제품은 향후 1년 6개월 동안 수요가 없을 것으로 예상된다.
– 고가 살균제의 인기가 곧 끝날 것이며 살균제 생산으로 인한 막대한 이익은 발생하지 않겠지만 항균 효과가 있는 코스메틱은 성장할 것으로 전망된다.

09. 자료의 내용과 관련된 그래프를 본문에 추가하고자 할 때, 다음 중 적절한 것을 모두 고르면?

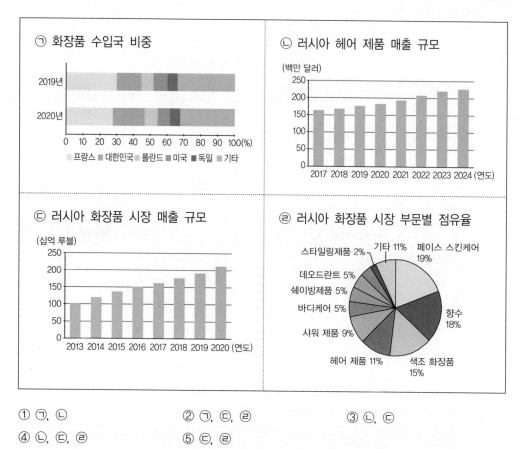

① ㉠, ㉡

② ㉠, ㉢, ㉣

③ ㉡, ㉢

④ ㉡, ㉢, ㉣

⑤ ㉢, ㉣

10. 자료를 참고하여 러시아 화장품 시장 진출 관련 회의 중 제안할 내용으로 옳지 않은 것은?

① 온라인 유통망을 통해 향수를 판매하는 경우 시향이 불가하므로 향을 섬세하게 표현할 수 있는 전략을 고안해야 합니다.

② 핸드크림, 마스크팩과 같은 대중적인 제품군에 프리미엄 브랜드를 출시해 부가가치를 높일 필요가 있습니다.

③ 온라인 유통이 가능한 현지 유통사와의 파트너십을 맺어 온라인 판매전략을 수립해야 합니다.

④ 건강에 대한 관심이 증대되는 상황이므로 항균 효과가 있는 스킨케어 제품을 개발해야 합니다.

⑤ 코로나 바이러스 확산세가 지속된다면 폼클렌져, 샴푸 등과 같은 저가 세정제품의 마케팅에 주의를 기울일 필요가 있습니다.

11. 다음 자료를 참고할 때, P와 Q의 전기요금은 각각 얼마인가? (단, 필수사용량 보장공제는 최대 한도를 적용한다)

〈P, Q의 전력 사용 현황〉

구분	전력 사용 유형	월 / 전력사용량
P	주택용 전력(저압)	12월 / 1,300kWh
Q	주택용 전력(고압)	7월 / 180kWh

〈주택용 전력(저압)〉

• 주거용 고객, 계약전력 3kWh 이하의 고객

기본요금(원/호)		전력량 요금(원/kWh)	
200kWh 이하 사용	900	처음 200kWh까지	90
201 ~ 400kWh 사용	1,800	다음 200kWh까지	180
400kWh 초과 사용	7,200	400kWh 초과	279

※ 필수사용량 보장공제 : 200kWh 이하 사용 시 월 4,000원 한도 감액(감액 후 최저요금 1,000원)
※ 슈퍼유저요금 : 동 · 하계(7 ~ 8월, 12 ~ 2월) 1,000kWh 초과 전력량 요금은 720원/kWh 적용

〈주택용 전력(고압)〉

• 주택용 전력(저압)에 해당되지 않는 주택용 전력 고객

기본요금(원/호)		전력량 요금(원/kWh)	
200kWh 이하 사용	720	처음 200kWh까지	72
201 ~ 400kWh 사용	1,260	다음 200kWh까지	153
400kWh 초과 사용	6,300	400kWh 초과	216

※ 필수사용량 보장공제 : 200kWh 이하 사용 시 월 2,500원 한도 감액(감액 후 최저요금 1,000원)
※ 슈퍼유저요금 : 동 · 하계(7 ~ 8월, 12 ~ 2월) 1,000kWh 초과 전력량 요금은 576원/kWh 적용

	P	Q			P	Q
①	437,400원	11,180원		②	444,600원	11,180원
③	444,600원	12,960원		④	437,400원	12,960원
⑤	453,400원	14,280원				

12. 다음은 병원비 산정 시 환자가 부담해야 하는 금액에 관한 자료 및 외국인 임산부 A의 진료내역이다. 자료에 따를 때 A의 본인부담금은 얼마인가?

〈환자 본인부담금 산정방법〉

종합병원 · 대학병원	내국인	$(병원비-약재비)\times\dfrac{35}{100}+약재비\times\dfrac{50}{100}$
	외국인	$(병원비-약재비)\times\dfrac{40}{100}+약재비\times\dfrac{50}{100}$
한방병원 · 개인 산부인과	내국인	$(병원비-약재비)\times\dfrac{40}{100}+약재비\times\dfrac{50}{100}$
	외국인	$(병원비-약재비)\times\dfrac{30}{100}+약재비\times\dfrac{60}{100}$

〈A의 진료내역〉

병원명	병원 종류	진료과목	병원비(원)	약재비(원)
H 병원	한방병원	초기임신 중 출혈	150,000	50,000
		한방침	50,000	–
		산후풍	210,000	70,000
A 병원	개인 산부인과	자궁경부암 검사	100,000	–
		양수검사	150,000	–
		철분주사	220,000	80,000
C 병원	대학병원	스케일링	15,000	–
		초음파	200,000	–
		임당검사	160,000	60,000
		제왕절개	280,000	30,000

〈임산부 진료비 지원 혜택〉

- 지원 범위

  산부인과 : 산전검사(초음파, 양수검사, 임당검사), 분만비용(자연분만만 해당), 산후치료(개인병원, 종합병원, 대학병원 포함)

  조산원 : 분만비용에 한해 지원

  한방기관 : 임신 중 과다구토, 태기불안, 초기임신 중 출혈, 분만 없는 조기진통, 산후풍

- 지원금액

  임신 1회당 최대 30만 원 내에서 지원 범위 내 진료과목에 대해 본인부담금 50% 감면

① 595,000원 ② 555,000원 ③ 480,000원

④ 425,500원 ⑤ 355,500원

[13 ~ 14] 다음은 ○○공사의 〈12월 성과상여금 지급 기준〉이다. 이어지는 질문에 답하시오.

〈12월 성과상여금 지급 기준〉

1. 지급원칙
   - 성과상여금은 팀의 전체 사원에 대하여 성과(근무성적, 업무 난이도, 조직 기여도의 평점 총합) 순위를 매긴 후 적용대상에 해당되는 사원에 한하여 지급한다.
   - 적용대상 사원에는 계약직을 포함한 4급 이하 모든 사원이 포함된다.

2. 상여금의 배분
   성과상여금은 아래의 지급기준액을 기준으로 한다.

4급	5급	6급	계약직
400만 원	300만 원	200만 원	100만 원

3. 지급등급 및 지급률

지급등급	S 등급	A 등급	B 등급
성과 순위	1 ~ 2위	3 ~ 4위	5위 이하
지급률	150%	130%	100%

4. 지급액 등
   - 개인별 성과상여금 지급액은 지급기준액에 해당 등급의 지급률을 곱하여 산정한다.
   - 계약직이 12월 기준 S 등급인 경우, 1월 1일자로 정규직 6급으로 전환한다.
   - 평점 총합이 같은 경우 근무성적 점수, 조직 기여도 점수, 업무 난이도 점수가 높은 순으로 성과 순위를 매기며, 모든 항목 점수가 같은 경우 직급이 높은 순으로, 직급까지 같은 경우 입사일이 빠른 순으로 성과 순위를 매긴다.

---

13. 다음 가 ~ 아 사원 중 성과상여금을 가장 많이 받는 사원과 가장 적게 받는 사원의 금액 차이는?
(단, 성과상여금을 받지 못하는 사원은 제외한다)

〈12월 영업팀 성과 및 직급〉

구분 \ 사원		가	나	다	라	마	바	사	아
직급		계약직	5급	5급	6급	4급	계약직	4급	3급
평점	근무성적	8	9	7	8	6	8	8	8
	업무 난이도	6	8	4	9	5	9	7	6
	조직 기여도	8	7	8	7	7	10	7	8

① 200만 원   ② 250만 원   ③ 300만 원
④ 350만 원   ⑤ 400만 원

14. (13과 이어짐) 2월부터 영업팀의 구성원 2명이 다른 팀으로 옮겨간다고 한다. 직급과 성과에 상관없이 임의로 두 사원이 옮겨간다고 할 때, 5급 이하의 두 사원이 팀을 옮길 확률은 얼마인가? (단, 1월 직급을 기준으로 생각하며, 계약직 및 3급 사원은 팀을 옮기지 않는다)

① $\frac{1}{5}$ ② $\frac{2}{5}$ ③ $\frac{3}{10}$

④ $\frac{2}{15}$ ⑤ $\frac{7}{15}$

[15 ~ 16] 다음은 2020년 7 ~ 12월 전력거래량을 연료원별, 회원사별로 나타낸 자료이다. 이어지는 질문에 답하시오.

〈표 1〉 연료원별 전력거래량

(단위 : GWh)

구분	원자력	유연탄	무연탄	유류	LNG	양수	기타
12월	10,514	17,965	188	643	16,003	300	2,211
11월	9,724	17,947	154	153	12,203	266	2,124
10월	10,071	18,725	ⓐ	191	9,856	290	2,316
9월	9,803	19,624	164	100	9,623	299	ⓑ
8월	11,597	21,400	243	258	12,083	313	2,578
7월	11,110	20,811	247	212	11,751	306	2,364

〈표 2〉 회원사별 전력거래량

(단위 : GWh)

구분	한수원	남동발전	중부발전	서부발전	남부발전	동서발전	기타
12월	10,878	4,977	ⓓ	4,158	4,059	4,169	14,969
11월	10,050	5,123	4,311	4,146	3,235	3,623	12,083
10월	10,409	5,332	4,141	3,958	3,690	3,549	10,493
9월	10,212	5,559	3,914	4,141	4,258	3,637	10,055
8월	12,025	ⓒ	4,255	4,553	5,001	4,408	12,285
7월	11,510	5,654	4,068	4,372	4,871	4,291	12,035

〈표 3〉 2020년 7 ~ 12월 전력거래량 합계

(단위 : GWh)

구분	7월	8월	9월	10월	11월	12월
합계	46,801	48,472	41,776	41,572	42,571	ⓔ

15. ⓐ~ⓔ에 들어갈 숫자로 알맞지 않은 것은?

① ⓐ : 123   ② ⓑ : 2,163   ③ ⓒ : 6,123

④ ⓓ : 4,614   ⑤ ⓔ : 47,824

16. 자료에 대한 설명으로 적절하지 않은 것은?

① 2020년 9월 총 전력거래량은 전월 대비 10% 이상 감소하였다.

② 2020년 8월부터 12월까지 서부발전과 동서발전의 전월 대비 전력거래량 증감 추이는 동일하다.

③ 2020년 7월부터 12월까지 양수의 평균 전력거래량은 300GWh 이상이다.

④ 2020년 10월 양수와 LNG의 전력거래량 합은 원자력의 전력거래량보다 많다.

⑤ 동서발전의 월별 전력거래량 중 가장 많이 거래된 월과 가장 적게 거래된 월의 전력거래량 차이는 860GWh 미만이다.

[17 ~ 18] 다음 자료를 보고 이어지는 질문에 답하시오.

〈세계 1차 에너지 원별 공급 현황〉

(단위 : 백만 toe)

구분	2005년	2010년	2015년	2020년
석유	3,662	4,006	4,142	4,290
석탄	2,313	2,990	3,653	3,914
천연가스	2,071	2,360	2,736	2,901
원자력	676	722	719	661
신재생 등	1,315	1,455	1,702	1,933
합계	10,037	11,533	12,952	13,699

〈세계 1차 에너지 권역별 공급 현황〉

(단위 : 백만 toe)

구분	2005년	2010년	2015년	2020년
유럽(OECD)	1,748	1,849	1,820	1,675
(가)	2,273	2,319	2,215	2,216
(나)	1,149	1,830	2,629	3,066
(다)	1,038	1,237	1,526	1,741
(라)	354	468	623	721
그 외 국가	3,475	3,830	4,139	4,280
전 세계	10,037	11,533	12,952	13,699

※ (가) ~ (라)의 지역은 중국, 중국 외 아시아, 중동, 미국이다.

보고서

- 2015년 대비 2020년의 에너지공급량 증가율이 가장 큰 지역은 중국이다.
- 2005년 대비 2020년의 에너지공급량 증가율은 중동이 중국 외 아시아보다 더 크다.
- 2015년 대비 2020년의 에너지공급량 증가율은 '그 외 국가'가 미국보다 크다.

---

17. 〈보고서〉를 토대로 (가) ~ (라)에 해당하는 지역을 순서대로 바르게 나열한 것은?

	(가)	(나)	(다)	(라)
①	미국	중국	중국 외 아시아	중동
②	미국	중국 외 아시아	중국	중동
③	미국	중국	중동	중국 외 아시아
④	중국	미국	중국 외 아시아	중동
⑤	중동	중국	중국 외 아시아	미국

18. 다음 중 자료에 대한 설명으로 옳은 것은?

① 매 시기 중동에서 공급하는 1차 에너지의 양은 원자력의 공급량보다 더 적다.

② 2005 ~ 2020년 동안 1차 에너지 공급량이 매 시기 증가한 권역은 2곳이다.

③ 조사기간 동안 유럽과 미국을 제외한 전 권역에서 1차 에너지 공급량의 시기별 증감 추이는 동일하다.

④ 2005년 대비 2020년에 1차 에너지 공급량이 가장 큰 증가율을 보인 에너지원은 '신재생 등' 이다.

⑤ 매 시기 석유의 전체 공급량은 중국과 중국 외 아시아에서 공급하는 1차 에너지 공급량보다 더 많다.

19. 다음은 연도별 서울시 주요 문화유적지 관람객 수에 대한 자료이다. 〈보고서〉의 내용을 근거로
⊙ ~ ②에 해당하는 문화유적지를 바르게 나열한 것은?

〈문화유적지 관람객 수 추이〉

(단위 : 천 명)

문화유적지	연도 관람료	2016년	2017년	2018년	2019년	2020년
⊙	유료	673	739	1,001	1,120	1,287
	무료	161	139	171	293	358
ⓒ	유료	779	851	716	749	615
	무료	688	459	381	434	368
ⓔ	유료	370	442	322	275	305
	무료	618	344	168	148	111
②	유료	1,704	2,029	2,657	2,837	3,309
	무료	848	988	1,161	992	1,212

※ 유료(무료) 관람객 수＝외국인 유료(무료) 관람객 수＋내국인 유료(무료) 관람객 수

〈외국인 유료 관람객 수 추이〉

(단위 : 천 명)

문화유적지 연도	2016년	2017년	2018년	2019년	2020년
⊙	299	352	327	443	587
ⓒ	80	99	105	147	167
ⓔ	209	291	220	203	216
②	773	1,191	1,103	1,284	1,423

보고서

최근 문화유적지를 찾는 관람객이 늘어나면서 문화재청에서는 서울시 4개 주요 문화유적
지(경복궁, 덕수궁, 종묘, 창덕궁)를 찾는 관람객 수를 매년 집계하고 있다. 그 결과, 2016년
대비 2020년 4개 주요 문화유적지의 전체 관람객 수는 약 30% 증가하였다.

이 중 경복궁과 창덕궁의 유료 관람객 수는 매년 무료 관람객 수의 2배 이상이었다. 유료
관람객을 내국인과 외국인으로 나누어 분석해보면, 창덕궁의 내국인 유료 관람객 수는 매년
증가하였다.

이런 추세와 달리, 덕수궁과 종묘의 유료 관람객 수와 무료 관람객 수는 각각 2016년보다
2020년에 감소한 것으로 나타났다. 특히 종묘는 전체 관람객 수가 매년 감소하여 국내외 홍
보가 필요한 것으로 분석되었다.

	㉠	㉡	㉢	㉣			㉠	㉡	㉢	㉣
①	경복궁	종묘	덕수궁	창덕궁		②	경복궁	창덕궁	종묘	덕수궁
③	창덕궁	덕수궁	종묘	경복궁		④	창덕궁	종묘	덕수궁	경복궁
⑤	종묘	덕수궁	창덕궁	경복궁						

20. 희연이는 A 브랜드의 운동복 중 정가 10,000원인 티셔츠 두 장과 정가 25,000원인 레깅스 하나를 주문하고자 한다. 티셔츠와 레깅스를 함께 주문하는 방법과 별도로 주문하는 방법 중 더 저렴하게 구매할 수 있는 방법과 그때의 구매금액은? (단, 희연이는 A 브랜드 상품을 처음 구매하며, 배송비는 없다)

〈할인쿠폰 유형〉

구분	주요 내용
첫 구매 할인쿠폰	• A 브랜드 상품을 처음 구매하는 회원에게 지급 • 10,000원 이상 구매 시 구매금액에서 5,000원 할인
스토어 찜 할인쿠폰	• A 브랜드 스토어를 '찜'한 경우 발급 • 20,000원 이상 구매 시 구매금액에서 1,000원 할인
브랜드데이 할인쿠폰	• 정가의 20% 할인 • 한 개의 상품에만 적용 가능 • 첫 구매 할인쿠폰 또는 스토어 찜 할인쿠폰과 중복 사용 가능

※ 할인쿠폰은 종류별로 한 장씩만 발급 가능하다.
※ 첫 구매 할인쿠폰과 스토어 찜 할인쿠폰은 한 번에 중복 사용할 수 없다.

	구매 방법	금액
①	티셔츠와 레깅스를 함께 주문	34,000원
②	티셔츠와 레깅스를 별도로 주문	35,000원
③	티셔츠와 레깅스를 함께 주문	35,000원
④	티셔츠와 레깅스를 별도로 주문	34,000원
⑤	티셔츠와 레깅스를 함께 주문	36,000원

21. 다음 중 국가별 정책에 대한 설명으로 옳지 않은 것은?

구분	입국 통제 정책	국가 내 정책
대만	- 대만인과 결혼한 자, 사업상 출장자 등 예외를 제외하고 대부분의 중국인 입국 중단 - 비즈니스 출장자들의 입국 허용 시 입국 후 2주간 건강상태 모니터링에 동의해야 하고, 후베이성 출신 배우자들은 같은 시간 동안 집에서 격리 상태 유지 - 3/19 ~ 모든 외국인의 입국 금지(단, 영주권이 있거나 외교 혹은 사업 등 꼭 필요한 경우 허가 하에 입국)	- 대만 기준 금리 0.25%p 인하(경제안정) - 코로나 19 자가격리자 무단이탈 방지에 전자발찌 도입 - 4/1 ~ 37.5도 이상의 발열 증상자는 대중교통 이용 금지
일본	- 중국과 한국의 일본대사관(영사관)에서 2020년 3월 8일 이전에 발급된 관광 등의 단기비자 등은 3월 9일부터 효력이 정지 - 한국인의 일본 무비자 입국이 금지되어 일본 방문 시 주한일본대사관에서 새로 비자를 발급 필요(한국 및 중국 국적자를 대상으로 하며 제3국 교민 역시 예외 없이 적용)	- 3/6 ~ 민간병원에서 코로나 검사비 무료 - 4/6 ~ 일부 지자체에 대해 1달간 긴급사태 선언 - 4/17 ~ 전국에 드라이브 스루 검사 도입
이스라엘	- 중국, 마카오, 홍콩, 태국, 싱가포르, 마카오, 한국, 일본, 이란, 이탈리아, 프랑스, 스페인을 여행한 이스라엘 시민은 14일간 자가격리를 해야 하며, 이 국가들을 방문한 외국인은 항로, 육로, 해로 등 모든 국경에서 입국 거부 - 모든 외국 국적의 여행객은 이스라엘 입국 시 14일간 자가격리할 숙소가 있음을 증명하지 못하면 입국 거부	- 3/25 ~ 락다운 규정(7일) 1. 집에서 100m 이내만 도보이동 가능 2. 대중교통 감축, 결혼식 · 종교의식 참여는 허락(10여 명 이하의 2미터 룰 지킬 시) 3. 한 차량에 2명 이하 탑승 - 코로나 관련 격리 지시 불이행 시 최대 7년의 징역

① 사업 출장을 위해 대만에 방문한 중국인들은 입국 후 일정 기간 동안 건강상태를 측정받을 의무가 있다.

② 3월 26일 기준, 대만의 경우 자가격리할 숙소가 있음을 증명하지 못하는 외국인은 입국이 불가하다.

③ 미국에 거주하는 재외한국인이 일본을 방문하려는 경우 대사관에서 새로 비자를 발급받아야 한다.

④ 이스라엘 시민은 락다운 기간 동안 일정 범위 내에서 결혼식에 참여할 수 있다.

⑤ 이스라엘 시민이 싱가포르를 여행하고 항로를 통해 입국하고자 하는 경우 14일의 자가격리 의무를 준수해야 한다.

22. 다음은 H사가 내부 회의를 통해 결정한 조치사항과 프로젝트 평가 결과이다. H사의 내년도 사업에 대한 예측으로 옳지 않은 것은?

> H사는 다음과 같이 현재 진행 중인 프로젝트에 대한 평가를 진행하여 내년도 전략을 수립하려 한다. 각 평가자들의 점수 평균이 95점 이상일 경우에는 A 등급, 90점 이상 ～ 95점 미만은 B 등급, 85점 이상 ～ 90점 미만은 C 등급, 85점 미만은 D 등급을 부여한다. 이때 김 부장이 다섯 명의 평가자들 중 가장 높은 점수를 부여한 경우 김 부장의 점수를 제외하고 계산한다(동점인 경우 포함하여 계산한다).
>
> **〈등급별 조치사항〉**
>
> • A 등급에 해당하는 사업은 내년에도 적극 지원 및 확장을 시도한다.
> • B 등급에 해당하는 사업은 일단 지속 수행하며 투자금을 유지하되 보다 세밀한 관찰과 관리가 필요한 사업으로 분류된다.
> • C 등급에 해당하는 사업은 투자 중단 및 내부 회의를 거쳐 사업 지속을 위한 결정을 내린다.
> • D 등급에 해당하는 사업은 폐지 및 관리조직과 담당자가 문책을 받게 된다.
>
> **〈프로젝트별 평가 결과〉**　(단위 : 점)
>
> | 구분 | 김 이사 | 최 이사 | 이 상무 | 박 전무 | 김 부장 |
> |---|---|---|---|---|---|
> | □□광구 개발 | 92 | 87 | 90 | 83 | 94 |
> | △△입찰 참여 | 87 | 90 | 89 | 90 | 95 |
> | ○○금융 투자 | 82 | 89 | 92 | 94 | 79 |
> | 독일 ◇◇사업 | 89 | 98 | 95 | 96 | 98 |
> | ◎◎사 인수 | 79 | 88 | 83 | 84 | 85 |

① △△입찰 참여 사업은 내년에 사업 지속이 불가능할 수 있다.

② 금년 진행된 프로젝트 중 내년에 시행될 가능성이 있는 프로젝트는 최대 4개이다.

③ 금년 진행된 프로젝트 중 보다 세밀한 관찰과 관리가 필요한 사업은 존재하지 않는다.

④ 김 부장이 독일 ◇◇사업에 대해 1점을 더 주어도 이 프로젝트의 등급에는 변화가 없다.

⑤ 최 이사가 ○○금융 투자 사업에 대해 이 상무와 동점을 주어도 이 프로젝트의 등급에는 변화가 없다.

23. 워킹홀리데이 상담원 K는 질문 게시판에 올라온 다음 질문에 대해 답변하고자 한다. 다음 중 옳지 않은 것은?

〈워킹홀리데이 질문 게시판〉

안녕하세요. 친구들과 함께 호주 워킹홀리데이를 계획 중인 대학생입니다. 저는 몸을 많이 쓰더라도 영어를 적게 쓰는 일을 하고 싶어요. 제 친구 주희는 영어 실력이 뛰어나고 아이들을 좋아하네요. 지효는 주류판매점 근무 경험이 있어 주류에 대한 지식 수준이 높습니다. 나연이는 돈보다는 한국에서 할 수 없는 다양한 경험을 하고 오기를 바라네요. 각자의 성향, 능력 등을 고려해 저희들에게 적합한 일자리를 추천해주실 수 있을까요?

〈호주 워킹홀리데이 일자리 유형〉

유형	특성
농장	• 매년 작황이 다르기 때문에 현지에서 정보를 얻도록 노력해야 함. • 임금 지급 방식 – 시간제(Hourly rates) : 농장 일을 처음 할 경우에 적절하지만 시간마다 정해진 할당량을 채우지 못하면 해고당할 수도 있음. – 능력제(Contract rates) : 일한 양만큼 임금을 받으므로 농장 일을 많이 해 본 경우 유리함.
고기 공장	• 농장과 달리 날씨의 변화에 영향을 받지 않음. • 일을 하기 전 Q-Fever(백신) 접종을 반드시 받아야 함.
도시일자리	• 영어 능력이 일정 수준이 되면 카페나 레스토랑에서 서빙 업무가 가능함. • 전문적인 자격증이나 기술이 있으면 취업 기회가 증가함. ※ RSA(알콜취급 자격증), 화이트카드(건설 관련 직종) 등
WWOOF	• 농가에서 하루 3~4시간 일하고 식사와 잠자리를 제공받는 체험 프로그램 • 돈벌이보다 어학실력 향상, 체험에 관심 있는 사람들에게 적절함.
데미 페어 (Demi Pair)	• 어학원을 다니면서 호주 가정에서 파트타임으로 가사일을 분담하여 도와주는 일 • 초급 이상의 영어 실력 필요함.
오페어 (Au Pair)	• 풀 타임으로 가사일을 하면서 숙식 제공과 함께 급여를 지급 받음. • 각 가정의 상황에 따라 업무 유형이나 업무량이 다름.

① 지효가 RSA 자격증을 취득한다면 도시의 주류판매점 근무를 추천한다.

② 질문자에게는 Q-Fever 접종을 받고 고기 공장 일자리를 구할 것을 추천한다.

③ 나연에게는 어학실력 향상, 문화체험, 유기농법을 습득할 수 있는 WWOOF를 추천한다.

④ 주희는 일한 만큼 많은 임금을 받을 수 있도록 농장일을 능력제로 구할 것을 추천한다.

⑤ 질문자에게 청소, 세차, 짐 운반 등의 일자리를 도시에서 구할 것을 추천한다.

24. 다음은 로직트리를 사용하여 제품개발 지연 문제의 원인과 해결방안을 도출한 것이다. ㉠ ~ ㉤ 중 옳지 않은 것을 모두 고르면?

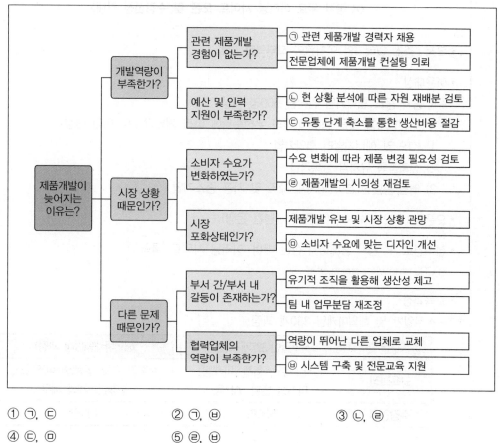

① ㉠, ㉢　　　　　　　② ㉠, ㉣　　　　　　　③ ㉡, ㉣

④ ㉢, ㉤　　　　　　　⑤ ㉣, ㉤

25. 다음 안내문을 읽은 수강신청 예정자와 담당자 간의 질의응답 내용으로 적절하지 않은 것은?

<K 공사 무료 이러닝 사이트 오픈 및 수강신청 안내>

• 목적 : 중소 협력기업 임직원의 직무역량 강화

• 이용대상
 − K 공사 중소 협력기업 임직원 600명 대상
 − 수강 신청자가 많을 경우 아래의 우선순위에 따라 기업당 2명 이내 선정
  1) KTP 및 에너지밸리 협약기업
  2) 신뢰품목 유자격 등록기업
  3) 배전/송변전 분야 기자재 제조 및 시공 중소기업

• 오픈일 : 202X. 4. 15. (오픈 후 1년간 운영)

• 접속경로 : K 공사 홈페이지 상단 배너 '이러닝 사이트' 클릭
 ※ URL : http://kelearning.co.kr

• 교육과정
 − 직무일반 및 해외마케팅 330개 과정

구분	직무일반(327개 과정)	해외마케팅(3개 과정)
교육과정	인사, 재무, 회계, 마케팅, 디지털 변환, AI 등	수출입 절차, 글로벌 비즈니스, 수출입회계와 세무
수강인원	500명	100명

• 수강신청
 − 신청 기간 : 202X. 4. 15. ~ 4. 26.
  ※ 수강신청 결과에 따라 추가모집 가능
 − 신청 방법 : 학습사이트 방문하여 회원가입 및 신청
 − 결과 안내 : 202X. 4. 30. 승인여부 개별 SMS 안내(5월 1일 교육 시작)

• 이벤트
 − 수강신청 이벤트 : 수강 신청자 중 20명 랜덤 추첨, 1만 원권 기프티콘 증정
 − 우수학습자 이벤트 : 매월 우수학습자 2명 선발, 2만 원권 기프티콘 증정

	Q/A	내용
①	Q	저희 회사는 우선순위 요건에 아무것도 해당이 안 되는데 수강신청이 어렵겠죠?
	A	꼭 그렇지는 않습니다. 수강신청 상황을 지켜봐야 다시 말씀드릴 수 있을 것 같군요.
②	Q	저는 무역실무 분야에 관심이 있는데요. 이 과정을 신청하면 도움이 될 수 있을까요?
	A	그럼요. 수출입 절차 등 해외마케팅 과정도 개설되니까 무역실무 분야에 도움이 되실 겁니다.
③	Q	인터넷을 통해 안내문을 본 학생입니다. 평소 K 공사에 대해 관심이 많았는데 이번 무료 이러닝을 수강하고 싶어서 전화 드렸습니다.
	A	죄송합니다만, 학생이시라면 수강이 어렵겠습니다.
④	Q	수강신청 승인 결과는 개별적으로 홈페이지에서 확인해야 하는 거지요?
	A	아닙니다. 홈페이지를 확인하지 않으셔도 저희가 일일이 문자를 드릴 겁니다.
⑤	Q	4월 중에 제가 장기 해외 출장을 다녀와야 해서 수강이 불가할 것 같아 다음 기회에 신청하려 합니다. 다음 기회는 언제 있을까요?
	A	좋은 기회를 놓치셔서 안타깝네요. 아직 다음 수강 계획이 확정되지는 않았습니다만, 홈페이지를 수시로 참고하시면 소식을 아실 수 있을 겁니다.

[26 ~ 27] 다음은 A 기업의 회의실 외부 개방 안내자료이다. 이어지는 질문에 답하시오.

〈A 기업 회의실 외부 개방 안내〉

1. 회의실 사용 7일 전까지 임대료를 카드결제 또는 무통장 입금으로 납부해야 합니다. 무통장 입금은 반드시 회의실 담당자와 통화 후 입금 가능합니다.

   ※ 회의실 담당자와 통화하지 않고 입금 시 회의실 예약이 취소될 수 있으며, 이 경우 책임을 지지 않습니다.

2. 비품은 기존 배치 상태로 사용하셔야 하며 책상, 의자 등의 추가 또는 이동은 승인해 드릴 수 없습니다.

3. 음식물쓰레기 및 일반쓰레기 처리 곤란으로 인하여 도시락 반입은 금지합니다.

4. 현수막 사용은 사전에 회의실 담당자에게 문의하시기 바랍니다. 벽을 훼손 시에는 배상하셔야 하며 규칙 위반 시 회의실 담당자가 조치한 사항에 대해서 이의를 제기할 수 없습니다.

5. 회의실 안내문 부착은 지정된 위치에만 가능하며 맞이방 및 연결통로에는 부착할 수 없습니다.

6. 회의실 이용시간은 예약시간 30분 전부터 입실 가능합니다.

7. 회의실 사용요금과 부대장비 대여요금은 아래 표와 같습니다(VAT 포함).

회의실 사용요금						
회의실명	사용가능 최대인원	면적(m^2)	기본임대료		추가임대료	
			시간	임대료(원)	시간	임대료(원)
대회의실	100	184	2시간	360,000	1시간	180,000
별실	36	149	2시간	400,000	1시간	200,000
소회의실 1	23	50	2시간	136,000	1시간	68,000
소회의실 2	21	43	2시간	136,000	1시간	68,000
소회의실 3	10	19	2시간	74,000	1시간	37,000
소회의실 4	16	36	2시간	110,000	1시간	55,000
소회의실 5	8	15	2시간	62,000	1시간	31,000

※ 사용 가능 시간 : 매일 09 : 00 ~ 22 : 00

부대장비 대여요금(원)					
장비명	1시간	2시간	3시간	4시간	4시간 초과
PC(노트북)	10,000	10,000	20,000	20,000	30,000
빔 프로젝터	30,000	30,000	50,000	50,000	70,000

26. K사는 하반기 A 기업의 회의실 사용 일정을 다음과 같이 계획하고 있다. 회의실 임대료 총액이 큰 일정부터 순서대로 나열한 것은? (단, 빔 프로젝터는 별실에만 설치되어 있으며, 비용이 가장 적게 드는 회의실을 임대한다고 가정한다)

구분	일정
6월	영업본부 신규 프로젝트 운영회의, 20명, 3시간, PC 사용 요망
8월	하계휴가 안전사고 예방교육, 30명, 2시간, 빔 프로젝터와 PC 사용 요망
10월	가을 체육대회 진행 회의, 20명씩 2개 조(조별 별도회의), 3시간, 부대장비 사용 안 함.
12월	연말 종무식, 95명, 30분, 부대장비 사용 안 함.

① 6월－8월－12월－10월   ② 6월－10월－8월－12월   ③ 8월－10월－12월－6월
④ 8월－12월－10월－6월   ⑤ 10월－8월－12월－6월

27. 다음 중 회의실 사용 시 준수사항을 바르게 숙지한 사람은?

① 2명이 추가로 참석하기로 하여 빈 소회의실에서 의자 2개를 가져온 김 사원
② 회의실 담당자와 통화 전에는 무통장 입금을 하지 않도록 주의를 준 박 과장
③ 회의 시간이 길어져 점심으로 도시락 배달을 시켜 회의실에서 먹자고 제안한 최 부장
④ 처음 참석하는 외부 인사들이 쉽게 길을 찾을 수 있도록 맞이방에 안내문을 부착한 이 대리
⑤ 9시 회의를 준비하기 위해 8시에 회의실에 먼저 도착해서 준비상태를 점검하려는 한 이 사원

[28 ~ 29] 다음 제품별 수익체계와 발주 일정을 보고 이어지는 질문에 답하시오.

〈제품별 수익체계표〉

(단위 : 만 원)

구분	A 제품	B 제품	C 제품	D 제품
생산비용	2,000	4,000	1,500	6,500
1일당 수익	800	1,200	1,000	1,400

※ 표에 나타난 수익 이외의 수익은 고려하지 않는다.

※ 표의 수치는 발주 당일 발생하는 발주 1회당 생산비용과 발주 다음 날부터 다음 발주 전날까지 얻을 수 있는 1일당 수익을 의미한다(단, 토요일, 일요일 및 공휴일에는 수익이 발생하지 않는다).

〈발주 일정〉

• 제품 발주 간격은 A 제품은 5일, B 제품은 6일, C 제품은 4일, D 제품은 7일이다.

• 8월 1일에는 A ~ D 제품 모두 발주가 있었다.

• 발주 일정은 토요일, 일요일 및 공휴일을 제외하고 고려한다. 예를 들어 9월 12일에 발주했고 발주 간격이 5일이면, 22일에 발주하게 되는 것이다.

• 9월 이후에도 계속 제품을 생산하므로 8 ~ 9월의 순이익이 음(−)이 되더라도 발주 간격대로 발주한다.

〈8월 달력〉

일	월	화	수	목	금	토
	1	2	3	4	5	6
7	8	9	10	11	12	13
14	15	16	17	18	19	20
21	22	23	24	25	26	27
28	29	30	31			

〈9월 달력〉

일	월	화	수	목	금	토
				1	2	3
4	5	6	7	8	9	10
11	12	13	14	15	16	17
18	19	20	21	22	23	24
25	26	27	28	29	30	

※ 8월 15일은 광복절, 9월 14 ~ 16일은 추석 연휴이다.

28. 수익에서 생산비용을 뺀 값을 이익이라 가정하고 한 제품만 선택하여 생산하려고 한다. 8 ~ 9월 동안 가장 많은 이익을 낼 수 있는 제품은?

① A 제품　　　　　　② B 제품　　　　　　③ C 제품
④ D 제품　　　　　　⑤ 모두 같다.

29. A 제품과 D 제품의 발주 간격이 8일, 6일로 변경되었다. 8월 한 달간 발생하는 A와 D 제품의 순이익의 합은 얼마인가? (단, 발주 즉시 해당 발주 건의 수익금을 모두 일시금으로 수령하며 마지막 발주 건도 수익금을 첫날 받는다)

① 1억 8백만 원　　　　② 1억 1천4백만 원　　　③ 1억 2천8백만 원
④ 1억 4천3백만 원　　　⑤ 1억 7천8백만 원

[30 ~ 31] 다음은 A 호텔의 요금과 할인 규정이다. 이어지는 질문에 답하시오.

〈객실별 요금〉

(단위 : 원)

등급	객실명	숙박일	요금
스위트	로얄 스위트	1박	2,100,000
		2박	3,500,000
	프리미엄 스위트	1박	561,000
		2박	935,000
	주니어 스위트	1박	462,000
		2박	770,000
디럭스		1박	294,000
		2박	490,000
슈페리어		1박	252,000
		2박	420,000
스탠다드		1박	222,000
		2박	370,000

〈할인 규정〉

구분	할인율	내용
영아 할인	100%(무상)	성인 1명당 1명에 한해 무료(만 2세 미만)
어린이 할인	50%	2세 이상 ~ 12세 미만
학생 할인	20%	초등학교, 중학교, 고등학교, 만 30세 미만 대학생(대학원생 제외)
장애인 할인	20%	• 1 ~ 3급 : 동반 보호자 1인 동급 할인 • 4 ~ 6급 : 동반 보호자 할인 안 됨.
경로 할인	20%	만 65세 이상
일반 단체 할인	10% / 15% / 20%	15인 이상(10%), 40인 이상(15%), 80인 이상(20%)

※ 중복 할인은 불가하며, 할인율이 높은 것을 선택하실 수 있습니다. 단, 일반 단체 할인의 경우 개별 할인이 적용된 후 단체에 중복으로 적용될 수 있습니다.

※ 학생, 장애인 할인의 경우 학생증, 장애인 수첩 등 입실 당일 신분을 증명할 수 있는 증빙서류가 필요하며, 반드시 지참하셔야 할인 혜택을 받으실 수 있습니다.

30. 다음 중 위 자료에 제시된 할인을 받을 수 없는 사람은? (단, 언급되지 않은 사항은 고려하지 않는다)

① 황혼여행을 위해 호텔을 방문한 만 65세, 만 70세 부부 – 20% 할인

② 증빙서류를 지참한 2급 장애인의 동반 보호자 – 20% 할인

③ 학생증을 지참하지 않고 방문한 30인 단체 중학생 – 10% 할인

④ 만 0세 쌍둥이 2명, 만 1세 여아 1명을 데리고 방문한 부부 – 유아 3명 모두 무료

⑤ 성인 21명으로 구성된 여행 동호회 모임 – 10% 할인

31. 다음의 일행이 A 호텔에 방문할 경우, 일행이 지불해야 할 최소 요금은? (단, 모든 객실은 혼자 사용한다)

> P 대학 물리학과 학생들과 교수는 타 지역 학술발표회 방문을 위해 호텔에 숙박하기로 하였다. 총 인원은 각각 64세, 60세, 58세인 교수 3명, 1학년 학생 3명, 2학년 학생 5명, 3학년 학생 10명, 4학년 학생 5명, 대학원생 조교 2명으로 모두 28명이다. 학생증을 아직 발급받지 못한 1학년 학생들을 제외하고는 모두 학생증을 갖고 있으며 3학년 중 1명은 3급 장애인 수첩을 지참하고 있고 조교 중 한 명이 보호자로 동행한다. 학부생 중 만 30세 이상인 학생은 없다.
> 64세 교수는 로얄 스위트 객실을 사용하며, 60세 이하 교수 2명은 프리미엄 스위트 객실을 사용한다. 조교 1명과 장애인 학생은 주니어 스위트 객실을 사용한다. 또 다른 조교 1명과 4학년 학생 5명은 슈페리어 객실을, 나머지 인원은 모두 스탠다드 객실을 사용하기로 하였으며 전원 2박으로 요금을 지불할 계획이다.

① 12,560,400원　　　　② 12,890,200원　　　　③ 13,956,000원

④ 15,956,000원　　　　⑤ 18,700,000원

32. H 공사 재무팀 김 사원은 새로운 법인카드가 필요하여 조사하고 있다. 재무팀의 9월 지출내역을 바탕으로 혜택이 가장 큰 카드를 선정할 때, 김 사원이 선택할 카드는?

〈카드별 혜택 및 조건〉

구분	혜택	조건
A 카드	• 식당 14시 이전 결제건 1% 할인(할인금액 3만 원 한도) • 커피전문점 10% 할인(할인금액 3만 원 한도) • 주유소 3% 할인 • 대중교통비 9만 원 이상일 경우 5% 할인	• 전월 실적 350만 원 이상일 경우 혜택 제공
B 카드	• 서점 10% 할인(할인금액 2만 원 한도) • 주유소 1% 할인 • 식당 14시 이전 결제건 1%, 18 ~ 22시 결제건 2% 할인(할인금액 4만 원 한도)	• 연회비 12만 원(월 분할 납부)
C 카드	• 식당 18 ~ 22시 결제건 3% 할인 • 대중교통비 10% 할인 • 주유소 5% 할인	• 전월 실적 300만 원 이상일 경우 혜택 제공 • 총 할인 금액 6만 원 한도
D 카드	• 식당 14시 이전 결제건 1% 할인 • 서점 5% 할인 • 주유소 3% 할인	• 전월 실적 250만 원 이상일 경우 혜택 제공

※ 단, 한도 이외의 혜택 금액은 버림.

〈재무팀 9월 지출내역〉

내용	금액(원)
식비(점심)	1,300,000
식비(초과근무, 회식)	850,000
기타식비(카페)	180,000
업무 관련 도서비	215,000
유류비	380,000
대중교통비	79,000
합계	3,004,000

※ 점심은 14시 이전, 초과근무는 18시 30분에 식사하며 회식은 22시 이전에 끝내는 것을 기준으로 한다.

① A 카드 ② B 카드 ③ C 카드
④ D 카드 ⑤ 모두 동일함.

33. 자원관리팀은 연말을 맞이하여 1박 2일 워크숍을 진행하고자 한다. 워크숍이 진행되기 위한 〈조건〉을 따를 때, 다음 중 워크숍을 진행할 수 있는 날짜는?

〈12월 달력〉

일	월	화	수	목	금	토
		1	2	3	4	5
6	7	8	9	10	11	12
13	14	15	16	17	18	19
20	21	22	23	24	25	26
27	28	29	30	31		

〈1월 달력〉

일	월	화	수	목	금	토
					1	2
3	4	5	6	7	8	9

※ 12월 25일, 1월 1일은 공휴일이다.

―――――― 조건 ――――――

- 워크숍에는 팀원 전원이 참여해야 하며, 자원관리팀은 김 차장, 박 과장, 조 대리, 이 대리, 홍 사원, 장 사원 6명으로 이루어져 있다.
- 공휴일, 주말에는 워크숍을 진행하지 않는다.
- 연말(12월 마지막 주), 연초(1월 첫째 주)에는 워크숍을 진행하지 않는다.
  ※ 단, 1일이 목요일을 포함하는 경우 첫째 주로 판단한다.
- 매달 두 번째, 네 번째 금요일과 첫 번째, 세 번째 수요일에는 부서 전체 회의가 있다.
- 팀원들의 개인 일정은 아래와 같다.
  - 김 차장 : 12월 1 ~ 3일 외부 출장
  - 박 과장 : 매달 둘째 주 월 ~ 목요일 외부 교육
  - 조 대리 : 12월 22 ~ 23일 휴가

① 12월 14 ~ 15일   ② 12월 16 ~ 17일   ③ 12월 23 ~ 24일

④ 1월 4 ~ 5일   ⑤ 1월 7 ~ 8일

[34 ~ 35] 다음은 ○○공사 성과급 지급 규정이다. 이어지는 질문에 답하시오.

<**○○공사 성과급 지급 개괄**>

이번 분기 성과급 지급 대상인 홍보팀은 총 5명으로 구성되어 있다. 팀원별 성과급은 평가점수에 따라 차등 지급된다. 단, 결격 사유가 있는 경우 성과급 지급 대상에서 제외될 수 있다.

<**평가점수 부여 방식**>

1) 성실성 점수의 경우, 100점 만점에서 지각 1번당 5점, 결근 1번당 10점씩을 감점한다.
2) 효율성 점수의 경우, 실적 POINT가 높은 순서에 따라 1위부터 5위까지 순위를 부여한 뒤, 1위에게 100점, 2위에게 95점, 3위에게 90점, 4위에게 85점, 5위에게 80점을 부여한다.
3) 평가점수=(성실성 점수×0.6)+(효율성 점수×0.8)
4) 결근을 한 번도 하지 않은 직원에게는 도출된 평가점수에 보너스 점수로 5점을 가점하며, 회의에서 낸 아이디어가 채택된 직원에게는 도출된 평가점수에 보너스 점수로 1점을 가점한다.
5) 평가점수가 높은 순서대로 성과급 지급 순위를 부여한다. 단, 평가점수가 120점 미만인 경우 결격사유에 해당하여 성과급 지급 대상에서 제외한다.
6) 동점자가 있는 경우, 효율성 점수가 더 높은 직원에게 더 높은 순위를 부여한다.

<**직원별 근무 기록**>

구분	지각횟수	결근횟수	실적 POINT	비고
팀장 A	2	0	37	
사원 B	0	1	38	아이디어 채택
사원 C	1	2	49	
사원 D	1	1	43	
사원 E	0	1	29	

34. 홍보팀 직원 중 성과급 지급 순위가 가장 높은 사람은?

① 팀장 A   ② 사원 B   ③ 사원 C
④ 사원 D   ⑤ 사원 E

35. 다음 〈성과급 금액 산정 기준〉을 참고하여 홍보팀에 지급될 성과급 총액을 구하면?

〈성과급 금액 산정 기준〉

1) 기준 금액＝개인별 통상 임금×0.2

   ※ 직급이 팀장인 경우 기준금액＝개인별 통상 임금×0.25를 적용한다.

2) 통상 임금은 다음과 같다.

직급	통상 임금
팀장	350만 원
사원	300만 원

3) 기준 금액과 성과급 지급 순위에 따라 최종 성과급 지급 금액을 다음과 같이 산정한다.

   최종 성과급 지급 금액＝개인별 기준 금액×성과가중치

   ※성과가중치는 성과급 지급 순위별로 1위는 1.5, 2위는 1.4, 3위는 1.3, 4위는 1.2, 5위는 1.1을 부여

① 3,595,000원   ② 3,595,500원   ③ 3,596,500원
④ 3,597,500원   ⑤ 3,598,000원

[36 ~ 37] 다음은 K사가 사내 서고 비치 도서를 구입하기 위해 조사한 자료이다. 이어지는 질문에 답하시오.

〈K사 직원들의 도서 분야별 선호도〉

구분	A	B	C	D	E
1순위	인문교양서	자기계발서	잡지	인문교양서	자기계발서
2순위	자기계발서	경제서적	인문교양서	외국어 수험서	인문교양서
3순위	잡지	외국어 수험서	경제서적	자기계발서	잡지

〈도서 리스트 및 가격〉

분야	도서명	가격(원)
자기계발서	잘 쉬는 방법	14,000
	미래에 나는 어디에 있는가	12,000
	인생을 바꾸는 성공 습관	25,000
외국어 수험서	영어 문법 완전정복	20,000
	무작정 회화하기	17,000
	스페인어 핵심 100제	30,000
인문교양서	건축으로 보는 국내 도시	21,000
	건축으로 보는 해외 도시	25,000
	강자와 약자	35,000
경제서적	미국 주식 투자법	18,000
	자본주의의 명암	23,000
	브랜드 성공 전략	33,000
잡지	월간 K-pop	9,000
	독서 길라잡이	5,500
	월간 패션	15,500

36. 위 자료와 〈조건〉을 반영하여 도서를 구입할 때, 총 도서 구입비와 E가 구입하는 도서명은?

조건

- A부터 E까지 차례대로 도서를 구입한다(A 1순위 → A 2순위 → A 3순위 → B 1순위 → …).
- 각 직원들은 도서 분야별 선호도에 따라 순서대로 도서를 구입하며, 해당 분야에 해당하는 서적에 대해 도서명 한글 자음, 모음의 사전식 순서대로 도서를 구입한다. 이때, 영어는 한글보다 후순위에 위치한다.
- 직원들은 각각 50,000원의 한도 내에서 도서를 구입할 수 있다.
- A, D는 구입하고자 하는 도서의 총액이 각각 60,000원 이하인 경우 원하는 모든 분야의 도서를 구입할 수 있다.
- 경제서적을 두 권 이상 구매하는 경우 해당 도서들은 10% 할인받을 수 있다.

	도서 구입비	E가 구입하는 도서명
①	197,000원	잘 쉬는 방법
②	197,000원	월간 K-pop
③	224,900원	잘 쉬는 방법
④	224,900원	건축으로 보는 국내 도시
⑤	224,900원	월간 K-pop

37. 위 자료와 〈조건〉에 따라 도서를 구입할 때의 구입금액은?

조건

- K사는 직원의 선호도 점수와 가격 점수를 더하여 가장 높은 점수를 얻은 분야의 도서 세 권을 모두 구입하려 한다.
- 직원의 선호도 조사 결과 1순위부터 차례대로 8점, 6점, 4점을 부여한다.
- 각 분야에 속하는 도서의 가격이 10,000원 이하인 경우 6점, 10,000원 초과 20,000원 이하인 경우 4점, 20,000원 초과 30,000원 이하인 경우 3점, 30,000원 초과인 경우 2점을 부여한다.

① 81,000원   ② 74,000원   ③ 67,000원

④ 51,000원   ⑤ 30,000원

[38 ~ 39] A 공사 이 사원은 다음 자료를 고려하여 총점이 가장 높은 곳을 팀의 포상 휴가지로 정하려고 한다. 이어지는 질문에 답하시오.

〈휴가지 평가 점수〉

구분	맛	1인 교통비	분위기	거리	방문횟수
필리핀	2점	600,000원	3점	3점	2회
베트남	5점	400,000원	2점	4점	3회
태국	3점	300,000원	5점	2점	5회
제주도	4점	200,000원	1점	5점	8회
괌	2점	800,000원	4점	1점	1회

※ 방문횟수는 적은 순서대로 5 ~ 1점을 부여한다.
※ 1인 교통비는 기본 점수를 10점으로 하되 10,000원당 0.1점을 차감한다.

〈팀원들의 요구사항〉

최 이사 : 팀 프로젝트를 성공적으로 마친 것을 축하하는 뜻에서 포상휴가를 가고자 하네. 오랜만에 휴가인데 분위기가 좋은 곳에 가 보자고!

김 팀장 : 감사합니다. 이왕이면 자주 방문했던 곳 말고 익숙하지 않은 곳으로 한번 가 보는 것이 어떨까요?

박 주임 : 교통비가 저렴한 곳으로 가고, 대신 숙소를 업그레이드했으면 좋겠어요.

민 주임 : 저는 음식이 맛있는 곳으로 가고 싶어요.

이 사원 : 저는 동남아시아 지역에 한번 가 보고 싶어요.

※ 각 팀원의 요구사항 관련 항목에서 가장 점수가 높거나 요구사항과 가장 관련 있는 휴가지에 가산점을 부여한다.
※ 가산점은 이사 5점, 팀장 3점, 주임 2점, 사원 1점을 부여한다.

38. 이 사원이 포상 휴가지를 정할 때 최종 선택되는 휴가지는?

① 필리핀   ② 베트남   ③ 태국

④ 제주도   ⑤ 괌

39. 이 사원이 다음 김 팀장의 지시를 듣고 가산점을 다시 부여할 때 총점이 가장 낮은 휴가지는?

> 김 팀장 : 최 이사님께서 일이 있어 휴가를 못 가신다고 합니다. 처음 이사님의 요구사항에
> 따라 가산점이 부여되었던 장소는 선택지에서 제외한 후 나머지 4가지 대안을 가지고
> 나를 제외한 팀원들의 요구사항을 다시 반영해서 결정해 주세요.

① 필리핀   ② 베트남   ③ 태국

④ 제주도   ⑤ 괌

[40 ~ 41] 다음 J 기업 이 사원이 받은 메일 내용을 보고 이어지는 질문에 답하시오.

보내는 사람	김 대리
받는 사람	이 사원

이 사원, 방금 대표이사님으로부터 일정이 내려왔으니 일정표를 이 사원이 작성해 주세요.

일단, 오전 9시 15층 회의실에서 임원회의에 참석하신 후 10시 30분 A 호텔에서 그룹 계열사 사장단 정기 모임에 참석을 하십니다. 모임이 끝나면 S 전자의 민 회장님과 A 호텔 한식당에서 점심식사를 하시기로 약속이 되어 있습니다. S 전자 회장님과는 다음 달 'IT·정보통신 박람회' 관련 협의를 하실 예정입니다. 식사가 끝나시면 바로 회사로 돌아오셔서 오후 3시 미국지사 M 기업 대표님과 대표이사실에서 미팅을 하실 예정입니다. 미팅 후 미국 출장을 위해 저녁 10시로 예약되어 있는 KSL386 런던행 비행기를 탑승해야 하므로 인천공항으로 출발하실 예정입니다. 공항에 도착하셔서 탑승 전 인천공항 라운지에서 요기하시고 기내식 드신다고 하셨습니다. 출발 3시간 전 공항에 도착해야 하고, 본사에서 공항까지 1시간 정도 걸리니까 감안해서 일정표 잡아 주시면 되겠습니다.

여기까지 정리 부탁드립니다.

40. 다음 중 이 사원이 작성한 대표이사의 일정표 내용으로 적절하지 않은 것은?

	시간	일정내용	장소	비고
①	09 : 00	임원회의	15층 회의실	-
②	10 : 30	그룹 계열사 사장단 정기모임 참석	A 호텔	-
③	정기모임 종료 후	S 전자 회장과 오찬	A 호텔 한식당	다음 달 'IT·정보통신 박람회' 관련 협의
④	21 : 00	석식	인천공항 라운지	-
⑤	22 : 00	런던으로 출국	인천 → 런던	KSL386

41. J 기업 대표이사는 적어도 몇 시에 회사에서 출발해야 하는가?

① 16 : 30   ② 17 : 00   ③ 17 : 30

④ 18 : 00   ⑤ 18 : 30

42. 다음 글에서 설명하는 용어는?

> 기업 내·외부를 막론하고 적절한 인증 절차를 통해 신원이 파악되기 전까지 네트워크에 대한 모든 접속을 차단하는 것이다. 즉, 사용자 또는 기기에 대해 기업 내부 리소스에 대한 접근 권한이 확인되기 전까지 IP주소는 물론, 단말에 대한 어떤 접속도 허용하지 않는다. 또한, 기존과 달리 네트워크 설계의 방향을 내부에서 외부로 설정하여 누가, 언제, 무엇을, 어디서, 어떻게 접속하려 하는가를 빠짐없이 파악하고 통제하는 것이 특징이다.

① 폼재킹   ② 제로 트러스트   ③ 크립토재킹

④ 랜섬웨어   ⑤ 웹 스키밍

43. 워드프로세서를 사용할 때 단축키를 알면 보다 편리하게 문서를 작성할 수 있다. 다음 [문자표 입력] 대화상자를 불러올 수 있는 단축키는?

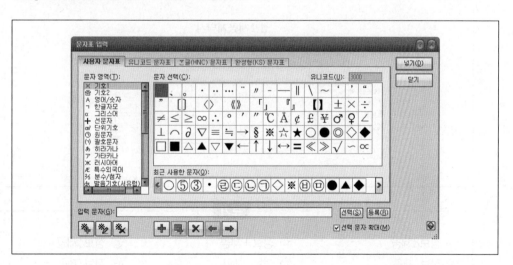

① F7   ② Ctrl+N, T   ③ Ctrl+F10

④ Alt+L   ⑤ Alt+T

44. 다음 글에서 설명하는 것은?

> • 블록 단위로 내용을 처리할 수 있고 속도가 빠르며, 작고 가볍다.
> • 전원이 꺼져도 저장된 내용이 삭제되지 않는 비휘발성 메모리이다.
> • 내부 방식에 따라 크게 저장용량이 큰 낸드(NAND)형과 처리속도가 빠른 노어(NOR)형의 2가지로 분류된다.
> • 디지털카메라, 휴대전화, 게임기 등에 많이 쓰인다.

① 플래시메모리   ② SRAM   ③ DRAM

④ 광메모리   ⑤ X-ROM

45. 다음과 같이 워드프로세서로 정보제공계약서를 작성하고, [편집]-[찾기] 기능을 이용하여 '정보'와 '제공' 두 단어가 어느 부분에 포함되는지 찾아보려고 한다. 두 단어를 같이 찾으려고 할 때, [찾기] 대화상자의 A에 입력해야 할 내용으로 옳은 것을 〈보기〉에서 모두 고르면?

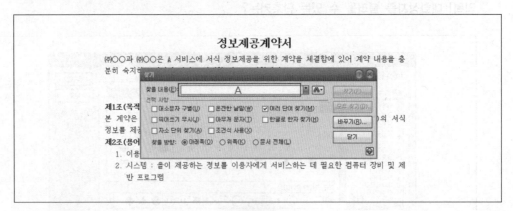

보기
㉠ 정보&제공   ㉡ 정보+제공   ㉢ 정보;제공
㉣ 정보^제공   ㉤ 정보, 제공   ㉥ 정보/제공

① ㉠, ㉢   ② ㉡, ㉥   ③ ㉢, ㉤

④ ㉣, ㉤   ⑤ ㉤, ㉥

[46 ~ 47] 다음 엑셀 자료를 보고 이어지는 질문에 답하시오.

	A	B	C	D	E
1		매출액	반올림	올해 가격	내년 가격
2	(가) 제품	94,800		300	
3	(나) 제품	78,450		150	
4	(다) 제품	50,400		400	
5	(라) 제품	82,200		200	
6					
7	인상률	10%			

46. [B2]셀의 매출액을 백의 자리에서 반올림하여 [C2]셀에 넣었다고 할 때, [C2]셀에 들어갈 수식은?

① =ROUNDUP(B2, −3) ② =ROUND(B2, 3) ③ =ROUND(B2, −3)

④ =TRUNC(B2, 3) ⑤ =TRUNC(B2, −3)

47. 각 제품의 내년 가격은 매출액을 백의 자리에서 반올림한 값이 70,000원을 초과하였을 때는 올해 가격에서 10% 인상한 가격으로, 그 이하일 때는 올해와 동일한 가격으로 정하려고 한다. [E2]셀의 수식을 [E5]셀까지 채우기핸들로 끌어 계산하고자 할 때, [E2]셀에 들어갈 수식은?

① =IF(C2>70000, D2*$B$7, $D$2)

② =IF(C2>70000, D2+D2*$B$7, D2)

③ =IF(C2>70000, D2+D2*B7, D2)

④ =IF(C2>70000, D2+D2*B7/100, D2)

⑤ =IF(C2>70000, $D$2+$D$2*$B$7/100, D2)

[48 ~ 50] 다음은 웹문서를 만들기 위해 사용하는 HTML 언어에 대한 설명과 예시이다. 이어지는 질문에 답하시오.

〈HTML 언어〉

HTML 언어	기능	HTML 언어	기능
〈br〉	줄 바꾸기	〈td〉	열 시작
〈table〉	표 시작	〈/td〉	열 종료
〈/table〉	표 종료	〈b〉내용〈/b〉	내용을 굵게 표시
〈tr〉	행 시작	〈u〉내용〈/u〉	내용에 밑줄
〈/tr〉	행 종료	〈center〉내용〈/center〉	내용을 가운데 정렬

〈HTML 언어 예시〉

HTML 언어	화면 표시 내용

〈table〉
 〈tr〉
  〈td〉〈center〉고시넷〈/center〉〈/td〉
  〈td〉〈b〉NCS〈/b〉
 〈br〉
  〈u〉직무능력검사〈/u〉〈/td〉
 〈/tr〉
〈/table〉
	<table><tr><td>고시넷</td><td>**NCS**
	직무능력검사</td></tr></table>

48. 〈HTML 언어〉를 사용해서 다음과 같은 표를 만들 때, 사용하지 않는 HTML 언어를 〈보기〉에서 모두 고르면?

화면 표시 내용		
경영계획	경영실행	경영평가
미래상 설정	조직목적 달성	수행결과 감독
대안분석	조직구성원관리	교정
실행방안 선정		

보기

㉠ 〈center〉, 〈/center〉	㉡ 〈tr〉, 〈tr〉
㉢ 〈table〉, 〈/table〉	㉣ 〈b〉, 〈/b〉
㉤ 〈br〉	㉥ 〈u〉, 〈/u〉
㉦ 〈td〉, 〈/td〉	

① ㉠, ㉢　　　　　　② ㉡, ㉦　　　　　　③ ㉡, ㉤

④ ㉣, ㉥　　　　　　⑤ ㉤, ㉥

49. HTML 언어를 다음과 같이 입력하였을 때, 화면에 표시되는 내용으로 올바른 것은?

```
⟨table⟩
  ⟨tr⟩
    ⟨td⟩NCS 영역⟨/td⟩
    ⟨td⟩하위 영역⟨/td⟩
  ⟨/tr⟩
  ⟨tr⟩
    ⟨td⟩⟨b⟩정보능력⟨/b⟩⟨/td⟩
    ⟨td⟩⟨u⟩컴퓨터활용능력⟨/u⟩⟨/td⟩
  ⟨/tr⟩
⟨/table⟩
```

①

NCS 영역	하위 영역
정보능력	컴퓨터활용능력

②

NCS 영역	하위 영역
정보능력	컴퓨터활용능력

③

NCS 영역	**정보능력**
하위 영역	컴퓨터활용능력

④

NCS 영역	하위 영역
정보능력	컴퓨터활용능력

⑤

NCS 영역	정보능력
하위 영역	컴퓨터활용능력

50. 다음과 같은 표를 만들기 위해 HTML 언어를 아래와 같이 작성했을 때, 잘못 작성된 부분은?

화면 표시 내용

[A/S 신청 전 확인 사항]

증상	확인	조치방법
소리가 남.	좌우 바람이 설정되어 있는가?	좌우 바람 설정 시 소리가 날 수 있습니다.

[A/S 신청 전 확인 사항]⟨br⟩

⟨table⟩

　⟨tr⟩

　　① ⟨td⟩⟨center⟩증상⟨/center⟩⟨/td⟩

　　② ⟨td⟩⟨center⟩확인⟨/center⟩⟨/td⟩

　　③ ⟨td⟩⟨center⟩조치방법⟨/center⟩⟨/td⟩

　⟨/tr⟩

　⟨tr⟩

　　④ ⟨td⟩소리가 남.⟨/td⟩

　　⑤ ⟨td⟩좌우 바람이 설정되어 있는가?⟨/td⟩

　　⟨td⟩좌우 바람 설정 시 ⟨br⟩ 소리가 날 수 있습니다.⟨/td⟩

　⟨/tr⟩

⟨/table⟩

01. 다음 중 (가) ~ (마)를 내용에 맞게 순서대로 나열한 것은?

(가) 석탄발전은 지난해 상반기 기준으로 발전비중이 37.8%에 달하는 기저발전(24시간 연속으로 운전돼 전기생산의 기반을 이루는 발전)이다. 일각에서는 겨울철에 석탄발전소 가동을 줄이면 전력이 부족해질 수 있다는 우려도 나왔지만 전력수급에는 문제가 없었던 것으로 나타났다. 전력거래소 전력수급 실적에 따르면 올겨울 중 전력 사용량이 가장 많았던 날은 전력예비율이 12.9%를 기록한 지난해 12월 9일인데, 이날 공급예비력은 1,043만 2,000kW로 전력수급경고 1단계인 준비단계 발령 기준(500만 kW)의 두 배가 넘었다. 평일 기준으로 전력예비율은 겨우내 대체로 20 ~ 30%선을 유지했다. 예년보다 겨울이 따뜻해 난방수요가 줄어든 영향도 있지만 석탄발전을 크게 줄여도 전력공급에 문제가 생기지 않는다는 사실이 확인된 셈이다.

(나) 이에 따라 온실가스와 미세먼지를 배출하는 석탄발전을 더 줄여야 한다는 목소리도 커질 것으로 보인다. 정부는 신규 석탄발전소를 더 짓지 않고 노후 석탄발전소 10기를 2021년까지 조기 폐쇄하는 석탄발전 감축을 추진해 지난 3년간 발전부문 미세먼지 배출량의 약 45%를 줄였다. 하지만 지난 정부에서 계획한 신규 석탄발전소 7기 건설 계획은 계속 추진하고 있다.

(다) 정부가 지난 겨울 미세먼지를 발생시키는 주범인 석탄화력발전소 가동을 4분의 3 수준으로 줄인 결과 석탄발전 부문에서 배출한 미세먼지가 40%가량 줄어든 것으로 나타났다. 전력소비가 여름철 다음으로 많은 겨울철에 석탄발전을 대폭 줄였는데도 전력공급 부족 현상은 발생하지 않았다.

(라) 녹색연합 에너지전환팀장은 "신규 석탄발전소 7기를 짓지 않아도 전력수급에는 문제가 없는 것으로 나타났다."며 "노후 석탄발전소를 빨리 정지하고 신규 석탄발전소를 전력수급계획에서 제외하는 로드맵을 수립해야 한다."고 말했다.

(마) 정부는 겨울철 미세먼지를 줄이고 공기 질을 개선하기 위해 석탄발전소 총 60기 중 8 ~ 15기의 가동을 순차적으로 정지하고, 나머지 발전소에 대해서는 출력을 80%로 제한해 오염물질을 줄이는 상한제약을 실시했다. 발전부문은 국내 미세먼지 배출기여율 12%를 차지하는 미세먼지 최대 배출원이다. 그간 겨울철 미세먼지가 많은 날 석탄발전소 가동정지와 상한제약을 부분적으로 실시한 사례는 있고, 예비전력 여유가 있는 봄철에는 석탄발전을 대폭 줄여왔지만 난방수요가 몰리는 겨울철에 일괄적으로 석탄발전을 줄인 것은 이번이 처음이다.

---

① (다)-(가)-(마)-(나)-(라)
② (다)-(마)-(가)-(나)-(라)
③ (다)-(마)-(나)-(가)-(라)
④ (마)-(나)-(가)-(라)-(다)
⑤ (마)-(나)-(라)-(가)-(다)

02. 다음 중 글의 내용과 일치하지 않는 것은?

최근 헬스케어 산업에 다양한 기업들의 진입 시도가 이어지고 있다. 신규 진입 업체는 전자·부품, IT, 화학소재, 물류·유통 분야까지 매우 다양한 영역에 걸쳐 있다. 특히 IT기술 기반 기업들의 참여가 두드러지고 있는데, 헬스케어 각 과정에서 IT기술 활용을 통해 비용과 효과성의 개선을 유도할 수 있다는 점에서 주목을 받고 있다.

헬스케어 산업은 오래전부터 IT기술과의 융합 시도가 있었기 때문에 최근의 변화가 아주 새로운 것은 아니다. 하지만 스마트폰이 등장하며 시·공간의 제약을 벗어난 서비스 제공이 가능해지고, 빅데이터와 인공지능 등 첨단분석기술과의 융합으로 의료의 질적 수준이 향상되고 있다. 데이터 기반의 분석을 통해 환자 각각에 맞춤화된 관리가 가능하도록 치료법이 개선되고 있으며, 병원 밖에서도 환자들이 연속적인 관리를 받을 수 있는 환경이 만들어지고 있다. 또한 IT와 헬스케어 기술의 융합 속도가 빨라지면서 관련 시장도 계속 성장하고 있다. 병원·소비자·보험사 등의 주 수요층이 새로운 IT기술 도입에 대해 강한 필요를 느끼고 있기 때문에 시장은 계속 성장해 나갈 것으로 전망된다.

이미 Intel, IBM과 같은 IT기업들은 오래전부터 병원정보시스템 등 다양한 서비스 솔루션을 기반으로 헬스케어 산업에 진출해 왔다. 그러나 이들은 단순히 지원 역할이 아닌 자신들이 중심이 되어 새로운 사업 모델을 창출해 내고자 한다는 점에서 기존과는 다른 행보를 보이고 있다. 최근 구글, 애플, 아마존 또한 헬스케어 분야에 적극적으로 뛰어들고 있다. 먼저 IBM은 인공지능이라는 뚜렷한 키워드를 내세워 차별화하고자 하는 전략을 추진하고 있다. 구글은 개인 의료·건강 데이터 플랫폼, 애플은 스마트폰·웨어러블 의료기기, 아마존은 의약·의료기기 유통이나 의료서비스·보험 분야를 중심으로 헬스케어 사업 전략을 집중해 나갈 가능성이 높다. 이들은 헬스케어 사업에서 존재감을 높여 갈수록 기존의 사업 기반을 동시에 강화할 수 있다고 판단하고 있기 때문에 헬스케어 사업 추진에 있어서는 속도가 느릴지라도 포기하지 않을 것이다.

헬스케어와 디지털 분야의 결합을 통해 의료서비스의 혁신적인 변화가 진행 중이지만, 많은 사람들이 기대하는 것처럼 빠른 시일 내 급격한 전환이 일어나기는 쉽지 않을 것으로 보인다. 기술적으로 해결해야 할 이슈들이 많고, 보수적인 의료계의 지지를 이끌어 내야 하는 부분 등 어려움이 존재하고 있다. 따라서 산업의 특수성을 충분히 이해하는 것이 중요하며, 기존 헬스케어 주체들과의 유기적인 협력을 모색해야 한다. 그리고 고객의 필요와 공감에 기반한 사례 축적을 통해 단계적으로 가치를 입증해 나가려는 노력이 필요하다.

① 헬스케어 사업에 진출한 글로벌 IT기업들은 한동안 가시적 성과를 내지 못하더라도 쉽게 사업을 중단하지 않을 것이다.

② 헬스케어 IT사업의 성장은 공급 측면과 수요 측면 모두에서 그 원인을 찾아볼 수 있다.

③ 글로벌 IT기업은 신기술을 통해 기존 의료사업의 차별화를 노리거나 플랫폼 개발, 웨어러블 의료기기 개발을 시도하고 있다.

④ 물리적 공간의 한계를 벗어나 의료서비스를 제공받을 수 있는 환경이 조성될 것이다.

⑤ 오래전부터 헬스케어 사업과 IT기술 간 융합 시도가 있었고 최근 빅데이터, 인공지능 등 신기술 접목이 이뤄진 만큼 빠른 시일 내 기존 의료서비스 영역에서 혁신적인 전환이 일어날 것이다.

03. 다음 중 글의 내용과 일치하지 않는 것은?

> 국내 1차 에너지 중 신재생에너지 생산 비중은 약 4.08%, 국내 총 발전량 대비 신재생에너지 발전 비중은 2014년 기준 1.6%에 그치고 2035년 보급 목표 또한 11% 수준으로 선진국과 비교하여 온실가스 감축 수단의 비중이 신재생에너지 분야보다는 에너지전환 분야와 같은 타 분야에의 의존도가 더 높을 것으로 전망되고 있다.
>
> 최근 도입이 논의되었던 신재생열에너지 공급의무화제도(이하 RHO)는 국내·외 신재생에너지 보급이 확산되는 가운데 향후 4세대 지역난방 모델 도입에 따른 보급 활성화에 적합한 지원 정책으로 적극 고려해 볼 필요가 있다. 신재생에너지 의무할당제도(이하 RPS)와 달리 RHO는 건물을 대상으로 한 신재생에너지 열원 적용 의무 제도이므로 집단에너지 사업자 입장에서는 해당 제도에 부합하는 4세대 지역난방 모델과 같은 새로운 개념의 열 공급 기술의 확보를 통해 신규 혹은 증축 건물을 대상으로 한 지역냉난방 기술의 보급 활성화 방안으로 적극 활용할 필요가 있다. 저온 열공급 기반 4세대 지역난방 모델의 경우 태양열, 풍력, 지열 등을 이용한 열공급 기술로 공급하기 용이한 저온 영역의 열공급 조건을 갖고 있으므로 RHO에 부합하는 적정 기술이라 할 수 있다. 지역난방 네트워크 인근의 신축 건축물 혹은 증축 건축물, 지정 지역 내 증축 건축물에 대한 수요 시장을 RHO 정책을 기반으로 확보 가능할 것으로 분석되므로 RHO 추진 및 활성화에 대비한 융·복합형 기술 개발의 형태로 4세대 지역난방 모델의 사업화 추진을 적극 고려해 볼 필요가 있다.
>
> RPS란 발전사업자의 총 발전량, 판매사업자의 총 판매량의 일정비율을 신재생에너지원으로 공급 또는 판매하도록 의무화하는 제도를 말한다. RPS는 신재생에너지의 보급 확대가 지지부진한 현실적인 문제를 해결하기 위한 목적으로 시작된 제도인데, 최근 지역난방 사업의 사업 경제성이 악화되는 시점에서 사업자들에게 큰 부담으로 작용하고 있다. 최근 들어 늘어나는 RPS 과징금으로 인한 발전사들의 부담이 크게 증대되고 외부요인으로 인한 불가피한 불이행 사례들이 속출하고 있어 구제방안에 대해 다각도로 고민하고 있는 것으로 알려져 있으나 기후변화로 인한 친환경 저탄소 에너지 환경 마련의 기조 속에 신재생에너지 보급 활성화라는 큰 방향성에는 변함이 없을 것으로 전망되므로, RPS는 향후 지역난방 사업 추진에 있어 지속적인 부담으로 작용할 것이라는 것이 중론이다.
>
> 이러한 관점에서 분산형 열원 기반의 양방향 에너지 거래 모델의 적용이 가능한 4세대 지역난방 모델의 도입과 연계한 신재생에너지 의무 이행과 관련한 정책적 지원 방안의 수립 및 활용 전략의 수립이 필요할 것으로 판단되며, 정부의 신재생보급 활성화를 통한 국가 온실가스 감축 목표 달성을 위한 실효적 수단으로 대응할 수 있을 것으로 기대된다.

① 지역난방 사업자는 RPS를 이행하는 데 영업적인 측면에서 곤란함을 겪고 있다.

② 4세대 지역난방 모델에서는 RHO와 RPS 모두가 적용되는 것이 바람직할 것이다.

③ 2035년 우리나라 온실가스 감축 수단의 주류는 신재생에너지가 아닌 타 에너지 분야일 것이다.

④ RHO는 에너지의 열공급, RPS는 에너지의 발전 측면에서 신재생에너지 보급에 기여한다.

⑤ 신재생에너지 보급 활성화를 위해서는 RPS보다 RHO를 더 확대하는 정책을 펼쳐야 한다.

04. 밑줄 친 ㉠~㉤ 중 성격이 같은 소재로만 묶인 것은?

한때 미국 A 기업과 함께 ㉠ 사진 필름 시장에서 우위를 점하던 B 기업은 디지털 카메라의 등장으로 최대 위기를 맞았다. 필름의 수요가 급감하면서 시장 변화에 맞설 새로운 아이디어가 필요했다. 이에 B 기업은 전혀 연관성이 없을 것 같은 화장품을 대안으로 내놓았다. 얼핏 보면 엉뚱한 사업 확장 같지만 사실 이는 내부 역량인 필름 제조 기술을 십분 활용한 아이디어였다. 사진 필름의 주원료는 콜라겐이고 B 기업은 콜라겐 변성 방지 기술과 나노 관련 기술을 가지고 있었던 것이다. 콜라겐은 피부의 주성분이기도 하므로 B 기업은 자사의 기술을 노화방지에 응용할 수 있었다. 그 결과 ㉡ 노화방지 화장품은 매출의 상당 부분을 차지할 만큼 성공을 거두게 되었다. 그 후 B 기업은 제약에도 두각을 나타냈다. 필름 개발 과정에서 얻은 화학 합성 물질 데이터베이스와 노하우를 활용하여 독감 치료제인 ㉢ 'C 약품' 등을 만들어냈다. C 약품은 이후 에볼라 치료에도 특효를 보이며 미 당국이 승인한 최초의 에볼라 치료제로 주목받았다. 그 밖에도 의료 화상정보 네트워크 시스템이나 전자 내시경 등 고성능 렌즈가 필요한 의료기기의 개발에 박차를 가했다. 이렇게 발굴한 사업들은 다소 생소한 감이 있었지만 기존의 주력 사업과 밀접한 연관성을 갖고 있었기 때문에 경쟁력을 발휘할 수 있었다.

포스트잇, 스카치테이프 등 사무용품으로 유명한 D 기업이 있다. 이 회사의 시초는 광산업이었으며 ㉣ 사금 채굴을 주로 했다. 그러나 채굴에 실패를 겪으면서 사포와 연마석을 만드는 제조사로 전환하게 되었다. 뛰어난 유연성과 금속 연마력을 지닌 방수 샌드페이퍼와 자동차 도색용 마스킹 테이프는 그 자체로도 주력 상품이 되었다. D 기업은 이에 안주하지 않고 당시 꽤 혁신적인 제품이었던 셀로판지의 단점을 보완할 테이프를 연구하였다. 셀로판지는 열 부근에서는 말리고, 기계 코팅 시에는 찢어지며, 평평하게 부착되지 않는 등의 문제가 있었기 때문이다. 얇고 투명한 셀로판에 접착제를 붙이는 수많은 실험을 한 결과, 마침내 D 기업의 대표 상품으로도 유명한 '스카치테이프'가 출시될 수 있었다. 그 후 접착제에 대한 연구를 바탕으로 그 유명한 ㉤ 포스트잇이 개발됐다. 이러한 과정을 통해 광산회사에서 시작한 D 기업은 점진적인 사업다각화 전략을 통해 지금의 거대 기업으로 성장할 수 있었다.

① ㉠, ㉡, ㉣   ② ㉠, ㉢, ㉤   ③ ㉡, ㉢, ㉣
④ ㉡, ㉢, ㉤   ⑤ ㉢, ㉣, ㉤

05. 다음 안내문에 대한 Q&A로 옳지 않은 것은?

〈청년저축 · 희망키움통장 참여자 모집〉

• 사업의도

　일하는 저소득층 청년(만 15 ～ 39세)이 근로를 통해 목돈마련으로 빈곤에서 탈출할 수 있도록 지원함.

• 지원유형

1. 청년희망키움

　– 대상 : 일하는 생계급여 수급 청년(만 15 ～ 39세)

　– 조건 : 중위소득 30% 이하(4인 가구 기준 월 1,424,752원) 가구 청년, 매월 근로소득자

　– 지원 : 근로 · 사업소득공제금 월 10만 원+본인 소득비례(평균 31 ～ 52만 원) 지원
　　　　　→ 3년 후 1,569 ～ 2,314만 원 마련

　　※ 신청 당시 및 가입기간(3년) 근로 · 사업소득 필요

　　※ 대학 근로장학금, 무급근로, 실업급여, 육아휴직수당 등의 사례 가입 불가

2. 청년저축계좌

　– 대상 : 일하는 주거 · 교육급여 수급, 차상위 청년(만 15 ～ 39세)

　– 조건 : 중위소득 50% 이하(4인 가구 기준 월 2,374,587원) 가구 청년, 매월 근로소득자

　– 지원 : 매월 20일에 10만 원씩 저축+근로소득장려금 30만 원 지원(저축액 1 : 3 매칭 지원)
　　　　　→ 3년 후 1,440만 원 마련

　　※ 재직증명서 · 사업자등록증 · 사업활동 증명서류 필요, 최근 3개월간 근로 · 사업소득 필요

　　※ 자활근로, 공공근로, 노인 · 장애인 일자리 및 사치성 · 향락업체, 도박 · 사행성 업종 근로 제외

　　※ 대학 근로장학금, 무급근로, 실업급여, 육아휴직수당 등의 사례 가입 불가

3. 희망키움통장 Ⅰ

　– 대상 : 일하는 생계 · 의료급여 수급 가구

　– 조건 : 중위소득 40%의 60% 이상(4인 가구 기준 월 1,139,802원) 가구

　– 지원 : 매월 20일에 5 · 10만 원씩 적립+근로소득장려금(소득비례 평균 35 ～ 64만 원)
　　　　　→ 3년 후 1,695 ～ 2,757만 원 마련

• 신청방법

　– 신청기간 : 202X. 7. 1.(수) ～ 7. 17.(금)

　– 접수방법 : 주소지 관할 읍면동 주민센터에 방문 신청(주말 및 공휴일은 불가)

---

①	Q : 저희 가족 4명의 평균 소득을 계산해보니 1인당 55만 원씩 벌고 있는 셈이네요. 필요한 증명서류를 제출하고 다른 조건을 만족한다면 최대 얼마의 지원금을 받을 수 있는 거죠? A : 4인 가구 기준 월 220만 원의 소득이 발생하므로 다른 조건을 모두 만족할 경우 청년저축계좌 대상에 해당됩니다. 따라서 총 1,080만 원을 지원받으실 수 있습니다.
②	Q : 희망키움통장 I 을 신청하여 최대한 지원을 많이 받는다고 가정할 때, 3년 후에 얼마를 받게 되나요? A : 매월 20일에 10만 원씩 저축하시고 근로소득장려금으로 매월 64만 원을 지원받아 3년 후에 2,664만 원을 마련하실 수 있습니다.
③	Q : 현재 일을 하고 있으며 중위소득 30% 이하이고 생계급여를 받고 있는 25세 대학생입니다. 목돈마련을 지원받기 위해서 필요한 또 다른 조건이 있나요? A : 문의주신 분께서는 대학 근로장학금, 무급근로, 실업급여, 육아휴직수당 등을 지급받지 않으셔야 하며 가입기간 내내 근로소득이 발생해야 합니다.
④	Q : 이번달 휴무일이 7월 11일과 12일뿐인데 이날 방문하여 신청이 가능할까요? A : 주민센터 방문을 통해서만 접수가 가능하며 주말에는 업무를 보지 않기 때문에 해당 일에는 신청하실 수 없습니다.
⑤	Q : 관악구 행운동에 거주 중인데 아르바이트하는 레스토랑은 서초구 서초동에 위치해있습니다. 편의상 서초동 주민센터에 방문해서 신청할 수 있었으면 합니다. A : 신청은 주소지 관할 읍면동 주민센터에서 가능하므로 거주하시는 행운동 주민센터를 방문하여 신청하셔야 합니다.

[06 ~ 07] ○○공사 홍보팀 박 사원은 A 기업의 CEO 메시지를 참고하여 대외 홍보자료용 문서를 준비하고 있다. 이어지는 질문에 답하시오.

A 기업은 20XX년 5월 발표된 포브스 기업 순위에서 역사상 최초로 세계 전력회사 1위, 글로벌 100대 기업에 선정되었습니다. 아울러 주가도 20XX년 7월 역대 최고가를 경신한 이후 꾸준히 상승하고 있으며, 무디스, S&P, 피치 등 세계 3대 신용평가사로부터 글로벌 전력회사 중 가장 높은 신용평가등급을 받았습니다. 이는 안정적인 전력 공급과 효율적인 경영성과뿐 아니라 A 기업의 지속 가능한 미래가치를 세계에서 인정받은 결과이기에 더욱 뜻깊습니다. 최근 에너지 신산업 분야는 그 어느 때보다 많은 주목을 받고 있습니다. 또 기술과 산업 간 융합이 가속화되면서 새로운 시장, 기술, 산업이 만들어지고 있으며, 이러한 변화와 혁신의 물결은 보다 깨끗하고 효율적인 미래 에너지로의 전환을 요구하고 있습니다. A 기업은 세계 최대 규모인 236MW의 주파수 조정용 에너지저장장치(ESS) 구축, 울릉도 등 도서지역에 친환경 에너지자립섬 조성, 20XX년까지 3,660 기의 전기차 충전 인프라 확대 추진 등 에너지 신사업의 기술 개발과 사업화를 주도하여 친환경 전력 생태계를 만들어 가고 있습니다. 또한 UAE 원전을 비롯하여 중동, 북중미, 아프리카 등 전 세계 22개국에서 37개 프로젝트를 수행 중에 있으며, 화력과 원자력 등 전통분야는 물론 신재생에너지, 에너지 신산업 수출 등 사업모델을 다양화하고 있습니다. A 기업은 20XX년 12월 나주로 본사를 이전한 후 광주전남지역을 중심으로 전력 에너지산업의 허브 "빛가람 에너지밸리" 사업을 성공적으로 추진하고 있습니다. 20XX년까지 500개 에너지 관련 기업 유치를 목표로 20XX년 6월 현재 133개 기업과 에너지밸리 투자유치 협약을 체결하였으며 산학연 협력을 통해 지역 맞춤형 R&D 투자를 확대하는 등 "빛가람 에너지밸리"를 지역사회와 함께 가치를 나누는 상생의 롤모델로 조성해 나가고 있습니다. 그리고 중소기업에 대한 수출보증제도 운영으로 해외 판로를 지원하고 협력연구개발을 강화하여 기술역량을 제고하는 등 중소기업 동반성장을 위한 다양한 프로그램을 운영하고 있습니다.

---

06. 제시된 글을 세 문단으로 나눴을 때, 각 문단의 핵심 메시지를 순서대로 나열한 것은?

① 기업가치의 성장, 사업 다각화의 의의, 사회적 신뢰 구축
② 글로벌 기업, 에너지 신산업을 통한 새로운 미래, 상생하는 에너지 세상
③ 글로벌 경쟁 심화, 상생하는 에너지 세상, 인간존중 경영 실천
④ 기업가치의 성장, 에너지 신산업의 과거와 미래, 기업 사회공헌의 중요성
⑤ 글로벌 기업, 사회적 신뢰 구축, 지역과의 동반 성장

07. 홍보 효과를 극대화하기 위한 제목을 선정할 때 참고 사항으로 적절하지 않은 것은?

① 통계자료 및 숫자를 강조하여 독자의 호기심을 유도한다.
② 감각적이고 참신한 표현으로 독자의 관심을 유발한다.
③ 따옴표를 이용한 핵심 주제의 인용을 통해 시각적 집중효과를 유발한다.
④ 자세한 내용을 부제목으로 달아 본문 내용에 대한 예측력을 높인다.
⑤ 여러 독자를 대상으로 내용을 전달하기 위해 되도록 많은 내용을 포함시킨다.

08. 다음 자료에 대한 설명으로 옳은 것은?

〈불법 콘텐츠 유통 사이트 접속차단 시 절반은 이용 포기〉

한국저작권보호원은 2020년 콘텐츠의 유통 환경과 이용실태를 종합적으로 조사·분석한 '2021 저작권 보호 연차보고서'를 발간했다고 9일 밝혔다.

이번 보고서는 음악, 영화, 방송, 출판, 게임의 불법복제물 이용경로와 정책적 효과 등에 대한 다양한 측정결과를 담고 있다. 작년까지 보호원은 불법복제물 이용량, 침해율 등 주요 수치를 발표해왔는데, 올해 발간되는 보고서는 과거 보고서의 조사방법론을 개선하여 콘텐츠 별 새로운 침해 유형과 이용 양상의 변화 요인 등을 분석한 신규 조사 보고서다.

보호원은 지난해부터 조사방법론을 새롭게 설계하고 음악, 영화, 방송, 출판, 게임 등 각 콘텐츠 분야별 산업계와 학계, 정부 등 총 20여 명으로 대표 자문단을 구성하고 총 20회에 걸쳐 논의를 진행해왔다. 이를 통해 콘텐츠 분야별로 의견을 수렴하여 주요 저작권 보호 이슈에 대한 조사가 가능하도록 설문을 개발하였다.

이번 조사에서 불법복제물 이용률은 각각 영화, 방송, 출판, 게임, 음악의 순으로 분석됐다. 음악 분야의 불법복제물 이용률이 가장 낮게 나타난 것은 구독서비스의 정착과 더불어, 오랫동안 불법복제로 인한 피해를 받으면서 지속적으로 계도를 진행해온 효과가 나타난 결과로 보인다.

접속차단 시 콘텐츠 불법복제물 이용자의 약 49%가 해당 사이트 이용 자체를 포기하거나 합법적인 콘텐츠 제공 사이트로 전환·이용하는 직접적인 효과가 발생한 것으로 분석됐다. 보호원은 콘텐츠 분야별로 저작권 침해 동향과 이슈를 지속적으로 파악·분석하고, 조사 결과를 활용하여 새로운 침해 유형에 대응해나갈 계획이다.

〈온라인 콘텐츠 이용 경로 비율〉

구분		음악	영화	방송	출판	웹툰	게임
사례수(건)		(834)	(884)	(531)	(117)	(408)	(400)
무료(불법) 콘텐츠 이용 경로	무료(불법) 콘텐츠 이용 비율(%)	37.3	30.9	31.7	50.4	19.1	23.5
	P2P/웹하드	3.0	8.5	4.0	5.9	1.7	5.9
	포털 내 커뮤니티 공간	3.6	1.8	2.5	18.1	5.8	8.5
	토렌트	2.5	5.0	3.4	6.9	1.0	4.6
	모바일 앱	7.0	5.2	7.3	15.0	5.9	0.0
	UGC(유튜브 등)	18.6	6.2	10.2	0.0	0.0	0.0
	SNS	1.9	1.5	1.8	3.3	1.7	4.5
	각종 웹사이트	0.7	0.6	1.9	1.2	3.0	0.0
	링크사이트	0.0	2.1	0.6	0.0	0.0	0.0

합법 저작물 이용 경로	합법 저작물 이용 비율 (%)	62.7	69.1	68.4	49.6	80.9	76.6
	온라인 합법 서비스	62.7	16.0	15.0	49.6	80.9	48.5
	IPTV	0.0	30.5	24.5	0.0	0.0	0.0
	TV	0.0	22.6	28.9	0.0	0.0	0.0
	PC/게임방	0.0	0.0	0.0	0.0	0.0	28.1

※ 온라인 콘텐츠 이용은 무료(불법) 콘텐츠 이용과 합법 저작물 이용으로 나뉜다.

① 음악과 방송 콘텐츠는 무료(불법) 콘텐츠 이용 비율이 높은 경로 1 ~ 3순위가 동일하다.

② 합법 저작물 이용 사례가 가장 많은 콘텐츠는 게임이다.

③ 모든 콘텐츠 유형에서 링크사이트를 이용한 무료(불법) 콘텐츠 이용 비율이 가장 낮다.

④ 콘텐츠 유형에 관계없이 합법 저작물 이용 경로 중에서 온라인 합법 서비스가 차지하는 비중이 가장 높다.

⑤ 출판 콘텐츠에서 5번째로 콘텐츠 이용 비중이 높은 경로와 영화 콘텐츠에서 4번째로 콘텐츠 이용 비중이 높은 경로는 동일하다.

[09 ~ 10] 다음 자료를 읽고 이어지는 질문에 답하시오.

베트남인들은 새로운 문화와 음식을 받아들이는 데에 거부감이 없는 편이며 매우 비싼 가격에도 구매력이 있는 소비자들은 고급 수산물 구매와 선물에 지출을 아끼지 않는다. 베트남에서는 바닷가재, 게, 연어, 전복, 굴 등이 프리미엄 수산물로 여겨지며 건강에 도움이 된다는 수산물의 경우 더욱 프리미엄으로 취급하는 경향이 있다. 또한 프리미엄 해산물에 대한 소비자의 수요에 맞춰 수입 해산물의 규모가 증가하며 전보다 경쟁력 있는 가격으로 소비자에게 다가갈 수 있게됨에 따라 고소득층의 전유물로 여겨지던 프리미엄 수산물 시장에 중산층 소비자들이 진입할 수 있게 되었다. 향후 GDP가 증가할수록 프리미엄 수산물을 소비하는 현지 중산층의 비율도 높아질 것으로 추산된다.

해양수산물에 대한 소비자들의 관심은 증가하고 있으며, 영국의 시장 조사 기관인 Fitch Solutions의 보고서에 따르면 베트남의 1인당 해산물 소비량은 2020년 기준 미화 33.4달러에서 2024년에는 미화 48.8달러에 이를 것으로 예상된다.

베트남 세관총국 자료에 의하면 2019년 기준 한국의 대(對)베트남 해산물 수출량은 세계 9위를 기록하였다. 한국은 지난 5년간 대(對)베트남 수산물 상위 10위 수출 국가 중에 하나이다. 그러나 다른 상위 수출국의 수출량은 급증한 반면 한국 기업들의 수출량은 증가와 감소를 반복하며 기복을 보였다. 또한 한국의 수출 규모 순위는 점차적으로 감소세를 보이며 경쟁국가들에게 우위를 내주고 있다. 2019년 2월 기준 전년 동기 대비 많은 한국산 수산물 품목의 수출이 증가하였으나 일부 품목은 감소가 되거나 중단되기도 했다. 수출액이 증가한 품목으로는 꽁치(540.6%), 고등어(105.1%), 명태(80.0%), 참치(35.1%), 삼치(7.3%)가 있으며 어란(−8.4%)은 소폭 감소를 보였다.

베트남의 해산물 소비 트렌드

- 민물고기보다 영양이 풍부한 바닷물고기 및 해산물 선호
  - 바다에서 포획된 자연산 해산물은 양식 해산물보다 영양가치가 높다고 평가 받음.
- 편리함을 추구하는 젊은 세대는 쉽게 조리할 수 있는 소포장 캔 수산물이나 간편 조리 냉동 수산물 선호
- 한국과 전세계의 1인 미디어 중심의 먹방 트렌드
  - 한국에서 오는 화장품, 음식 등을 프리미엄이라 생각하고 따라하고 싶어하며, 이런 먹방 트렌드가 베트남의 젊은 세대도 한국의 해산물을 먹어보고 싶게 함.
- 프리미엄 식재료 유통 및 배달 전문점 춘추전국시대
  - 코로나19의 영향으로 안전한 고품질 식재료를 배달하는 업체에 대한 수요가 증가함.
  - 대형 마트에 가는 기존 형태에서 벗어나, 집에서 식료품과 음식을 주문하는 형태가 각광받음.

09. 자료를 읽고 베트남 해산물시장 진출 관련 회의에서 제안할 의견으로 적절하지 않은 것은?

① 초기진출 시 소비자에게 친근한 전통 수산시장을 중심으로 유통하여 브랜딩을 시도한다.

② 고급 식재료를 전문적으로 판매하는 온라인 쇼핑몰과 협업하여 배달 중심의 유통망을 구축한다.

③ 고등어, 참치, 송어, 연어, 가다랑어 같은 바닷물고기의 영양이 풍부함을 홍보한다.

④ 킹크랩, 전복, 바닷가재와 같은 고급 해산물 위주로 수출한다.

⑤ 유명 1인 미디어에 기반한 광고를 통해 한국 해산물에 대한 호기심을 유발한다.

10. 자료의 내용과 관련된 그래프를 본문에 추가하고자 할 때, 다음 중 적절하지 않은 것은?

① 베트남의 1인당 해산물 소비량(예상치)

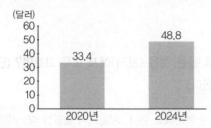

② 2015 ~ 2019년 베트남 해산물 수입 규모

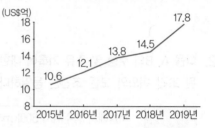

③ 베트남의 연간 수산물 수출 규모

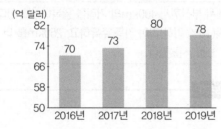

④ 2019년 베트남 거주 외국인 및 현지 중산층 인구 추정치

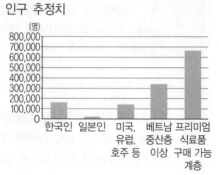

⑤ 베트남 대상 한국산 수산물의 수출액 변화율

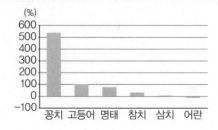

11. 12월 19일 A 전시회에 7명이 함께 방문하였다. 12월의 수요일 날짜를 모두 더하면 58이고 총 요금이 30,000원이었다면, 이 중 학생 요금을 지불하고 입장한 사람은 몇 명인가?

〈A 전시회 요금 안내〉

구분	평일	주말
성인	5,000원	6,000원
학생	4,000원	5,000원

※ 학생증을 지참한 사람에 한하여 학생 할인이 가능합니다.

① 3명 　　　　　② 4명 　　　　　③ 5명
④ 6명 　　　　　⑤ 7명

12. 다음 A, B의 주행 및 주유 기록에 대한 설명으로 옳은 것을 〈보기〉에서 모두 고르면? (단, 제시된 조건 이외의 모든 조건은 동일하다고 가정한다)

A	서울에서 광주까지 300km의 거리를 왕복하려고 한다. 서울에서 출발할 때, 기름탱크가 절반만 찬 상황에서 기름을 가득 주유하고 4만 원을 지불했다. 350km를 달린 지점에서 기름탱크에 40%의 기름이 남아서 다시 가득 주유하고 서울로 돌아와서 다시 가득 주유했다.
B	기름탱크가 가득 찬 상황에서 서울에서 부산까지 400km의 거리를 왕복하려고 한다. 부산에서 서울로 돌아오던 길에 기름이 부족(10% 이하)하여 가득 주유하고, 250km를 더 달려서 서울에 도착한 후 가득 주유하고 3만 원을 지불했다.

보기

㉠ B가 A보다 적은 주유비를 지불했다.
㉡ 기름탱크의 용량은 B의 차량이 더 크다.
㉢ A의 차량은 기름을 가득 주유한 후에 추가 주유 없이 서울에서 광주까지 왕복이 가능하다.
㉣ 추가 주유 없이 B의 차량의 최대 주행가능거리는 610km 이상이다.

① ㉠, ㉡ 　　　　　② ㉠, ㉢ 　　　　　③ ㉠, ㉣
④ ㉡, ㉣ 　　　　　⑤ ㉢, ㉣

13. 다음 자료에 대한 해석으로 적절한 것은?

〈가정 내 대기전력 감소 노력〉

(단위 : %)

구분		20X8년				20X9년			
		노력함		노력하지 않음		노력함		노력하지 않음	
		매우 노력함	약간 노력함	별로 노력 하지 않음	전혀 노력 하지 않음	매우 노력함	약간 노력함	별로 노력 하지 않음	전혀 노력 하지 않음
전체		28.5	50.8	18.2	2.5	28.2	50.1	19.2	2.5
성별	남자	22.9	52.0	22.0	3.1	23.8	50.3	22.8	3.1
	여자	34.1	49.7	14.4	1.8	32.4	50.0	15.7	1.9
연령	13 ~ 19세	20.5	50.5	25.6	3.4	18.5	46.1	31.5	3.9
	20 ~ 29세	19.7	50.2	25.8	4.3	18.2	49.1	27.5	5.2
	30 ~ 39세	24.3	52.6	20.4	2.7	22.0	52.2	22.9	2.9
	40 ~ 49세	25.1	55.8	17.1	2.0	26.0	54.2	18.0	1.8
	50 ~ 59세	31.6	50.9	15.7	1.8	30.7	52.1	15.5	1.7
	60 ~ 64세	41.4	45.6	11.3	1.7	41.4	44.3	12.9	1.4
	65세 이상	43.6	43.9	10.8	1.7	43.7	41.2	13.7	1.4

① 조사기간 동안 가정 내 대기전력 감소를 위해 노력한다고 응답한 비율이 가장 높은 연령층은 모두 65세 이상 집단이다.

② 조사기간 동안 가정 내 대기전력 감소를 위해 노력하는 여자가 남자보다 더 많았다.

③ 20X8년 모든 성별 및 연령별 구분 집단에서 가정 내 대기전력 감소를 위해 노력을 한다는 비율이 70%를 넘었다.

④ 남자와 여자 모두 20X8년 대비 20X9년에 가정 내 대기전력 감소를 위해 노력한다는 비율이 감소하였다.

⑤ 조사기간 동안 남녀 응답자 수의 차이가 가장 큰 집단은 20X8년 가정 내 대기전력 감소를 위해 매우 노력한다고 응답한 집단이다.

14. ○○공사는 정부의 환경개선 정책에 적극 협조하기 위하여 자동차의 공회전 발생률을 줄이고 공회전 시 연료소모량이 적도록 차량을 운행하는 직원에게 탄소포인트를 제공하기로 하였다. 다음 표는 동일 차량을 운전하는 직원 A ~ E를 대상으로 시범 시행한 결과이다. 〈산출공식〉과 자료를 바탕으로 탄소포인트의 총합이 큰 순서대로 바르게 나열한 것은?

〈직원별 시범 시행 결과〉

직원	주행시간(분)	총 공회전시간(분)
A	200	20
B	30	15
C	50	10
D	25	5
E	50	25

산출공식

- 공회전 발생률(%) $= \dfrac{\text{총 공회전시간(분)}}{\text{주행시간(분)}} \times 100$

- 공회전 시 연료소모량(cc) = 총 공회전시간(분) $\times \omega$

※ ω는 어떤 차량의 공회전 1분당 연료소모량(CC/분)으로 A ~ E의 경우 ω = 20이다.

〈구간별 탄소포인트〉

공회전 발생률에 대한 구간별 탄소포인트				
공회전 발생률(%)	20 미만	20 이상 40 미만	40 이상 60 미만	60 이상 80 미만	80 이상
탄소포인트(p)	100	80	50	20	10

공회전 시 연료소모량에 대한 구간별 탄소포인트				
공회전 시 연료소모량(cc)	100 미만	100 이상 200 미만	200 이상 300 미만	300 이상 400 미만	400 이상
탄소포인트(p)	100	75	50	25	0

① A > D > B > E > C ② A > C > D > B > E ③ D > A > C > B > E

④ D > C > A > B > E ⑤ D > C > A > E > B

15. A 공사에서 근무하는 권 차장은 다음 자료를 분석하고 있다. 〈보기〉 중 옳은 내용은 몇 개인가?

〈원전사고 · 고장 원인별 현황〉

[건수(점유율)]

구분	20X4년	20X5년	20X6년	20X7년	20X8년	20X9년	총발생건수
인적실수	3 (20.0)	1 (16.7)	0 (0.0)	1 (16.7)	3 (23.1)	1 (33.3)	9 (13.8)
기계결함	3 (20.0)	0 (0.0)	9 (40.9)	2 (33.3)	4 (30.8)	0 (0.0)	18 (27.7)
전기결함	1 (6.7)	2 (33.3)	2 (9.1)	1 (16.7)	2 (15.4)	2 (66.7)	10 (15.4)
계측결함	6 (40.0)	1 (16.7)	4 (18.2)	1 (16.7)	2 (15.4)	0 (0.0)	14 (21.5)
외부영향	2 (13.3)	2 (33.3)	7 (31.8)	1 (16.7)	2 (15.4)	0 (0.0)	14 (21.5)
합계	15	6	22	6	13	3	65

보기

㉠ 원자력 발전소에서 발생하는 사고 · 고장 건수는 20X8년에 가장 많았다.

㉡ 20X4년 이래 원자력 발전소에서 전기결함으로 인한 사고 · 고장은 매년 발생하고 있다.

㉢ 매년 원자력 발전소에서 발생하는 사고 · 고장의 원인은 기계결함이 가장 많다.

㉣ 20X4 ~ 20X9년 중 원자력 발전소에서 기계결함으로 인한 사고 · 고장이 가장 많았던 해는 20X6년이다.

① 0개　　　　　② 1개　　　　　③ 2개
④ 3개　　　　　⑤ 4개

[16 ~ 17] 다음 자료를 보고 이어지는 질문에 답하시오.

의사결정트리(Decision Tree)는 알고리즘 내 데이터를 분석한 결과 중 예측 가능한 규칙들의 조합으로, 주로 알고리즘의 내용을 시각적으로 표현하여 의사결정 방향을 증명한다. 의사결정에 영향을 주는 주요 조건이 트리의 뿌리를 만들고 그 외 세부적인 내용들이 가지가 되며 해결 방안은 트리의 잎으로 나타난다.

〈'삶에 대한 만족도'에 대한 의사결정트리〉 (단위 : 점)

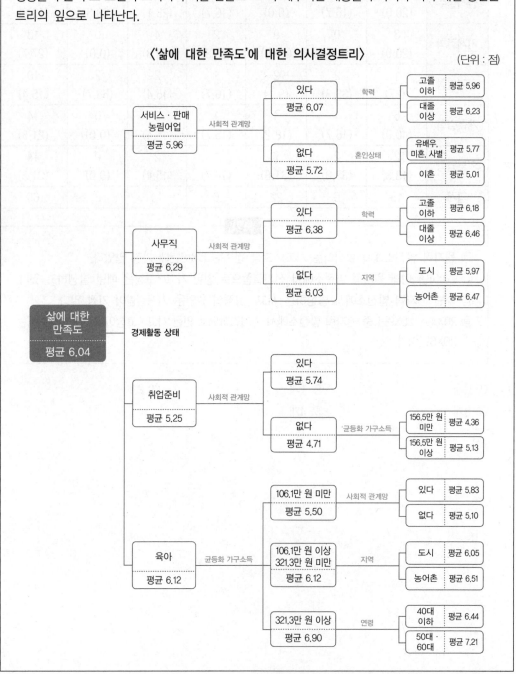

16. S 연구소는 위의 의사결정트리 자료를 통하여 5개의 집단을 집중 분석하고자 한다. 다음 중 삶에 대한 만족도 평균 점수가 가장 낮은 집단은?

① 취업준비를 하면서 사회적 관계망이 없는 집단
② 농림어업직에 종사하면서 사회적 관계망이 없는 집단
③ 사무직에 종사하면서 사회적 관계망이 없고 농촌에 거주하는 집단
④ 서비스·판매직에 종사하면서 사회적 관계망이 없고 이혼한 집단
⑤ 육아를 하면서 가구소득이 106.1만 원 미만이고 사회적 관계망이 없는 집단

17. 위의 의사결정트리 자료에서 집단별로 삶에 대한 만족도 점수의 정도를 구분하기 위한 지표가 아닌 것은?

① 혼인상태   ② 연령과 학력   ③ 경제활동 상태
④ 균등화 가구소득   ⑤ 고용형태

[18 ~ 19] 다음은 용도별 전력판매수입에 대한 자료이다. 이어지는 질문에 답하시오.

〈자료 1〉 20X8년 용도별 전력판매수입 추이

(단위 : 천 원)

구분	주택용	일반용	교육용	산업용	농사용	가로등	심야용
1월	721,839	1,499,596	95,148	2,925,769	87,688	36,508	158,026
2월	739,366	1,512,490	93,206	2,685,521	91,873	36,134	168,066
3월	565,797	1,136,611	76,406	2,312,707	75,518	33,755	109,177
4월	587,069	1,000,661	61,310	2,249,708	68,235	34,350	64,489
5월	528,194	951,856	51,129	2,254,813	57,460	32,778	43,212
6월	560,090	1,184,576	68,520	2,715,682	59,556	32,595	30,118
7월	677,098	1,477,649	84,111	2,963,120	62,583	31,665	26,783
8월	1,074,220	1,722,708	89,481	2,953,300	83,108	32,668	25,093
9월	605,363	1,285,387	74,964	2,289,751	72,851	33,012	20,520
10월	518,093	955,724	50,322	2,226,162	60,752	33,663	28,381
11월	580,543	1,120,855	68,658	2,756,247	78,286	35,059	63,473
12월	632,733	1,350,216	90,237	2,858,697	79,672	35,363	111,370

〈자료 2〉 20X6 ~ 20X7년 용도별 전력판매수입

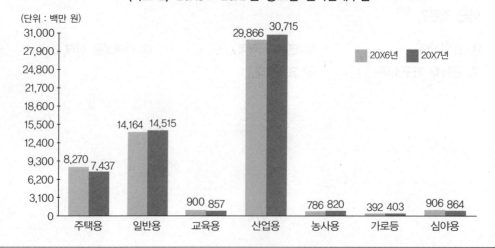

18. 다음 중 〈자료 1〉에 대한 설명으로 옳지 않은 것은?

① 2 ～ 9월 심야용 전력판매수입은 지속적으로 감소하였다.

② 가로등 전력판매수입은 6 ～ 10월을 제외하고 항상 가장 적은 판매수입을 기록하였다.

③ 주택용, 일반용, 교육용, 산업용 간 전력판매수입 순위는 항상 동일하였다.

④ 일반용 전력판매수입이 처음으로 100만 원 아래로 떨어진 것은 5월이다.

⑤ 산업용 전력판매수입이 가장 많은 달은 주택용 전력판매수입이 4번째로 많은 달과 같다.

19. 20X6년 대비 20X7년 전력판매수입의 변화율이 두 번째로 큰 용도는?

① 주택용   ② 일반용   ③ 교육용

④ 산업용   ⑤ 심야용

[20 ~ 21] 다음 자료를 보고 이어지는 질문에 답하시오.

〈문화예술시설 현황〉

(단위 : 개)

구분	박물관	미술관	공공도서관	공연장	문예회관
20X6년	754	190	865	992	220
20X7년	809	202	930	991	232
20X8년	826	219	978	1,024	229
20X9년	853	229	1,010	1,024	236

〈문화산업 분야별 매출액〉

(단위 : 조 원)

구분	20X6년	20X7년	20X8년
총 매출액	94.95	100.49	105.51
만화	0.85	0.92	0.98
음악	4.61	4.98	5.31
게임	9.97	10.72	10.89
영화	4.57	5.11	5.26
애니메이션	0.56	0.61	0.68
방송(영상)	15.77	16.46	17.33
광고	13.74	14.44	15.19
캐릭터	9.05	10.08	11.07
기타	35.82	37.16	38.81

20. 위 자료를 바탕으로 작성한 보고서의 내용으로 옳지 않은 것은?

① 20X9년 공공도서관 수는 전년 대비 3.3% 증가했지만 ② 20X8년의 전년 대비 증가율인 5.2%에 비해 증가율이 감소한 것을 알 수 있다. 한편, ③ 공연장 수는 20X9년 1,010개로 전년에 비해 증가하였고 ④ 문예회관 수는 20X8년에 전년 대비 감소하였다. ⑤ 문화예술시설 수는 20X6년부터 20X9년까지 지속적으로 증가했다. 그러나 전반적인 증가 추세는 줄어드는 경향을 보인다.

21. 위 자료를 바탕으로 작성한 그래프로 적절한 것을 모두 고르면?

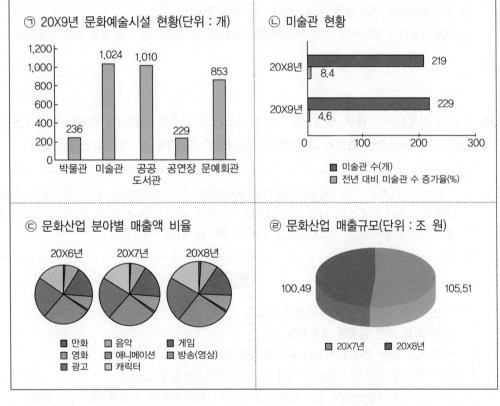

① ㉠, ㉡   ② ㉠, ㉣   ③ ㉡, ㉢

④ ㉡, ㉣   ⑤ ㉢, ㉣

22. 다음 〈조건〉을 참고할 때, 부서별 배정 인원에 대한 설명으로 항상 옳은 것은?

> **조건**
>
> - 신입사원 10명은 4개의 부서(전력수급처, 계통계획처, 전력시장처, 상생협력처)로 배정되었다.
> - 배정된 신입사원 수가 동일한 부서는 2개 있다.
> - 계통계획처의 신입사원 수는 상생협력처 신입사원 수보다 많다.
> - 전력수급처의 신입사원 수는 4개 부서 중 가장 많지도, 가장 적지도 않다.
> - 각 부서에 적어도 한 명의 신입사원이 배정되었다.

① 신입사원이 가장 적게 배정된 부서는 확정되었다.

② 전력수급처와 상생협력처의 신입사원 수는 동일하다.

③ 4개 부서의 신입사원 수를 모두 알 수 있다.

④ 계통계획처에 가장 많은 수의 신입사원이 배정되었다.

⑤ 계통계획처의 신입사원 수가 5명이라면, 전력수급처 신입사원 수는 2명 또는 3명이다.

23. S 공사 마케팅부 사원 A, B, C, D, E는 점심식사 후 음료를 마시려고 카페에 갔다. 〈조건〉에 따라 각 사원이 마신 음료와 그 가격을 대응시켰을 때, 다음 중 바르게 연결된 것은?

> A, B, C, D, E는 커피 2종류(아메리카노, 카페라테), 주스 2종류(수박, 자몽), 차 1종류(홍차) 중에서 하나씩 선택했고, 서로 다른 음료를 주문했다. 주문한 음료 중 두 가지는 4,000원이고, 또 다른 두 가지는 5,000원이고, 나머지 하나는 6,000원이다.

> **조건**
>
> - A는 가격이 4,000원인 음료를 주문했다.
> - C는 가장 비싼 음료를 주문했다.
> - C와 E는 같은 범주에 속하는 음료를 주문했다.
> - D는 주스를 주문하지 않았고, A와 다른 가격의 음료를 마셨다.
> - B는 홍차를 주문했으며, B가 주문한 음료는 D, E가 주문한 음료와 금액이 다르다.
> - 아메리카노와 수박 주스는 가격이 동일하다.

① A, 아메리카노, 4,000원   ② B, 수박 주스, 4,000원   ③ C, 자몽 주스, 6,000원

④ D, 홍차, 5,000원   ⑤ E, 카페라테, 4,000원

24. 다음 중 〈성과상여금 지급 기준〉을 바르게 이해한 것은?

〈성과상여금 지급 기준〉

- 대상 : 지급기준일 현재 근무자
- 지급방법 : 연 1회 개인별 평가 후 개인별 차등지급
- 평가항목 : 근무성적평정(50점)＋조직평가점수(45점)＋출산 가점(5점)
  - 근무성적평정 : 전년도 상·하반기 평가점수의 평균
  - 조직평가점수 : 전년도 조직평가점수
  - 출산 가점 : 전년도 중 출산한 여성에게 부여(다태아도 5점 부여)
- 등급 및 지급률

구분	S 등급	A 등급	B 등급	C 등급
지급인원	상위 20%	상위 20% 초과 ~ 60% 이내	상위 60% 초과 ~ 90% 이내	하위 10%
지급률	172.5%	125%	85%	0%

※ 예산범위 내, 지급등급별 인원비율 및 지급률을 10%p 범위 내 자율 조정 가능

※ 지급제외자 : 실제 근무기간 2개월 미만인 자, 성과상여금 부당수령자, 징계처분자

정보

- 정원이 70명인 조직에서 성과평가점수의 총합 순위가 44등인 김 대리
- 이번 달에 쌍둥이를 출산한 최 부장
- 지난해 개인 및 조직성과가 모두 뛰어나서 S 등급을 받을 것이 확정된 최 사원
- 전년도 상·하반기 평가점수의 평균이 47.5점이고 전년도 조직평가점수가 만점인 이 과장
- 지난해 질병휴직, 어학연수 등을 이유로 10.5개월을 휴직한 박 대리

① 김 대리는 A 등급을 받을 수 없다.

② 최 부장은 내년도 상여금 지급 시 출산 가점을 2번 받는다.

③ 최 사원이 휴직을 원한다면, 성과상여금 지급일과 겹치지 않도록 휴직 날짜를 조정해야 성과상여금을 받을 수 있다.

④ 이 과장은 172.5%의 상여금을 받을 것이다.

⑤ 박 대리의 개인 및 조직성과가 우수했다면 이번 성과상여금 지급을 기대할 수 있다.

25. ○○은행 김 사원은 고객으로부터 다음과 같은 외화예금 추천 문의를 받았다. 외화예금 상품 중 고객에게 추천할 만한 상품으로 적절한 것을 모두 고르면? (단, USD 1불은 1,100원이다)

> 고객 : 요즘 외화예금을 많이 한다고 해서 외화예금 계좌를 하나 만들까 하는데 저에게 맞는 상품을 추천해 주세요. 환율 우대 혜택 없이는 외화예금으로 이득을 보기 어렵다던데, 외화예금에 가입하면 환전수수료 할인 혜택은 당연히 받게 되겠죠? 여러 개 통화로 예금거래가 가능하면 좋겠고, 소액으로도 가입할 수 있으면 좋겠어요. 처음에는 5 ~ 6만 원 정도로 시작해볼까 해요.
> 외화예금은 멀리 보고 시작하라기에 저도 3년 정도 두고 보려고 하는데 어떤 상품에 가입하는 것이 좋을까요?

〈외화예금 상품 현황〉

상품	㉠	㉡	㉢	㉣
가입금액	USD 50불 이상	USD 50불 이상	USD 100불 이상	USD 50불 이상
가입통화	USD, JPY, EUR, GBP, CAD, AUD, NZD, CHF, HKD, SGD	USD, JPY, EUR, GBP, CAD, AUD, NZD, CHF, HKD, SGD	USD, JPY, EUR, GBP, CAD, AUD, NZD, CHF, HKD, SGD	USD, JPY, EUR, CNY
만기약정 비율	영업점 및 인터넷뱅킹 고시	외화정기예금 금리 적용	외화정기예금 금리 적용	영업점 및 인터넷뱅킹 고시
기본 예치기간	3개월 이상 36개월 이내	1일 이상 1년 이내	7일 이상 1년 이내	3개월 이상 36개월 이내
세제혜택	-	-	-	-
비고	• 환율 우대(50%) 및 송금수수료 면제 • 수시 적립 가능 • 1년 이상 예치 시 우대 금리(0.2%p) 제공	• 환율 우대(70%)	• 특별 우대 금리 지급 • 1년 단위로 예치 기간 연장 가능	• 환율 우대(50%) • 금리 0.15%p 추가 제공 • 1계좌 1통화 원칙

① ㉠ ② ㉡ ③ ㉣
④ ㉠, ㉢ ⑤ ㉡, ㉣

26. 상담센터 직원 Q는 질문 게시판에 올라온 다음 글에 답변하고자 한다. Q의 답변으로 옳지 않은 것은?

> 안녕하세요. 만 3세 2개월 아들을 키우고 있는데 어린이집에서 저희 아이가 사회성이나 감각능력에는 문제가 없는데 인지능력이 다른 또래 아이들에 비해 떨어지는 것처럼 보인다고 하더라고요. 무슨 문제가 있는 것인지 걱정이 돼서 검사를 받고자 합니다. 혹시나 부모로서 양육 태도가 잘못되었던 것이 아닌지도 확인받을 수 있는지 궁금합니다. 어떤 검사를 받으면 좋을지 답변주시면 감사하겠습니다.

〈발달검사 프로그램〉

대상연령	검사도구	검사설명
1개월 ~ 42개월	Bayley-Ⅲ®	1개월의 영아에서부터 유아에 이르기까지의 포괄적인 발달 테스트 도구입니다. 인지, 언어, 사회-정서, 운동과 적응행동의 다섯 가지 요소로 검사를 실시합니다.
	PAT	유아부터 초등학생, 청소년 자녀를 둔 보호자의 양육 태도를 검사는 것으로, 보호자가 직접 검사문항을 체크합니다. 이 검사를 통하여 지지표현, 합리적 설명, 성취압력, 간섭, 처벌, 감독, 과잉기대, 비일관성의 부모태도를 확인할 수 있습니다.
만 2세 6개월 ~ 만 7세 7개월	K-WPPSI-Ⅳ	유아의 전반적인 지능(전체 IQ)과 더불어 특정 인지영역의 지적기능을 나타내는 15가지 소검사와 5가지 기본지표 및 4가지 추가지표를 제공해줍니다. 본 검사는 아동의 인지영역별 강점과 약점을 상세히 평가할 수 있을 뿐 아니라 영재, 정신지체 등을 포함하는 전반적인 인지 기능에 대한 평가입니다.
	PAT	보호자의 양육 태도를 검사하는 것으로, 보호자가 직접 검사문항을 체크합니다. 지지표현, 합리적 설명, 성취압력, 간섭, 처벌, 감독, 과잉기대, 비일관성 태도를 확인할 수 있습니다.
24개월 ~ 60개월	SP	아동의 현재 감각처리 능력의 평가를 비롯하여 조절능력, 행동과 감정반응의 능력을 평가할 수 있으며, 보호자에게 앞으로의 감각 경험에 대한 방향을 제시해 줄 수 있습니다.

① PAT를 통해 지지표현, 합리적 설명, 감독, 비일관성의 부모 양육 태도를 확인받을 것을 추천드립니다.

② SP를 통해 자녀분이 일상생활에서의 기능적인 작업 수행 활동에 문제가 있는지 확인하시길 바랍니다.

③ K-WPPSI-Ⅳ 검사를 통해 자녀의 전반적인 지능과 인지영역별 강점 및 약점을 확인하시길 바랍니다.

④ 자녀분의 나이가 상담센터에서 시행하는 모든 발달검사프로그램의 대상연령에 해당되므로 대상연령은 고려하지 않고 적합한 검사유형을 선택하실 수 있습니다.

⑤ Bayley-Ⅲ® 검사를 통해서 인지 영역뿐 아니라 다른 영역까지 포괄적으로 검사를 받으실 수 있으므로 해당 검사를 추천합니다.

27. 다음 정전 대응요령에 따른 행동으로 적절하지 않은 것은?

〈예고정전 대응요령〉

• 예비 발전기
- 예비 발전기를 소유한 고객은 발전기의 전류가 한전선로로 역류되지 않도록 차단장치 등을 설치해야 합니다. 그렇지 않으면 고장복구를 위해 선로에서 일하고 있는 작업자의 생명이 위험합니다. 양식장, 식물재배 등에 종사하는 경우 예비전원을 확보해야 합니다.

• 라디오 및 플래시
- 모든 가정은 배터리를 사용하는 라디오, 플래시, 랜턴 등을 준비해두는 것이 좋습니다.
- 콘센트에 꽂아 놓으면 정전과 동시에 불이 들어오는 전등을 준비하는 것이 좋습니다.

• 가전기기 보호
- 정전이 되면 전열기, 전기스토브, 세탁기, 건조기, TV, 전자레인지, 컴퓨터, 냉장고 등의 플러그를 뽑아 놓거나 스위치를 꺼야 합니다.
- 전기가 들어온 것을 알 수 있도록 램프 하나는 꽂아 놓습니다.
- 집의 일부분이 정전된 경우 배전반의 차단기 또는 퓨즈를 확인해야 합니다. 차단기나 퓨즈가 정상상태이면 정전 시 주의사항을 따르면 됩니다.

〈불시정전 대응요령〉

• 우리 집만 정전되었을 경우
- 옥내 배전반의 누전차단기 또는 개폐기 퓨즈의 이상 유무를 확인합니다.
- 옥내설비에 이상이 있을 경우 전기공사업체에 의뢰하고, 이상이 없을 때는 한전에 연락하십시오.

• 이웃과 같이 정전되었을 경우
- 대부분 선로고장이며, 즉시 복구작업에 임하게 되므로 잠시 기다려 주십시오.
- 여러 고객이 동시에 전화를 하면 통화체증이 발생하게 되어 통화를 할 수 없습니다.
- 선로 고장에 의한 정전은 대부분 신속히 복구되나, 사고의 유형에 따라서는 다소 시간이 소요되는 경우도 있습니다.

• 순간정전 대비요령
- 전동기를 사용하는 공장에서는 지연석방형 전자개폐기를 부설하는 것이 좋습니다.
- 지연석방형 전자개폐기는 선로에 정전이 발생할 경우 1 ~ 5초 동안 부하회로 차단을 지연시키는 기능을 갖고 있어 순간정전에 대한 피해를 어느 정도 줄일 수 있습니다.

- 불시정전 대비사항
  - 전력설비는 자연재해 등 예기치 못한 고장이 발생할 수 있으므로 비닐하우스(특용작물 재배), 양계장, 양어장, 농/수/축산물 저장 등 정전 시 피해가 예상되는 고객은 비상용 발전기 등 정전으로 인한 피해를 줄일 수 있는 시설을 갖추어야 합니다.
  - 컴퓨터 등 정밀기기를 사용하는 곳에서는 무정전 전원장치(U.P.S)를 설치하면 피해를 예방할 수 있습니다.
  - 경보기 등 정전을 감지할 수 있는 시설을 갖추는 것이 좋습니다.
  - 천재지변이나 전기 고장으로 인한 정전피해에 대하여는 배상을 하지 않으니 피해가 발생하지 않도록 사전 점검이 필요합니다.

① 식물원 주인 A 씨 : 우리 식물원에 예비 발전기를 설치하려고 하는데 정전에 대비하기 위해서 반드시 차단장치도 함께 설치해야겠군.

② 주민 B 씨 : 우리 집만 불시에 정전된 걸 보니 누전차단기나 개폐기 퓨즈를 확인해야겠구나. 확인 결과 특별한 이상이 없으면 한전에 연락해야겠군.

③ 주민 C 씨 : 우리 옆집도 같이 정전된 걸 보니 선로고장이겠구나. 조금 기다리면 복구가 될 것 같으니 굳이 한전에 전화하지 않고 차분히 기다려야겠어.

④ 공장 주인 D 씨 : 어젯밤 비바람이 심하게 치더니 1시간 동안 생산 공정이 멈춰버렸어. 자연재해로 손실이 발생했다는 사실만 입증하면 한전에서 배상을 받을 수 있겠군.

⑤ 공장 주인 E 씨 : 우리 공장은 컴퓨터를 많이 사용하니 지연석방형 전자개폐기와 함께 U.P.S를 설치하는게 좋겠군.

[28 ~ 29] 다음 글을 읽고 이어지는 질문에 답하시오.

서울시는 서울 시내 자체 미세먼지 발생량의 37%를 차지하는 교통부문 미세먼지 저감을 위해 1,004억 원을 투입, 올 연말까지 노후 경유차 및 건설기계 40,163대를 대상으로 저공해화 사업을 추진한다.

먼저 2005년 이전에 등록한 노후 경유자동차에 대해선 ▲조기폐차 ▲매연저감장치 부착 ▲LPG 엔진 개조 ▲미세먼지–질소산화물 저감장치 부착 보조금 지원을 38,190대의 차량에 대해 시행한다.

조기폐차 지원대상은 수도권에 2년 이상 연속 등록되고, 소유권 이전 후 6개월 경과 등 조기폐차 지원 조건을 만족하는 자동차이다. 폐차를 원하는 이들은 한국자동차환경협회에 조기폐차를 신청한 후 폐차 말소 등록 후 보조금을 수령할 수 있다. 조기폐차 지원금은 차종 규모별 최대 165만 원에서 770만 원을 지원하며, 저소득층의 경우에는 일반대상자에 비해 지원율을 10% 추가하여 지원하고 있다.

또 2.5톤 이상 경유차량, 3.5톤 이상 대형차량을 우선하여 5,500대에 대해 매연저감장치 부착을 지원하고, 경유차 50대에 LPG 엔진 개조 등을 지원한다. 지원금은 차량 규모별 최대 327 ~ 928만 원이다. 지원대상은 노후 경유차 폐차지원과 마찬가지로 2005년 이전에 등록했고 현재 서울시에 등록되어 있는 차량이다. 매연저감장치를 부착하는 데 드는 비용은 차량에 따라 500만 원에서 1,000만 원까지 드는데 서울시는 이 금액의 약 90%를 지원하여 시민들의 자기부담은 10% 내외가 된다.

관광버스, 대형화물차와 같은 대형경유차에서 나오는 질소산화물을 저감하기 위해 미세먼지(PM)–질소산화물(NO_X) 저감장치 부착도 추진한다. 금년 계획물량은 작년보다 3.1배 증가해 500대의 차량이 혜택을 받을 수 있으며, 차량 1대당 최대 1,368만 원까지 지원받는다. 질소산화물(NO_X)은 물과 반응하여 질산(HNO_3)을 만드는데 이는 초미세먼지와 산성비 그리고 오존층 파괴의 주요원인이 되고 있어 전문가들도 이에 대한 대책을 주문하고 있다.

미세먼지(PM)–질소산화물(NO_X) 저감장치의 지원대상은 2002 ~ 2007년식 배기량 5,800 ~ 17,000cc, 출력 240 ~ 460ps 차량이다. 지원규모는 매연저감장치와 마찬가지로 전체비용의 90%이다.

노후 경유 차량뿐만 아니라 건설기계에 대한 매연저감장치 부착과 엔진교체 지원사업도 병행한다. 서울시는 전년에 비해 약 2배 이상 예산을 확대해 지원대상을 기존 1,236대에서 1,978대까지 늘렸다. 지원금은 차량 규모별 최대 935 ~ 2,527만 원이다. 지원대상 건설기계는 굴삭기, 지게차, 덤프트럭, 콘크리트 믹서트럭(레미콘), 콘크리트 펌프트럭 5개 종류다.

서울시는 지난 2017년 5월부터 시와 SH공사에서 발주하는 공사는 친환경 건설기계를 사용하도록 서울시 공사계약특수조건을 개정한 바 있고, 2018년 1월부터는 공사 규모에 관계없이 모든 공공건설공사장에서 전면 시행하고 있다.

28. 윗글을 바탕으로 다음의 표를 작성하였다. 표의 내용 중 잘못 작성된 것은?

구분	추진 대수	대상차량
매연저감장치(DPF) 부착	㉠ 5,500대	㉡ 2005년 이전 등록하고 현재 서울시에 등록되어 있는 차량 중 총중량 2.5톤 이상 경유차 • 3.5톤 이상 대형차량 우선 추진
LPG 엔진 개조	50대	
조기폐차	㉢ 38,190대	㉣ 2005년 이전 등록한 경유차 중 수도권에 2년 이상 연속으로 등록되어 있으며 소유권 이전 후 6개월 이상 경과한 차
PM-NOx 동시 저감장치 부착	500대	㉤ 2002 ~ 2007년식 배기량 5,800 ~ 17,000cc, 출력 240 ~ 460ps 경유 사용 차량

① ㉠　　　　　　　　② ㉡　　　　　　　　③ ㉢
④ ㉣　　　　　　　　⑤ ㉤

29. 윗글을 바르게 이해한 사례를 〈보기〉에서 모두 고르면?

> ㉠ A는 2000년 서울시에 등록한 배기량 6,000cc인 본인 소유의 차를 조기폐차 신청하여
> 약 900만 원 정도 지원받기를 기다리고 있다.
>
> ㉡ B는 2004년 대전시에 등록한 경유차량을 중고로 500만 원에 구입하여 운행하던 중 조
> 기폐차 지원대상 차라는 소식을 듣고 중고로 매각하는 것보다 지원금을 받고 폐차하는
> 것이 낫다고 생각했다.
>
> ㉢ 서울시에 2003년 등록한 경유차 3톤 트럭을 운행하는 C는 매연저감장치를 부착하려고
> 하고 있다. C는 부착하고자 하는 매연저감장치의 비용 중 10%만 부담하기로 하고 서울시
> 에 넘기기로 했으며 서울시에서 현재 차량을 받을 수 있기를 기다리고 있다.

① ㉠　　　　　　　　② ㉡　　　　　　　　③ ㉢
④ ㉠, ㉢　　　　　　　⑤ ㉡, ㉢

1회 기출유형　2회 기출유형　3회 기출유형　4회 기출유형　5회 기출유형　인성검사　면접가이드

[30 ~ 31] 다음은 축산물이력제 시행 기관 담당자와 관련 유통업자 간의 '묻고 답하기' 내용이다. 이어지는 질문에 답하시오.

Q. 귀표가 없는 소인데 도축 신청이 들어왔습니다. 어떻게 해야 하나요?

A. 우선 소속 축산물품질평가사에게 신고하여 개체식별번호 및 농장식별번호를 확인하고 농림축산식품부 이력지원실로 개체식별번호 발급요청을 하셔야 합니다. 이력지원실에서 부여받은 개체식별번호를 도체에 부착하여 처리하시기 바랍니다.

Q. 귀표는 부착되어 있으나 확인해 보니 이력제에 등록 안 된 개체로 확인됩니다. 도축해도 될까요?

A. 안 됩니다. 모든 소에 대해서는 축산물이력제 등록 여부, 농장경영자정보의 일치 여부 등을 확인 후 도축을 해야 하므로 등록되지 않은 개체인 경우 도축이 불가합니다. 이러한 경우 소의 소유자는 관할 위탁기관에 소의 출생 등에 관한 신고서를 제출하고 위탁기관은 전산 등록 등의 조치를 하여야 하며 이러한 과정을 마친 소는 질병 등의 특별한 사유가 없는 한 도축이 가능합니다.

Q. 도축 신청이 들어왔는데 실제 소의 종류, 성별, 개월령(출생일자) 등의 정보와 이력 시스템에 등록되어 있는 소의 정보가 서로 다릅니다. 어떻게 해야 하나요?

A. 가축 및 축산물 식별대장의 등록 정보와 비교하여 정보가 불일치하는 소의 도축이 의뢰되면 해당 개체의 도축을 잠시 보류하고 경영자가 가축 및 축산물 식별대장의 등록정보 수정 등을 위해 관할 위탁기관에 변경 신고하는 등의 조치를 취하도록 하여, 이력시스템의 등록정보가 변경된 후 도축해야 합니다.
참고로 도축 이후 위생검사관이 도축검사 결과를 입력할 때 실제 올바른 종류 및 성별로 입력하면, 가축 및 축산물 식별대장의 정보가 최종 입력한 값으로 변경되니 처리 가능 여부에 대해서는 도축장 측으로 직접 문의해 보시길 바랍니다.

Q. 이력제 사용 중인 포장처리업소입니다. 2013년도에는 종업원이 5인 이상인 포장처리업소였으나 2014년에 종업원이 3인으로 줄었습니다. 도축장에 연접한 영업장도 아닌데, 2015년부터는 포장처리실적을 전산에 등록하지 않아도 되나요?

A. 전산신고 의무 대상으로 지정되는 식육포장처리업소의 기준은 도축장 연접 및 영업장의 전년도 연간 평균 종업원 수 5인 이상입니다. 따라서 2015년 전년인 2014년도 연간 평균 종업원 수가 5인 이상이 되지 않기 때문에 전산신고를 하지 않아도 됩니다. 이런 경우, 전산신고 의무 대상 지정 취소 후 포장처리 실적 및 거래내역을 장부로 관리하면 됩니다.

Q. 묶음번호가 무엇인가요?

A. 묶음번호란 다수의 이력번호(개체식별번호)를 이력번호 외의 번호 또는 이를 새로운 기호로 대체해 표시하는 것을 말합니다. 여러 개의 다른 이력번호를 한 개로 포장처리 · 판매할 경우 이력번호를 전부 표시하거나 〈묶음번호 구성내역서〉를 기록한 후 묶음번호를 사용할 수 있습니다.

Q. 묶음번호 표시의 형식이 정해져 있나요?

A. 묶음번호는 총 15자리[묶음고정코드(1)+구분코드(1)+묶음날짜코드(6)+영업자코드(4)+일련번호(3)]로 구성됩니다.

묶음고정코드는 묶음을 나타내는 LOT의 약자인 L로 고정된 값입니다. 구분코드는 축종에 따라 소는 0, 돼지는 1로 표시하며, 묶음날짜코드는 묶음을 구성한 날짜를 연월일 6자리로 표시하시면 됩니다. 영업자코드 4자리는 전산신고 의무대상이면 전산상에서 따로 부여해 드리며 비의무대상인 경우 업장의 사업자번호 10자리의 마지막 5자리 중 끝에 한 자리를 제외한 4자리의 숫자로 표시하시면 됩니다. 마지막 일련번호 3자리는 묶음구성일별로 중복되지 않도록 영업자가 자체적으로 부여하시면 됩니다.

⑩ 전산신고 비의무대상 업체(412-81-12345)에서 2015년 1월 27일 가공한 소고기의 묶음
번호 : L 0 150127 1234 001

30. 위의 설명을 참고하여 판단할 수 있는 내용으로 적절하지 않은 것은?

① 하나의 묶음번호에는 여러 개의 이력번호가 표시될 수 있다.
② 도축 가능 개체의 기준은 귀표 부착이 아니라 관련 사항의 전산 등록 여부이다.
③ 실제 소의 관련 정보가 전산 등록 내용과 다를 경우, 해당 소는 도축할 수 없다.
④ 종업원 수가 적은 포장처리업소에서는 포장처리 실적에 대한 별도의 정보를 관리할 필요가 없다.
⑤ 포장처리업소가 도축장에 연접해 있는지 여부는 해당 업소의 포장처리실적을 전산에 등록해야 하는 기준이 된다.

31. 다음 '묶음번호 구성내역서'의 일부 내용에 대한 설명으로 옳지 않은 것은?

묶음번호	이력번호
L01710151234001	002001773786
	002002753787
	002003773789
L11710234321003	110053800007
	120053800007
	130053800007

① 소고기와 돼지고기가 포장처리 된 날짜는 동일하지 않다.
② 소고기와 돼지고기가 각각 3개 개체씩 포장처리 되었다.
③ 동일한 포장처리업소에서 6개의 이력번호를 가진 개체에 대한 포장처리를 실시하였다.
④ 묶음번호에서 변하지 않는 숫자 또는 기호는 1자리의 숫자 또는 기호뿐이다.
⑤ 묶음번호의 마지막 3자리는 구분을 위해 영업자가 임의로 표기하였다.

32. 영업부 직원인 홍길동은 회의실을 예약하라는 상사의 지시를 받았다. 〈회의실 예약 조건〉이 다음과 같을 때, 홍길동이 회의실을 예약할 요일과 시간을 고르면?

〈회의실 예약 조건〉

• 12 : 00 ~ 14 : 00은 점심 시간으로 회의가 진행되지 않는다.
• 회의는 3시간이 소요되며 회의는 끊기지 않고 지속되어야 한다.
• 회의에는 김 부장, 유 과장, 이 대리, 박 대리, 최 사원 중 3명 이상이 참여해야 한다.
• 가능한 날짜와 시간이 여러 개라면 가장 많은 사람이 참여할 수 있는 때를 선택한다.

〈직원별 일정〉

김 부장	월요일 재택근무, 목요일 휴가
유 과장	월요일부터 수요일까지 휴가
박 대리	화요일부터 금요일까지 출장
최 사원	수요일부터 목요일까지 출장

〈회의실 예약 현황〉

• 월요일 14 : 00 ~ 16 : 00, 화요일 9 : 00 ~ 11 : 00, 목요일 10 : 00 ~ 12 : 00은 총무팀이 회의실을 예약했다.
• 금요일 오후는 직원 전체 워크숍이 예정되어 있으므로 회의가 불가능하다.
• 화요일 오후부터 수요일 오전까지 회의실 공사가 진행된다.
 (오전은 9 : 00 ~ 12 : 00를, 오후는 14 : 00 ~ 18 : 00을 의미한다)

〈회의실 시간표〉

	월	화	수	목	금
9 : 00 ~ 10 : 00					
10 : 00 ~ 11 : 00					
11 : 00 ~ 12 : 00					
12 : 00 ~ 13 : 00					
13 : 00 ~ 14 : 00					
14 : 00 ~ 15 : 00					
15 : 00 ~ 16 : 00					
16 : 00 ~ 17 : 00					
17 : 00 ~ 18 : 00					

	요일	시간		요일	시간
①	월요일	9 : 00 ~ 12 : 00	②	화요일	14 : 00 ~ 17 : 00
③	수요일	15 : 00 ~ 18 : 00	④	목요일	14 : 00 ~ 17 : 00
⑤	금요일	9 : 00 ~ 12 : 00			

33. 레저용 드론 생산 및 유통을 전문으로 하는 ○○토이의 마케팅부 P 차장은 자사의 주력상품 "B33"의 이익 감소 해결방안을 도출하기 위해 다음과 같은 로직트리를 작성하였다. 아래 로직트리에 대한 설명을 참고하여 P 차장이 작성한 로직트리에서 수정해야 할 부분을 모두 고르면?

〈로직트리(Logic Tree)〉

로직트리는 논리적이고 체계적으로 과제를 해결하거나 문제를 규명할 때 적용하는 기법으로, 문제를 그에 관한 논리적 연관성을 가진 하부 과제들을 나뭇가지 형태로 분해하고 전개해 나가면서 문제 해결의 실마리를 찾는 것을 그 목적으로 한다.

합리적인 로직트리는 상위의 분류나 항목은 하위요소들을 요약하거나 포괄하고, 같은 계층의 분류나 항목은 항상 비슷한 차원의 유형 혹은 동일한 수준의 것이어야 한다.

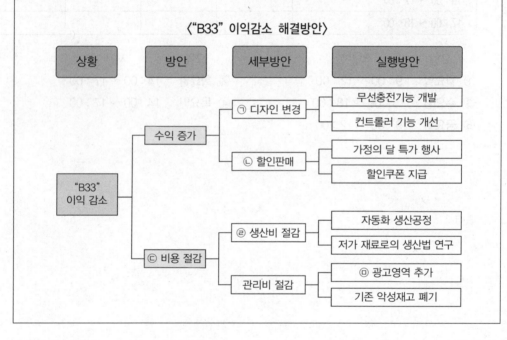

〈"B33" 이익감소 해결방안〉

① ㉠, ㉡   ② ㉠, ㉤   ③ ㉡, ㉤

④ ㉢, ㉣   ⑤ ㉣, ㉤

34. ○○공사 전력관리처 최 과장은 자가전기발전기를 운영하는 가정의 초과 생산 전기를 구매하는 업무를 담당하고 있다. 〈태양광 전기 구매 조건〉을 충족한 가정을 모두 고르면?

〈최 과장 관할지역 전기발전 가정 현황〉

구분	A	B	C	D	E
생산 설비 용량	5kW/시간	5kW/시간	6kW/시간	5kW/시간	5kW/시간
일조 시간	4시간	1.5시간	3시간	4시간	3.6시간
송전 거리	9.8km	11km	10.3km	10.2km	5.3km
희망 구매 단가	98원/kW	98원/kW	98원/kW	95원/kW	95원/kW
발전 가능 연한	7년	19년	32년	5년	6년

〈태양광 전기 구매 조건〉

생산 설비 용량	시간당 5kW 이하
1개월 평균 전기 생산량*	540kW 이상
송전 거리	10km 이상
희망 구매 단가	98원/kW 이하
발전 가능 연한	3년 이상

* 1개월 평균 전기 생산량＝생산 설비 용량×일조 시간×30일
  예) 3(kW/시간)×4(시간)×30(일)＝360(kW)

① A, B ② B ③ B, D
④ C, E ⑤ D

35. ○○공사는 직원들의 역량 강화를 위한 정기 해외 파견근무 대상자를 선정하고자 한다. 다음 내용을 참고하여 2021년 10월 해외 파견근무에 선발될 직원을 고르면?

〈선발 조건〉

1) 지원자 중 3명을 선발하여 1년간 이루어지며, 파견 기간은 변경되지 않는다.
2) 업무능력이 80점(보통) 이상인 경우만 선발하고 업무능력 우수자가 반드시 1명 이상 선발 되어야 한다.
3) 총무부 직원은 1명 이상 선발한다.
4) 동일 부서에 근무하는 2명 이상의 팀장을 선발할 수 없다.
5) 과장을 선발하는 경우 동일 부서에 근무하는 직원을 1명 이상 함께 선발한다.
6) 직전 해외 파견근무가 종료된 이후 2년이 경과하지 않은 직원은 선발할 수 없다.

〈지원자 현황〉

직원	근무부서	업무능력	직전 해외 파견근무 종료 시점
A 과장	총무	보통	2018년 3월
B 과장	기획	미흡	2019년 8월
C 팀장	총무	보통	2019년 11월
D 팀장	영업	우수	2018년 8월
E 팀장	영업	보통	2019년 5월
F 사원	총무	보통	2019년 5월
G 사원	기획	미흡	2018년 7월

① A 과장, B 과장, D 팀장
② A 과장, E 팀장, G 사원
③ A 과장, D 팀장, F 사원
④ B 과장, D 팀장, G 사원
⑤ D 팀장, F 사원, G 사원

36. 다음은 클라이밍 강습료 및 환불규정에 관한 자료이다. B 씨(26세)가 평일 강습반 16회를 신청하여 강습을 받다가 5회차 수업을 듣고 환불받고자 하는 경우 환불금액은? (단, B 씨는 강습이 없는 요일에 클라이밍짐을 3회 방문하여 클라이밍을 하였다)

• 평일 강습반

구분	월/수	화/목
시간	10 : 30 ~ 11 : 20	–
	16 : 00 ~ 17 : 00	16 : 00 ~ 17 : 00
	20 : 00 ~ 21 : 00	20 : 00 ~ 21 : 00
	21 : 00 ~ 22 : 00	21 : 00 ~ 22 : 00
정원	9명	

구분		구분	성인	청소년 (중/고등학생)
강습료		강습(16회) : 자유이용(2개월) 가능 12만 원 할인	400,000 280,000	250,000
		강습(8회) : 자유이용(1개월) 가능 4만 원 할인	220,000 180,000	160,000

※ 강습 받는 기간 동안 클라이밍짐 자유이용 가능

• 일일이용권

성인	청소년
20,000	15,000

• 환불규정

환불금액 = 강습료 × (강습 잔여횟수 ÷ 강습 신청횟수) - 자유이용 횟수 × 일일이용권 금액

※ 자유이용 횟수는 강습이 없는 날 클라이밍짐에 방문한 횟수를 의미한다.

① 117,500원 ② 132,500원 ③ 138,000원
④ 175,000원 ⑤ 215,000원

[37 ~ 38] 다음은 P 인쇄소의 가격표와 주문내역이다. 이어지는 질문에 답하시오.

〈P 인쇄소 가격표〉

사이즈 (mm)	인쇄(원/장)		제본비(원/권)	운송료	
	낱장	제본		(원/장)	(원/권)
A7 (74×105)	50	25	1,000	10	100
A6 (105×148)	100	50	1,500	12	150
A5 (148×210)	150	75	2,000	13	180
A4 (210×297)	200	100	2,500	15	200

※ 인쇄 2,000장 이상 주문 또는 제본 100권 이상 주문 시 운송료는 무료이다.

※ 다이어리, 핸드북, 책은 제본 인쇄, 포스터는 낱장 인쇄이다.

〈업체별 주문내역〉

- A 업체 : 회사에서 열리는 전시회를 홍보하기 위해 A4 크기의 홍보 포스터를 1,400장 제작하기로 하였다.
- B 업체 : 직원들에게 신년 선물을 하기 위해 A6 크기 30장 분량의 다이어리 100권을 만들기로 하였다.
- C 업체 : 매년 열리는 학술대회를 위해 발표 자료들을 요약한 책이 필요하여 A5 크기 10장으로 된 책 110권을 만들기로 하였다.
- D 업체 : 평소에 쓰이는 업무를 신입사원들이 빠르게 익힐 수 있도록 A7 크기 50장으로 된 핸드북을 90권 만들어서 나누어 주기로 하였다.
- E 업체 : 업무용으로 사용할 A4 크기 30장 분량의 노트 50권을 만들기로 하였다.

37. 주문 금액이 높은 순으로 주문을 처리하려고 할 때, 가장 먼저 처리하게 되는 업체는?

① A 업체 　　　　　　② B 업체 　　　　　　③ C 업체
④ D 업체 　　　　　　⑤ E 업체

38. D 업체에서 핸드북이 너무 작다고 판단하여 사이즈를 기존 A7에서 A6로 바꾸어 주문하려고 할 때의 총 주문 금액은?

① 362,500원 　　　　　② 373,500원 　　　　　③ 395,500원
④ 417,000원 　　　　　⑤ 434,500원

[39 ~ 41] ○○기업 인사팀은 매달 직원들의 실적에 따라 성과급을 지급하고 있다. 다음 자료를 보고 이어지는 질문에 답하시오.

〈성과급 지급 기준〉

기준(실적)	3,000만 원 이상	4,000만 원 이상	5,000만 원 이상
성과급 (당월 기본급 기준)	50%	100%	150%

※ ○○기업의 직원들은 본인 실적의 10%씩을 기본급으로 받는다.

〈직원별 실적〉

구분	소속	실적(만 원)
A	1팀	4,000
B	3팀	3,500
C	2팀	4,500
D	1팀	4,300
E	3팀	2,900
F	2팀	3,800
G	2팀	5,000
H	1팀	4,700
I	3팀	3,300

39. ○○기업에서 이번 달에 직원들에게 지급한 급여(성과급 포함)의 총 합계액은?

① 5,680만 원   ② 5,800만 원   ③ 6,050만 원

④ 6,330만 원   ⑤ 6,630만 원

40. ○○기업은 직원들의 동기부여를 위해 실적이 전월 대비 상승하였다면 총 급여의 10%를 추가 지급하기로 결정했다. 지난달 실적이 다음과 같을 때 추가 지급 결정이 없었을 때보다 급여를 얼마나 더 지급하게 되는가?

구분	소속	실적(만 원)
A	1팀	3,500
B	3팀	4,500
C	2팀	4,200
D	1팀	4,600
E	3팀	2,800
F	2팀	3,500
G	2팀	5,600
H	1팀	3,700
I	3팀	3,900

① 200만 원 ② 250만 원 ③ 300만 원
④ 350만 원 ⑤ 400만 원

41. ○○기업은 다음 달부터 팀별 실적 평균을 기준으로 성과급을 지급함으로써 회사 내부의 개인주의적인 분위기를 바꾸고 팀이 단합하도록 만들려고 한다. 다음 달 실적이 이번 달과 모두 같다고 할 때, 다음 달에 ○○기업이 지급할 총 급여는 이번 달보다 얼마나 상승하겠는가? (단, 40의 결정은 고려하지 않는다)

① 85만 원 ② 90만 원 ③ 95만 원
④ 100만 원 ⑤ 105만 원

42. ○○공사 김 사원은 새로운 신용카드를 발급받고자 한다. 김 사원이 계획한 〈한 달 예산내역〉과 〈신용카드별 할인혜택〉이 다음과 같을 때, A ~ C 카드 중 할인혜택이 가장 많은 신용카드와 이를 사용할 경우에 청구될 한 달 요금은?

〈한 달 예산내역〉

분류	세부 항목	금액
교통비	유류비	14만 원
	버스 및 지하철	10만 원
식비	식당	22만 원
	카페	7만 원
	일반 마트	20만 원
	전통시장	15만 원
문화지출비	도서	8만 원
	영화	3만 원
기타	의류 지출비	20만 원
	통신비	5만 원
	기타 비용	10만 원

〈신용카드별 할인혜택〉

※ 할부는 고려하지 않으며, 적립은 현금으로 계산한다.

카드	혜택 현황
A 카드	• 버스 및 지하철 요금 15% 할인 • 카페 사용액 20% 청구 할인 • 마트 사용액 5% 적립 • 월회비 : 15,000원
B 카드	• 유류비 10% 할인 • 영화 관람비 20% 할인(월 최대 4,000원) • 전통시장 사용액 5% 할인
C 카드	• 의류비 5% 할인 • 영화 관람비 30% 할인 • 통신비 10% 적립 • 도서 구입비 10% 할인 • 최대 할인금액 : 25,000원

	카드	요금		카드	요금		카드	요금
①	A 카드	1,301,000원	②	A 카드	1,303,000원	③	B 카드	1,314,500원
④	B 카드	1,315,000원	⑤	C 카드	1,316,000원			

43. ○○공사 인사팀 김 대리는 직원을 대상으로 하는 교육용 자료를 만들기 위해 보안팀 최 대리와 대화를 나누고 있다. 대화 내용과 가장 관련 있는 것은?

> 김 대리 : 요즘 악성코드에 감염된 사용자 PC를 조작하여 금융정보를 빼내는 신종사기가 극성을 부린다고 하네요.
>
> 최 대리 : 그렇다죠. 저도 관련된 뉴스를 봤어요.
>
> 김 대리 : 그 내용을 교육용 자료로 만들려고 하는데, 자세하게 설명을 좀 해 주시겠어요?
>
> 최 대리 : 네, 만약 사용자 PC가 악성코드에 감염되면 우리가 정상 홈페이지에 접속을 해도 가짜 사이트로 유도하여 금융정보를 탈취당하게 되어 있어요. 정상 홈페이지로 가장하여 보안카드번호 등 금융정보를 입력하도록 요구하는 신종금융 사기의 주요 범행수단이지요. 조심해야 돼요.

① 피싱(Phishing)　　　② 스누핑(Snooping)　　　③ 스푸핑(Spoofing)
④ 랜섬웨어(Ransomware)　　　⑤ 파밍(Pharming)

44. 다음 대화에서 설명하고 있는 컴퓨터의 주기억장치의 종류는?

> A : 하드웨어 주기억장치 중 하나인데, 컴퓨터 전원이 갑자기 차단되어도 정보가 지워지지 않아.
>
> B : 이 장치는 컴퓨터의 읽기 전용 기억장치로, 한 번 기록하면 삭제나 수정이 불가능한 기억장치를 말해.
>
> C : 전기가 공급되지 않아도 데이터가 남아있다는 특징 덕분에 수많은 전자 기기에 사용되고 있어.
>
> D : 사전으로서의 기능을 수행하며 워드프로세서의 한자, 메모리, IC카드 등에 써.

① ROM　　　② RAM　　　③ 하드 디스크 드라이브
④ 캐시 메모리　　　⑤ 클라우드 스토리지

45. 다음 시트에서 판매수량과 판매가격을 이용하여 총 판매수입을 구하려고 한다. 다음 [C6]셀에 들어갈 함수식은?

	A	B	C
1	제품	판매수량(개)	판매가격(원)
2	A	15	12,000
3	B	10	8,000
4	C	12	14,500
5	D	5	11,000
6	총 판매수입		
7			

① =SUM(B2 : C5)

② =SUMPRODUCT(B2 : C5)

③ =SUMPRODUCT(++(C2 : C6))

④ =SUMPRODUCT(B2 : B5, C2 : C5)

⑤ =SUMPRODUCT(1*(C2 : C5))

46. 다음은 엑셀 작업에 관한 내용이다. 옳지 않은 것을 모두 고르면?

> ㉠ 시간을 나타낼 때는 ' : '으로 시, 분, 초를 구분한다.
> ㉡ 오늘 날짜를 표시할 때는 =Today( ), Ctrl+Shift+;를 사용하여 나타낼 수 있다.
> ㉢ 한 셀 안에 여러 줄을 입력하려면 Alt+Enter를 사용하면 된다.
> ㉣ 작성된 문서 내용의 맞춤법 검사를 하고자 할 땐 F7키를 누르면 된다.
> ㉤ 현재 작성중인 문서를 저장하려면 Alt+Shift+F2를 누르면 된다.
> ㉥ 숫자와 수식은 앞에 몇 글자를 입력하면 뒷부분이 자동으로 완성되기도 한다.
> ㉦ 입력한 내용을 취소하기 위해서는 Esc 버튼을 누르거나 빠른 실행 메뉴에서 취소 버튼을 누르면 된다.
> ㉧ 입력한 내용과 전체적으로 같은 내용을 넣으려면 채우고자 하는 부분에 블록을 잡고 내용을 입력한 후 Shift+Enter를 누른다.

① ㉠, ㉤ 　　　　② ㉠, ㉢, ㉧ 　　　　③ ㉡, ㉧

④ ㉡, ㉥, ㉦ 　　　　⑤ ㉣, ㉧

47. Microsoft Office Excel에서 다음 자료의 모든 셀에 필터를 적용하여 '근속연수' 항목을 기준으로 숫자 오름차순 정렬을 할 경우 [B3]셀에 위치할 값은?

	A	B	C
1	사원명	영업건수	근속연수
2	김진우	30	5
3	김은형	25	3
4	박주연	51	5
5	최민아	18	7
6	이세준	39	8

	A	B	C
1	사원명	영업건수	근속연수
2	김진우		
3	김은형		
4	박주연		
5	최민아		
6	이세준		

숫자 오름차순 정렬(S)
숫자 내림차순 정렬(O)
색 기준 정렬(T) ▶
"근속연수"에서 필터 해제(C)
색 기준 필터(I) ▶
숫자 필터(F) ▶
☑ (모두 선택)
☑ 3
☑ 5

① 51　　　　　　② 25　　　　　　③ 18

④ 39　　　　　　⑤ 30

48. 다음 중 클라우드 컴퓨팅에 대한 이해로 적절하지 않은 것은?

> 4차 산업혁명의 변화에 클라우드 컴퓨팅이 중요한 이유는 무엇일까요? 일단 클라우드 컴퓨팅의 정의부터 살펴보겠습니다. 수많은 정의와 설명을 할 수 있겠지만 쉽게 말해 'IT 자원을 서비스 방식으로 제공하는 컴퓨팅 스타일'로서 수도, 전기와 같이 고객이 이용한 만큼 지불하는 유틸리티 서비스라 할 수 있습니다.
>
> 클라우드 컴퓨팅은 초기 투자비용 없이 이용한 만큼 지불하는 탄력성, 최소 자원으로 시작 후 사용량에 따라 동적확장이 가능한 확장성, 그리고 IT 자원 및 신기술 도입 기간과 리스크를 최소화시키는 민첩성의 3가지 특징이 뚜렷하게 나타납니다.
>
> 4차 산업혁명은 빅데이터, 사물인터넷(IoT) 등과 클라우드가 맞물려 전통적 산업을 파괴하는 모델로 시장을 움직이고 있습니다. 비즈니스 혁신 플랫폼으로써 클라우드 컴퓨팅을 통해 비즈니스 모델만 있으면 모든 것이 가능해진 세상이 열리고 있는 것입니다. 소위 말하는 '뉴노멀(New Normal)'의 시대가 도래한 것이죠.
>
> 글로벌 혁신 기업들과 새로운 비즈니스를 추구하는 기업들은 이미 IT를 클라우드 플랫폼으로 전환하고 나아가 운영 조직과 프로세스, 문화까지도 클라우드로 전환하고 있습니다. 이러한 기업들의 전환 가속화는 경쟁사뿐 아니라 동종업계에도 영향을 주어 전 산업 영역으로 확대되고 있습니다.
>
> 향후 클라우드 컴퓨팅의 기술은 대형 고객사들의 시스템 전환 및 도입 추세에 따라 다양한 요구 사항에 대한 대응이 발전하고 높은 수준의 관리 서비스와 신기술 활용을 위한 플랫폼 구축 등의 기술에 대한 중요성이 증가할 것으로 예상됩니다. 이는 다양한 클라우드 서비스 사업자에 대한 이해를 기반으로 데이터 관리 역량을 높이고 대규모 클라우드 서비스를 제공할 수 있도록 플랫폼 개발을 위한 기술 역량 내재화로 이어지게 될 것입니다.

① 탄력성이라는 특성으로 인해 신규 고객 또한 클라우드 컴퓨팅 서비스를 쉽게 소비할 수 있다.

② 클라우드 컴퓨팅 이용자가 많아질수록 클라우드 서비스 사업자들은 플랫폼 개발을 가속화할 것이다.

③ 클라우드 컴퓨팅의 중요성은 저성장, 저소비, 고실업, 고위험 등 새로운 사회 현상의 도래로 인해 점점 커지고 있다.

④ 전 세계적으로 기업들이 클라우드 플랫폼으로의 전환을 가속화하고 있으므로 클라우드 서비스 제공자와 소비자 모두 데이터 관리 역량을 높일 필요성이 있다.

⑤ 클라우드 컴퓨팅 기술은 대형 고객사들의 요구에 맞춰지므로 중소기업들이 그들의 IT를 클라우드 플랫폼으로 전환하는 것은 비용 측면에서 바람직하지 않다.

[49 ~ 50] 다음 리눅스 프로그램의 명령어에 대한 정보를 보고 이어지는 질문에 답하시오.

〈리눅스 명령어 및 옵션〉

- 리눅스 명령어 입력 방법 : '#+명령어+옵션1+옵션2+…+옵션N+파일 저장 경로'의 형태로 입력함. ~ 리눅스 파일의 경우, '/var/log/파일명'을 로그 파일 저장 경로로 사용함.
- 리눅스 명령어 및 옵션 종류

명령어	의미
last	−로그인과 재부팅 로그를 출력하는 명령어 −시스템의 부팅부터 현재까지 모든 유저의 로그인과 로그아웃에 대한 정보를 가져옴.
lastlog	−로그 파일의 정보를 분석하여 출력하는 명령어 −사용자의 마지막 로그인 시간, 호스트명, 포트 등을 확인함.

옵션	의미	비고
−num	num(숫자)만큼의 줄만 출력함.	#last −6 입력 시 마지막 줄을 포함한 6줄만 출력됨.
−a	출력되는 목록에서 인터넷 IP주소 필드를 맨 오른쪽에 출력함.	−a 옵션은 −num 뒤에 위치해야 함.
−f file	지정한 file에서 정보를 가져와 출력함.	#last −f /var/log/wtmp.2를 입력하면, wtmp.2 파일에 저장된 내용을 출력함.
−u username	지정된 사용자(username)의 lastlog 정보를 출력함.	'−u+지정한 사용자의 username' 순서로 명령함.
−t dats	현재부터 지정된 날짜 전(dats)만큼 로그인한 정보만 출력함.	'−t+날짜수'의 순서로 명령함.

〈리눅스 출력 결과 관련 용어〉

용어	해석	용어	해석
Username	사용자 이름	Latest	마지막으로 접속한 시간
Port	사용자가 로그인한 하드웨어의 위치	**Never logged in**	로그인 기록 없음.
From	접속한 사용자의 인터넷 IP주소	Period	로그인한 기간

〈팀원별 로그인 기록 : 리눅스 입/출력 결과〉

#last -f /var/log/wtmp.1				
Username	Port	From	Period	
BRAVO	pts/3	192.101.1.392	Fri Jan 13	02：37－03：25
CHLOE	pts/2	192.934.1.293	Sun Jan 22	04：12－11：36
ELITE	pts/5	172.192.3.119	(　　㉠　　)	08：09－09：00
BRAVO	pts/4	192.101.1.392	Sat March 25	12：19－14：21
CHLOE	pts/2	192.934.1.293	(　　㉡　　)	17：11－18：40
ALEPH	pts/1	193.191.1.275	Tue March 28	04：15－05：36
DORA	pts/6	194.207.4.105	Thu March 30	03：15－03：41

#lastlog -t 5 /var/log/wtmp.1				
Username	Port	From	Latest	
CHLOE	pts/2	192.934.1.293	Mon March 27	17：11：19
ALEPH	pts/1	193.191.1.275	Tue March 28	04：15：37
DORA	pts/6	194.207.4.105	Thu March 30	03：15：01

※ 단, 팀원별 로그인 기록은 1월 1일 ~ 3월 30일간의 기록이며, '#last'의 출력 결과를 토대로 '#lastlog'의 결과 값을 출력함.

49. 서버관리팀 C 사원은 로그인 기록을 분석하기 위해 리눅스 프로그램에 로그인 기록 분석 명령을 입력하여 위와 같은 결과를 얻었다. 이에 대한 설명으로 적절하지 않은 것은? (단, 분석 명령을 입력한 현재 시점은 3월 31일이다)

① wtmp.1 로그 파일에 따르면 가장 최근에 로그인한 사용자는 CHLOE이다.

② #last -f /var/log/wtmp.1의 명령에 의하면, BRAVO는 2개의 하드웨어에서의 로그인 기록이 있다.

③ #lastlog -t 5/var/log/wtmp.1 명령으로 해당 기간 각각의 팀원의 마지막 로그인 기록을 확인할 수 있다.

④ ㉠의 값이 'Fri March 24'라면 #lastlog -t 5 -u ELITE /var/log/wtmp.1을 입력하면 **Never logged in**이 출력된다.

⑤ ㉡에는 'Mon March 27'이 들어간다.

50. 서버관리팀 A 팀장은 올 4월에 입사한 F 사원의 신입 교육을 위해서 위 자료를 바탕으로 다음과 같은 교육 자료를 만들었다. 다음 중 가장 적절하지 않은 것은? (단, 분석 명령을 입력한 현재 시점은 3월 31일이다)

	리눅스 입/출력 결과				
①	#last -2 /var/log/wtmp.1				
	Username	Port	From	Period	
	BRAVO	pts/3	192.101.1.392	Fri Jan 13	02：37 − 03：25
	CHLOE	pts/2	192.934.1.293	Sun Jan 22	04：12 − 11：36
②	#last -1 -a /var/log/wtmp.1				
	Username	Port	Period		From
	DORA	pts/6	Thu March 30	03：15 − 03：41	194.207.4.105
③	#lastlog -u CHLOE /var/log/wtmp.1				
	Username	Port	From	Latest	
	CHLOE	pts/2	192.934.1.293	Mon March 27	17：11：19
④	#lastlog -u FENNEC /var/log/wtmp.1				
	Username	Port	From	Latest	
	FENNEC			**Never logged in**	
⑤	#lastlog -t 3 /var/log/wtmp.1				
	Username	Port	From	Latest	
	ALEPH	pts/1	193.191.1.275	Tue March 28	04：15：37
	DORA	pts/6	194.207.4.105	Thu March 30	03：15：01

01. 다음 글의 주제로 적절한 것은?

> 에너지 분권의 필요성은 크게 국가정책의 변화 방향, 지역 간의 전력 생산과 소비의 불균형 관점에서 소명되었다. 그러나 이러한 분산형 에너지 시스템으로 원활하게 전환하기 위해서는 준비사항이 많이 필요하다.
>
> 먼저 에너지 생산의 주체가 되어야 하는 지자체(광역 및 기초)가 국가가 관리하던 에너지 생산을 위한 발전소 입지 선정, 발전량 선정 등 에너지 생산 정책에 있어서 권한과 책임을 가질 수 있어야 한다. 현재 에너지 정책은 국가정책으로 국가에서 해당 지역에 발전소를 건설하기로 결정을 할 경우, 지자체에서는 반대할 권한이 없다. 이 점이 분산형 에너지 시스템의 확대에 걸림돌로 작용하고 있다.
>
> 서울특별시가 '원전 하나 줄이기' 사업 등으로 에너지 절감 및 신재생에너지 보급을 통해 에너지 자립률을 상승시키려고 노력 중이다. 경기도, 충청남도, 안산시 등에서는 에너지 자립을 위한 정책을 수립하고 있으나 집행할 권한이 아직은 부족한 실정이므로 지자체에서 직접 해당 지역의 에너지 계획을 수립하고 집행할 수 있도록 권한의 이양이 병행되어야 하며 그에 따른 행정조직 개편, 예산 등도 지자체로 이양하고 지자체에서 에너지 생산시설에 대한 허가 및 관리 · 감독을 이행해야 한다.
>
> 현재 산업통상자원부에서 주도하고 있는 에너지계획 및 전력수급 기본계획에 따르면 분산형 에너지 시스템으로 정책을 전환하고 있다. 이를 보다 실천적으로 진행하기 위해서는 기본적인 국가계획 수립 시에 지자체의 의견도 반영되어야 하지만 현재 지자체의 의견 수렴 창구가 없다는 점이 문제점으로 대두된다.
>
> 정부 주도의 에너지 계획 수립과 집행을 지자체가 주도하여 계획을 수립하고 집행할 수 있어야 하며, 저렴한 에너지를 안정적으로 공급하는 데 주안점을 둔 정책에서 지역 기반의 에너지 생산과 에너지 소비의 불균형을 해소하는 에너지 정책으로 탈바꿈해야 한다. 또한 원자력과 석탄화력발전의 의존도를 줄이고 LNG 복합화력 및 신재생에너지 기반의 분산전원을 확대하여 그간 대두되어 왔던 지역 간의 에너지 생산, 수송, 소비의 불균형과 지역갈등을 완화해야 한다. 이를 위해 지자체에서도 중앙과의 소통을 위한 창구를 마련할 것을 지속적으로 건의하여야 한다.

① 지역 간의 전력 생산과 소비의 불균형으로 인한 지역갈등을 완화해야 한다.

② 중앙에 집중된 에너지 권한으로 인해 에너지 불균형이 발생하고 있다.

③ 에너지 분권이 원활하게 이루어지기 위해서는 중앙의 권위적인 태도가 개선되어야 한다.

④ 에너지 불균형을 해소하기 위해서는 각 지자체가 스스로 에너지 계획을 수립해야 한다.

⑤ 에너지 분권을 위해 중앙과 지역 간의 소통창구를 마련하고 중앙에서 지역으로 권한을 위임하여야 한다.

02. (가)와 (나)에 해당하는 사례를 알맞게 연결한 것은?

최근 전 세계 데이터 사용량이 급증하면서 데이터 저장 및 전송에 필요한 데이터센터는 '전기 먹는 하마'로 불렸다. 컴퓨터와 서버, 저장장치가 사용하는 전력은 물론 장비에서 발생하는 열을 식히는 냉방장치를 가동하는 데도 엄청난 양의 전력을 사용하기 때문이다. 그러나 에릭 매서넷 미국 노스웨스턴대 기계공학부 교수 연구팀은 데이터 사용량과 데이터센터가 급증한 시기인 2010년부터 2018년까지 전세계 데이터센터 정보를 종합 분석한 결과 전력 사용량이 고작 6% 늘어나는 데 그쳤다는 분석 결과를 발표했다.

연구팀에 따르면 이 기간 동안 스마트폰이 보급되면서 모바일 데이터 사용량이 폭증하며 데이터센터 저장 용량은 26배, 서버 작업량은 6.5배 늘어났다. 반면 데이터센터 전력 사용량은 2010년 기준 194TWh에서 2018년 205TWh로 소폭 늘어나는 데 그쳤다. 증가량은 신고리 원전 3호기의 지난해 발전량 정도로 데이터센터가 늘어날수록 전력 사용량이 급증할 것이라는 예상이 빗나간 셈이다. 데이터센터의 폭증에도 전력 사용량이 크게 늘지 않은 것은 데이터센터를 운영하는 기업들이 (가) 전력 효율을 높이는 기술을 앞다퉈 도입했기 때문인 것으로 분석된다.

서버의 효율적 활용과 하드웨어 기술이 발전하고 있지만 전력 사용량을 줄이는 데는 한계가 있다. 발열을 잡기 위한 냉방장치를 가동하기 위해 전력이 필요하기 때문이다. 데이터센터가 사용하는 전력의 약 40%가 냉방하는 데 쓰인다. 기업들은 이를 줄이기 위해 (나) 다양한 방안을 모색했다.

연구팀은 앞으로 데이터센터가 2배 늘어나는 동안 전력 사용량은 현재 수준으로 유지될 것으로 전망했다. 에너지효율이 낮은 소규모 데이터센터를 연결하는 클라우드 데이터센터나 10만 대 이상의 서버를 동시에 활용해 효율을 극대화하는 하이퍼스케일 데이터센터가 속속 등장하고 있기 때문이다.

매서넷 교수는 "데이터센터의 전력 사용량이 지속적으로 줄어들 가능성이 있다고 본다."며 "데이터 수요가 증가함에 따라 정부와 데이터센터 운영기업, 소비자들을 위한 노력을 앞으로도 강화해야 할 것"이라고 말했다.

사례

㉠ 사용자가 적을 때 서버의 전원을 일부 차단하는 오토스케일 기술
㉡ 딥마인드 인공지능을 활용한 온도 및 전력 조절
㉢ 바닷속 30m 깊이에 소형 컨테이너 형태의 데이터센터
㉣ 데이터 전송 신호를 받는 수신기의 전원 스위치를 8나노초만에 차단하는 고속 수신기 기술
㉤ 강원 춘천시 고지대에 지어진 N사의 데이터센터

	(가)	(나)	(가), (나) 공통		(가)	(나)	(가), (나) 공통
①	㉠, ㉡	㉢, ㉣	㉤	②	㉠, ㉣	㉢, ㉤	㉡
③	㉡, ㉣	㉢, ㉤	㉠	④	㉢, ㉣	㉠, ㉤	㉡
⑤	㉢, ㉤	㉠, ㉣	㉡				

03. 다음 글에 대한 이해로 옳지 않은 것은?

> 21세기 현대판 살롱이 부활하고 있다. 사교의 장이자, 지식 교류의 장이던 18세기 프랑스 '살롱'이나 1920년대 근대 한국의 다방처럼 오프라인 공간에서 얼굴을 마주 보고 토론과 대화를 하는 모임이 늘고 있다.
>
> 살롱은 취향 공동체의 다른 이름이다. 취향 공동체와 취미 공동체는 다르다. 취미가 여가 시간에 즐기는 거리라면, 취향은 내가 좋아하고 추구하는 그 무엇으로, 물질의 세계와 정신의 세계를 포용하는 개념이다. 살롱에서는 커피와 영화, 철학과 와인, 음악과 요리 등 다양한 분야의 취향을 기반으로 세분화된 프로그램이 생성된다.
>
> 살롱은 주로 회원제로 운영된다. 형태와 운영 방식에 따라 회비는 천차만별이다. 긴 시간을 할애하면서, 눈에 보이는 뭔가가 남지 않는데도 불구하고 많은 이들이 살롱 프로그램에 기꺼이 지갑을 연다. 경험 소비이자, 가치 소비다. 술을 마시거나 쇼핑을 하는 '물질 소비'보다 성장에 밑거름이 되는 '가치 소비'를 추구하는 이들이 많아지고 있다.
>
> 살롱은 광장과 밀실 사이에 존재한다. 광장은 나와 정반대의 취향과 의견을 가진 이들의 목소리를 어쩔 수 없이 들어야 하는 완전 개방성의 공간이고, 밀실은 배타적 속성을 지닌 폐쇄된 공간이라 할 수 있다. 반면, 살롱은 공통의 취향이라는 필터로 한 번 걸러진 이들이 모인 반(半) 개방성의 공간이다. 즉 취향은 비슷하되 다분화된 취향과 생각을 나누는 공간이다. 방향성은 같으나 결이 다른 취향에서 오는 공명을 느끼고 싶은 이들이 살롱을 찾는다.
>
> 살롱은 온라인 커뮤니티가 오프라인 공간으로 탈출한 성격을 띤다. 온라인 커뮤니티 역시 비슷한 취향과 목소리를 가진 모임이지만, 불특정 다수가 참여하는 네트워크 속성상 진정한 소통이 어렵다. 온라인에서 온기 없는 기계적인 소통에 아쉬움을 느낀 이들이 오프라인 공간에서 온기 있는 정제된 만남을 희구한다. 차가운 디지털 시대로 치달을수록 반대급부로 따스한 오프라인 공간을 찾고, SNS의 과대 포장된 콘텐츠가 많아질수록 오프라인 공간에서 진정성 있는 콘텐츠를 원하기 마련이다.
>
> 최근 살롱의 수요가 늘어난 데는 52시간 근무제의 영향이 크다. 퇴근과 동시에 제2의 직장인 살롱으로 출근하는 이들이 많아지고 있다. 평생직장의 개념이 사라지고 직장이라는 말보다 직업이라는 말이 더 일반화된 현실이 살롱 유행의 토대가 됐다. 또한 삼겹살과 소주가 지배하던 회식 문화가 서서히 사라지고 '문화 회식'을 향유하는 기업들이 늘어난 것도 살롱 유행에 한몫했다.

① 살롱은 배타적인 측면과 개방적인 측면을 모두 지닌 공간이다.

② 직장에 대한 사람들의 인식 변화가 살롱 유행에 기여했다.

③ 과거 사교와 지식 교류의 장이었던 '살롱'이 현대사회에서 토론의 장이나 취향 중심의 소모임 역할을 담당하게 되었다.

④ 온라인상 소통이 활발해짐에 따라 살롱은 시간과 공간의 제약이 있는 오프라인 살롱에서 온라인 살롱으로 대체될 것이다.

⑤ 물질보다 가치, 경험을 중시하는 최근 소비 경향은 살롱의 수요를 더욱 증대시킬 것이다.

04. 다음 글을 읽고 회의에서 제안할 수 있는 의견으로 옳지 않은 것은?

전동킥보드가 개인 이동수단으로서 많은 관심을 받고 있는 가운데, K 모빌리티는 상대적으로 인지도가 덜한 전기자전거를 밀고 있어 눈길을 끈다. K 모빌리티가 지난해 3월 선보인 전기자전거 공유서비스 'K 바이크'는 코로나19 여파에도 공격적으로 확장하고 있다. 최근에는 G사와 협력해 전기자전거 충전·정비 거점도 추가 확보했다.

K 바이크 대당 운행 완료 수는 지난 3월부터 꾸준히 증가하고 있다. 코로나19 여파에도 바이크 1대당 하루 운행 횟수는 지난해보다 늘었다. 지난 3월의 경우 전년 대비 대당 운행 완료 수가 30.4%, 4월과 5월에는 각각 13.6%, 10%씩 증가했다. 6월에는 2%로 증가폭이 다소 낮았는데, 장맛비 등 날씨 변화를 고려하면 이 또한 주목할 만하다.

K 모빌리티는 개인형 이동수단(PM) 관련 전기자전거 서비스만 제공하고 있다. 이용자 측면을 고려한 행보라는 관측이 나오고 있다. 한 관계자는 "이용자 입장에서 봤을 때 전동킥보드는 한 번 타본 사람이 계속 타면서 타는 행위 자체에 재미를 느끼기도 하지만 전기자전거는 말 그대로 자전거인 만큼 비교적 거부감 없이 탈 수 있는, 이용자 친화적인 면이 있다"고 말했다.

규제 측면에서도 전기자전거가 유리하다. 자전거의 경우 '자전거 이용 활성화에 관한 법률'과 같은 관련 법안이 이미 있고 전기자전거는 자전거의 하나로 분류되는 만큼 사업자 입장에선 규제로부터 비교적 자유로운 측면이 많다는 설명이다.

K 바이크는 현재 경기도 성남, 인천, 전주, 울산 등 전국 주요 도시에서 총 3,000대 규모로 운영되고 있다. 지난해 3월 시범 서비스를 시작할 당시에는 경기도 성남시와 인천광역시 연수구에서 각각 600대와 400대, 총 1,000여 대를 운영했던 것과 비교하면 운영 대수와 서비스 지역 모두 크게 늘었다.

또 다른 업계 관계자는 "전동킥보드에 대해선 우선 안전 문제를 가장 크게 고려했을 것으로 본다."며 "그간 K 모빌리티는 하나의 플랫폼 안에서 다양한 이동수단을 제공하는, 통합이동서비스(MaaS)가 목표라고 강조해 왔는데 다양한 이동 수단을 다뤄야 하는 만큼 라스트마일(최종 목적지에 도착하기 직전에 구간) 모빌리티 수단으로 이용자에게 어떤 탈 것을 제공할지의 측면에서 봤을 때 일단 전략적으로 전기자전거를 택한 것으로 풀이된다."고 말했다.

① 이용자 입장에서 볼 때, 전기자전거가 전동킥보드에 비해 이용친화성이 떨어지지 않을 것이라고 생각합니다.

② 아직까지 인지도가 낮은 전기자전거 공유서비스 시장은 전동킥보드에 비해 상대적으로 경쟁이 치열하지 않을 것으로 보입니다.

③ 전기자전거 공유서비스 이용에 있어 날씨의 영향을 차단할 수 있을지가 성공의 관건이 될 것입니다.

④ 전기자전거 충전·정비 거점 수를 늘려 이용자 편의성을 높이는 것도 전기자전거 공유서비스 시장규모를 키우는데 도움을 줄 것입니다.

⑤ 규제 관점에서 바라보면 전기자전거 공유서비스 시장은 미래 성장이 기대되는 유망한 분야로 판단됩니다.

05. 다음 글을 읽고 추론할 수 있는 사실이 아닌 것은?

DNA가 유전 정보를 암호화하고 있다는 사실이 밝혀지자 미국과 영국을 중심으로 인간의 염기서열을 파악하기 위한 연구를 시작하였다. 32억 개에 달하는 인간이 가진 모든 유전자의 염기서열을 조사하기 위한 이 연구는 1990년부터 시작하여 15년이 걸릴 것이라고 예상됐지만 생명공학 기술의 발달로 13년 만인 2003년에 완료되었다. 염기서열의 수가 워낙 방대하기 때문에 세계 각국의 유전자 센터와 대학 등에서 나누어 실시되었으며, 인간 유전자의 서열을 99.99%의 정확도로 완성하였다.

인간 게놈 프로젝트는 단지 염기서열만을 알아보는 것이 아니라 염기서열의 의미를 발견하는 것이다. 처음 과학자들은 인간이 생각하고 말을 할 수 있는 복잡한 생물이기 때문에 가지고 있는 유전자의 수가 약 10만 개라고 생각하였다. 하지만 연구가 끝나고 난 후 의미가 있는 유전자 수가 약 2만 ~ 2만 5천 개 정도에 불과하다는 것을 알게 되었다. 다른 단순한 동물들의 유전자 수와 크게 다르지 않으며, 심지어 식물이 가진 유전자보다 그 수가 적다는 것이 확인되었다.

인간 게놈 프로젝트가 완성되면 유전자와 관련된 질병을 해소하는 데 큰 도움이 될 것이라 기대되었다. 어떤 염기서열이 유전병을 일으키는지 알아낼 수 있다면 유전병을 해결하기 위한 방안까지 쉽게 접근할 수 있을 것이라는 기대감 때문이었다. 또한 인간이 어디서부터 진화되었는지 유사한 염기서열을 갖는 다른 생물들과 비교해서 인간의 기원을 밝혀낼 수 있을 것이라고 생각했다. 게놈을 분석한 결과 침팬지와 사람의 유전자가 99% 일치함에 따라 침팬지 기원설에도 확신을 얻게 되었다. 하지만 염기서열이 모두 밝혀지는 것이 장점만 있는 것은 아니다. 태아의 염기서열에서 유전병 요인이 발견될 경우 아이를 포기하는 일이 생길 수 있고, 염기서열로 사람의 우열을 가리게 될 가능성도 있다. 그리고 염기서열을 토대로 인간 복제가 가능해진다면 생명 경시 풍조가 나타나는 것도 배제할 수 없다.

① 게놈 분석 결과는 침팬지 기원설을 지지하는 근거가 될 수 있다.
② 생명공학 기술의 발달은 실제 연구 기간을 예상보다 단축할 수 있다.
③ 복잡한 생물일수록 가지고 있는 의미 있는 유전자의 수가 많다.
④ 염기서열을 모두 파악한다면 태아가 유전병 요인을 지니고 있는지 알 수 있다.
⑤ 인간 염기서열 분석 연구는 미국과 영국뿐 아니라 세계 각국에서 이루어졌다.

06. 다음 글을 참고할 때, ㉠에 들어갈 수 있는 날짜는?

전력은 특히 실시간 시장에서의 가격탄력성이 낮아 효율적인 공급을 어렵게 한다. 이에 수요반응을 통해 제한적이나마 수요의 가격탄력성을 제공함으로써 시장의 효율성을 높이려는 시도가 국내외에서 진행되고 있다. 이에 우리나라도 2014년 5월 전기사업법이 개정되어 수요반응도 전력시장 거래에 포함하게 되었다. 그러나 수요반응으로 수요가 감소하였음에도 가격이 상승하여 구매자인 판매사업자의 부담이 증가한다면, 판매사업자는 최종 소비자 부담의 증가를 이유로 수요반응의 시장참여를 반대하게 될 것이다.

〈수요 감축에 따른 SMP의 변화〉

(단위 : 원/kWh)

구분	1/7	1/9	3/6	3/8	5/15	5/17	7/9	7/11
기준수요	172.56	175.30	164.86	164.45	148.37	153.45	164.67	166.34
1MW 감축	172.89	175.30	164.86	164.47	148.37	153.45	164.73	166.31
10MW 감축	172.89	175.34	164.86	165.76	148.36	153.47	162.80	166.71
50MW 감축	172.89	175.39	164.90	164.47	148.36	153.49	164.90	166.62
100MW 감축	172.89	175.40	165.78	164.62	148.50	153.58	163.04	166.43

표는 임의의 일자에 대해 수요가 많은 13시에서 15시 사이의 수요를 단계적으로 감축하면서 일평균 가격(SMP)의 변화를 살펴본 것이다. 표에서 보여 주듯이 기준수요 대비 (㉠)을 제외하고는 모두 SMP가 오히려 역진성*을 보여 주고 있음을 알 수 있다.

* 역진성 : 소득이 낮은 사람이 더 높은 세부담을 지게 된다는 것을 의미하며 일반적으로 '조세의 역진성'으로 사용된다. 가격의 역진성은 수요의 변동에 따른 가격의 변동이 시장 원리와 반대로 움직이는 현상을 의미한다.

① 10MW 감축 시의 1월 9일 ② 50MW 감축 시의 3월 6일
③ 50MW 감축 시의 5월 17일 ④ 100MW 감축 시의 7월 9일
⑤ 100MW 감축 시의 7월 11일

07. 다음 국가암호 공모전에 대한 Q&A 중 적절하지 않은 것은?

〈202X년도 국가암호 공모전〉

- 시행의도 : 국내 암호 기술과 관련하여 연구 성과 창출을 지원하고 국민의 암호에 대한 관심을 높이기 위함.

- 공모분야 : A. 암호 원천기술 분야(논문)
  B. 암호 기술 응용 및 활용 분야(논문)

- 일정
  - 접수기간 : 202X. 06. 01.(화) ~ 07. 31.(토)
  - 1차 서류 심사 : 202X. 08. 02.(월) ~ 08. 31.(화)
  - 2차 인터뷰 심사 : 202X. 09. 01.(수) ~ 09. 24.(금)
  - 최종 수상자 발표 : 202X. 10. 08.(금)
  - 시상식 : 202X. 10. 22.(금)

- 지원자격 : 대학생, 대학원생, 박사후과정

- 시상내역 : 총상금 5천만 원 / 총 20명 내외
  - 국가정보원장상, 국가보안기술연구소장상, 한국인터넷진흥원장상, 한국정보보호학회장상, 한국암호포럼의장상

- 제출방법 : e-mail(cryptocontest@gmail.com)로 제출
  ※ 저자 관련 정보는 별도의 표지 양식을 작성하여 논문 PDF 파일과 함께 압축하여 제출(우편 접수 불가)
  ※ 파일명 : 주저자이름.zip
  ※ 응모자격 증명서류 포함

- 제출방법 및 주의사항
  - 접수 및 문의 : cryptocontest@gmail.com
  - 제출된 응모작은 202X년 7월 31일 제출마감일까지 국내외 저널/학회에 발표되지 않은 연구결과여야 함.
  - 논문 내 소속, 이름, 감사의 말 등 저자를 짐작할 수 있는 내용 포함 불가함.
  - 제출물에 대한 지식재산권 또는 소유권은 제출자에게 있음.
  - 주관기관은 제출물의 공개 범위를 심사를 위한 목적으로 한정하여 제출물에 대한 유출방지, 비밀유지의 의무를 다함.
  - 선정된 논문은 한국암호포럼홈페이지(http://www.kcryptoforum.or.kr)에 게시됨.

---

①	Q	제출할 때 주의해야 할 점이 따로 있나요?
	A	제출물의 파일명은 '주저자이름.zip' 형식으로 cryptocontest@gmail.com로 제출하여 주시기 바랍니다. 우편 접수는 불가하며 저자와 관련된 정보는 별도의 표지 양식을 작성하여 논문 PDF 파일과 함께 압축하여 주시면 됩니다. 또한 논문 내 저자의 정보를 유추할 수 있는 내용은 포함하지 말아주십시오.
②	Q	논문의 주제는 무엇으로 설정해야 하나요?
	A	암호이론 및 원천기술에 대한 연구나 암호 기술의 활용 및 응용 기법에 관한 연구결과와 관련하여 주제를 설정하시면 됩니다. 다만, 제출마감일까지 국내외 저널/학회에 발표되지 않은 연구결과여야 합니다.
③	Q	대학원 과정에 재학 중이지 않은데 공모전에 참여할 수 있는지 궁금합니다.
	A	지원자격은 대학생, 대학원생, 박사후과정이기 때문에 대학에 재학 중이시라면 참여 가능합니다.
④	Q	제출한 논문이 최종 선정되었는지는 시상식에 참여해야 알 수 있는 건가요?
	A	202X년 10월 8일에 최종 수상자가 발표되므로 시상식 이전에 선정 여부를 알 수 있습니다.
⑤	Q	논문이 선정되는 경우 이후 어떻게 활용되는 건가요?
	A	선정된 논문은 한국암호포럼홈페이지에 게시될 예정입니다. 또한 논문에 대한 소유권은 주관기관인 한국정보보호학회와 한국암호포럼으로 이전됩니다.

[08 ~ 09] 다음 글을 읽고 이어지는 질문에 답하시오.

4차 산업혁명의 기술 진보는 단순히 자동화, 로봇화를 의미하는 것이 아니다. 4차 산업혁명의 특징은 탈경계화와 초연결사회이며, 이는 초고속 무선통신과 클라우드 네트워크의 발전으로 가능해졌다. 또한 인공지능과 사물인터넷, 빅데이터 기술의 발전으로 인해 이러한 특징이 더욱 지능화되고 있다.

우선 초고속 무선통신과 클라우드 네트워크 등의 디지털 기술 발전으로 ⊙시간과 ⓒ공간의 경계가 무너졌다. 원격 근무 또는 모바일 근무가 확대되면서 근로자는 24시간 연락체계 및 근무 환경에 놓이게 되었고 이에 따라 노동과 여가의 경계가 무너지고 있다. 이와 같은 현상은 근로자의 접속 차단 권리에 대한 논의를 촉발하고 있다. 또한 대용량 데이터의 전송 가격이 제로에 가까워지고 속도는 더욱 빨라지고 있으며, 3D프린터의 발전 등으로 인해 데이터 이동만으로 다른 지역에서 제품을 생산할 수 있게 됨에 따라 생산 체계의 글로벌화가 더욱 진전되고 있다.

다음으로 기계와 IT 등 기술 융합과 상품(서비스)의 이종 결합이 증가함에 따라 제조업과 서비스업 등 업종 및 기업 간 경계가 사라지고 있으며, 생산기술직과 사무직 간의 경계도 더욱 희미해지고 있다. 미국의 최대 가전 업체는 IT 기업임을 선언하였고, 최대 IT 기업은 자동차의 로봇 산업에 뛰어 들었다.

또한 가상과 현실의 경계가 무너지고 있다. 초연결사회는 온라인과 눈, VR, AR 등을 통해 가상공간과 현실공간이 연결된다. 4차 산업혁명의 대표 브랜드라고 할 수 있는 스마트공장이 대표적 사례이다. 스마트공장은 가상(Cyber, 소프트웨어 등 시스템)과 물리(Physical, 실제생산라인 등)가 실시간으로 통합된 가상·물리 시스템(CPS)을 기반으로 작동하여 돌발사고를 최소화하고 생산성, 품질을 향상시키는 지능형 공장이다.

그리고 기계와 상품, 사람이 데이터로 연결되어 자율성과 상호작용이 가능하다. 최근 독일 기업에 M2M(Machine to Machine)이라는 기술이 널리 퍼지면서 활발히 논의되고 있다. 기계, 센서, 컴퓨터 등 장치들 간에 자율적으로 서로 데이터를 주고받기 때문에 '소셜 기계시스템'이라고 부르기도 하는 M2M은 생산과 물류 등의 가치사슬 과정을 스스로 조정하고 최적화하는 자기조직화 시스템이다. 초연결사회로 인간의 삶과 노동, 생산 및 물류의 동시성이라는 특징을 갖는다.

08. 다음 중 4차 산업혁명이 ㉠과 ㉡의 관계에 미치는 영향과 다른 영향을 받는 관계는?

① 제조업, 서비스업
② 노동, 여가
③ 기술 진보, 자동화
④ 생산기술직, 사무직
⑤ 가상, 현실

09. 다음 중 글에서 설명하는 '초연결사회'의 특징으로 보기 어려운 것은?

① 대용량 데이터
② 스마트공장
③ 원격 근무
④ 소셜 기계시스템
⑤ 초고속 무선통신

[10 ~ 11] 다음 글을 읽고 이어지는 질문에 답하시오.

〈생활주변방사선 안전관리법〉

제1장 총칙

제1조(목적) 이 법은 생활주변에서 접할 수 있는 방사선의 안전관리에 관한 사항을 규정함으로써 국민의 건강과 환경을 보호하여 삶의 질을 향상시키고 공공의 안전에 이바지함을 목적으로 한다.

제2장 생활주변방사선방호 종합계획의 수립 등

제5조(생활주변방사선방호 종합계획의 수립) ① 원자력안전위원회는 생활주변방사선으로부터 국민의 건강과 환경을 보호하기 위하여 관계 중앙행정기관의 장과 협의하여 5년마다 생활주변방사선방호 종합계획(이하 "종합계획"이라 한다)을 수립하여야 한다.

② 종합계획에는 다음 각호의 사항이 포함되어야 한다.

    1. 생활주변방사선방호 정책의 목표와 기본방향에 관한 사항

    2. 생활주변방사선으로부터의 환경 보호에 관한 사항

    3. 생활주변방사선의 안전관리에 관한 현황과 전망에 관한 사항

    4. 생활주변방사선에 대한 연구개발에 관한 사항

    5. 원료물질, 공정부산물 및 가공제품에 대한 조사 · 분석에 관한 사항

    6. 공정부산물의 처리 · 처분 또는 재활용에 관한 사항

    7. 우주방사선, 지각방사선 등의 안전관리 체계 구축을 위하여 필요한 사항

    8. 그 밖에 생활주변방사선의 안전관리를 위하여 필요한 사항 중 대통령령으로 정하는 사항

제6조(연도별 시행계획의 수립 등) ① 원자력안전위원회는 대통령령으로 정하는 바에 따라 관계 중앙행정기관의 장과 협의하여 매년 종합계획의 연도별 시행계획을 세우고, 이를 관계 중앙행정기관의 장에게 통보하여야 한다.

② 관계 중앙행정기관의 장은 제1항에 따라 통보된 연도별 시행계획 중 소관 업무에 관련된 사항을 추진하여야 한다.

제7조(생활주변방사선에 대한 연구개발사업의 추진) ① 원자력안전위원회는 종합계획을 효율적으로 추진하기 위하여 「기초연구진흥 및 기술개발지원에 관한 법률」 제14조 제1항 각호의 기관이나 단체와 협약을 맺어 생활주변방사선에 대한 연구개발사업을 실시하게 할 수 있다.

② 정부는 제1항에 따른 연구개발사업의 실시에 드는 비용의 전부 또는 일부를 출연할 수 있다.

제8조(안전지침의 작성 · 배포 등) ① 원자력안전위원회는 생활주변방사선의 안전관리를 위하여 필요한 안전지침을 작성하여 제9조의 취급자, 제15조의 제조업자 및 제18조의 항공운송사업자 등에게 배포하여야 한다.

② 제1항의 안전지침에는 다음 각호의 사항이 포함되어야 한다.

　　1. 제13조 제2항에 따른 공정부산물 처리·처분 또는 재활용의 방법·절차에 관한 사항

　　2. 제14조에 따른 원료물질 또는 공정부산물의 취급·관리 시 준수사항

　　3. 제15조에 따른 가공제품의 안전기준에 관한 사항

　　4. 우주방사선 및 지각방사선에 피폭(被曝)할 우려가 있는 사람의 안전조치에 관한 사항

③ 원자력안전위원회는 제1항에 따라 작성한 안전지침을 관계 중앙행정기관의 장에게 통보하는 등 생활주변방사선의 안전관리를 위해 이를 효율적으로 활용할 수 있는 방안을 마련하여야 한다.

10. 다음 중 글의 내용과 일치하지 않는 것은?

① 생활주변방사선 안전관리법은 일상생활에서 발생하는 방사선으로부터 국민의 안전과 환경을 보호하기 위하여 제정된 법이다.

② 원자력안전위원회는 생활주변방사선방호 종합계획에 안전관리 전망에 관한 사항도 포함하여야 한다.

③ 생활주변방사선의 안전관리를 위하여 필요한 안전지침은 법에 지정된 항공운송사업자 등에게 배포되어야 한다.

④ 원자력안전위원회는 관계 중앙행정기관의 장과 협의하여 매년 종합계획의 연도별 시행계획을 세우고 각 지역의 지방자치단체장에게 통보하여야 한다.

⑤ 원자력안전위원회는 정부로부터 비용을 출연받아 법에 명시된 기관과의 협약을 통해 생활주변방사선에 대한 연구개발사업을 실시할 수 있다.

11. 원자력안전위원회가 5년마다 수립하는 종합계획에 포함되기 어려운 것은?

① 원전 지역 주변의 방사선 격리 방법에 관한 기술 개발 현황

② 생활주변방사선을 분출하는 제품의 공정부산물 폐기방안

③ 생활 물품 제조과정에서 원재료의 방사선량에 관한 조사사항

④ 종합계획을 통해 수립되는 생활주변방사선 관련 정책의 목적

⑤ 고고도 비행 시 노출될 수 있는 방사선의 안전관리 체계 구축방안

12. 토크콘서트를 준비 중인 J사는 신청자 증가로 다음과 같이 추가 일정을 편성하였다. 추가 일정 편성 전의 기존 예산과 추가로 신청할 예산은 각각 얼마인가?

〈토크콘서트 행사 일정〉

구분	일시	장소	참여 인원(명)	강연자
기존	2월 04일(화) 16 : 30 ~ 18 : 00	○○아트홀 2관	60	A 가수, B 작가
	2월 11일(화) 16 : 00 ~ 18 : 00	○○아트홀 1관	100	C 시인, D 교수
	2월 18일(화) 16 : 00 ~ 18 : 00	○○아트홀 2관	60	B 작가, D 교수
	2월 25일(화) 16 : 00 ~ 18 : 00	○○아트홀 1관	100	A 가수, C 시인
추가	3월 03일(화) 16 : 00 ~ 18 : 00	○○아트홀 1관	100	B 작가, C 시인

※ 참여 인원은 강연자를 포함한 총 인원이며, 1인당 간식(생수, 음료, 약과)과 팸플릿을 제공함.
※ 강연자는 90분 행사의 경우 2명이 함께 90분간 출연, 120분 행사의 경우 1명이 60분씩 출연함.

〈토크콘서트 행사 예산안〉

구분		내용	비고
기존	대관료	– ○○아트홀 1관(250,000원/시간) – ○○아트홀 2관(200,000원/시간)	1시간 단위로만 대관 가능
	간식	– 생수(개당 300원) – 음료(개당 700원) – 약과(개당 1,000원)	약과는 400개 이상 주문 시 10% 할인
	출력물	– 팸플릿(디자인 비용 : 130,000원, 출력 비용 : 개당 1,500원) – 현수막(디자인 비용 : 70,000원, 출력 비용 : 개당 80,000원)	– 디자인 비용은 초기 1회에만 적용 – 모든 행사일에 동일한 디자인의 팸플릿이 배부됨. – 현수막은 동일한 디자인으로 각 관마다 1개씩 설치함.
	강연료	200,000원/시간(패널 공통)	30분 단위로 지급 가능
	총 예산	?	–
추가 신청		?	–

	기존 예산	추가 신청 예산		기존 예산	추가 신청 예산
①	4,870,000원	1,205,000원	②	5,080,000원	1,208,000원
③	5,150,000원	1,250,000원	④	5,378,000원	1,280,000원
⑤	5,537,000원	1,305,000원			

13. 다음 〈자료 1〉는 탄소포인트제 가입자 A ~ D의 에너지 사용량 감축률 현황이다. 〈자료 2〉에 따라 A ~ D가 탄소포인트를 지급받을 때, 가장 많이 지급받는 가입자와 가장 적게 지급받는 가입자를 바르게 나열한 것은?

〈자료 1〉 A ~ D의 에너지 사용량 감축률 현황

(단위 : %)

에너지 사용 유형＼가입자	A	B	C	D
전기	−6.7	9	8.3	6.3
수도	11	−2.5	5.7	9.1
가스	14.6	17.1	9.1	4.9

〈자료 2〉 탄소포인트 지급 방식

(단위 : 포인트)

에너지 사용 유형＼에너지 사용량 감축률	5% 미만	5% 이상 ~ 10% 미만	10% 이상
전기	0	5,000	10,000
수도	0	1,250	2,500
가스	0	2,500	5,000

※ 아래의 두 가지 조건을 모두 만족할 경우 지급받는 탄소포인트의 10%를 추가로 지급받는다.
   1) 모든 유형의 에너지 사용량 감축률의 합이 20%p를 넘는 경우
   2) 모든 유형의 에너지 사용량 감축률이 음수를 기록하지 않은 경우

※ 가입자가 지급받는 탄소포인트＝전기 탄소포인트＋수도 탄소포인트＋가스 탄소포인트

	가장 많이 지급받는 가입자	가장 적게 지급받는 가입자
①	B	A
②	B	D
③	C	D
④	C	A
⑤	D	B

14. 다음 자료를 바탕으로 작성한 하위 자료로 올바르지 않은 것은?

〈연도별 전력수급 동향〉

(단위 : 만kW)

구분	20X3년	20X4년	20X5년	20X6년	20X7년	20X8년
최대전력 수요	7,652	8,015	7,879	8,518	8,513	9,248
설비용량	8,230	9,322	9,410	10,018	11,666	11,721
공급능력	8,071	8,936	8,793	9,240	9,610	9,957
예비전력	419	920	914	721	1,096	709
공급예비율(%)	5.5	11.5	11.6	8.5	12.9	7.7
설비예비율(%)	7.5	16.3	19.4	17.6	37.0	26.7

① 〈연도별 최대전력 수요의 전년 대비 증감률〉

(단위 : %)

20X4년	20X5년	20X6년	20X7년	20X8년
4.7	−1.7	8.1	−0.1	8.6

② 〈연도별 최대전력 수요 대비 예비전력 비중〉

(단위 : %)

20X3년	20X4년	20X5년	20X6년	20X7년	20X8년
7.5	16.3	19.4	17.6	37.0	26.7

③ 〈연도별 공급능력 변동 추이〉

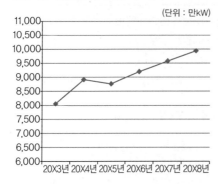

④ 〈연도별 전년 대비 설비용량 증감〉

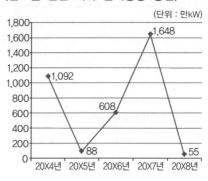

⑤ 〈연도별 최대전력 수요의 전년 대비 증감〉

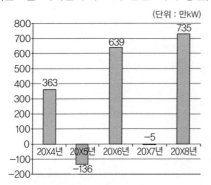

[15 ~ 16] 다음 자료를 보고 이어지는 질문에 답하시오.

〈2020년 주택형태별 에너지 소비 현황〉

(단위 : 천 TOE)

구분	연탄	석유	도시가스	전력*	열에너지	기타*	합계
단독주택	411.8	2,051.8	2,662.1	2,118.0	–	110.3	7,354
아파트	–	111.4	5,609.3	2,551.5	1,852.9	–	10,125
연립주택	1.4	33.0	1,024.6	371.7	4.3	–	1,435
다세대주택	–	19.7	1,192.6	432.6	–	–	1,645
상가주택	–	10.2	115.8	77.6	15.0	2.4	221
총합	413.2	2,226.1	10,604.4	5,551.4	1,872.2	112.7	20,780

* 전력 : 전기에너지와 심야전력에너지 포함
* 기타 : 장작 등 임산 연료

15. 위의 자료에 대한 해석으로 적절한 것은?

① 단독주택은 모든 유형 에너지를 소비한다.
② 모든 주택형태에서 소비되는 에너지 유형은 4가지이다.
③ 아파트는 다른 주택형태에 비해 가구당 에너지 소비량이 많다.
④ 모든 주택형태에서 가장 많이 소비한 에너지 유형은 도시가스이다.
⑤ 단독주택에서 소비한 전력 에너지량은 단독주택 전체 에너지 소비량의 30% 이상을 차지한다.

16. 아파트 전체 에너지 소비량 중 도시가스 소비량이 차지하는 비율은 몇 %인가? (단, 소수점 아래 둘째 자리에서 반올림한다)

① 53.4% 　　　　② 55.4% 　　　　③ 58.4%
④ 60.4% 　　　　⑤ 62.4%

[17 ~ 18] 다음은 신재생에너지 발전차액지원제도에 대한 자료이다. 이어지는 질문에 답하시오.

- 발전차액지원제도

  신재생에너지 설비의 투자 경제성 확보를 위해 신재생에너지를 이용하여 전력을 생산한 경우 기준가격과 계통한계가격(SMP ; System Marginal Price)과의 차액을 지원하는 제도로 외국의 FIT(Feed in Tariff) 제도와 유사한 제도이다. 본 제도의 시행으로 인하여 신재생에너지 발전전원의 보급 확대와 기후환경 협약에 따른 신재생에너지 보급 확대를 유도하는 기반을 구축하게 되었고, 신재생에너지법에서 정한 11개의 에너지원 중 태양광, 풍력, 소수력, 조력, LFG, 폐기물 발전에 대하여 기준가격을 산정하여 의무구매 및 지원을 하고 있다.

〈신재생에너지 발전차액지원 현황〉

구분		Y년	(Y+1)년	(Y+2)년	(Y+3)년	계	시설용량
소수력	거래량 (MW)	106,009	158,851	124,189	157,512	546,561	(48,763kW) 36개소
	금액 (백만 원)	2,576	3,847	2,842	2,387	11,652	
LFG	거래량 (MW)	35,912	92,046	140,240	128,560	396,758	(30,293kW) 10개소
	금액 (백만 원)	611	1,615	1,502	957	4,685	
풍력	거래량 (MW)	1,326	18,561	29,147	103,361	152,395	(83,395kW) 4개소
	금액 (백만 원)	186	254	790	3,911	5,141	
태양광	거래량 (MW)	–	–	13	524	537	(1,338kW) 15개소
	금액 (백만 원)	–	–	8	341	349	
계	거래량 (MW)	143,247	269,458	293,589	389,957	1,096,251	(163,789kW) 65개소
	금액 (백만 원)	3,373	5,716	5,142	7,596	21,827	

17. 다음 중 자료에 대한 설명으로 옳지 않은 것은?

① 총 지원금이 가장 많은 해는 (Y+3)년이다.

② 전년 대비 (Y+3)년의 거래량 상승률은 태양광이 가장 크다.

③ 태양광을 제외하면 Y년 이후 3년간 지원금이 가장 크게 증가한 에너지원은 풍력이다.

④ Y ~ (Y+3)년의 기간 동안 거래량과 지원금 규모가 매년 지속적으로 증가한 에너지원은 풍력뿐이다.

⑤ 전체 에너지원 시설의 개소당 평균 시설용량보다 작은 개소당 평균 시설용량을 갖추고 있는 에너지원은 소수력, LFG, 태양광이다.

18. 에너지원별 개소당 평균 시설용량과 (Y+3)년의 백만 원당 거래량의 차이가 작은 순서대로 바르게 나열한 것은?

① 풍력 - 태양광 - LFG - 소수력 　② 풍력 - 소수력 - 태양광 - LFG

③ 태양광 - 풍력 - 소수력 - LFG 　④ 태양광 - 풍력 - LFG - 소수력

⑤ 태양광 - 소수력 - 풍력 - LFG

[19 ~ 20] 다음은 일평균 외환거래량과 1인당 국민소득에 대한 자료이다. 이어지는 질문에 답하시오.

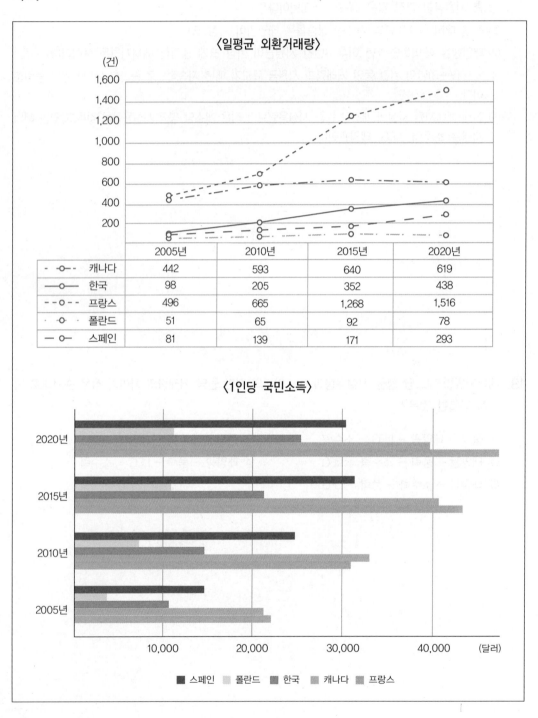

〈일평균 외환거래량〉

(건)

	2005년	2010년	2015년	2020년
- -○- - 캐나다	442	593	640	619
—○— 한국	98	205	352	438
- -○- - 프랑스	496	665	1,268	1,516
· -○- 폴란드	51	65	92	78
— ○— 스페인	81	139	171	293

〈1인당 국민소득〉

■ 스페인   ▨ 폴란드   ▨ 한국   ▨ 캐나다   ▨ 프랑스

19. 자료에 대한 설명으로 옳은 것을 〈보기〉에서 모두 고르면?

> 보기

> ㉠ 다섯 국가의 1인당 국민소득 합의 평균은 2005년 이후 증가하는 추세이다.
> ㉡ 1인당 국민소득이 큰 나라일수록 일평균 외환거래량이 크다.
> ㉢ 2005년 이후 캐나다의 1인당 국민소득은 다섯 국가 중에서 가장 높았다.
> ㉣ 위 그래프의 2015년 이후 일평균 외환거래량의 추이가 지속된다면 언젠가 대한민국의 외환거래량이 캐나다를 앞지를 것이다.

① ㉠   ② ㉠, ㉡   ③ ㉠, ㉣
④ ㉡, ㉣   ⑤ ㉢, ㉣

20. 다음 중 자료에 대한 설명으로 옳지 않은 것은?

① 폴란드의 일평균 외환거래량과 1인당 국민소득은 매 기간 가장 작다.
② 2015년에는 프랑스의 1인당 국민소득이 가장 크다.
③ 5개국 모두 일평균 외환거래량은 조사기간 동안 꾸준히 증가하였다.
④ 일평균 외환거래량이 500건 이상 된 적이 있는 나라는 캐나다와 프랑스뿐이다.
⑤ 2020년 프랑스의 외환거래량은 스페인의 5배 이상이다.

21. 다음을 바탕으로 한 올바른 추론을 〈보기〉에서 모두 고르면?

어떤 경비업체는 보안 점검을 위탁받은 건물 내 40개의 점검 지점을 지정하여 관리하고 있다. 보안 담당자는 다음 〈규칙〉에 따라 40개 점검 지점을 방문하여 이상 여부를 기록한다.

규칙

- 1번째 점검에서는 1번 지점에서 출발하여 40번 지점까지 차례로 전 지점을 방문한다.
- 2번째 점검에서는 2번 지점에서 출발하여 한 개의 지점씩 건너뛰고 점검한다. 즉 2번 지점, 4번 지점, …, 40번 지점까지 방문한다.
- 3번째 점검에서는 3번 지점에서 출발하여 두 개의 지점씩 건너뛰고 점검한다. 즉 3번 지점, 6번 지점, …, 39번 지점까지 방문한다.
- 40번째 점검에서 모든 점검이 완료된다.

보기

㉠ 한 지점을 최대 9회 방문할 수 있다.
㉡ 2회만 방문한 지점은 총 12개이다.
㉢ 40번째 점검까지 모두 이루어지는 경우, 40번 지점은 총 8회 방문하게 된다.
㉣ 6번째 점검의 규칙을 건너뛰는 경우, 방문 횟수가 줄어드는 지점은 총 7개이다.

① ㉠, ㉡
② ㉡, ㉢
③ ㉠, ㉡, ㉢
④ ㉠, ㉢, ㉣
⑤ ㉠, ㉡, ㉢, ㉣

22. 아르바이트생 A ~ E 중 총 보수액이 가장 많은 사람과 세 번째로 많은 사람의 총 보수액 차이는 얼마인가?

<표>

〈아르바이트생 근무 현황〉

구분	야근일(시간)	기본급	지각
A	평일(3), 주말(3)	85만 원	3회
B	평일(1), 주말(3)	90만 원	3회
C	평일(2), 주말(2)	90만 원	3회
D	평일(5), 주말(1)	80만 원	4회
E	평일(1), 주말(5)	85만 원	4회

※ 5명의 아르바이트생은 10일간 근무했다.

〈보수액 지급 기준〉

• 기본 시급은 1만 원이다.
• 평일 야근은 기본 시급의 1.5배, 주말 야근은 기본 시급의 2배이다.
• 지각은 1회에 1만 5천 원씩 삭감한다.
• 보수액은 10일 후 지급한다.

① 10,000원 ② 15,000원 ③ 20,000원
④ 25,000원 ⑤ 30,000원

23. 다음 자료를 참고할 때, 해외 출장을 갈 직원은?

- 해외출장 일정 : 202X. 3. 10. ~ 3. 13.
- 비행기로 해당 국가에 도착하고 현지에서는 자동차로 이동하므로 팀원 모두 운전이 가능해야 함.
- 참여자 : 총 2인으로 구성하며 팀장 또는 부장이 반드시 1인 이상 포함되어야 함.
- 출장 스케줄을 처음부터 끝까지 모두 소화할 수 있는 자가 출장을 가야 함.

〈3월 스케줄〉

일	월	화	수	목	금	토
7	8 박 부장 프로젝트 회의	9	10 한 사원 사내 봉사활동	11 정 사원 사내 봉사활동	12 최 팀장 수여식 참여	13 한 사원 자녀 돌잔치
14	15 박 부장 프로젝트 회의	16	17 정 사원 사내 봉사활동	18 윤 사원 사내 봉사활동	19	20

〈직원별 특징〉

직원	특징
박 부장	운전면허 있음.
이 부장	운전면허 있음. 여권을 분실하였음.
김 팀장	운전면허 있음.
최 팀장	운전면허 있음. 임신 중으로 비행기 탑승이 어려움.
한 사원	운전면허 있음.
강 사원	운전면허 없음.
정 사원	운전면허 있음.
윤 사원	운전면허 없음.

① 박 부장, 정 사원　　　② 김 팀장, 강 사원　　　③ 박 부장, 한 사원
④ 이 부장, 윤 사원　　　⑤ 박 부장, 김 팀장

24. 다음 신입사원 공개채용 모집요강을 보고 나눈 대화 중 옳지 않은 것은? (단, A ~ E는 모두 정년에 도달하지 않았다고 가정한다)

〈20X3년도 신입사원 공개채용 모집요강〉

1. 선발 인원 : 총 373명
2. 근무지
   – 전국권 지원 : 본사 및 전국 사업소(본인의 희망과 다르게 배치 가능)
   – 지역전문사원 지원 : 입사 후 해당 지역 또는 본사에서 10년간 의무근무
3. 지원자격

구분	주요내용
학력 · 전공	• 사무 : 학력 및 전공 제한 없음. • 전기/ICT/토목/건축/기계 : 해당 분야 전공자 또는 기사 이상 자격증 보유자 * 단, 전기 분야는 산업기사 이상
외국어	• 대상 : 영어 등 8개 외국어 • 자격기준 : 700점 이상(TOEIC 기준) ※ 20X1. 11. 18. 이후 응시하고 접수마감일(20X3. 10. 14.)까지 발표한 성적만 인정 ※ 고급자격증 보유자는 외국어성적 면제 ※ 해외학위자도 외국어 유효성적을 보유해야 지원 가능함.
연령	• 제한없음(단, 공사 정년에 도달한 자는 지원 불가).
병역	• 병역법 제76조에서 정한 병역의무 불이행 사실이 없는 자
기타	• 지역전문사원 지원 시 해당 권역 내 소재 학교(대학까지의 최종학력 기준, 대학원 이상 제외) 졸업(예정) · 중퇴한 자 또는 재학 · 휴학 중인 자만 지원 가능 • 지원서 접수마감일 현재 한전 4직급 직원으로 재직 중이지 않은 자 • 20X3년 12월 이후 즉시 근무 가능한 자

① 20X2년 3월에 국내에서 응시한 TOEIC 800점 성적을 보유하고, 병역의무를 이행했으며 전국권에 지원한 졸업예정자 A는 예정대로 졸업하여 12월 이후 즉시 근무만 가능하다면 지원에 문제가 없을 거야.

② 한전 4직급 직원으로 재직 중인 B는 이번 공채에 지원할 수 없어.

③ 전남권 지역전문사원으로 지원한 C는 전북권 내 소재 대학을 졸업 예정이야. 비록 해당 권역 내 소재 대학은 아니지만, 근접지역이니 지원이 가능해.

④ 전기 분야에 지원한 D는 전기산업기사 자격증을 가지고 있고, TOEIC 750점을 보유하고 있으므로 지원 가능해.

⑤ 해외 유학생인 E는 전국권 사무직에 지원했고, 응시한 TOEIC 성적이 접수마감일 이전에 발표되니 700점 이상을 받는다면 지원 가능할 것으로 예상돼.

[25 ~ 26] 다음은 ○○기업 문화센터 운영에 대한 자료이다. 이어지는 질문에 답하시오.

〈강좌 안내〉

강좌	요일	시간	수강료(1달 기준)
가요	수	10 : 30 ~ 12 : 00	15,000원 (직원과 가족 1인 동시 등록 시 1인당 10,000)
	금	10 : 30 ~ 12 : 00	
다이어트 댄스	화, 목	9 : 30 ~ 10 : 20	35,000원
벨리댄스	월, 수	9 : 50 ~ 10 : 40	50,000원
요가	월, 수, 금	13 : 00 ~ 14 : 00	70,000원

※ 문의 및 접수 : ○○기업 문화센터 본점. 수강료수납 : 3개월 단위

〈수강료 할인 안내〉

순번	할인 대상자	할인율	확인서류	관리명부상 표기
1	○○기업 직원	20%	신분증(전산 확인)	SM
2	○○기업 직원 가족	15%	신분증(전산 확인)	SMF
3	○○기업 고객	10%	신분증(전산 확인)	SH

※ 1인당 분기별 2개 강좌에 한함.
※ 직원과 직원 가족 1인 동시 등록 시 적용되는 할인 혜택과 별도로 수강료 할인 가능
　⑩ 직원 A와 직원 가족인 B가 강좌를 동시 등록해 1인당 10,000원이라 할 때, A는 20% 할인받아 8,000원을,
　　 B는 15% 할인받아 8,500원을 적용받을 수 있음.

〈1월 회원관리 명부〉

회원명	분류	납부액 (원)	등록 강좌	최근 출석 기록									
				1 / 1	1 / 2	1 / 3	1 / 4	1 / 5	1 / 6	1 / 7	1 / 8	1 / 9	1 / 10
김재환	SM	252,000	(A)	휴무일	◎	□	◎	□			□	◎	□
박지수	SMF	(B)	(C)			□		□			□		□
최은주	SH	(D)	(E)			○		♧			○		○
이지우	SMF	127,500	(F)		◎	♧	◎					◎	♧
이종윤	SM	120,000	벨리댄스			○					○		○

※ 1/1은 월요일이며, 강좌별 출석 기록 표시를 서로 다른 도형 모양으로 한다.
※ 모든 회원은 자신이 듣는 강좌 수업에 100% 출석했다고 가정한다.

25. 다음 중 ○○기업 문화센터에 대한 설명으로 옳은 것은?

① 최대 3개의 강좌를 수강할 수 있다.

② 직원에 대한 할인율은 고객에 대한 할인율보다 100% 더 높다.

③ 모든 회원에게 최소 10% 할인이 적용된다.

④ 관리명부상 SMF라고 표기되어 있다면 ○○기업의 직원일 것이다.

⑤ 가요 프로그램에 혼자 등록한 직원과 가족 1인을 동반한 직원의 3개월 회비 차이는 10,000원이다.

26. 다음 중 〈1월 회원관리 명부〉의 (A) ~ (F)에 대한 설명으로 옳은 것은?

① (D)가 (B)보다 더 많다.

② (E)는 벨리댄스와 요가이다.

③ (A)와 (F)가 공통으로 포함하는 강좌는 벨리댄스이다.

④ (B)를 납부한 박지수 회원은 동시 등록 할인을 받았을 것이다.

⑤ (C)를 (A)의 강좌로 변경한다면 (B)는 250,000원을 넘는다.

[27 ~ 28] 다음 자료를 보고 이어지는 질문에 답하시오.

안녕하십니까? 이번 어린이날을 맞아 ○○시에서는 5월 한 달 동안 잔디 광장을 개방하여 행사를 진행하려 합니다. 이번 행사는 다음과 같이 다섯 개의 구역으로 나누어져 진행될 예정입니다.

〈○○시 어린이날 행사 안내〉

테마	최대 수용 인원	행사 진행 날짜	자원봉사자 수 (행사 진행 시)
무협	50명	5월 내내	5명
로봇	25명	5월 14일, 5월 20일	2명
마법	50명	5월 19일, 5월 29일	5명
숲속의 친구	30명	5월 18일, 5월 30일	3명
곰돌이	35명	5월 23일, 5월 28일	5명

• 모든 행사의 경우, 학생 10명당 최소 1명의 인솔자가 필요합니다(자원봉사자들은 모두 인솔 자격을 가지고 있습니다).
• 행사는 09 : 00 ~ 17 : 00까지 진행됩니다.
• 로봇 테마와 마법 테마의 경우 사진 촬영이 금지됩니다.
• 구내식당이 있으며, 인당 3,000원에 점심 식권을 구매하실 수 있습니다(식당 정원은 200명입니다).
• 문의사항은 ○○시청(339-9999)으로 연락 주시기 바랍니다.

〈5월 달력〉

5월						
일	월	화	수	목	금	토
1	2	3	4	5	6	7
8	9	10	11	12	13	14
15	16	17	18	19	20	21
22	23	24	25	26	27	28
29	30	31				

27. □□초등학교의 A 선생님은 위의 자료를 보고 ○○시 행사에 참여하고자 한다. 다음 A 선생님의 발언 중 적절하지 않은 것은?

① 우리 반은 총 34명이니까 우리 반 학생들이 다 함께 들어갈 수 있는 테마는 2개겠네.

② 우리 반은 총 34명이니까 자원봉사자 수가 모자란 테마가 한 곳 있으니, 다른 선생님이 인솔자로 참여하면 되겠어.

③ 별도의 문의사항이 있을 때는 339-9999로 전화하면 되겠군.

④ 로봇 테마와 마법 테마의 경우 사진 촬영이 금지되므로 아이들에게 사전 교육을 해야겠어.

⑤ 행사에 참가하는 우리 학교의 학생은 총 380명이니, 구내식당에서 식사를 할 경우 교대로 점심 식사를 해야 되겠군.

28. 다음은 □□초등학교의 학사 일정표이다. 위의 자료를 참조하여 짠 계획으로 적절하지 않은 것은? (단, 모든 행사에 참여하되 학교 행사 기간에는 학생들이 학교를 비워 ○○시의 어린이날 행사에 참여할 수 없으며, 주말에는 행사에 참여할 수 없다)

일정	행사명
5월 5일 ~ 5월 6일	어린이날 행사
5월 8일	어버이날 행사
5월 15일 ~ 5월 16일	스승의 날 행사
5월 30일	가정의 달 행사

① 5월 중 아이들이 학교에 있는 날이 가장 많은 주는 둘째 주야.

② 5월 첫째 주에 아이들이 학교에 있는 날은 최대 3일이겠어.

③ 로봇 테마에 아이들을 데리고 갈 수 있는 날은 하루뿐이야.

④ 5월 마지막 주에는 무협 테마가 아닌 견학 일정도 잡을 수 있겠어.

⑤ 5월 셋째 주에는 최대 네 개의 테마를 견학시킬 수 있겠군.

[29 ~ 30] 다음 자료를 읽고 이어지는 질문에 답하시오.

2019년 일본 내 바이오제품·서비스 시장의 시장규모는 ㉠ 3조 685억 엔으로 2018년 대비 약 8% 증가한 것으로 나타났다. 바이오 관련 시장에서 중심이 되는 유전자조작기술을 이용하여 제조된 제품의 2019년 시장규모는 2018년 대비 ㉡ 약 3% 증가한 2조 179억 엔이었다. 바이오제품·서비스 중 유전자조작기술 제품을 제외한 바이오제품·서비스 시장 증가율은 약 6.6%로 시장 규모는 1조 506억 엔이었다.

〈2019년 일본 내 바이오제품·서비스 시장규모〉

구분	2018년	2019년
유전자조작기술 관련 제품	1조 9,313억 엔	2조 179억 엔
그 외 바이오제품·서비스	9,849억 엔	1조 506억 엔
합계	2조 9,162억 엔	3조 685억 엔

국제적으로 일본의 바이오산업 시장규모는 일본 내 조사와 차이를 나타내는데, 시장조사기관 Marketline에 따르면 2019년 일본 바이오산업 총 수익은 37.6억 달러로, ㉢ 아시아태평양지역의 바이오산업에서 가장 높은 비중인 50%를 차지하고 있으며, ㉣ 2018년에서 2019년 사이의 시장규모 증가율은 약 3%인 것으로 나타났다. 같은 기간 중국과 인도는 ㉤ 일본에 비해 총 시장규모는 작지만 대등한 규모의 비중을 형성하며 빠른 속도로 성장하고 있는 것으로 나타났다.

〈일본 바이오산업 시장규모〉

구분	시장규모(억 달러)	연평균 증가율(%)
2015년	33.6	
2016년	33.8	
2017년	35.4	3.6
2018년	36.5	
2019년	37.6	

〈아시아태평양 국가별 바이오산업 시장규모〉

구분	2019년 시장규모(억 달러)
일본	37.6
중국	15.7
인도	6.8
한국	3.6
기타	13.7
합계	77.4

29. 위 자료의 밑줄 친 ㉠ ~ ㉤ 중 주어진 표의 내용과 일치하는 것은?

① ㉠　　　　　　　　② ㉡　　　　　　　　③ ㉢

④ ㉣　　　　　　　　⑤ ㉤

30. 2018년 일본 바이오산업은 '환경 및 공정분야'가 전체의 33.8%, '보건의료 분야'가 전체의 29.3% 비중을 차지했다. 이후 두 분야가 높은 성장세를 보여 2019년 산업 내 비중이 각각 5%p씩 증가했다고 할 때, 이 두 산업분야의 합계 시장규모는 얼마인가? (단, 소수점 아래 둘째 자리에서 반올림한다)

① 25.5억 달러　　　　② 26.3억 달러　　　　③ 27.5억 달러

④ 28.3억 달러　　　　⑤ 29.7억 달러

31. H 공사의 창업지원 프로그램에 따라 A와 B는 각각 신발 생산 공장과 신발 판매점을 운영하게 되었다. 다음 상황을 참고할 때, ㉠ ~ ㉤에 들어갈 내용으로 알맞지 않은 것은?

> 신발을 생산하는 A는 판매점을 운영하는 B에게 신발을 납품한다. A의 신발 생산비용은 한 켤레당 2만 원이며, B가 신발을 판매하는 데에는 납품대금 외에 다른 비용은 발생하지 않는다.
>
> A가 먼저 2, 4, 6, 8, 10만 원 중 선택한 납품가격에 따라 판매가격을 결정한다. A가 선택할 수 있는 각 납품가격에 대하여 B가 자신의 이윤을 최대화하기 위해 책정하는 판매가격과 그에 따른 판매량은 다음 표와 같다.
>
> | 납품가격(만 원) | 2 | 4 | 6 | 8 | 10 |
> |---|---|---|---|---|---|
> | 판매가격(만 원) | 6 | 7 | 8 | 9 | 10 |
> | 판매량(켤레) | 4 | 3 | 2 | 1 | 0 |
>
> B의 이윤을 최대화할 수 있는 판매가격은 (㉠)이고 그때의 이윤은 (㉡)이다. 그러나 A가 먼저 판매가격을 결정하기 때문에 A의 이윤을 극대화하는 방향으로 납품가격이 설정된다. A가 납품가격을 10만 원에서 8만 원으로 낮추면 A의 이윤이 (㉢)만큼 증가한다. 납품가격이 2만 원만큼 또 줄어들면, 그의 이윤은 (㉣)만큼 증가한다. 이러한 방식으로 이윤을 확인할 때, 극대화된 A의 이윤과 그때 B가 얻을 수 있는 이윤의 합은 (㉤)임을 알 수 있다.

① ㉠ : 6만 원   ② ㉡ : 16만 원   ③ ㉢ : 6만 원

④ ㉣ : 2만 원   ⑤ ㉤ : 14만 원

32. ○○공사 영업팀 김 사원은 지출내역 및 신용카드별 혜택 현황을 바탕으로 법인 카드를 새로 발급받고자 한다. 11월 지출내역이 평균적인 부서 지출내역을 반영할 경우, 다음 중 가장 이득이 되는 카드는?

〈신용카드별 혜택 현황〉

카드	혜택 현황	카드	혜택 현황
A	• 버스, 지하철, KTX 요금 15% 할인 (월 최대 2만 원) • 카페 사용액 20% 청구 할인 • 마트 사용액 5% 적립 • 총 할인 한도액 : 월 3만 원	B	• 버스, 지하철, 택시 요금 10% 할인 • 도서 구입비 10% 할인 • 영화 관람비 2,000원 할인 (월 최대 4,000원) • 카페 사용액 10% 할인 • 총 할인 한도액 : 월 3만 원

| C | • 택시, 고속버스, KTX 요금 20% 할인
• 영화 관람비 5% 할인
• 마트 사용액 15% 할인
• 전통시장 사용액 15% 할인
• 총 할인 한도액 : 월 3만 원 | D | • 문구류 10% 할인(월 최대 2만 원)
• 도서 구입 및 영화 관람비 10% 할인
• 카페 사용액 5% 청구 할인
• 총 할인 한도액 없음. |
| E | • 택시, 고속버스, 버스, 지하철 요금 15% 할인
• 영화 관람비 10% 할인
• 마트 사용액 10% 적립
• 도서 구입비 10% 할인
• 총 할인 한도액 : 월 3만 원 | 연회비 | • A : 없음.
• B : 2만 원
• C : 없음.
• D : 없음.
• E : 1만 원 |

※ 할부는 고려하지 않으며 적립은 현금으로 계산한다.

〈11월 지출내역〉

분류	세부 항목	금액
교통비	KTX	15만 원
	택시	12만 원
	버스 및 지하철	10만 원
	고속버스	6만 원
식비	식당	56만 원
	카페	42만 원
	마트	30만 원
문화지출비	도서	30만 원
	영화	15만 원
사무용품	문구류	20만 원
기타		10만 원

① A 카드   ② B 카드   ③ C 카드
④ D 카드   ⑤ E 카드

33. ○○기업 최 사원은 국내에서 열릴 OECD 진행위원회 소속으로 회의 참석자들의 숙소 예약을 담당하게 되었다. 위원장에게 전달받은 다음 내용을 토대로 예약할 때 가능한 최소 비용은?

> 위원장 : 회의 일정은 2박 3일로 회의 장소와 가까운 K 호텔에서 묵기로 결정되었습니다. 인원은 총 30명이고 식사는 아침, 점심, 저녁 모두 제공할 수 있도록 부탁드립니다. 첫째 날은 회의 이후 미리 예약한 점심을 먹고 호텔로 이동할 예정이며 마지막 날은 아침까지만 제공해 주시면 됩니다. 식사 예약에 참고해 주세요. 호텔 예약으로 배정된 예산은 총 550만 원이므로 참고하시면 되겠습니다. 첫째 날 저녁에는 연회장에서 OECD 회의 국내 개최 축하공연을 열고자 합니다. 호텔에 머무는 인원은 모두 참여하고 추가로 30명이 참여할 예정입니다. 예산에서 가능하다면 야외 연회장으로 예약해 주세요.

〈K 호텔 이용요금 안내〉

□ 연회장

회장	최대 수용인원	기본요금	추가요금
대연회장	150명	1,000,000원	
영빈관(정원)	80명	800,000원	20,000원/인
중/소 연회장	60명	500,000원	

– 연회장 이용 고객에 숙박 이용 고객 포함 시, 기본요금으로 이용 가능
– 기본요금＝대관료＋식사비

□ 숙박시설(2박 기준)

객실	구성	기본인원	기본요금	추가요금
스탠다드 A	침실 1, 욕실 1, 화장실 1	2명	250,000원	
스탠다드 B	침실 2, 욕실 1, 화장실 2	3명	300,000원	30,000원/인
스위트	침실 2, 욕실 2, 화장실 2	2명	400,000원	

– 기본인원에서 최대 1인 추가 가능(스탠다드 B 객실은 제외)
– 객실 모두 침대 추가 가능

□ 식사

구분	메뉴	기본요금	비고
조식	오늘의 메뉴	15,000원/인	조식 이외 모든 식사
일반	오늘의 메뉴	25,000원/인	일반으로 제공

– 숙박 이용 시 기본요금 20% 할인

① 4,920,000원   ② 5,180,000원   ③ 5,220,000원

④ 5,380,000원   ⑤ 5,420,000원

34. 다음 상황과 업무를 고려할 때, 〈총괄 책임자 후보〉에서 해외공장 이전사업 책임자로 적합한 사람은?

현재 해외공장 이전사업이 결정됨에 따라 해당 사업의 총괄 책임자를 선발해야 한다. 이번 해외 총괄 책임자는 본 사업기간(약 4년) 동안 현지에 거주해야 하며, 공장 이전에 따라 기계를 교체하며, 추가 신규사업 발굴 및 지원, 현지팀 관리 등의 업무를 수행해야 한다. 따라서 총괄 책임자는 관련 분야 전문성 및 근무경험, 외국어 의사소통 능력, 현지 적응력 등이 요구된다.

〈총괄 책임자 후보〉

A	
주요 경력	• 기술본부 설계기획팀(4년) • 개발본부 기술개발팀(6년) • 관리부 기계품질관리팀(6년)
기타	• 영어 회화능력 우수
인사평가 결과	
– 외향적이고 친화력이 강함. – 논리적으로 전략을 수립함. – 팀워크 관리가 뛰어남. – 팀 내·외부 갈등사안 조정 뛰어남. – 변화를 수용하지 못함.	

B	
주요 경력	• 기술본부 설계기획팀(3년) • 경영지원본부 사업지원팀(8년) • 경영지원본부 경영지원팀(7년)
기타	• 영어 회화능력 부족 • 2018 우수사원 표창
인사평가 결과	
– 의사결정이 신속함. – 적응력이 빠름. – 업무 습득력이 뛰어남. – 타인에 대한 배려가 뛰어남. – 현장 근무경험이 부족함.	

C	
주요 경력	• 기술본부 설계기획팀(7년) • 개발본부 기술개발팀(6년) • 경영지원본부 경영지원팀(6년)
기타	• 영어 회화능력 중급 • 2018 우수사원 표창
인사평가 결과	
– 매뉴얼에 따라 일을 처리함. – 업무에 대한 완결성이 뛰어남. – 책임감이 강하고 성실함. – 결정이 늦어지는 경우가 있음. – 변화 상황에 대처능력이 부족함. – 융통성이 다소 부족함.	

D	
주요 경력	• 관리부 기계품질관리(8년) • 관리부 인력관리팀(6년) • 기술본부 설계기획팀(5년)
기타	• 영어 회화능력 우수 • 현지 2년 거주 경험
인사평가 결과	
– 업무 습득력이 뛰어남. – 현장 경험이 많음. – 추진력이 강하고 열정적임. – 팀원들과 상호작용 활발함. – 융통성 있고 변화를 선호함. – 자료 분석 능력이 부족함.	

① A 　　② B 　　③ C
④ D 　　⑤ 없다.

35. 다음은 한국전력공사의 R&D 기획역량 강화 교육프로그램에 관한 자료 및 직원 스케줄표이다. 이를 바탕으로 할 때, 해당 교육프로그램을 수강할 수 없는 사람은?

〈R&D 기획역량 강화 교육프로그램〉

R&D란 Research and Development의 약자로, 우리말로 번역하자면 '연구개발'이라는 용어가 가장 적절하다. 한국산업기술진흥협회는 R&D를 기초연구, 응용연구, 개발연구로 구분한다. 기초연구란 지식의 진보를 목적으로 행하는 연구로, 특정 응용을 노리지 않는 것 또는 특정의 사업적 목적 없이 과학지식의 진보를 목적으로 하는 연구활동이다. 응용연구란 지식의 진보를 목적으로 행하는 연구로, 실제 응용을 직접 노리는 연구활동 또는 제품과 공정에서 특정 상업적 목적을 가지고 행하는 연구활동을 말한다. 마지막으로 개발연구란 기초연구 및 응용연구 등에 의한 기존 지식을 활용해 새로운 재료, 장치, 제품, 시스템, 공정 등의 도입 또는 개량을 목적으로 하는 연구활동을 의미한다.

한국전력공사는 직원들의 R&D 기획역량 강화를 돕기 위해 교육프로그램의 기본과정을 R&D의 이해, R&D 기획 방법론, R&D 기획 프로세스 등 R&D 기획 전반에 대한 이해를 향상시킬 수 있는 프로그램들로 구성하였다. 이는 전직원이 수강 가능하다.

〈권역별 프로그램 일정〉

구분	일정	교육시간	교육장소
충청권	4. 6.(월) ~ 4. 7.(화)		
강원권	4. 14.(화) ~ 4. 15.(수)		
호남권	4. 16.(목) ~ 4. 17.(금)	2일 16시간	서울소재 한국산학연협회 대회의장
	4. 20.(월) ~ 4. 21.(화)		
동남권	4. 23.(목) ~ 4. 24.(금)		
	4. 27.(월) ~ 4. 28.(화)		
수도권	4. 8.(수) ~ 4. 9.(목)		

※ 단, 수도권을 제외한 권역의 경우 교육장소로 이동하는 시간을 고려해, 교육일정 전후로 1일씩이 더 소요된다.

※ 본인이 해당되는 권역 안에서만 교육프로그램을 수강할 수 있다.

〈직원 스케줄표〉

4월						
일	월	화	수	목	금	토
			1 수도권역 사내 봉사활동	2	3 수도권역 체육대회	4
5	6	7 강원권 사내 봉사활동	8	9 충청권역 사내 봉사활동	10	11
12	13	14 충청권역 체육대회	15	16	17 강원권역 체육대회	18
19	20 전국지사 팀장급 화상회의	21	22 동남권역 사내 봉사활동	23 호남권역 사내 봉사활동	24	25
26	27 호남권역 체육대회	28	29	30 동남권역 체육대회		

※ 단, 사원의 경우 매주 목요일 오전에 직장내성추행 방지 사원교육에 참여해야 한다.

※ 팀장의 경우 매주 금요일 정기회의에 참석해야 한다.

※ 전국지사 팀장급 화상회의에는 모든 팀장이 반드시 참여해야 한다.

① 충청권역 사원 A ② 강원권역 팀장 B ③ 호남권역 사원 C

④ 동남권역 팀장 D ⑤ 수도권역 사원 E

[36 ~ 37] 다음은 같은 제품을 판매하는 A 업체와 B 업체의 제품을 동시에 광고했을 때 나타나는 월 수익을 표로 정리한 것이다. 이어지는 질문에 답하시오.

⟨제품별 월 수익⟩

(단위 : 억 원)

업체		B 업체		
		L 제품	M 제품	N 제품
A 업체	L 제품	(4, 3)	(−1, 2)	(5, 3)
	M 제품	(13, −2)	(11, −5)	(−9, 16)
	N 제품	(−4, 9)	(−5, 13)	(5, −9)

※ 괄호 안의 숫자는 (A 업체의 월 수익, B 업체의 월 수익)으로 A 업체와 B 업체의 광고로 인한 월 수익(억 원)을 뜻한다.

㉠A 업체가 L 제품을 광고하고 B 업체가 M 제품을 광고하였을 때, A 업체의 월 손해는 1억 원이고, B 업체의 월 이익은 2억 원이다.

※ 각 업체는 각 홍보 제품을 선택할 때 기대되는 수익이 가장 큰 방향으로 선택한다.

⟨명절별 소비자 선호 제품⟩

구분	새해	설날	추석
선호 제품	L 제품	L 제품, N 제품	M 제품

※ 소비자 선호 제품은 명절별로 다르며 각 명절에 해당하는 선호 제품을 홍보 시, 수익은 50% 증가하고 손해는 50% 감소한다.

36. 다음 중 각 제품을 동시에 광고했을 때, A 업체와 B 업체가 얻게 되는 수익의 합이 가장 큰 경우는?

	A 업체	B 업체		A 업체	B 업체
①	L 제품	N 제품	②	M 제품	N 제품
③	L 제품	L 제품	④	M 제품	L 제품
⑤	N 제품	L 제품			

37. 다음 중 설날에 각 제품을 광고했을 때, A 업체와 B 업체가 얻게 되는 수익의 합이 가장 큰 경우는?

	A 업체	B 업체		A 업체	B 업체
①	M 제품	L 제품	②	L 제품	L 제품
③	M 제품	N 제품	④	L 제품	N 제품
⑤	N 제품	M 제품			

[38 ~ 39] 다음은 ○○공사가 진행하는 입찰 사업의 응찰 업체 평가 기준과 평가 결과이다. 이어지는 질문에 답하시오.

〈업체 평가 기준〉

평가항목		평가내용	배점
관리능력 (70점)	기업신뢰도 (30점)	신용평가 등급	10
		행정처분 건수	10
		만족도 평가	10
	업무수행능력 (30점)	기술자 추가보유	10
		관리실적	10
		장비 추가보유	10
	사업제안서 (10점)	사업계획 적합성	5
		상생발전 지수	5
입찰가격(30점)		위탁관리 수수료 및 도급금액	30

※ 관리능력 40%＋입찰가격 60%를 합산하여 최종 점수로 간주함.

〈업체별 평가 결과〉

구분		A	B	C	D	E
관리능력 (70점)	기업신뢰도 (30점)	6	8	5	8	7
		8	7	7	8	7
		6	5	4	4	5
	업무수행능력 (30점)	4	7	9	5	9
		7	5	6	5	8
		7	5	5	7	5
	사업제안서 (10점)	4	3	4	4	2
		2	2	4	5	4
입찰가격(30점)		25	24	27	25	24

38. 응찰 업체 5곳 중 최고점을 받아 낙찰자로 선정될 업체는? (단, 기업신뢰도가 가장 낮은 업체와 사업계획 적합성이 가장 낮은 업체는 낙찰자로 선정될 수 없다)

① A
② B
③ C
④ D
⑤ E

39. 입찰에 참가한 5개 업체의 평가 점수에 대한 분석으로 적절하지 않은 것은? (단, 38의 단서조항은 고려하지 않는다)

① 가중치를 부여하지 않은 최종 점수로는 3개의 업체가 동점을 기록한다.
② 가중치를 부여한 최종 점수에서 동점을 기록한 업체는 존재하지 않는다.
③ 3위를 차지한 업체가 낙찰자와 동점이 되기 위해서 추가로 필요한 입찰가격 점수는 1점이다.
④ 가중치를 각각 관리능력 60%와 입찰가격 40%로 바꾸는 경우 최종 낙찰업체 역시 바뀌게 된다.
⑤ 가중치를 각각 관리능력 60%와 입찰가격 40%로 바꾸는 경우 동점을 기록한 업체가 존재한다.

[40 ~ 41] 다음은 중소기업 스마트 기술개발연구 사업 공고이다. 이어지는 질문에 답하시오.

〈사업별 지원 분야 및 계획〉

사업명	분야	신규과제 추진계획			연구비
		지정공모과제	품목지정과제	자유공모과제	
신규서비스 창출	서비스 개발	2개 과제/ 4.5억 원	–	2개 과제/4.5억 원 – 연구비 : 과제 개수 따른 배분 예정 – 주관연구기관/기업	9억 원
산학연 R&D	협력 개발	1개 과제/ 1.7억 원	–	–	1.7억 원
제품· 공정개선	품질 개선· 공정 개발	7개 과제/ 2.24억 원	4개 과제/ 4억 원		6.24억 원
스마트공장 R&D	클라우드 기반 플랫폼 개발	–	1개 과제/ 2억 원	–	4.5억 원
	디지털현장 개발	1개 과제/ 2.5억 원	–	–	
합계	–	11개 과제/ 10.94억 원	5개 과제/ 6억 원	2개 과제/ 4.5억 원	21.44억 원

- 세부사업 통합(신기술·신제품 개발, 제품·공정혁신 개발, 스마트공장·산학연 R&D → 스마트 기술개발연구에 따라 기존 세부사업의 내역사업을 기준으로 분야 구분)
  - 서비스 : 신규 비즈니스모델 창출을 위한 서비스 기술 개발
  - 품질공정 : 기존 제품의 품질 개선 및 공정에 따라 기술 개발
  - 협력 : 협력 R&D 활성화를 통한 기술 개발
  - 디지털현장 : 생산현장 노하우 디지털화
  - 클라우드 기반 플랫폼 : 전 과정의 추가 관리를 위한 클라우드 기반 스마트공장 솔루션 개발 지원

〈공모과제 방식〉

공모유형	내용
지정공모과제	중소기업 스마트 기술개발연구 사업에 있어 반드시 추진하여야 하는 연구개발과제를 중소벤처기업부 장관이 지정하고, 공모에 따라 과제를 수행할 주관연구기관을 선정하는 과제
품목지정과제	중소벤처기업부 장관이 품목을 지정하되, 제시된 품목 내에서 자유공모방식으로 과제를 수행할 주관연구기관을 선정하는 과제
자유공모과제	연구개발과제와 주관연구기관을 모두 공모에 따라 선정하는 과제

40. 중소벤처기업부 장관으로부터 지정받은 품목 또는 연구과제에 대해 연구를 진행하는 경우, 다음 중 한 과제당 1.5억 원 이상 3억 원 이하의 예산에 해당되지 않는 사업은?

① 신규 서비스기술 연구 및 신규 비즈니스 모델 구축

② 제품·공정설계, 생산의 전 주기 관리를 위한 클라우드 플랫폼 개발

③ 기존 제품의 성능 및 품질 향상 등 제품경영의 강화를 위한 기술 및 공정 개발

④ 생산현장 노하우 디지털화를 위한 공장 연계형 소프트웨어 개발

⑤ 협력 R&D 활성화를 통한 기술 개발

41. 심사 결과 지정공모과제 1개와 품목지정과제 4개가 선정되었다. 이에 대한 설명으로 옳은 것은?

① 추천계획의 지정공모과제 중 7개의 과제가 포함되지 않는다.

② 중소벤처기업부 장관이 품목을 지정하는 과제 중 하나는 포함될 수 없다.

③ 품질 개선·공정 개발 및 신규서비스 창출 개발에 대한 연구과제는 모두 포함된다.

④ 중소벤처기업부 장관이 과제를 지정하는 품질 개선·공정 분야의 연구과제는 총 2개가 포함될 수 있다.

⑤ 신규서비스 창출에 관한 지정공모과제는 모두 다 포함될 수 있다.

42. 다음에서 설명하고 있는 프로그램은?

> • 표 계산 프로그램으로 문서를 작성하고 편집할 수 있다.
> • 계산 결과를 차트와 같은 다양한 형태로 표시할 수 있다.
> • 파일 간 서로를 연결시켜 내용의 복사, 이동, 연산을 할 수 있다.
> • 필요에 따라 함수를 이용하여 복잡한 계산을 할 수 있다.

① 워드프로세서　　　　　② 컴파일러　　　　　③ 스프레드시트
④ 파일 압축 유틸리티　　　⑤ 데이터베이스

43. 다음은 비트와 픽셀에 관한 설명이다. 360×480 해상도의 이미지는 몇 비트로 이루어지는가?

> 　비트는 컴퓨터에서 처리할 수 있는 정보의 최소 단위이다. 하나의 비트는 0 또는 1의 값을 가지며, 여러 개의 비트가 모이면 2의 거듭제곱 꼴의 수만큼 정보를 표현할 수 있다. 예를 들어 8개의 비트는 $2^8(=256)$개의 정보를 표현할 수 있다. 8개의 비트를 묶어 1바이트로 표현하기도 하며, 컴퓨터에서는 주로 바이트 단위로 정보를 처리한다.
> 　픽셀은 컴퓨터 또는 다른 전자 기기 등의 화면 이미지를 구성하는 최소의 단위를 일컫는다. 하나의 픽셀은 빨간색, 녹색, 파란색의 RGB 값과 투명도에 대한 정보를 담고 있으며(RGBA), 여러 개의 픽셀이 모여 이미지를 구성한다. 픽셀의 각 RGBA 값은 1바이트로 표현되며, 따라서 하나의 픽셀은 4바이트로 표현된다. 이미지의 해상도는 이미지를 이루는 픽셀의 크기를 나타내는 말로, 400×300의 해상도를 가진 이미지는 가로가 400픽셀, 세로가 300픽셀로 이루어진 이미지를 의미한다.

① 4,736,600비트　　　　② 5,529,600비트　　　　③ 5,832,600비트
④ 6,289,600비트　　　　⑤ 6,809,600비트

44. 〈정보〉를 근거로 판단할 때, 김 사원이 단축키를 사용한 결과로 옳지 않은 것은? (단, 정보 외 사항은 고려하지 않으며, '+'는 두 개 이상의 키를 동시에 누르는 것을 의미한다)

• 김 사원은 단축키를 사용하여 다음 문서를 수정하고자 한다.

> 인생은 반짝반짝 빛난다.

정보

• Shift + I : 글자를 기울인다.
• Shift + B : 글자 크기를 3pt 증가시킨다.
• Shift + Z : 글자 크기를 3pt 감소시킨다.
• Tab + B : 글자를 지운다.
• Tab + I : 글자에 취소선을 긋는다.
• Enter + B + I : 글자에 밑줄을 친다.
• Space + Z : 바로 이전 상태로 되돌린다.

※ 단축키를 사용하기 위해서는 마우스를 사용하여 단축키를 적용하고 싶은 글자를 지정해야 한다(단, Space + Z 키는 제외).
※ 취소선 : 글자의 중앙 부분에 긋는 가로선 예 ~~취소선~~

---

① '반짝반짝'만 지정 후, [Tab + B] : 인생은 빛난다.
② 전체 문장 지정 후, [Tab + I] : ~~인생은 반짝반짝 빛난다.~~
③ 전체 문장 지정 후, [Tab + I]를 누른 후, [Space + Z] : 인생은 반짝반짝 빛난다.
④ 전체 문장 지정 후, [Enter + B + I] : <u>인생은 반짝반짝 빛난다.</u>
⑤ 전체 문장 지정 후, [Tab + I]를 누른 후, [Shift + B] : *인생은 반짝반짝 빛난다.*

45. A 기업 보안팀은 다음과 같이 정보보안과 관련된 교육 자료를 만들어 공유하고자 한다. ㉠에 들어갈 용어로 적절한 것은?

(㉠)은/는 인간과 로봇을 구별해 주는 보안 도구로서 문자를 왜곡시켜서 기계가 읽지 못하도록 한다. 초기에는 스팸이나 로봇을 막기 위해 사용됐지만 최근에는 고문서 복원부터 이미지 인식 도구까지 그 쓰임새가 다양해졌다.

《(㉠)의 형태》

위 영어 알파벳을 순서대로 입력해 주세요. 대소문자는 구분하지 않습니다.

[입력] [취소]

---

① 튜터(TUTOR)   ② 캡차(CAPTCHA)   ③ 코드(CODE)

④ 스캔(SCAN)   ⑤ 스팸(SPAM)

46. MS Excel을 활용해 작성한 다음 자료에 대한 설명으로 옳은 것은 몇 개인가?

	A	B	C	D	E
1	급여 현황				
2					단위 : 만 원
3	사번	직책	기본급	수당	급여총액
4	10107	과장	250	50	300
5	10311	과장	190	50	240
6	10203	사원	150	30	180
7	10201	사원	145	30	175
8	10313	과장	195	50	245
9	10102	부장	300	70	370
10	10209	사원	160	30	190
11	10112	과장	200	50	250

보기

㉠ 수당이 50만 원인 사람의 급여총액을 구하기 위해서 사용되는 함수는 DSUM 함수이다.

㉡ 수식 '=SUM(E4 : CHOOSE(2, E6, E7, E8))'을 입력할 경우 얻게 되는 값은 895이다.

㉢ 과장 직책의 기본급 평균을 구하기 위해서는 '=DAVERAGE(A3 : E11, C3, B3 : B4)'를 입력해야 한다.

㉣ 급여총액이 높은 직원부터 순서대로 순위를 매기고자 할 때 사번이 10107인 과장의 급여 총액 순위를 구하는 식은 '=RANK(E4, $E$4 : $E$11, 0)'이다.

① 0개　　　　　　② 1개　　　　　　③ 2개

④ 3개　　　　　　⑤ 4개

[47 ~ 50] 다음은 A 기업의 생산 공장 현황 및 A 기업에서 생산하는 전자 제품의 시리얼 넘버 부여 방식이다. 이어지는 질문에 답하시오.

〈A 기업의 생산 공장 현황〉

생산 공장	생산 현황			비고
	휴대폰	노트북	태블릿 PC	
경기	전체 생산	14인치 제외 전체 생산	8.9인치 제외 전체 생산	분홍색, 파란색 태블릿 PC 미생산
충북	미생산	전체 생산	8.9인치 제외 전체 생산	
경남	4.7인치 제외 전체 생산	15인치, 16인치 생산	전체 생산	2020년 이후 15인치 노트북 미생산
전북	전체 생산	미생산	미생산	
중국	전체 생산	전체 생산	전체 생산	
베트남	미생산	전체 생산	전체 생산	2020년 이후 6.3인치 휴대폰 생산

〈시리얼 넘버 부여 방식〉

제품 코드			색상 코드		생산 공장 코드		생산일 코드	고유 코드
제품 종류		세부 사항						
CP	휴대폰	M	4.7인치	K	검정	01	경기	YYMMDD 형태의 연월일 6자리	제품 종류에 상관없이 생산 공장 및 생산일마다 출고 순으로 0000부터 9999까지 부여
		L	5.5인치						
		P	6.3인치	W	하양	02	충북		
LT	노트북	M	14인치						
		L	15인치	G	회색	03	경남		
		P	16인치						
		X	17인치			04	전북		
TC	태블릿 PC	M	8.9인치	B	파랑	05	중국		
		L	10.5인치						
		P	12.5인치	R	분홍	06	베트남		

㉠ 2019년 3월 8일 경기 공장에서 150번째로 출고된 5.5인치 검정색 휴대폰
→ CPLK011903080149

47. 시리얼 넘버 LTPR031910101150341에 대한 설명으로 옳은 것은?

① 해외의 모든 공장에서 이 제품과 같은 종류의 제품을 생산한다.

② 이 제품은 생산된 공장 내에서 당일 341번째로 출고된 전자 제품이다.

③ 이 제품과 같은 공장에서 생산된 제품 중에는 4.7인치 휴대폰이 있다.

④ 이 제품이 생산된 날로부터 1년 후에는 해당 공장에서 이 제품을 더 생산하지 않는다.

⑤ 이 제품의 다른 크기로는 8.9인치와 12.5인치가 있다.

48. 다음은 전자 제품 판매점 B의 A 기업 제품 시리얼 넘버 현황이다. 시리얼 넘버가 TCLW05190 1221438인 제품보다 늦게 출고되었으며, 화면 크기가 더 큰 제품은 몇 개인가? (단, 제품 종류를 고려하지 않은 화면 크기를 가정한다)

LTPR031910150341	CPPK041904171204	LTPG011907070361	LTLK031904280360
LTLK061903202054	TCLK011812070055	CPPK051905082569	TCPK061810151842
CPMW051908113973	TCMG061809182989	CPLK011806200124	LTPB021811190437
TCLK031902090266	LTPK021901150610	LTMW051901222884	CPLW031903010244
LTLB011905250149	LTXK021810300493	TCMR051905144503	LTXW051905313317

① 5개   ② 6개   ③ 7개
④ 8개   ⑤ 9개

49. 다음은 전자 제품 판매점 C의 A 기업 제품 시리얼 넘버 현황이다. 시리얼 넘버가 잘못된 것은 몇 개인가?

LTPG011907070361	TCMR051905144503	CPLK041902271174	LTXK032001040086
TCLR011811260475	CPMB051812084197	CPMK031909140228	LTLG051908311857
LTMK021809180646	CPLW031806161034	TCPK032001060650	CPMW051908113973
TCLW061910104897	CPPW062001100935	LTMW051901222884	CPPR011807230249
TCPB061905292563	LTLK051907052429	TCMW021808070701	CPLG061910171525

① 5개   ② 6개   ③ 7개
④ 8개   ⑤ 9개

50. 2020년 1월 1일을 기준으로 생산일 코드와 고유 코드를 제외한 나머지 시리얼 넘버의 가능한 조합은 몇 가지인가?

① 120가지   ② 140가지   ③ 201가지
④ 281가지   ⑤ 320가지

고시넷 한국전력공사 **NCS**

파트 2 인성검사

01 인성검사의 이해
02 인성검사 연습

01 인성검사의 이해

👥 1 인성검사, 왜 필요한가?

채용기업은 지원자가 '직무적합성'을 지닌 사람인지를 인성검사와 NCS기반 필기시험을 통해 판단한다. 인성검사에서 말하는 인성(人性)이란 그 사람의 성품, 즉 각 개인이 가지는 사고와 태도 및 행동 특성을 의미한다. 인성은 사람의 생김새처럼 사람마다 다르기 때문에 몇 가지 유형으로 분류하고 이에 맞추어 판단한다는 것 자체가 억지스럽고 어불성설일지 모른다. 그럼에도 불구하고 기업들의 입장에서는 입사를 희망하는 사람이 어떤 성품을 가졌는지 정보가 필요하다. 그래야 해당 기업의 인재상에 적합하고 담당할 업무에 적격한 인재를 채용할 수 있기 때문이다.

지원자의 성격이 외향적인지 아니면 내향적인지, 어떤 직무와 어울리는지, 조직에서 다른 사람과 원만하게 생활할 수 있는지, 업무 수행 중 문제가 생겼을 때 어떻게 대처하고 해결할 수 있는지에 대한 전반적인 개성은 자기소개서를 통해서나 면접을 통해서도 어느 정도 파악할 수 있다. 그러나 이것들만으로 인성을 충분히 파악할 수 없기 때문에 객관화되고 정형화된 인성검사로 지원자의 성격을 판단하고 있다.

채용기업은 필기시험을 높은 점수로 통과한 지원자라 하더라도 해당 기업과 거리가 있는 성품을 가졌다면 탈락시키게 된다. 일반적으로 필기시험 통과자 중 인성검사로 탈락하는 비율이 10% 내외가 된다고 알려져 있다. 물론 인성검사를 탈락하였다 하더라도 특별히 인성에 문제가 있는 사람이 아니라면 절망할 필요는 없다. 자신을 되돌아보고 다음 기회를 대비하면 되기 때문이다. 탈락한 기업이 원하는 인재상이 아니었다면 맞는 기업을 찾으면 되고, 경쟁자가 많았기 때문이라면 자신을 다듬어 경쟁력을 높이면 될 것이다.

👥 2 인성검사의 특징

우리나라 대다수의 채용기업은 인재개발 및 인적자원을 연구하는 한국행동과학연구소(KIRBS), 에스에이치알(SHR), 한국사회적성개발원(KSAD), 한국인재개발진흥원(KPDI) 등 전문기관에 인성검사를 의뢰하고 있다.

이 기관들의 인성검사 개발 목적은 비슷하지만 기관마다 검사 유형이나 평가 척도는 약간의 차이가 있다. 또 지원하는 기업이 어느 기관에서 개발한 검사지로 인성검사를 시행하는지는 사전에 알 수 없다. 그렇지만 공통으로 적용하는 척도와 기준에 따라 구성된 여러 형태의 인성검사지로 사전 테스트를 해 보고 자신의 인성이 어떻게 평가되는가를 미리 알아보는 것은 가능하다.

인성검사는 필기시험 당일 직무능력평가와 함께 실시하는 경우와 직무능력평가 합격자에 한하여 면접과 함께 실시하는 경우가 있다. 인성검사의 문항은 100문항 내외에서부터 최대 500문항까지 다양하다. 인성검사에 주어지는 시간은 문항 수에 비례하여 30～100분 정도가 된다.

문항 자체는 단순한 질문으로 어려울 것은 없지만 제시된 상황에서 본인의 행동을 정하는 것이 쉽지만은 않다. 문항 수가 많을 경우 이에 비례하여 시간도 길게 주어지지만 단순하고 유사하며 반복되는 질문에 방심하여 집중하지 못하고 실수하는 경우가 있으므로 컨디션 관리와 집중력 유지에 노력하여야 한다. 특히 같거나 유사한 물음에 다른 답을 하는 경우가 가장 위험하다.

👥 3 인성검사 척도 및 구성

1 미네소타 다면적 인성검사(MMPI)

MMPI(Minnesota Multiphasic Personality Inventory)는 1943년 미국 미네소타 대학교수인 해서웨이와 매킨리가 개발한 대표적인 자기 보고형 성향 검사로서 오늘날 가장 대표적으로 사용되는 객관적 심리검사 중 하나이다. MMPI는 약 550여 개의 문항으로 구성되며 각 문항을 읽고 '예(YES)' 또는 '아니오(NO)'로 대답하게 되어 있다.

MMPI는 4개의 타당도 척도와 10개의 임상척도로 구분된다. 500개가 넘는 문항들 중 중복되는 문항들이 포함되어 있는데 내용이 똑같은 문항도 10문항 이상 포함되어 있다. 이 반복 문항들은 응시자가 얼마나 일관성 있게 검사에 임했는지를 판단하는 지표로 사용된다.

구분	척도명	약자	주요 내용
타당도 척도 (바른 태도로 임했는지, 신뢰할 수 있는 결론인지 등을 판단)	무응답 척도 (Can not say)	?	응답하지 않은 문항과 복수로 답한 문항들의 총합으로 빠진 문항을 최소한으로 줄이는 것이 중요하다.
	허구 척도 (Lie)	L	자신을 좋은 사람으로 보이게 하려고 고의적으로 정직하지 못한 답을 판단하는 척도이다. 허구 척도가 높으면 장점까지 인정받지 못하는 결과가 발생한다.
	신뢰 척도 (Frequency)	F	검사 문항에 빗나간 답을 한 경향을 평가하는 척도로 정상적인 집단의 10% 이하의 응답을 기준으로 일반적인 경향과 다른 정도를 측정한다.
	교정 척도 (Defensiveness)	K	정신적 장애가 있음에도 다른 척도에서 정상적인 면을 보이는 사람을 구별하는 척도로 허구 척도보다 높은 고차원으로 거짓 응답을 하는 경향이 나타난다.
임상척도 (정상적 행동과 그렇지 않은 행동의 종류를 구분하는 척도로, 척도마다 다른 기준으로 점수가 매겨짐)	건강염려증 (Hypochondriasis)	Hs	신체에 대한 지나친 집착이나 신경질적 혹은 병적 불안을 측정하는 척도로 이러한 건강염려증이 타인에게 어떤 영향을 미치는지도 측정한다.
	우울증 (Depression)	D	슬픔·비관 정도를 측정하는 척도로 타인과의 관계 또는 본인 상태에 대한 주관적 감정을 나타낸다.
	히스테리 (Hysteria)	Hy	갈등을 부정하는 정도를 측정하는 척도로 신체 증상을 호소하는 경우와 적대감을 부인하며 우회적인 방식으로 드러내는 경우 등이 있다.
	반사회성 (Psychopathic Deviate)	Pd	가정 및 사회에 대한 불신과 불만을 측정하는 척도로 비도덕적 혹은 반사회적 성향 등을 판단한다.
	남성—여성특성 (Masculinity—Feminity)	Mf	남녀가 보이는 흥미와 취향, 적극성과 수동성 등을 측정하는 척도로 성에 따른 유연한 사고와 융통성 등을 평가한다.

편집증 (Paranoia)	Pa	과대 망상, 피해 망상, 의심 등 편집증에 대한 정도를 측정하는 척도로 열등감, 비사교적 행동, 타인에 대한 불만과 같은 내용을 질문한다.
강박증 (Psychasthenia)	Pt	과대 근심, 강박관념, 죄책감, 공포, 불안감, 정리정돈 등을 측정하는 척도로 만성 불안 등을 나타낸다.
정신분열증 (Schizophrenia)	Sc	정신적 혼란을 측정하는 척도로 자폐적 성향이나 타인과의 감정 교류, 충동 억제불능, 성적 관심, 사회적 고립 등을 평가한다.
경조증 (Hypomania)	Ma	정신적 에너지를 측정하는 척도로 생각의 다양성 및 과장성, 행동의 불안정성, 흥분성 등을 나타낸다.
사회적 내향성 (Social introversion)	Si	대인관계 기피, 사회적 접촉 회피, 비사회성 등의 요인을 측정하는 척도로 외향성 및 내향성을 구분한다.

2 캘리포니아 성격검사(CPI)

CPI(California Psychological Inventory)는 캘리포니아 대학의 연구팀이 개발한 성격검사로 MMPI와 함께 세계에서 가장 널리 사용되고 있는 인성검사 툴이다. CPI는 다양한 인성 요인을 통해 지원자가 답변한 응답 왜곡 가능성, 조직 역량 등을 측정한다. MMPI가 주로 정서적 측면을 진단하는 특징을 보인다면, CPI는 정상적인 사람의 심리적 특성을 주로 진단한다.

CPI는 약 480개 문항으로 구성되어 있으며 다음과 같은 18개의 척도로 구분된다.

구분	척도명	주요 내용
제1군 척도 (대인관계 적절성 측정)	지배성(Do)	리더십, 통솔력, 대인관계에서의 주도권을 측정한다.
	지위능력성(Cs)	내부에 잠재되어 있는 내적 포부, 자기 확신 등을 측정한다.
	사교성(Sy)	참여 기질이 활달한 사람과 그렇지 않은 사람을 구분한다.
	사회적 자발성(Sp)	사회 안에서의 안정감, 자발성, 사교성 등을 측정한다.
	자기 수용성(Sa)	개인적 가치관, 자기 확신, 자기 수용력 등을 측정한다.
	행복감(Wb)	생활의 만족감, 행복감을 측정하며 긍정적인 사람으로 보이고자 거짓 응답하는 사람을 구분하는 용도로도 사용된다.
제2군 척도 (성격과 사회화, 책임감 측정)	책임감(Re)	법과 질서에 대한 양심, 책임감, 신뢰성 등을 측정한다.
	사회성(So)	가치 내면화 정도, 사회 이탈 행동 가능성 등을 측정한다.
	자기 통제성(Sc)	자기조절, 자기통제의 적절성, 충동 억제력 등을 측정한다.
	관용성(To)	사회적 신념, 편견과 고정관념 등에 대한 태도를 측정한다.
	호감성(Gi)	타인이 자신을 어떻게 보는지에 대한 민감도를 측정하며, 좋은 사람으로 보이고자 거짓 응답하는 사람을 구분한다.
	임의성(Cm)	사회에 보수적 태도를 보이고 생각 없이 적당히 응답한 사람을 판단하는 척도로 사용된다.

제3군 척도 (인지적, 학업적 특성 측정)	순응적 성취(Ac)	성취동기, 내면의 인식, 조직 내 성취 욕구 등을 측정한다.
	독립적 성취(Ai)	독립적 사고, 창의성, 자기실현을 위한 능력 등을 측정한다.
	지적 효율성(Le)	지적 능률, 지능과 연관이 있는 성격 특성 등을 측정한다.
제4군 척도 (제1~3군과 무관한 척도의 혼합)	심리적 예민성(Py)	타인의 감정 및 경험에 대해 공감하는 정도를 측정한다.
	융통성(Fx)	개인적 사고와 사회적 행동에 대한 유연성을 측정한다.
	여향성(Fe)	남녀 비교에 따른 흥미의 남향성 및 여향성을 측정한다.

3 SHL 직업성격검사(OPQ)

OPQ(Occupational Personality Questionnaire)는 세계적으로 많은 외국 기업에서 널리 사용하는 CEB 사의 SHL 직무능력검사에 포함된 직업성격검사이다. 4개의 질문이 한 세트로 되어 있고 총 68세트 정도 출제되고 있다. 4개의 질문 안에서 '자기에게 가장 잘 맞는 것'과 '자기에게 가장 맞지 않는 것'을 1개씩 골라 '예', '아니오'로 체크하는 방식이다. 단순하게 모든 척도가 높다고 좋은 것은 아니며, 척도가 낮은 편이 좋은 경우도 있다.

기업에 따라 척도의 평가 기준은 다르다. 희망하는 기업의 특성을 연구하고, 채용 기준을 예측하는 것이 중요하다.

척도	내용	질문 예
설득력	사람을 설득하는 것을 좋아하는 경향	- 새로운 것을 사람에게 권하는 것을 잘한다. - 교섭하는 것에 걱정이 없다. - 기획하고 판매하는 것에 자신이 있다.
지도력	사람을 지도하는 것을 좋아하는 경향	- 사람을 다루는 것을 잘한다. - 팀을 아우르는 것을 잘한다. - 사람에게 지시하는 것을 잘한다.
독자성	다른 사람의 영향을 받지 않고, 스스로 생각해서 행동하는 것을 좋아하는 경향	- 모든 것을 자신의 생각대로 하는 편이다. - 주변의 평가는 신경 쓰지 않는다. - 유혹에 강한 편이다.
외향성	외향적이고 사교적인 경향	- 다른 사람의 주목을 끄는 것을 좋아한다. - 사람들이 모인 곳에서 중심이 되는 편이다. - 담소를 나눌 때 주변을 즐겁게 해 준다.
우호성	친구가 많고, 대세의 사람이 되는 것을 좋아하는 경향	- 친구와 함께 있는 것을 좋아한다. - 무엇이라도 얘기할 수 있는 친구가 많다. - 친구와 함께 무언가를 하는 것이 많다.
사회성	세상 물정에 밝고 사람 앞에서도 낯을 가리지 않는 성격	- 자신감이 있고 유쾌하게 발표할 수 있다. - 공적인 곳에서 인사하는 것을 잘한다. - 사람들 앞에서 발표하는 것이 어렵지 않다.

겸손성	사람에 대해서 겸손하게 행동하고 누구라도 똑같이 사귀는 경향	− 자신의 성과를 그다지 내세우지 않는다. − 절제를 잘하는 편이다. − 사회적인 지위에 무관심하다.
협의성	사람들에게 의견을 물으면서 일을 진행하는 경향	− 사람들의 의견을 구하며 일하는 편이다. − 타인의 의견을 묻고 일을 진행시킨다. − 친구와 상담해서 계획을 세운다.
돌봄	측은해 하는 마음이 있고, 사람을 돌봐 주는 것을 좋아하는 경향	− 개인적인 상담에 친절하게 답해 준다. − 다른 사람의 상담을 진행하는 경우가 많다. − 후배의 어려움을 돌보는 것을 좋아한다.
구체적인 사물에 대한 관심	물건을 고치거나 만드는 것을 좋아하는 경향	− 고장 난 물건을 수리하는 것이 재미있다. − 상태가 안 좋은 기계도 잘 사용한다. − 말하기보다는 행동하기를 좋아한다.
데이터에 대한 관심	데이터를 정리해서 생각하는 것을 좋아하는 경향	− 통계 등의 데이터를 분석하는 것을 좋아한다. − 표를 만들거나 정리하는 것을 좋아한다. − 숫자를 다루는 것을 좋아한다.
미적가치에 대한 관심	미적인 것이나 예술적인 것을 좋아하는 경향	− 디자인에 관심이 있다. − 미술이나 음악을 좋아한다. − 미적인 감각에 자신이 있다.
인간에 대한 관심	사람의 행동에 동기나 배경을 분석하는 것을 좋아하는 경향	− 다른 사람을 분석하는 편이다. − 타인의 행동을 보면 동기를 알 수 있다. − 다른 사람의 행동을 잘 관찰한다.
정통성	이미 있는 가치관을 소중히 여기고, 익숙한 방법으로 사물을 대하는 것을 좋아하는 경향	− 실적이 보장되는 확실한 방법을 취한다. − 낡은 가치관을 존중하는 편이다. − 보수적인 편이다.
변화 지향	변화를 추구하고, 변화를 받아들이는 것을 좋아하는 경향	− 새로운 것을 하는 것을 좋아한다. − 해외여행을 좋아한다. − 경험이 없더라도 시도해 보는 것을 좋아한다.
개념성	지식에 대한 욕구가 있고, 논리적으로 생각하는 것을 좋아하는 경향	− 개념적인 사고가 가능하다. − 분석적인 사고를 좋아한다. − 순서를 만들고 단계에 따라 생각한다.
창조성	새로운 분야에 대한 공부를 하는 것을 좋아하는 경향	− 새로운 것을 추구한다. − 독창성이 있다. − 신선한 아이디어를 낸다.
계획성	앞을 생각해서 사물을 예상하고, 계획적으로 실행하는 것을 좋아하는 경향	− 과거를 돌이켜보며 계획을 세운다. − 앞날을 예상하며 행동한다. − 실수를 돌아보며 대책을 강구하는 편이다.

치밀함	정확한 순서를 세워 진행하는 것을 좋아하는 경향	– 사소한 실수는 거의 하지 않는다. – 정확하게 요구되는 것을 좋아한다. – 사소한 것에도 주의하는 편이다.
꼼꼼함	어떤 일이든 마지막까지 꼼꼼하게 마무리 짓는 경향	– 맡은 일을 마지막까지 해결한다. – 마감 시한은 반드시 지킨다. – 시작한 일은 중간에 그만두지 않는다.
여유	평소에 릴랙스하고, 스트레스에 잘 대처하는 경향	– 감정의 회복이 빠르다. – 분별없이 함부로 행동하지 않는다. – 스트레스에 잘 대처한다.
근심 · 걱정	어떤 일이 잘 진행되지 않으면 불안을 느끼고, 중요한 일을 앞두면 긴장하는 경향	– 예정대로 잘되지 않으면 근심 · 걱정이 많다. – 신경 쓰이는 일이 있으면 불안하다. – 중요한 만남 전에는 기분이 편하지 않다.
호방함	사람들이 자신을 어떻게 생각하는지를 신경 쓰지 않는 경향	– 사람들이 자신을 어떻게 생각하는지 그다지 신경 쓰지 않는다. – 상처받아도 동요하지 않고 아무렇지 않은 태도를 취한다. – 사람들의 비판에 크게 영향받지 않는다.
억제력	감정을 표현하지 않는 경향	– 쉽게 감정적으로 되지 않는다. – 분노를 억누른다. – 격분하지 않는다.
낙관적	사물을 낙관적으로 보는 경향	– 낙관적으로 생각하고 일을 진행시킨다. – 문제가 일어나도 낙관적으로 생각한다.
비판적	비판적으로 사물을 생각하고, 이론 · 문장 등의 오류에 신경 쓰는 경향	– 이론의 모순을 찾아낸다. – 계획이 갖춰지지 않은 것이 신경 쓰인다. – 누구도 신경 쓰지 않는 오류를 찾아낸다.
행동력	운동을 좋아하고, 민첩하게 행동하는 경향	– 동작이 날렵하다. – 여가를 활동적으로 보낸다. – 몸을 움직이는 것을 좋아한다.
경쟁성	지는 것을 싫어하는 경향	– 승부를 겨루게 되면 지는 것을 싫어한다. – 상대를 이기는 것을 좋아한다. – 싸워 보지 않고 포기하는 것을 싫어한다.
출세 지향	출세하는 것을 중요하게 생각하고, 야심적인 목표를 향해 노력하는 경향	– 출세 지향적인 성격이다. – 곤란한 목표도 달성할 수 있다. – 실력으로 평가받는 사회가 좋다.
결단력	빠르게 판단하는 경향	– 답을 빠르게 찾아낸다. – 문제에 대한 빠른 상황 파악이 가능하다. – 위험을 감수하고도 결단을 내리는 편이다.

🔍 4 인성검사 합격 전략

1 포장하지 않은 솔직한 답변

"다른 사람을 험담한 적이 한 번도 없다.", "물건을 훔치고 싶다고 생각해 본 적이 없다."

이 질문에 당신은 '그렇다', '아니다' 중 무엇을 선택할 것인가? 채용기업이 인성검사를 실시하는 가장 큰 이유는 '이 사람이 어떤 성향을 가진 사람인가'를 효율적으로 파악하기 위해서이다.

인성검사는 도덕적 가치가 빼어나게 높은 사람을 판별하려는 것도 아니고, 성인군자를 가려내기 위함도 아니다. 인간의 보편적 성향과 상식적 사고를 고려할 때, 도덕적 질문에 지나치게 겸손한 답변을 체크하면 오히려 솔직하지 못한 것으로 간주되거나 인성을 제대로 판단하지 못해 무효 처리가 되기도 한다. 자신의 성격을 포장하여 작위적인 답변을 하지 않도록 솔직하게 임하는 것이 예기치 않은 결과를 피하는 첫 번째 전략이 된다.

2 필터링 함정을 피하고 일관성 유지

앞서 강조한 솔직함은 일관성과 연결된다. 인성검사를 구성하는 많은 척도는 여러 형태의 문장 속에 동일한 요소를 적용해 반복되기도 한다. 예컨대 '나는 매우 활동적인 사람이다'와 '나는 운동을 매우 좋아한다'라는 질문에 '그렇다'고 체크한 사람이 '휴일에는 집에서 조용히 쉬며 독서하는 것이 좋다'에도 '그렇다'고 체크한다면 일관성이 없다고 평가될 수 있다.

그러나 일관성 있는 답변에만 매달리면 '이 사람이 같은 답변만 체크하기 위해 이 부분만 신경 썼구나'하는 필터링 함정에 빠질 수도 있다. 비슷하게 보이는 문장이 무조건 같은 내용이라고 판단하여 똑같이 답하는 것도 주의해야 한다. 일관성보다 중요한 것은 솔직함이다. 솔직함이 전제되지 않은 일관성은 허위 척도 필터링에서 드러나게 되어 있다. 유사한 질문의 응답이 터무니없이 다르거나 양극단에 치우치지 않는 정도라면 약간의 차이는 크게 문제되지 않는다. 중요한 것은 솔직함과 일관성이 하나의 연장선에 있다는 점을 명심하자.

3 지원한 직무와 연관성을 고려

다양한 분야의 많은 계열사와 큰 조직을 통솔하는 대기업은 여러 사람이 조직적으로 움직이는 만큼 각 직무에 걸맞은 능력을 갖춘 인재가 필요하다. 그래서 기업은 매년 신규채용으로 입사한 신입사원들의 젊은 패기와 참신한 능력을 성장 동력으로 활용한다.

기업은 사교성 있고 활달한 사람만을 원하지 않는다. 해당 직군과 직무에 따라 필요로 하는 사원의 능력과 개성이 다르기 때문에, 지원자가 희망하는 계열사나 부서의 직무가 무엇인지 제대로 파악하여 자신의 성향과 맞는지에 대한 고민은 반드시 필요하다. 같은 질문이라도 기업이 원하는 인재상이나 부서의 직무에 따라 판단 척도가 달라질 수 있다.

4 평상심 유지와 컨디션 관리

역시 솔직함과 연결된 내용이다. 한 질문에 오래 고민하고 신경 쓰면 불필요한 생각이 개입될 소지가 크다. 이는 직관을 떠나 이성적 판단에 따라 포장할 위험이 높아진다는 뜻이기도 하다. 긴 시간 생각하지 말고 자신의 평상시 생각과 감정대로 답하는 것이 중요하며, 가능한 건너뛰지 말고 모든 질문에 답하도록 한다. 300 ~ 400개 정도 문항을 출제하는 기업이 많기 때문에, 끝까지 집중하여 임하는 것이 중요하다.

특히 적성검사와 같은 날 실시하는 경우, 적성검사를 마친 후 연이어 보기 때문에 신체적·정신적으로 피로한 상태에서 자세가 흐트러질 수도 있다. 따라서 컨디션을 유지하면서 문항당 7 ~ 10초 이상 쓰지 않도록 하고, 문항 수가 많을 때는 답안지에 바로바로 표기하자.

02 인성검사 연습

👥 1 인성검사 유형

- **TYPE A** : 예 / 아니오 선택 유형
- **TYPE B** : 문항군 개별 항목 선택 유형
- **TYPE C** : 둘 중 가장 가까운 문항 선택 유형
- **TYPE D** : 개별 항목 선택 후 가장 가깝다 / 가장 멀다 선택 유형

👥 2 TYPE A 예 / 아니오 선택 유형

※ 제시된 항목이 자신의 성향에 해당된다고 생각하면 '예', 해당되지 않는다면 '아니오'를 선택하는 유형이다. 비슷한 문항이 반복되기 때문에 일관성을 유지해야 한다.

[01~24] 질문에 해당된다고 생각하면 '예', 해당되지 않는다면 '아니오'를 선택하시오.

번호	질문	예 / 아니오	
		YES	NO
1	소리를 지르거나 물건을 부수고 싶어진다.		
2	한 가지 일에 집중하기 힘들다.		
3	나는 개인적 사정으로 타인에게 피해를 주는 사람을 이해할 수 없다.		
4	요즘 같은 세상에서는 누구든 믿을 수 없다.		
5	나는 새로운 집단에서 친구를 쉽게 사귀는 편이다.		
6	곤경을 모면하기 위해 꾀병을 부린 적이 있다.		
7	나는 자주 무력감을 느낀다.		
8	일단 화가 나면 냉정을 잃는다.		
9	나는 다른 사람을 챙기는 태도가 몸에 배여 있다.		
10	나는 내가 하고 싶은 일은 꼭 해야 한다.		
11	나는 부지런하다는 말을 자주 듣는다.		
12	나는 사람들에게 잘 보이기 위해 마음에 없는 거짓말을 한다.		
13	내가 인정받기 위해서 규칙을 위반한 행위를 한 적이 있다.		
14	모르는 사람과 있을 때 내가 먼저 말을 거는 일은 거의 없다.		
15	나는 몸이 좋지 않더라도 내 일에 최선을 다 한다.		

16	남이 나에게 친절을 베풀면 대개 숨겨진 이유가 무엇인지 생각해 본다.		
17	나는 난처한 상황에 처하면 다른 사람에게 먼저 말을 건다.		
18	나는 감정을 표현하는 것이 자연스럽다.		
19	중요한 일은 먼저 한다.		
20	나는 새로운 방식을 좋아한다.		
21	나는 다른 사람들의 눈에 띄지 않게 조용히 살고 싶다.		
22	나는 누군가 내 의견을 반박하면 물러서지 않고 논쟁을 벌인다.		
23	나는 할 말은 반드시 하는 사람이다.		
24	나는 주어진 일에 최선을 다해 완수하려고 한다.		

2 TYPE B 문항군 개별 항목 선택 유형

※ 제시된 항목에 대해 자신의 성향에 따라 '① 매우 그렇지 않다 ～ ⑤ 매우 그렇다' 가운데 해당하는 것을 선택한다. 문항 수가 많고 답변하기 어려운 항목이 있기 때문에 자신의 가치관이나 신념을 바탕으로 개별 항목을 선택한다.

[01~23] 제시된 항목을 읽고 본인에게 해당되는 부분을 선택하시오.
① 매우 그렇지 않다   ② 그렇지 않다   ③ 보통이다   ④ 그렇다   ⑤ 매우 그렇다

01. 항상 사람들에게 정직하고 솔직하다.   ① ② ③ ④ ⑤

02. 여러 사람들이 어울리는 장소는 매우 불편하다.   ① ② ③ ④ ⑤

03. 내가 한 행동에 대해 절대 후회하지 않는다.   ① ② ③ ④ ⑤

04. 사소한 절차를 어기더라도 일을 빨리 진행하는 것이 우선이다.   ① ② ③ ④ ⑤

05. 어차피 누군가가 해야 할 일이라면 내가 먼저 한다.   ① ② ③ ④ ⑤

06. 정해진 원칙과 계획대로만 일을 진행해야 실수를 하지 않는다.   ① ② ③ ④ ⑤

07. 언제나 모두의 이익을 생각하면서 일한다.   ① ② ③ ④ ⑤

08. 누구와도 어렵지 않게 어울릴 수 있다. ① ② ③ ④ ⑤

09. 비록 나와 관계없는 사람일지라도 도움을 요청하면 도와준다. ① ② ③ ④ ⑤

10. "악법도 법이다."라는 말을 이해할 수 없다. ① ② ③ ④ ⑤

11. 누군가가 나를 조종하는 것 같다. ① ② ③ ④ ⑤

12. 제품별로 선호하는 브랜드가 있다. ① ② ③ ④ ⑤

13. 내 주위 사람들은 나의 감정을 잘 알아채지 못한다. ① ② ③ ④ ⑤

14. 항상 다니는 익숙한 길을 선호한다. ① ② ③ ④ ⑤

15. 갈등은 부정적인 결과를 초래하기 때문에 피하는 것이 좋다. ① ② ③ ④ ⑤

16. 문제 해결을 위해서 기발한 아이디어를 제공하는 편이다. ① ② ③ ④ ⑤

17. 실패가 예상되는 일은 시작하지 않는다. ① ② ③ ④ ⑤

18. 조직의 문화는 따라야 한다고 생각한다. ① ② ③ ④ ⑤

19. 조직은 개인의 성장을 위해 물질적인 보상을 아낌없이 해
    주어야 한다. ① ② ③ ④ ⑤

20. 요즘에는 무슨 일이든 결정을 잘 내리지 못한다. ① ② ③ ④ ⑤

21. 다른 사람들이 내 이야기를 하고 있는 것을 느낀다. ① ② ③ ④ ⑤

22. 나는 돈보다는 시간이 중요하다. ① ② ③ ④ ⑤

23. 다른 사람이 잘못하는 것을 보면 지적하는 편이다. ① ② ③ ④ ⑤

3 TYPE C 둘 중 가장 가까운 문항 선택 유형

※ 제시된 2개의 문항을 읽고 자신에게 해당된다고 생각하는 것을 선택하는 유형이다.

[01~15] 제시된 항목을 읽고 본인에게 해당되는 것을 선택하시오.

01. ① 의견을 자주 표현하는 편이다.
    ② 주로 남의 의견을 듣는 편이다.

①	②

02. ① 정해진 틀이 있는 환경에서 주어진 과제를 수행하는 일을 좋아한다.
    ② 새로운 아이디어를 활용하여 변화를 추구하는 일을 하고 싶다.

①	②

03. ① 실제적인 정보를 수집하고 이를 체계적으로 적용하는 일을 하고 싶다.
    ② 새로운 아이디어를 활용하여 변화를 추구하는 일을 하고 싶다.

①	②

04. ① 계획을 세울 때 세부일정까지 구체적으로 짜는 편이다.
    ② 계획을 세울 때 상황에 맞게 대처할 수 있는 여지를 두고 짜는 편이다.

①	②

05. ① 한 가지 일에 몰두한다.
    ② 멀티태스킹이 가능하다.

①	②

06. ① 외향적인 성격이라는 말을 듣는다.
    ② 내향적인 성격이라는 말을 듣는다.

①	②

07. ① 일을 선택할 때는 인간관계를 중시한다.
    ② 일을 선택할 때는 일의 보람을 중시한다.

①	②

08. ① 사람들은 나에 대해 합리적이고 이성적인 사람이라고 말한다.
② 사람들은 나에 대해 감정이 풍부하고 정에 약한 사람이라고 말한다.

①	②

09. ① 신속한 의사결정을 선호하는 편이다.
② 시간이 걸려도 여러 가지 면을 고려한 의사결정을 선호하는 편이다.

①	②

10. ① 인성보다는 능력이 중요하다.
② 능력보다는 인성이 중요하다.

①	②

11. ① SNS 활동을 즐겨한다.
② SNS는 인생의 낭비라고 생각한다.

①	②

12. ① 미래를 위해 돈을 모아야 한다고 생각한다.
② 현재를 즐기기 위해 나에게 투자해야 한다고 생각한다.

①	②

13. ① 인류의 과학 발전을 위해 동물 실험은 필요하다.
② 인류를 위한 동물 실험은 없어져야 한다.

①	②

14. ① 외계인이 있다고 생각한다.
② 외계인은 상상의 허구라고 생각한다.

①	②

15. ① 능력이 있는 선배를 보고 자극을 느낀다.
② 능력이 있는 후배를 보고 자극을 느낀다.

①	②

4 TYPE D 개별 항목 선택 후 가장 가깝다 / 가장 멀다 선택 유형

※ 4개 내외의 문항군으로 구성된 항목에서 자신이 동의하는 정도에 따라 '매우 그렇지 않다 ~ 매우 그렇다' 중 해당하는 것을 선택한 후, 자신과 가장 가까운 것과 가장 먼 것을 하나씩 선택하는 유형이다.

[01~10] 제시된 항목에 대해 각각 '매우 그렇지 않다 ~ 매우 그렇다' 중 선택한 후, 네 항목 중 자신과 가장 가까운 것을 하나, 가장 먼 것을 하나 선택하시오.

01. 1.1 내 분야에서 전문성에 관한 한 동급 최강이라고 생각한다.
1.2 규칙적으로 운동을 하는 편이다.
1.3 나는 사람들을 연결시켜 주거나 연결해 달라는 부탁을 주변에서 많이 받는 편이다.
1.4 다른 사람들이 생각하기에 관련 없어 보이는 것을 통합하여 새로운 아이디어를 낸다.

L 가장 멀다 / M 가장 가깝다
1 (매우 그렇지 않다) / 5 (매우 그렇다)

	L	M	1	2	3	4	5
1.1	○	○	○	○	○	○	○
1.2	○	○	○	○	○	○	○
1.3	○	○	○	○	○	○	○
1.4	○	○	○	○	○	○	○

02. 2.1 모임을 주선하게 되는 경우가 자주 있다.
2.2 나는 학창시절부터 리더역할을 많이 해 왔다.
2.3 새로운 아이디어를 낸다.
2.4 변화를 즐기는 편이다.

L 가장 멀다 / M 가장 가깝다
1 (매우 그렇지 않다) / 5 (매우 그렇다)

	L	M	1	2	3	4	5
2.1	○	○	○	○	○	○	○
2.2	○	○	○	○	○	○	○
2.3	○	○	○	○	○	○	○
2.4	○	○	○	○	○	○	○

03. 3.1 혼자서 생활해도 밥은 잘 챙겨먹고 생활리듬이 많이 깨지 않는 편이다.
3.2 다른 나라의 음식을 시도해 보는 것이 즐겁다.
3.3 나 스스로에 대해서 높은 기준을 제시하는 편이다.
3.4 "왜?"라는 질문을 자주 한다.

L 가장 멀다 / M 가장 가깝다
1 (매우 그렇지 않다) / 5 (매우 그렇다)

	L	M	1	2	3	4	5
3.1	○	○	○	○	○	○	○
3.2	○	○	○	○	○	○	○
3.3	○	○	○	○	○	○	○
3.4	○	○	○	○	○	○	○

04. 4.1 대화를 주도한다.
4.2 하루에 1~2시간 이상 자기 계발을 위해 시간을 투자한다.
4.3 나 스스로에 대해서 높은 기준을 세우고 시도해 보는 것을 즐긴다.
4.4 나와 다른 분야에 종사하는 사람들을 만나도 쉽게 공통점을 찾을 수 있다.

L 가장 멀다 / M 가장 가깝다
1 (매우 그렇지 않다) / 5 (매우 그렇다)

	L	M	1	2	3	4	5
4.1	○	○	○	○	○	○	○
4.2	○	○	○	○	○	○	○
4.3	○	○	○	○	○	○	○
4.4	○	○	○	○	○	○	○

05. 5.1 자신감 넘친다는 평가를 주변으로부터 듣는다.
5.2 다른 사람들의 눈에는 상관없어 보일지라도 내가 보기에 관련이 있으면 활용해서 할 수 있는 일에 대해서 생각해 본다.
5.3 다른 문화권 중 내가 잘 적응할 수 있다고 생각하는 곳이 있다.
5.4 한 달 동안 사용한 돈이 얼마인지 파악할 수 있다.

L 가장 멀다 / M 가장 가깝다
1 (매우 그렇지 않다) / 5 (매우 그렇다)

	L	M	1	2	3	4	5
5.1	○	○	○	○	○	○	○
5.2	○	○	○	○	○	○	○
5.3	○	○	○	○	○	○	○
5.4	○	○	○	○	○	○	○

06. 6.1 내 분야의 최신 동향 혹은 이론을 알고 있으며, 항상 업데이트하려고 노력한다.
6.2 나는 설득을 잘하는 사람이다.
6.3 현상에 대한 새로운 해석을 알게 되는 것이 즐겁다.
6.4 새로운 기회를 만들기 위해서 다방면으로 노력을 기울인다.

L 가장 멀다 / M 가장 가깝다
1 (매우 그렇지 않다) / 5 (매우 그렇다)

	L	M	1	2	3	4	5
6.1	○	○	○	○	○	○	○
6.2	○	○	○	○	○	○	○
6.3	○	○	○	○	○	○	○
6.4	○	○	○	○	○	○	○

07. 7.1 한 달 동안 필요한 돈이 얼마인지 파악하고 있다.
7.2 업무나 전공 공부에 꼭 필요한 분야가 아니더라도 호기심이 생기면 일정 정도의 시간을 투자하여 탐색해 본다.
7.3 어디가서든 친구들 중에서 내가 제일 적응을 잘하는 편이다.
7.4 대개 어떤 모임이든 나가다 보면 중심 멤버가 돼 있는 경우가 많다.

L 가장 멀다 / M 가장 가깝다
1 (매우 그렇지 않다) / 5 (매우 그렇다)

	L	M	1	2	3	4	5
7.1	○	○	○	○	○	○	○
7.2	○	○	○	○	○	○	○
7.3	○	○	○	○	○	○	○
7.4	○	○	○	○	○	○	○

08. 8.1 어떤 모임에 가서도 관심사가 맞는 사람들을 금방 찾아낼 수 있다.
8.2 잘 모르는 것이 있으면 전문서적을 뒤져서라도 알아내야 직성이 풀린다.
8.3 나와 함께 일하는 사람들을 적재적소에서 잘 이용한다.
8.4 상대방의 욕구를 중요하게 생각하며 그에 맞추어 주려고 한다.

L 가장 멀다 / M 가장 가깝다
1 (매우 그렇지 않다) / 5 (매우 그렇다)

	L	M	1	2	3	4	5
8.1	○	○	○	○	○	○	○
8.2	○	○	○	○	○	○	○
8.3	○	○	○	○	○	○	○
8.4	○	○	○	○	○	○	○

09. 9.1 극복하지 못할 장애물은 없다고 생각한다.
9.2 생활패턴이 규칙적인 편이다.
9.3 어디에 떨어트려 놓아도 죽진 않을 것 같다는 소리를 자주 듣는다.
9.4 내 분야의 전문가가 되기 위한 구체적인 계획을 가지고 있다.

L 가장 멀다 / M 가장 가깝다
1 (매우 그렇지 않다) / 5 (매우 그렇다)

	L	M	1	2	3	4	5
9.1	○	○	○	○	○	○	○
9.2	○	○	○	○	○	○	○
9.3	○	○	○	○	○	○	○
9.4	○	○	○	○	○	○	○

10. 10.1 누구보다 앞장서서 일하는 편이다.
10.2 내가 무엇을 하면 처져 있을 때 기분이 전환되는지 잘 알고 있다.
10.3 일어날 일에 대해서 미리 예상하고 준비하는 편이다.
10.4 동문회에 나가는 것이 즐겁다.

L 가장 멀다 / M 가장 가깝다
1 (매우 그렇지 않다) / 5 (매우 그렇다)

	L	M	1	2	3	4	5
10.1	○	○	○	○	○	○	○
10.2	○	○	○	○	○	○	○
10.3	○	○	○	○	○	○	○
10.4	○	○	○	○	○	○	○

파트 3 면접가이드

NCS 면접의 이해

※ 능력중심 채용에서는 타당도가 높은 구조화 면접을 적용한다.

1 면접이란?

일을 하는 데 필요한 능력(직무역량, 직무지식, 인재상 등)을 지원자가 보유하고 있는지를 다양한 면접기법을 활용하여 확인하는 절차이다. 자신의 환경, 성취, 관심사, 경험 등에 대해 이야기하여 본인이 적합하다는 것을 보여 줄 기회를 제공하고, 면접관은 평가에 필요한 정보를 수집하고 평가하는 것이다.

- 지원자의 태도, 적성, 능력에 대한 정보를 심층적으로 파악하기 위한 선발 방법
- 선발의 최종 의사결정에 주로 사용되는 선발 방법
- 전 세계적으로 선발에서 가장 많이 사용되는 핵심적이고 중요한 방법

2 면접의 특징

서류전형이나 인적성검사에서 드러나지 않는 것들을 볼 수 있는 기회를 제공한다.

- 직무수행과 관련된 다양한 지원자 행동에 대한 관찰이 가능하다.
- 면접관이 알고자 하는 정보를 심층적으로 파악할 수 있다.
- 서류상의 미비한 사항과 의심스러운 부분을 확인할 수 있다.
- 커뮤니케이션, 대인관계행동 등 행동·언어적 정보도 얻을 수 있다.

3 면접의 평가요소

1 인재적합도

해당 기관이나 기업별 인재상에 대한 인성 평가

2 조직적합도

조직에 대한 이해와 관련 상황에 대한 평가

3 직무적합도

직무에 대한 지식과 기술, 태도에 대한 평가

4 면접의 유형

구조화된 정도에 따른 분류

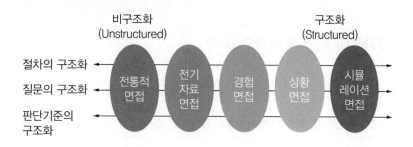

1 구조화 면접(Structured Interview)

사전에 계획을 세워 질문의 내용과 방법, 지원자의 답변 유형에 따른 추가 질문과 그에 대한 평가역량이 정해져 있는 면접 방식(표준화 면접)

- 표준화된 질문이나 평가요소가 면접 전 확정되며, 지원자는 편성된 조나 면접관에 영향을 받지 않고 동일한 질문과 시간을 부여받을 수 있음.
- 조직 또는 직무별로 주요하게 도출된 역량을 기반으로 평가요소가 구성되어, 조직 또는 직무에서 필요한 역량을 가진 지원자를 선발할 수 있음.
- 표준화된 형식을 사용하는 특성 때문에 비구조화 면접에 비해 신뢰성과 타당성, 객관성이 높음.

2 비구조화 면접(Unstructured Interview)

면접 계획을 세울 때 면접 목적만 명시하고 내용이나 방법은 면접관에게 전적으로 일임하는 방식(비표준화 면접)

- 표준화된 질문이나 평가요소 없이 면접이 진행되며, 편성된 조나 면접관에 따라 지원자에게 주어지는 질문이나 시간이 다름.
- 면접관의 주관적인 판단에 따라 평가가 이루어져 평가 오류가 빈번히 일어남.
- 상황 대처나 언변이 뛰어난 지원자에게 유리한 면접이 될 수 있음.

02 NCS 구조화 면접 기법

※ 능력중심 채용에서는 타당도가 높은 구조화 면접을 적용한다.

1 경험면접(Behavioral Event Interview)

면접 프로세스

안내 〉 지원자는 입실 후, 면접관을 통해 인사말과 면접에 대한 간단한 안내를 받음.

질문 〉 지원자는 면접관에게 평가요소(직업기초능력, 직무수행능력 등)와 관련된 주요 질문을 받게 되며, 질문에서 의도하는 평가요소를 고려하여 응답할 수 있도록 함.

세부질문 〉 • 지원자가 응답한 내용을 토대로 해당 평가기준들을 충족시키는지 파악하기 위한 세부질문이 이루어짐.
• 구체적인 행동·생각 등에 대해 응답할수록 높은 점수를 얻을 수 있음.

• **방식**
해당 역량의 발휘가 요구되는 일반적인 상황을 제시하고, 그러한 상황에서 어떻게 행동했었는지(과거경험)를 이야기하도록 함.

• **판단기준**
해당 역량의 수준, 경험 자체의 구체성, 진실성 등

• **특징**
추상적인 생각이나 의견 제시가 아닌 과거 경험 및 행동 중심의 질의가 이루어지므로 지원자는 사전에 본인의 과거 경험 및 사례를 정리하여 면접에 대비할 수 있음.

• **예시**

지원분야		지원자		면접관	(인)

경영자원관리
조직이 보유한 인적자원을 효율적으로 활용하여, 조직 내 유·무형 자산 및 재무자원을 효율적으로 관리한다.

주질문
A. 어떤 과제를 처리할 때 기존에 팀이 사용했던 방식의 문제점을 찾아내 이를 보완하여 과제를 더욱 효율적으로 처리했던 경험에 대해 이야기해 주시기 바랍니다.

세부질문
[상황 및 과제] 사례와 관련해 당시 상황에 대해 이야기해 주시기 바랍니다.
[역할] 당시 지원자께서 맡았던 역할은 무엇이었습니까?
[행동] 사례와 관련해 구성원들의 설득을 이끌어 내기 위해 어떤 노력을 하였습니까?
[결과] 결과는 어땠습니까?

기대행동	평점
업무진행에 있어 한정된 자원을 효율적으로 활용한다.	① - ② - ③ - ④ - ⑤
구성원들의 능력과 성향을 파악해 효율적으로 업무를 배분한다.	① - ② - ③ - ④ - ⑤
효과적 인적/물적 자원관리를 통해 맡은 일을 무리 없이 잘 마무리한다.	① - ② - ③ - ④ - ⑤

척도해설

1 : 행동증거가 거의 드러나지 않음	2 : 행동증거가 미약하게 드러남	3 : 행동증거가 어느 정도 드러남	4 : 행동증거가 명확하게 드러남	5 : 뛰어난 수준의 행동증거가 드러남

관찰기록 :

총평 :

※ 실제 적용되는 평가지는 기업/기관마다 다름.

2 상황면접(Situational Interview)

면접 프로세스

안내 〉 지원자는 입실 후, 면접관을 통해 인사말과 면접에 대한 간단한 안내를 받음.

⌄

질문 〉
- 지원자는 상황질문지를 검토하거나 면접관을 통해 상황 및 질문을 제공받음.
- 면접관의 질문이나 질문지의 의도를 파악하여 응답할 수 있도록 함.

⌄

세부질문 〉
- 지원자가 응답한 내용을 토대로 해당 평가기준들을 충족시키는지 파악하기 위한 세부질문이 이루어짐.
- 구체적인 행동·생각 등에 대해 응답할수록 높은 점수를 얻을 수 있음.

- **방식**
  직무 수행 시 접할 수 있는 상황들을 제시하고, 그러한 상황에서 어떻게 행동할 것인지(행동의도)를 이야기하도록 함.
- **판단기준**
  해당 상황에 맞는 해당 역량의 구체적 행동지표
- **특징**
  지원자의 가치관, 태도, 사고방식 등의 요소를 평가하는 데 용이함.

• 예시

지원분야		지원자		면접관	(인)

유관부서협업
타 부서의 업무협조요청 등에 적극적으로 협력하고 갈등 상황이 발생하지 않도록 이해관계를 조율하며 관련 부서의 협업을 효과적으로 이끌어 낸다.

주질문
당신은 생산관리팀의 팀원으로, 2개월 뒤에 제품 A를 출시하기 위해 생산팀의 생산 계획을 수립한 상황입니다. 그러나 원가가 곧 실적으로 이어지는 구매팀에서는 최대한 원가를 줄여 전반적 단가를 낮추려고 원가절감을 위한 제안을 하였으나, 연구개발팀에서는 구매팀이 제안한 방식으로 제품을 생산할 경우 대부분이 구매팀의 실적으로 산정될 것이므로 제대로 확인도 해보지 않은 채 적합하지 않은 방식이라고 판단하고 있습니다. 당신은 어떻게 하겠습니까?

세부질문
[상황 및 과제] 이 상황의 핵심적인 이슈는 무엇이라고 생각합니까?
[역할] 당신의 역할을 더 잘 수행하기 위해서는 어떤 점을 고려해야 하겠습니까? 왜 그렇게 생각합니까?
[행동] 당면한 과제를 해결하기 위해서 구체적으로 어떤 조치를 취하겠습니까? 그 이유는 무엇입니까?
[결과] 그 결과는 어떻게 될 것이라고 생각합니까? 그 이유는 무엇입니까?

척도해설

1 : 행동증거가 거의 드러나지 않음	2 : 행동증거가 미약하게 드러남	3 : 행동증거가 어느 정도 드러남	4 : 행동증거가 명확하게 드러남	5 : 뛰어난 수준의 행동증거가 드러남

관찰기록 :
총평 :

※ 실제 적용되는 평가지는 기업/기관마다 다름.

3 발표면접(Presentation)

면접 프로세스

안내
• 입실 후 지원자는 면접관으로부터 인사말과 발표면접에 대해 간략히 안내받음.
• 면접 전 지원자는 과제 검토 및 발표 준비시간을 가짐.

∨

발표
• 지원자들이 과제 주제와 관련하여 정해진 시간 동안 발표를 실시함.
• 면접관은 발표내용 중 평가요소와 관련해 나타난 가점 및 감점요소들을 평가하게 됨.

∨

질문응답
• 발표 종료 후 면접관은 정해진 시간 동안 지원자의 발표내용과 관련해 구체적인 내용을 확인하기 위한 질문을 함.
• 지원자는 면접관의 질문의도를 정확히 파악하여 적절히 응답할 수 있도록 함.
• 응답 시 명확하고 자신있게 전달할 수 있도록 함.

- 방식

  지원자가 특정 주제와 관련된 자료(신문기사, 그래프 등)를 검토하고, 그에 대한 자신의 생각을 면접관 앞에서 발표하며, 추가 질의응답이 이루어짐.

- 판단기준

  지원자의 사고력, 논리력, 문제해결능력 등

- 특징

  과제를 부여한 후, 지원자들이 과제를 수행하는 과정과 결과를 관찰·평가함. 과제수행의 결과뿐 아니라 과제수행 과정에서의 행동을 모두 평가함.

4 토론면접(Group Discussion)

면접 프로세스

안내
- 입실 후, 지원자들은 면접관으로부터 토론 면접의 전반적인 과정에 대해 안내받음.
- 지원자는 정해진 자리에 착석함.

▼

토론
- 지원자들이 과제 주제와 관련하여 정해진 시간 동안 토론을 실시함(시간은 기관별 상이).
- 지원자들은 면접 전 과제 검토 및 토론 준비시간을 가짐.
- 토론이 진행되는 동안, 지원자들은 다른 토론자들의 발언을 경청하여 적절히 본인의 의사를 전달할 수 있도록 함. 더불어 적극적인 태도로 토론면접에 임하는 것도 중요함.

▼

마무리 (5분 이내)
- 면접 종료 전, 지원자들은 토론을 통해 도출한 결론에 대해 첨언하고 적절히 마무리 지음.
- 본인의 의견을 전달하는 것과 동시에 다른 토론자를 배려하는 모습도 중요함.

- 방식

  상호갈등적 요소를 가진 과제 또는 공통의 과제를 해결하는 내용의 토론 과제(신문기사, 그래프 등)를 제시하고, 그 과정에서의 개인 간의 상호작용 행동을 관찰함.

- 판단기준

  팀워크, 갈등 조정, 의사소통능력 등

- 특징

  면접에서 최종안을 도출하는 것도 중요하나 주장의 옳고 그름이 아닌 결론을 도출하는 과정과 말하는 자세 등도 중요함.

5 역할연기면접(Role Play Interview)

- 방식

  기업 내 발생 가능한 상황에서 부딪히게 되는 문제와 역할을 가상적으로 설정하여 특정 역할을 맡은 사람과 상호작용하고 문제를 해결해 나가도록 함.

- 판단기준

  대처능력, 대인관계능력, 의사소통능력 등

- 특징

  실제 상황과 유사한 가상 상황에서 지원자의 성격이나 대처 행동 등을 관찰할 수 있음.

6 집단면접(Group Activity)

- 방식

  지원자들이 팀(집단)으로 협력하여 정해진 시간 안에 활동 또는 게임을 하며 면접관들은 지원자들의 행동을 관찰함.

- 판단기준

  대인관계능력, 팀워크, 창의성 등

- 특징

  기존 면접보다 오랜 시간 관찰을 하여 지원자들의 평소 습관이나 행동들을 관찰하려는 데 목적이 있음.

03 면접 최신 기출 주제

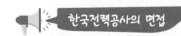
한국전력공사의 면접

한국전력공사의 면접은 1차 직무면접과 2차 종합면접으로 이루어진다. 직무면접은 전공지식을 위주로 직무수행 능력을 평가하며 실무진 4명과 지원자 1명으로 10분 동안 진행된다. 종합면접은 자기소개서를 기반으로 인성과 조직적합도를 평가하며 임원진 4명과 참관인 1명, 지원자 1명으로 약 15분 동안 진행된다.

1 2022년 한국전력공사 면접 기출

직무면접

1. 재료분리란 무엇인지를 설명하시오.
2. 유형자산과 무형자산을 감가상각하는 방법과 이를 적용하는 방법을 설명하시오.
3. 철근콘크리트 공법에서 피복의 두께를 유지하는 이유에 대해 설명하시오.
4. 최근 한국전력공사의 전기료 인상에 대한 본인의 생각을 말해 보시오.
5. 직류연결과 교류연결의 장점과 단점에 대해 설명하시오.
6. C언어와 Java의 특징에 대해 설명하시오.
7. 한국전력공사의 기관 홍보 컨텐츠의 개선안을 제시해보시오.
8. 4차 산업혁명 시대의 노동소득과 자본소득의 배분에 대해 말해 보시오.
9. 재무제표의 종류에 대해 설명하시오.
10. 신재생에너지 발전의 장점과 단점에 대해 설명하시오.
11. 물−시멘트비와 워커빌리티의 상관관계에 대해 설명하시오.

종합면접

1. 본인이 생각하기에 본인은 리더와 팔로워 중 어느 유형이라고 생각하는가?
2. 본인은 다른 사람의 기분을 신경 쓰는 편인가?
3. 업무를 하면서 오해를 받은 경험에 대해 말해 보시오.
4. 협업에서 가장 중요하게 생각하는 것은 무엇인가?
5. 어떤 유형의 사람과는 같이 일하기 싫은가? 혹시 그러한 경험이 있다면 어떻게 해결하였는가?
6. 퇴근시간 직전 악성민원이 생긴다면 어떻게 대처할 것인가?
7. 본인의 앞으로의 10년의 계획에 대해 말해 보시오.
8. 자신의 장점 두 가지와 단점 한 가지를 말해 보시오.
9. 문제 해결에 있어서 가장 중요한 것은 무엇이라고 생각하는가?

10. 리더로서의 자질이란 무엇이라고 생각하는가?
11. 본인의 아르바이트 경력이 지원한 직렬과의 관계에 대해 말해 보시오.
12. 본인의 전공 이외에 가장 많은 에너지를 쏟았던 일은 무엇인가?
13. 고객을 응대해 본 경험에 대해 말해 보시오.
14. 본인의 전공으로 한국전력공사에 기여하는 방안을 제시하시오.

2 2021년 한국전력공사 면접 기출

1 2021년 하반기

직무면접

1. ESG 경영을 잘 실천하고 있는 국내 기업의 예를 들어 설명하시오.
2. 시장실패에 대해 설명하시오.
3. 소비자의 구매 과정에 대해 설명하시오.
4. 채권금리와 시장의 상관관계에 대해 설명하시오.
5. 기회비용과 매몰비용에 대해 설명하시오.
6. 신자유주의란 무엇인지 설명하시오.
7. 중대재해처벌법에 대하여 설명하시오.
8. 중앙은행의 금리 상향조정이 채권이자율에 미치는 영향에 대해 설명하시오.
9. 이해충돌방지법에 대해 설명하시오.
10. 시장실패와 정부실패의 개념과 그 발생 원인에 대해 설명하시오.
11. 예비타당성조사와 환경영향평가제도에 대해 설명하시오.
12. 조직에 헌신했던 경험에 대해 말해보시오.
13. 4차 산업혁명에서 가장 중요한 산업분야가 무엇인지 말하시오.
14. 집단에서의 본인은 리더인가, 팀원인가?
15. 현재 한국전력공사가 당면한 과제와 그에 대해 본인이 기여할 수 있는 점에 대해 말해 보시오.
16. 본인이 지원한 직무에서의 본인이 가진 강점과 약점에 대해 말해 보시오.

종합면접

1. 자기소개를 하시오(1분).
2. 한국전력공사에 지원하기 위해 내가 쌓은 역량은?
3. 본인의 분석력에 대해 어떻게 생각하는가?
4. 좋은 리더란 어떤 것이라고 생각하는가?
5. 회식을 가기 싫어하는 동료가 있다면 어떻게 해야 하는가?
6. 자신이 팀워크를 발휘한 경험에 대해 말해 보시오.

2 2021 상반기

직무면접

1. 자기소개를 하시오(1분).
2. (이직 경험이 있는 경우) 전 직장을 다니면서 가장 힘들었던 점은 무엇이며, 한전에서 그 힘든 부분이 있으면 똑같이 이직을 할 것인가?
3. 직장 내에 프리라이더가 있다면 어떻게 대처할 것인가?
4. 입사 후에 자신이 구체적으로 어떠한 일을 하고 있는지 알고 있는가?
5. SWOT 분석에 대해 설명하시오.
6. 전기사업법과 한국전력공사와의 연관점에 대해 설명하시오.
7. 가상발전소(VPP)에 대해 설명하시오.
8. NPV와 IRR의 차이를 설명하시오.
9. 진급하게 되면 다른 지역에서 근무하게 될 수도 있는데 괜찮은가?

종합면접

1. 평소의 나는 남을 설득하는 사람인가, 남의 의견을 수용하는 사람인가?
2. 한국전력공사의 지원 동기와 입사 후 향후 목표는 무엇인가?
3. 내가 가진 조직생활에서의 강점은?
4. 조직 내에서 대가 없이 몰두했던 경험에 대해 말해 보시오.
5. 까다로운 고객에 대응했던 경험과 그 대처법에 대해 말해 보시오.
6. 본인이 생각하는 본인의 경쟁우위는 무엇인가?
7. 조직생활에 있어서 본인이 생각하는 에티켓은?
8. 본인과 정 반대의 성격을 가진 사람과 친해지기 위한 방법이 있다면 무엇인가?
9. 만일 내일까지 업무를 끝마쳐야 하는데, 본인이 한 번도 해보지 못한 업무라면 어떻게 할 것인가?
10. 입사 후에도 본인이 꼭 지키고 싶은 자신의 가치관은 무엇인가?
11. 본인은 원리원칙과 융통성 중 어디에 더 적합하다고 생각하는가?
12. 본인이 열심히 생각한 아이디어에 모든 팀원들이 반대한다면 어떻게 할 것인가?
13. 지금까지의 경험 중에서 내가 열정을 가지고 가장 자랑할 만한 경험은?
14. 고객응대에서 가장 중요한 자세는 무엇이라고 생각하는가?

3 2020년 한국전력공사 면접 기출

1 2020년 하반기

직무면접

1. 지원한 직무를 위해 준비한 경험을 토대로 자기소개하시오.
2. 차단기와 단로기의 차이점을 말해 보시오.
3. 차단기의 종류를 말해 보시오.
4. 페런티 현상의 문제점과 해결방안을 말해 보시오.
5. 단절권의 장점을 말해 보시오.
6. ESS에 대해 설명하고 그 활용을 말해 보시오.
7. 배전이랑 송전 중 희망하는 직무는?
8. 배전(송전)이 하는 일이 무엇인가?
9. 깨진유리창이론에 대해 말해 보시오.
10. 하인리히법칙에 대해 말해 보시오.
11. 공유경제란 무엇인가? 앞으로 공유경제가 증가할지, 혹은 감소할지 말해 보시오.
12. 현재 기후변화에 관한 가장 주된 아젠다는?
13. 다른 지원자와 차별화된 본인만의 강점을 말해 보시오.
14. 책임감을 발휘한 경험을 말해 보시오.
15. 한국전력공사의 가치를 5개 말해 보시오.

종합면접

1. 자기소개를 하시오(1분).
2. 가장 어려웠던 경험을 말해 보시오.
3. 면접 중 가장 어려웠던 전형은 무엇인가?
4. (아르바이트 경험이 있는 경우) 성공적인 고객 응대 경험이 있는가?
5. 원리원칙과 융통성 중 하나를 선택하고 그 이유를 말해 보시오.
6. 리더가 무엇이라고 생각하는가?

2 2020년 상반기

직무면접

1. 카르히호프 법칙에 대해 설명하시오.
2. 패러데이 법칙을 설명하고 변압기 원리를 패러데이 법칙과 연계해서 설명하시오.
3. PT, CT, MOF에 대해 설명하시오.
4. 과도안정도, 정태안정도, 동태안정도를 설명하고 안정도 향상 대책을 말해 보시오.
5. 변압기 보호방법을 말해 보시오.
6. 피뢰기 구비조건을 말해 보시오.

7. 역섬락에 대해 설명하시오.

8. 변압기 OLTC에 대해 설명하시오.

9. 전압조정장치와 주파수조정장치에 대해 설명하시오.

10. 분로리액터와 전력용콘덴서를 설명하시오.

11. 절연협조에 대해 설명하시오.

12. 변전소에는 어떤 설비가 있는가?

13. 전봇대라고 알려진 전주는 무엇으로 이루어져 있는가?

14. 선로정수 3가지를 설명하시오.

15. 해상풍력발전에 대해 설명하시오.

종합면접

1. 자기소개를 하시오(1분).

2. 지원동기를 말해 보시오.

3. 팔로우십과 리더십에 대해 말해 보시오.

4. 같이 일하기 싫은 사람의 유형과 그 이유를 말해 보시오.

5. 다른 사람과 같이 일할 때 자신의 단점은 무엇인가?

6. 갈등 경험을 말하고, 개인과 조직 간 의견 차이가 있을 때 대처방법을 말해 보시오.

7. 마지막으로 할 말이 있는가?

4 2019년 한국전력공사 면접 기출

1 2019년 하반기(3차)

직무면접

1. 임피던스에 대해 설명하시오.

2. VV결선 시 이용률에 대해 설명하시오.

3. 고조파에 대한 정의와 사례, 그에 대한 대책에 대해 말해 보시오.

4. 가공전선로와 지중전선로의 차이는 무엇인가?

5. 주파수가 떨어지면 어떻게 해야 하는가?

6. 전선의 종류를 말해 보시오.

종합면접

1. 자기소개를 하시오(1분).

2. 지원동기를 말해 보시오.

3. 한국전력공사에 입사한다면 입사 준비 중인 후배들에게 무엇을 공부하라고 할 것인가?

4. 자기 자신을 주변에서 무엇이라고 설명하는지 3가지로 표현해 보시오.

5. 나이 많은 기술진들이 매뉴얼대로 일하지 않을 때 감독으로서 어떻게 행동할 것인가?

6. 마지막으로 할 말이 있는가?

2 2019년 중반기(2차)

직무면접

1. 하프브릿지와 풀브릿지의 원리에 대해 설명해 보시오.
2. 평균값과 실효값에 대해 설명해 보시오.
3. 직류의 경우 실효값과 평균값은 어떤 관계가 있는가?
4. 전선의 허용전류에 대해 설명해 보시오.
5. 우리나라의 송전 방식에 대해 설명해 보시오.
6. 공칭전압과 최대전압에 대해 설명해 보시오.
7. 리액터는 능동소자인가 수동소자인가?
8. 오피앰프의 특징에 대해 설명해 보시오.
9. 지중설비방식에 대해 설명해 보시오.
10. 전선의 경제적 측면에 대해 말해 보시오.
11. 한전에서 하는 스마트계량기에 대해 말해 보시오.
12. 효율적인 전력 측정 방법에 대해 말해 보시오.

종합면접

1. 자기소개를 하시오(1분).
2. 지원동기를 말해 보시오.
3. 한전과 가장 알맞다고 생각하는 인재상은?
4. 양심을 지키기 위해 손해를 감수한 적이 있는가?
5. 한전에서 어떤 직무에 배정을 받고 싶은가?
6. 스트레스를 어떻게 해결하는가?
7. 본인이 해당되는 인재상과 그렇게 생각하게 된 계기가 된 롤모델이 있는지?
8. 본인이 어떤 지역을 담당하는 책임자라면 그 지역이 재난으로 정전 등 큰 피해가 발생했을 때 어떻게 대처할 것인지 말해 보시오.
9. 강원도 산불이 발생한 원인을 말해 보시오.

3 2019년 상반기(1차)

직무면접

1. 키르히호프 법칙에 대해 말해 보시오.
2. 중첩의 원리를 설명해 보시오.
3. 변압기를 병렬운전하는 이유와 그 조건을 말해 보시오.
4. 역률이란 무엇인지, 그리고 역률을 개선하는 방법을 설명해 보시오.
5. 최근 분산형 전원(마이크로그리드)이 주목받고 있는데, 이를 시설할 때 고려해야할 점은 무엇인가?
6. 회선 데이터그램 장단점과 일반회선과의 차이를 설명해 보시오.
7. 전기요금은 어떻게 형성되는가?

종합면접

1. 자기소개를 하시오(1분).
2. 지원동기를 말해 보시오.
3. 프로젝트 경험을 말해 보시오.
4. 보안이 중요한 이유는 무엇인가?
5. 빅데이터에 대해 말해 보시오.
6. 단체 활동을 하면서 실수했던 경험이 있는가?
7. 주변 사람들이 자신을 어떻게 생각하는가?
8. 살면서 실패했던 경험 혹은 극복한 경험이 있는가?
9. 최근 읽은 책은 무엇인가?
10. 한전의 장점은 무엇이라고 생각하는가?
11. 자신이 좋아하는 사람 유형을 말해 보시오.
12. 좌우명은 무엇인가?
13. 입사 후 자기계발 계획이 있는가?
14. 졸업작품은 무엇을 했는가?
15. 가장 행복했던 경험과 어려웠던 경험을 말해보시오.
16. 선택한 직렬 외에 다른 직무를 선택한다면 어떤 부서로 가고 싶은가?
17. 본사에 근무를 하다 고향으로 갈 수 있는 기회가 생겼는데, 팀장이 가지 말라고 한다면 어떻게 할 것인가?

5 2018년 한국전력공사 면접 기출

직무면접

1. 수전단의 전력이 고정되어있을 때 역률이 낮아지면 어떻게 되는가?
2. 접지할 수 있는 기기의 종류에는 무엇이 있고 어떤 역할을 하는가?
3. 피뢰기의 접지방식이 어떻게 되는가?
4. 변압기가 절연을 할 때 어떤 것이 사용되는가?
5. 옥측전선로의 구성과 사용재료를 말해 보시오.
6. 지중전선로의 구성과 사용재료를 말해 보시오.
7. 가공지선이 어떤 식으로 절연을 하는지 설명하시오.
8. 전압의 최댓값, 평균값, 실효값의 정의를 말해 보시오.
9. 실효값을 최댓값으로 구하는 방법을 말해 보시오.
10. 동기기와 유도기의 차이점에 대해 설명하시오.
11. 유효접지가 무엇인가?
12. Y델타에 대해 장단점과 특징을 설명하시오.
13. 피상전력, 유효전력, 무효전력에 대해 설명하시오.
14. 각 전력의 단위와 식에 대해 설명하시오.
15. 전선의 종류와 구성 재료를 말해 보시오.

16. 변압기의 원리와 법칙에 대해 설명하시오.

17. GIS에 대해 설명하시오.

18. 페란티 효과에 대해 설명하시오.

직무면접―사서직

1. 과거 업무 수행 시 힘들었던 민원 문제와 처리방식은 무엇인가?

2. 방문했던 도서관 중 좋았던 사례를 말해 보시오.

3. 한전 도서관에서 하고 싶은 일이 무엇인가?

종합면접

1. 자기소개를 하시오(1분).

2. 지원동기를 말해 보시오.

3. 최근에 읽은 한전 신문기사를 본인만의 의견을 덧붙여 말하시오.

4. 본인의 영어 실력은 어떤가?

5. 인간관계에서 어떤 것을 제일 중시하는가?

6. 감명 깊게 읽은 책은 무엇인가?

7. 한전에 자신의 전공으로 어떤 도움을 줄 수 있는지 말해 보시오.

8. 인생에서 가장 행복했던 일은 무엇인지 말해 보시오.

9. 전공이나 전공 외에 어떤 노력을 하고 있는가?

10. 한전에 들어오기 위해 어떤 실무적 노력을 하고 있는가?

11. 자신의 목표와 회사의 이익이 갈릴 경우 무엇을 우선시할 것인가?

12. 갈등상황이 발생했을 경우 어떻게 해결할 것인가?

13. 쉬는 날 일상을 어떻게 보내는가?

14. 본인의 장단점 또는 가장 잘 할 수 있는 것(강점)과 관련된 경험이 있는가?

15. 4차 산업혁명에 관련된 한전의 사업영역, 직무에 대해 말해 보시오.

16. 관심 있는 직무와 관련된 경험이나 경력을 말해 보시오.

17. 업무에 임할 때 가장 중요하게 생각하는 것은 무엇인가?

18. 팀 동료와 관계 악화를 어떻게 해결할 것인가?

19. 상사의 부당한 지시에 어떻게 대처할 것인가?

20. 자신이 가장 열정적으로 한 일은 무엇인가?

21. 적성에 맞지 않는 일이 주어졌을 때 어떻게 대처했는가?

22. 이전 직장에서 동료와의 갈등이 있었는가?

23. 입사 후 상사의 부당한 지시가 있다면 어떻게 대처할 것인가?

24. 입사 후 어떤 계획이 있는가? 어떤 부서에서 근무하고 싶은가?

25. 한전의 사업 관련 정보를 어디서 어떻게 얻었는가? 한전에서 어떤 업무를 맡고 싶은가?

26. 한전이 앞으로 무엇을 중요시해야 하는가?

27. 자신의 단점과 그 단점이 한전에 미칠 영향을 말하고, 단점을 고치기 위해 노력하고 있는 점을 말해 보시오.

한국전력공사

1회 기출예상문제

성명표기란

수험번호

(주민등록 앞자리 생년제외) 월일

※ 검사문항 : 1~50

문번	답란	문번	답란	문번	답란	문번	답란
1	① ② ③ ④ ⑤	16	① ② ③ ④ ⑤	31	① ② ③ ④ ⑤	46	① ② ③ ④ ⑤
2	① ② ③ ④ ⑤	17	① ② ③ ④ ⑤	32	① ② ③ ④ ⑤	47	① ② ③ ④ ⑤
3	① ② ③ ④ ⑤	18	① ② ③ ④ ⑤	33	① ② ③ ④ ⑤	48	① ② ③ ④ ⑤
4	① ② ③ ④ ⑤	19	① ② ③ ④ ⑤	34	① ② ③ ④ ⑤	49	① ② ③ ④ ⑤
5	① ② ③ ④ ⑤	20	① ② ③ ④ ⑤	35	① ② ③ ④ ⑤	50	① ② ③ ④ ⑤
6	① ② ③ ④ ⑤	21	① ② ③ ④ ⑤	36	① ② ③ ④ ⑤		
7	① ② ③ ④ ⑤	22	① ② ③ ④ ⑤	37	① ② ③ ④ ⑤		
8	① ② ③ ④ ⑤	23	① ② ③ ④ ⑤	38	① ② ③ ④ ⑤		
9	① ② ③ ④ ⑤	24	① ② ③ ④ ⑤	39	① ② ③ ④ ⑤		
10	① ② ③ ④ ⑤	25	① ② ③ ④ ⑤	40	① ② ③ ④ ⑤		
11	① ② ③ ④ ⑤	26	① ② ③ ④ ⑤	41	① ② ③ ④ ⑤		
12	① ② ③ ④ ⑤	27	① ② ③ ④ ⑤	42	① ② ③ ④ ⑤		
13	① ② ③ ④ ⑤	28	① ② ③ ④ ⑤	43	① ② ③ ④ ⑤		
14	① ② ③ ④ ⑤	29	① ② ③ ④ ⑤	44	① ② ③ ④ ⑤		
15	① ② ③ ④ ⑤	30	① ② ③ ④ ⑤	45	① ② ③ ④ ⑤		

한국전력공사

2회 기출예상문제

성명표기란

수험번호

주민등록 앞자리 생년제외 월일

※ 검사문항 : 1~50

문번	답란	문번	답란	문번	답란	문번	답란
1	① ② ③ ④ ⑤	16	① ② ③ ④ ⑤	31	① ② ③ ④ ⑤	46	① ② ③ ④ ⑤
2	① ② ③ ④ ⑤	17	① ② ③ ④ ⑤	32	① ② ③ ④ ⑤	47	① ② ③ ④ ⑤
3	① ② ③ ④ ⑤	18	① ② ③ ④ ⑤	33	① ② ③ ④ ⑤	48	① ② ③ ④ ⑤
4	① ② ③ ④ ⑤	19	① ② ③ ④ ⑤	34	① ② ③ ④ ⑤	49	① ② ③ ④ ⑤
5	① ② ③ ④ ⑤	20	① ② ③ ④ ⑤	35	① ② ③ ④ ⑤	50	① ② ③ ④ ⑤
6	① ② ③ ④ ⑤	21	① ② ③ ④ ⑤	36	① ② ③ ④ ⑤		
7	① ② ③ ④ ⑤	22	① ② ③ ④ ⑤	37	① ② ③ ④ ⑤		
8	① ② ③ ④ ⑤	23	① ② ③ ④ ⑤	38	① ② ③ ④ ⑤		
9	① ② ③ ④ ⑤	24	① ② ③ ④ ⑤	39	① ② ③ ④ ⑤		
10	① ② ③ ④ ⑤	25	① ② ③ ④ ⑤	40	① ② ③ ④ ⑤		
11	① ② ③ ④ ⑤	26	① ② ③ ④ ⑤	41	① ② ③ ④ ⑤		
12	① ② ③ ④ ⑤	27	① ② ③ ④ ⑤	42	① ② ③ ④ ⑤		
13	① ② ③ ④ ⑤	28	① ② ③ ④ ⑤	43	① ② ③ ④ ⑤		
14	① ② ③ ④ ⑤	29	① ② ③ ④ ⑤	44	① ② ③ ④ ⑤		
15	① ② ③ ④ ⑤	30	① ② ③ ④ ⑤	45	① ② ③ ④ ⑤		

※ 검사문항 : 1~50

문번	답란	문번	답란	문번	답란	문번	답란
1	① ② ③ ④ ⑤	16	① ② ③ ④ ⑤	31	① ② ③ ④ ⑤	46	① ② ③ ④ ⑤
2	① ② ③ ④ ⑤	17	① ② ③ ④ ⑤	32	① ② ③ ④ ⑤	47	① ② ③ ④ ⑤
3	① ② ③ ④ ⑤	18	① ② ③ ④ ⑤	33	① ② ③ ④ ⑤	48	① ② ③ ④ ⑤
4	① ② ③ ④ ⑤	19	① ② ③ ④ ⑤	34	① ② ③ ④ ⑤	49	① ② ③ ④ ⑤
5	① ② ③ ④ ⑤	20	① ② ③ ④ ⑤	35	① ② ③ ④ ⑤	50	① ② ③ ④ ⑤
6	① ② ③ ④ ⑤	21	① ② ③ ④ ⑤	36	① ② ③ ④ ⑤		
7	① ② ③ ④ ⑤	22	① ② ③ ④ ⑤	37	① ② ③ ④ ⑤		
8	① ② ③ ④ ⑤	23	① ② ③ ④ ⑤	38	① ② ③ ④ ⑤		
9	① ② ③ ④ ⑤	24	① ② ③ ④ ⑤	39	① ② ③ ④ ⑤		
10	① ② ③ ④ ⑤	25	① ② ③ ④ ⑤	40	① ② ③ ④ ⑤		
11	① ② ③ ④ ⑤	26	① ② ③ ④ ⑤	41	① ② ③ ④ ⑤		
12	① ② ③ ④ ⑤	27	① ② ③ ④ ⑤	42	① ② ③ ④ ⑤		
13	① ② ③ ④ ⑤	28	① ② ③ ④ ⑤	43	① ② ③ ④ ⑤		
14	① ② ③ ④ ⑤	29	① ② ③ ④ ⑤	44	① ② ③ ④ ⑤		
15	① ② ③ ④ ⑤	30	① ② ③ ④ ⑤	45	① ② ③ ④ ⑤		

한국전력공사

4회 기출예상문제

※ 검사문항 : 1~50

감독관 확인란	

수험번호

| ⓪ ① ② ③ ④ ⑤ ⑥ ⑦ ⑧ ⑨ |
| ⓪ ① ② ③ ④ ⑤ ⑥ ⑦ ⑧ ⑨ |
| ⓪ ① ② ③ ④ ⑤ ⑥ ⑦ ⑧ ⑨ |
| ⓪ ① ② ③ ④ ⑤ ⑥ ⑦ ⑧ ⑨ |
| ⓪ ① ② ③ ④ ⑤ ⑥ ⑦ ⑧ ⑨ |
| ⓪ ① ② ③ ④ ⑤ ⑥ ⑦ ⑧ ⑨ |

생년월일
(주민등록 앞자리 생년제외)

| ⓪ ① ② ③ ④ ⑤ ⑥ ⑦ ⑧ ⑨ |
| ⓪ ① ② ③ ④ ⑤ ⑥ ⑦ ⑧ ⑨ |
| ⓪ ① ② ③ ④ ⑤ ⑥ ⑦ ⑧ ⑨ |
| ⓪ ① ② ③ ④ ⑤ ⑥ ⑦ ⑧ ⑨ |

성명표기란

문번	답란	문번	답란	문번	답란	문번	답란
1	① ② ③ ④ ⑤	16	① ② ③ ④ ⑤	31	① ② ③ ④ ⑤	46	① ② ③ ④ ⑤
2	① ② ③ ④ ⑤	17	① ② ③ ④ ⑤	32	① ② ③ ④ ⑤	47	① ② ③ ④ ⑤
3	① ② ③ ④ ⑤	18	① ② ③ ④ ⑤	33	① ② ③ ④ ⑤	48	① ② ③ ④ ⑤
4	① ② ③ ④ ⑤	19	① ② ③ ④ ⑤	34	① ② ③ ④ ⑤	49	① ② ③ ④ ⑤
5	① ② ③ ④ ⑤	20	① ② ③ ④ ⑤	35	① ② ③ ④ ⑤	50	① ② ③ ④ ⑤
6	① ② ③ ④ ⑤	21	① ② ③ ④ ⑤	36	① ② ③ ④ ⑤		
7	① ② ③ ④ ⑤	22	① ② ③ ④ ⑤	37	① ② ③ ④ ⑤		
8	① ② ③ ④ ⑤	23	① ② ③ ④ ⑤	38	① ② ③ ④ ⑤		
9	① ② ③ ④ ⑤	24	① ② ③ ④ ⑤	39	① ② ③ ④ ⑤		
10	① ② ③ ④ ⑤	25	① ② ③ ④ ⑤	40	① ② ③ ④ ⑤		
11	① ② ③ ④ ⑤	26	① ② ③ ④ ⑤	41	① ② ③ ④ ⑤		
12	① ② ③ ④ ⑤	27	① ② ③ ④ ⑤	42	① ② ③ ④ ⑤		
13	① ② ③ ④ ⑤	28	① ② ③ ④ ⑤	43	① ② ③ ④ ⑤		
14	① ② ③ ④ ⑤	29	① ② ③ ④ ⑤	44	① ② ③ ④ ⑤		
15	① ② ③ ④ ⑤	30	① ② ③ ④ ⑤	45	① ② ③ ④ ⑤		

수험생 유의사항

※ 답안은 반드시 컴퓨터용 사인펜으로 보기와 같이 바르게 표기해야 합니다.
〈보기〉 ① ② ③ ❹ ⑤

※ 성명표기란 위 칸에는 성명을 한글로 쓰고 아래 칸에는 성명을 정확하게 표기하십시오. (맨 왼쪽 칸부터 성과 이름은 붙여 씁니다)

※ 수험번호/월일 위 칸에는 아라비아 숫자로 쓰고 아래 칸에는 숫자와 일치하게 표기하십시오.

※ 월일은 반드시 본인 주민등록번호의 생년을 제외한 월 두 자리, 일 두 자리를 표기하십시오.
〈예〉 1994년 1월 12일 → 0112

gosinet (주)고시넷

감독관
확인란

5회 기출예상문제

성명표기란

수험번호

수험생 유의사항

※ 답안은 반드시 컴퓨터용 사인펜으로 보기와 같이 바르게 표기해야 합니다.
〈보기〉 ① ② ③ ❹ ⑤

※ 성명표기란 위 칸에는 성명을 한글로 쓰고 아래 칸에는 성명을 정확하게 표기하여야 합니다.

※ 수험번호/월일 위 칸에는 숫자와 일치하게 표기하십시오. (맨 왼쪽 칸부터 성과 이름은 붙여 씁니다)

※ 수험번호/월일 위 칸에는 숫자로 아래 칸에는 숫자와 일치하게 표기하십시오.

※ 월일은 반드시 본인 주민등록번호의 생년월일을 제외한 월 두 자리, 일 두 자리를 표기하십시오.
(예) 1994년 1월 12일 → 0112

문번	답란	문번	답란	문번	답란	문번	답란
1	① ② ③ ④ ⑤	16	① ② ③ ④ ⑤	31	① ② ③ ④ ⑤	46	① ② ③ ④ ⑤
2	① ② ③ ④ ⑤	17	① ② ③ ④ ⑤	32	① ② ③ ④ ⑤	47	① ② ③ ④ ⑤
3	① ② ③ ④ ⑤	18	① ② ③ ④ ⑤	33	① ② ③ ④ ⑤	48	① ② ③ ④ ⑤
4	① ② ③ ④ ⑤	19	① ② ③ ④ ⑤	34	① ② ③ ④ ⑤	49	① ② ③ ④ ⑤
5	① ② ③ ④ ⑤	20	① ② ③ ④ ⑤	35	① ② ③ ④ ⑤	50	① ② ③ ④ ⑤
6	① ② ③ ④ ⑤	21	① ② ③ ④ ⑤	36	① ② ③ ④ ⑤		
7	① ② ③ ④ ⑤	22	① ② ③ ④ ⑤	37	① ② ③ ④ ⑤		
8	① ② ③ ④ ⑤	23	① ② ③ ④ ⑤	38	① ② ③ ④ ⑤		
9	① ② ③ ④ ⑤	24	① ② ③ ④ ⑤	39	① ② ③ ④ ⑤		
10	① ② ③ ④ ⑤	25	① ② ③ ④ ⑤	40	① ② ③ ④ ⑤		
11	① ② ③ ④ ⑤	26	① ② ③ ④ ⑤	41	① ② ③ ④ ⑤		
12	① ② ③ ④ ⑤	27	① ② ③ ④ ⑤	42	① ② ③ ④ ⑤		
13	① ② ③ ④ ⑤	28	① ② ③ ④ ⑤	43	① ② ③ ④ ⑤		
14	① ② ③ ④ ⑤	29	① ② ③ ④ ⑤	44	① ② ③ ④ ⑤		
15	① ② ③ ④ ⑤	30	① ② ③ ④ ⑤	45	① ② ③ ④ ⑤		

한국전력공사

기출예상문제_연습용

※ 검사문항 : 1~50

감독관
확인란

성명표기란

수험번호

(주민등록 앞자리 생년제외) 월일

수험생 유의사항

※ 답안은 반드시 컴퓨터용 사인펜으로 보기와 같이 바르게 표기해야 합니다.
〈보기〉 ① ② ③ ❹ ⑤

※ 성명표기란 위 칸에는 성명을 한글로 쓰고 아래 칸에는 성명을 정확하게 표기하십시오. (맨 왼쪽 칸부터 성과 이름은 붙여 씁니다)

※ 수험번호/월일 위 칸에는 아라비아 숫자로 쓰고 아래 칸에는 숫자와 일치하게 표기하십시오.

※ 월일은 반드시 본인 주민등록번호의 생년을 제외한 월 두 자리, 일 두 자리를 표기하십시오.
〈예〉 1994년 1월 12일 → 0112

문번	답란	문번	답란	문번	답란	문번	답란
1	① ② ③ ④ ⑤	16	① ② ③ ④ ⑤	31	① ② ③ ④ ⑤	46	① ② ③ ④ ⑤
2	① ② ③ ④ ⑤	17	① ② ③ ④ ⑤	32	① ② ③ ④ ⑤	47	① ② ③ ④ ⑤
3	① ② ③ ④ ⑤	18	① ② ③ ④ ⑤	33	① ② ③ ④ ⑤	48	① ② ③ ④ ⑤
4	① ② ③ ④ ⑤	19	① ② ③ ④ ⑤	34	① ② ③ ④ ⑤	49	① ② ③ ④ ⑤
5	① ② ③ ④ ⑤	20	① ② ③ ④ ⑤	35	① ② ③ ④ ⑤	50	① ② ③ ④ ⑤
6	① ② ③ ④ ⑤	21	① ② ③ ④ ⑤	36	① ② ③ ④ ⑤		
7	① ② ③ ④ ⑤	22	① ② ③ ④ ⑤	37	① ② ③ ④ ⑤		
8	① ② ③ ④ ⑤	23	① ② ③ ④ ⑤	38	① ② ③ ④ ⑤		
9	① ② ③ ④ ⑤	24	① ② ③ ④ ⑤	39	① ② ③ ④ ⑤		
10	① ② ③ ④ ⑤	25	① ② ③ ④ ⑤	40	① ② ③ ④ ⑤		
11	① ② ③ ④ ⑤	26	① ② ③ ④ ⑤	41	① ② ③ ④ ⑤		
12	① ② ③ ④ ⑤	27	① ② ③ ④ ⑤	42	① ② ③ ④ ⑤		
13	① ② ③ ④ ⑤	28	① ② ③ ④ ⑤	43	① ② ③ ④ ⑤		
14	① ② ③ ④ ⑤	29	① ② ③ ④ ⑤	44	① ② ③ ④ ⑤		
15	① ② ③ ④ ⑤	30	① ② ③ ④ ⑤	45	① ② ③ ④ ⑤		

한국전력공사

기출예상문제_연습용

감독관 확인란

성명표기란

수험번호

수험생 유의사항

※ 답안은 반드시 컴퓨터용 사인펜으로 보기와 같이 바르게 표기해야 합니다.

(보기) ① ② ③ ❹ ⑤

※ 성명표기란 위 칸에는 성명을 한글로 쓰고 아래 칸에는 성명을 정확하게 표기하십시오. (맨 왼쪽 칸부터 성과 이름은 붙여 씁니다)

※ 수험번호/월일 위 칸에는 아라비아 숫자로 쓰고 아래 칸에는 숫자와 일치하게 표기하십시오.

※ 월일은 반드시 본인 주민등록번호의 생년을 제외한 월 두 자리, 일 두 자리를 표기하십시오.
(예) 1994년 1월 12일 → 0112

(주민등록 앞자리 생년제외) 월일

※ 검사문항 : 1~50

문번	답란	문번	답란	문번	답란	문번	답란
1	① ② ③ ④ ⑤	16	① ② ③ ④ ⑤	31	① ② ③ ④ ⑤	46	① ② ③ ④ ⑤
2	① ② ③ ④ ⑤	17	① ② ③ ④ ⑤	32	① ② ③ ④ ⑤	47	① ② ③ ④ ⑤
3	① ② ③ ④ ⑤	18	① ② ③ ④ ⑤	33	① ② ③ ④ ⑤	48	① ② ③ ④ ⑤
4	① ② ③ ④ ⑤	19	① ② ③ ④ ⑤	34	① ② ③ ④ ⑤	49	① ② ③ ④ ⑤
5	① ② ③ ④ ⑤	20	① ② ③ ④ ⑤	35	① ② ③ ④ ⑤	50	① ② ③ ④ ⑤
6	① ② ③ ④ ⑤	21	① ② ③ ④ ⑤	36	① ② ③ ④ ⑤		
7	① ② ③ ④ ⑤	22	① ② ③ ④ ⑤	37	① ② ③ ④ ⑤		
8	① ② ③ ④ ⑤	23	① ② ③ ④ ⑤	38	① ② ③ ④ ⑤		
9	① ② ③ ④ ⑤	24	① ② ③ ④ ⑤	39	① ② ③ ④ ⑤		
10	① ② ③ ④ ⑤	25	① ② ③ ④ ⑤	40	① ② ③ ④ ⑤		
11	① ② ③ ④ ⑤	26	① ② ③ ④ ⑤	41	① ② ③ ④ ⑤		
12	① ② ③ ④ ⑤	27	① ② ③ ④ ⑤	42	① ② ③ ④ ⑤		
13	① ② ③ ④ ⑤	28	① ② ③ ④ ⑤	43	① ② ③ ④ ⑤		
14	① ② ③ ④ ⑤	29	① ② ③ ④ ⑤	44	① ② ③ ④ ⑤		
15	① ② ③ ④ ⑤	30	① ② ③ ④ ⑤	45	① ② ③ ④ ⑤		

한국전력공사

기출예상문제_연습용

※ 검사문항 : 1~50

성명표기란

수험번호

○ ① ② ③ ④ ⑤ ⑥ ⑦ ⑧ ⑨

(주민등록 앞자리 생년제외) 월일

○ ① ② ③ ④ ⑤ ⑥ ⑦ ⑧ ⑨

수험생 유의사항

※ 답안은 반드시 컴퓨터용 사인펜으로 보기와 같이 바르게 표기해야 합니다.
　〈보기〉 ① ② ③ ❹ ⑤
※ 성명표기란 위 칸에는 성명을 한글로 쓰고 아래 칸에는 성명을 정확하게 표기하십시오. (맨 왼쪽 칸부터 성과 이름은 붙여 씁니다)
※ 수험번호/월일 위 칸에는 아라비아 숫자로 쓰고 아래 칸에는 숫자와 일치하게 표기하십시오.
※ 월일은 반드시 본인 주민등록번호의 생년을 제외한 월 두 자리, 일 두 자리를 표기하십시오.
　〈예〉 1994년 1월 12일 → 0112

답란

문번	답란	문번	답란	문번	답란	문번	답란
1	① ② ③ ④ ⑤	16	① ② ③ ④ ⑤	31	① ② ③ ④ ⑤	46	① ② ③ ④ ⑤
2	① ② ③ ④ ⑤	17	① ② ③ ④ ⑤	32	① ② ③ ④ ⑤	47	① ② ③ ④ ⑤
3	① ② ③ ④ ⑤	18	① ② ③ ④ ⑤	33	① ② ③ ④ ⑤	48	① ② ③ ④ ⑤
4	① ② ③ ④ ⑤	19	① ② ③ ④ ⑤	34	① ② ③ ④ ⑤	49	① ② ③ ④ ⑤
5	① ② ③ ④ ⑤	20	① ② ③ ④ ⑤	35	① ② ③ ④ ⑤	50	① ② ③ ④ ⑤
6	① ② ③ ④ ⑤	21	① ② ③ ④ ⑤	36	① ② ③ ④ ⑤		
7	① ② ③ ④ ⑤	22	① ② ③ ④ ⑤	37	① ② ③ ④ ⑤		
8	① ② ③ ④ ⑤	23	① ② ③ ④ ⑤	38	① ② ③ ④ ⑤		
9	① ② ③ ④ ⑤	24	① ② ③ ④ ⑤	39	① ② ③ ④ ⑤		
10	① ② ③ ④ ⑤	25	① ② ③ ④ ⑤	40	① ② ③ ④ ⑤		
11	① ② ③ ④ ⑤	26	① ② ③ ④ ⑤	41	① ② ③ ④ ⑤		
12	① ② ③ ④ ⑤	27	① ② ③ ④ ⑤	42	① ② ③ ④ ⑤		
13	① ② ③ ④ ⑤	28	① ② ③ ④ ⑤	43	① ② ③ ④ ⑤		
14	① ② ③ ④ ⑤	29	① ② ③ ④ ⑤	44	① ② ③ ④ ⑤		
15	① ② ③ ④ ⑤	30	① ② ③ ④ ⑤	45	① ② ③ ④ ⑤		

대기업 적성검사

금융_직무평가

저마다의 일생에는,

특히 그 일생이 동터 오르는 여명기에는

모든 것을 결정짓는 한 순간이 있다.

그 순간을 다시 찾아내는 것은 어렵다.

그것은 다른 수많은 순간들의 퇴적 속에

깊이 묻혀있다.

- 장 그르니에, 섬 LES ILES

2024 | 한국전력공사 NCS

고시넷 공기업

한국전력공사 NCS
기출예상모의고사

5회

정답과 해설

모듈형/피듈형 NCS 베스트셀러

고시넷 공기업
초록이 ① NCS
통합기본서
산인공 모듈형 + 응용모듈형

350여 공공기관 및 출제사 최신 출제유형

- 가장 확실한 NCS 완전정복 시리즈 초록이 이론편

- 산인공 모듈형+응용모듈형 필수이론 및 기출문제 유형

- 필수이론 → 확인문제 → 실전문제 체계적인 학습

2024 | 한국전력공사 **NCS**

고시넷
공기업

한국전력공사
NCS
기출예상모의고사

5회

정답과 해설

gosinet
(주)고시넷

1회 기출예상문제 문제 16쪽

01	②	02	②	03	②	04	④	05	⑤
06	④	07	④	08	⑤	09	②	10	②
11	③	12	②	13	⑤	14	①	15	④
16	①	17	②	18	③	19	④	20	②
21	①	22	②	23	④	24	③	25	②
26	④	27	②	28	⑤	29	③	30	②
31	②	32	③	33	④	34	④	35	③
36	②	37	④	38	②	39	③	40	①
41	⑤	42	①	43	②	44	④	45	④
46	⑤	47	②	48	①	49	②	50	③

01 문서이해능력 스마트 시티 이해하기

| 정답 | ②

| 해설 | 스마트 시티의 건축물은 온실가스 발생의 원인인 화력발전소를 대체한다고 언급되어 있으며, 화력에너지의 사용이 감소하면 기상이변을 방지하여 도시의 열섬현상을 완화시킬 수 있게 된다.

| 오답풀이 |

① 스마트 시티의 건축물은 화력발전소를 대체하게 되며, 건물의 벽면 및 창문 등을 태양광 발전이 가능하도록 설계된다. 또한 에너지저장장치를 통해 에너지를 축적할 수 있게 된다.

③ 두 번째 문단에서 스마트 건축물 리모델링, 소규모 분산전원을 모아 전력을 거래하는 전력중개사업 등을 통해 온실가스 감소를 위한 정책을 적극 시행할 방침이라고 언급되어 있다.

④ 조○○ 울산과학기술원 도시환경공학부 교수의 연구논문에서 밝혀진 사실이다.

⑤ 도시를 폭염 저감형으로 만드는 것이 기상이변을 막을 수 있는 하나의 방법이라고 하였으며, 폭염 저감형 도시가 되기 위해서는 온실가스 감소를 유도할 수 있는 스마트 시티 건축물이 도움이 된다.

02 문서이해능력 세부 내용 이해하기

| 정답 | ②

| 해설 | SSRI는 세로토닌을 더 많이 생산시키는 것이 아니라 신경세포 말단에서 세로토닌이 재흡수되는 것을 억제함으로써 세로토닌의 활성을 높이는 것이다.

| 오답풀이 |

① 첫 번째 문단에서 항우울제는 우울증, 조울증을 비롯하여 신경증 치료에 쓰일뿐 아니라 필요에 따라 모든 과에서 처방받을 수 있는 흔한 약이라고 하였다.

③ SSRI은 '행복호르몬'이라고 불리는 세로토닌의 재흡수를 막아 세로토닌의 활성을 높임으로써 우울증 증상을 개선한다고 하였다. 즉 세로토닌이 많을수록 우울감을 덜 느낀다는 것을 추론할 수 있다.

④ 두 번째 문단에서 SSRI가 우울증 치료 뿐 아니라 조루증에도 효과가 있다고 했으며 세 번째 문단에서는 성기능 부전과 같은 다양한 부작용이 나타날 수 있다고 하였다. 따라서 효과와 부작용 모두 가지고 있음을 알 수 있다.

⑤ 마지막 문단에서 아세트아미노펜이 SSRI보다 약효의 발현이 빠르다는 것을 알 수 있다.

03 문서이해능력 세부 내용 이해하기

| 정답 | ②

| 해설 | 2.6Ghz는 저주파, 28Ghz는 고주파에 속한다. 세 번째 문단에서 고주파 대역이 파장이 짧아져 전파의 도달 거리가 줄어들며 회절성이 약하다고 했으므로 저주파는 이와 반대로 파장이 길고 전파의 도달 거리가 길어져 회절성이 강하다는 사실을 알 수 있다.

| 오답풀이 |

① 두 번째 문단의 더 많은 데이터를 더 빠르게 전송할 수 있다는 내용을 통해 5G의 초고속 특성을 알 수 있다. 그리고 1ms(1/1000초)의 초저지연 수준을 구현한다는 내용을 통해 초저지연의 특징을 나타내는 것을 알 수 있다. 두 번째 문단 마지막 문장에서 모든 전자기기들이 인터넷과 연결될 만물인터넷 시대에 대응할 수 있는 초연결의 장점을 보유하고 있다는 내용을 통해 초연결의 특징을 알 수 있다.

③ 5G의 핵심기술 중 하나인 다중안테나는 수평으로만 배치되었던 4G와 달리 안테나를 2차원적으로 수직과 수평 방향에서 사용자를 연결해 전송 속도를 높였다는 4문단의 내용을 통해 4G 환경에서의 안테나는 수평방향의 1차원적 배치였음을 알 수 있다.

④ 다섯 번째 문단에서 빔포밍이 신호를 특정 방향으로 집중시키기 때문에 불필요한 방향으로 신호를 유포하지 않아 더 빠른 정보전송이 이루어지고 더 적은 오류를 보인다는 것을 알 수 있다.

⑤ 세 번째 문단에서 4G에서 사용되는 저주파는 성능이 낮지만 커버리지가 높다고 하였으며 5문단에서도 기존 안테나에서 발사되는 전파는 원형으로 넓게 사방에 퍼지는 방식이라고 설명하고 있다.

04 문서이해능력 글의 견해 반박하기

| 정답 | ④

| 해설 | 데카르트는 '내가 생각한다는 사실'을 전제로 나의 존재를 증명하였으므로 ④는 반론이 아닌 데카르트의 견해와 일치하는 주장이다.

| 오답풀이 |

①, ③ 신의 증명에서 결론을 전제의 일부로 사용하는 오류인 순환 논증의 오류가 드러난다.

05 문서이해능력 세부 내용 이해하기

| 정답 | ⑤

| 해설 | 과세표준이 증가함에 따라 평균세율이 증가하는 것은 비례세가 아닌 누진세이다. 비례세는 세율이 고정되어 있다.

| 오답풀이 |

① 역진세율은 소득이 증가함에 따라 적용 세율이 감소해 더 많이 벌수록 상대적인 세 부담이 줄어드는 구조를 가지고 있다. 따라서 고소득자에겐 역진세가 누진세보다 세금 부담이 적을 것이다.

② 초과누진세율은 소득구간이 높아질수록 더 높은 세율을 적용하는 구조이다. 초과분에 대해서만 해당 세율을 적용하기 때문에 단순누진세율보다 합리적이면서 동시에 소득재분배기능을 가지고 있다.

③ 초과누진세율은 각각의 해당 구간을 넘어서는 소득에 대해서 더 높은 세율을 적용하는 방식이기 때문에 여러 세율의 적용을 받는다. 역진세 또한 여러 구간마다 적용되는 세율이 다르며 누진세와는 반대로 구간이 높아질수록 세율은 낮아진다.

④ 누진세는 과세표준이 커짐에 따라 높은 세율이 적용되기 때문에 고소득자의 세금이 클 수밖에 없다. 역진세 또한 구간이 높아짐에 따라 세율이 낮아지긴 하지만 그 이하까지의 소득에 대해서는 전 단계의 세율이 적용되므로 고소득자가 납부하는 세금 액수는 저소득자보다 항상 클 수밖에 없다. 비례세 역시 세율이 고정되어 있지만 내는 금액은 고소득자가 많다. 가령 연봉으로 각각 1,000만 원을 받는 사람과 2,000만 원을 받는 사람이 같은 세율인 10%를 부담한다면 각각 100만 원과 200만 원의 세금을 내는 것이다.

06 문서이해능력 세부 내용 이해하기

| 정답 | ④

| 해설 | 네 번째 문단에서 '모든 세균이 나쁜 것은 아니지만'이라고 언급되어 있다.

| 오답풀이 |

① 무균 상태인 자궁에 머물던 태아는 분만과정에서 산도를 타고 내려오며 엄마의 몸에 있던 세균들과 처음 접촉하게 된다.

② 박테리아나 바이러스는 오염된 음식이나 공기 또는 직접 접촉을 통해 옮겨진다는 공통점이 있다.

③ 미생물을 단시간 내에 제거하는 방법인 살균은 멸균과 소독으로 구분할 수 있다.

⑤ 바이러스는 가장 하등에 속하는 단세포 생활체인 박테리아와는 구분되는 것으로, 박테리아보다 훨씬 작고 생물과 무생물의 중간 형태를 띠고 있다.

07 문서이해능력 세부 내용 이해하기

| 정답 | ④

| 해설 | 두 번째 문단에서 용량별로는 50MW 이하는 리튬이온배터리 · NaS · RFB 등의 전지 산업으로, 50MW 이상은 CAES 및 양수발전시스템과 같은 대형 발전 산업으로 시장을 형성할 것으로 예상된다고 제시되어 있다.

08 문서이해능력 필자의 견해 · 의도 파악하기

| 정답 | ⑤

| 해설 | 두 번째 문단에서 실험이 모르던 사실들을 새로 알게 해 준다는 생각은 대부분의 경우 잘못이라고 하였으며 네 번째 문단에서는 실험으로부터 얻어 낸 사실들을 단순히 정리하고 체계화하는 것이 과학이라는 생각도 역시 비슷한 잘못을 내포하고 있다고 하였으므로 필자의 견해와 일치한다고 보기 어렵다.

| 오답풀이 |

① 세 번째 문단에서 예상외의 결과를 받아들이게 되는 것은 그 결과에 대한 새로운 이론적 설명이 얻어져서야 가능하다고 하였다. 즉, 예상외의 결과를 설명하기 위해 새로운 이론이 도입되는 경우가 존재한다고 볼 수 있다.

② 네 번째 문단에서 대부분의 실험 결과는 외부 현상이나 과학적 사실과는 거리가 먼 데이터에 불과하며 이것이 의미를 가지기 위해서는 과학자의 해석을 거쳐야 한다고 하였다.

③ 첫 번째 문단에서 과학에 있어서 실험이 갖는 큰 중요성은 종종 실험에 대한 잘못된 믿음을 발생시켰다고 밝히며, 실험이 가지는 맹점을 지적하고 있다.

④ 두 번째 문단에서 예상하지 않던 실험 결과가 얻어지면 그것을 그대로 받아들이기보다는 거의 그 결과를 믿지 않고 실험 도중에 무슨 잘못이 있었을 것으로 의심하여 세심한 검토를 하게 된다고 하였다.

09 문서이해능력 세부 내용 이해하기

| 정답 | ②

| 해설 | 실험을 통해 얻어내는 결과가 항상 동일한 것은 아니다. 네 번째 문단에서 대부분의 실험 결과는 외부 현상이나 과학적 사실과는 거리가 먼 것이며 이것이 의미를 가지기 위해서는 과학자의 해석을 거쳐야 하고 이 '해석'은 결국 과학자의 이론적 사고에 의해서 행해지는 것이라고 설명한다. 따라서 동일한 실험 결과에 대해 해석이 다른 것은 과학자가 실험 결과를 어떻게 설명하느냐에 따라 달려있는 것이다.

10 문서이해능력 세부 내용 이해하기

| 정답 | ②

| 해설 | 두 번째 문단을 통해 전통적인 윤리 체계에서는 사람과 사람 사이의 갈등을 해소하기 위한 원칙만을 문제 삼았으며, 환경 문제는 20세기에 접어든 후 언급되기 시작하였다는 사실을 알 수 있다. 따라서 전통적인 윤리 체계에서는 자연물의 가치가 고려되지 않았음을 유추할 수 있다.

| 오답풀이 |

① 마지막 문단에서 동양 사상은 자연물의 내재적 가치를 강조한다고 하였으나 이것이 도구적 가치를 경시한다는 근거가 되지는 않는다.

③ 자신의 이익보다 타인의 이익을 우위에 놓는 것은 이타주의에 대한 설명이다.

④ 네 번째 문단에서 새로운 환경 윤리에 따르면 자연물의 도구적 가치뿐만이 아니고 내재적 가치 또한 중시하고 있다고 하였다.

⑤ 네 번째 문단에서 새로운 환경 윤리에 따르면 자연물은 내재적 가치를 지니고 있다고 본다. 여기에는 자연계는 물질 대사를 통하여 상호 의존하고 있는 하나의 생태계를 이룬다는 것 등 현대의 생명과학이 밝혀낸 사실은 자연물 그 자체의 존재에 존엄한 가치가 포함되어 있다는 근거로써 사용되고 있다고 하였다.

11 기초연산능력 날짜 계산하기

| 정답 | ③

| 해설 | 101동 ~ 103동 설비는 점검을 한 그 다음날로부터 각각 11일, 14일, 9일 동안 동작 후 그 다음 날에 다시 점검을 하므로, 이들은 점검일로부터 각각 12일, 15일, 10일 뒤에 점검을 하게 된다. 따라서 같은 날에 세 설비를 모두 점검했을 때, 그 다음으로 세 설비를 모두 점검하는 날은 12, 15, 10의 최소공배수인 60일 뒤가 된다.

202X년은 윤년이 아니라고 하였으므로 202X년 1월은 총 31일, 2월은 총 28일이다. 따라서 점검일인 1월 1일부터 60일 뒤의 날짜는 3월 2일이다.

12 기초연산능력 일률 계산하기

| 정답 | ②

| 해설 | 전체 프로젝트의 양을 1이라고 할 때, 박 교수는 하루에 $\frac{1}{23}$, 차 교수는 $\frac{1}{30}$, 정 교수는 $\frac{1}{25}$ 만큼의 일을 처리할 수 있다. 박 교수와 차 교수가 3일 동안 함께 프로젝트를 진행하던 중 차 교수가 그만두고, 박 교수 혼자 프로젝트를 진행하던 중 정 교수가 합류하여 프로젝트를 완료할 때까지 총 14일이 소요되었다. 박 교수가 혼자 프로젝트를 진행한 기간을 x(일)이라고 할 때, 박 교수와 정 교수가 함께 프로젝트를 진행한 기간은 $14-3-x=11-x$(일)이다. 이를 식으로 나타내면 다음과 같다.

$$\frac{3}{23}+\frac{3}{30}+\frac{x}{23}+\frac{11-x}{23}+\frac{11-x}{25}=1$$

$$\frac{3+x+11-x}{23}+\frac{3}{30}+\frac{11-x}{25}=1$$

$$\frac{14}{23}+\frac{1}{10}+\frac{11-x}{25}=1$$

$$11-x=25\left\{1-\left(\frac{14}{23}+\frac{1}{10}\right)\right\}$$

$$x=11-25+\left(\frac{14}{23}+\frac{1}{10}\right)\times25$$

$$=11-\frac{25\times67}{230}≒11-7.28=3.72$$

따라서 박 교수는 혼자 약 4일 동안 프로젝트를 진행하였다.

13 기초연산능력 전기요금 계산하기

| 정답 | ⑤

| 해설 | 정아는 2021년 8월에 전기를 140kW 사용했다. 개편 후 전기요금을 살펴보면 200kWh 이하의 경우 기본요금은 910원이며 전력량 요금은 93.3(원/kWh)이다. 이에 따라 정아가 8월에 사용한 전기 요금을 계산하면 910+93.3×140=13,972(원)이 된다. 또한 정아는 2019년부터 2020년까지 전기를 8월 기준 190kW씩 사용하였다. 그런데 이를 20% 감축할 경우 사용량은 190×0.8=152(kW)가 되는데 정아는 그보다 더 많이 감축하였으므로 10%의 요금 할인을 받게 된다. 또한 개편 후 필수 사용량 보장 공제 실시에 따라 200kWh 이하 사용 시 4,000원 할인이 적용

된다 했으므로 정아가 납부해야 하는 금액은 13,972원×0.9-4,000원≒8,570(원)이다.

14 도표분석능력 자료의 수치 분석하기

| 정답 | ①

| 해설 | 20X3년의 태양열에너지 공급량은 28천 toe로 20X2년에 비하여 감소하였다.

| 오답풀이 |

② 자료에 제시된 전체 신재생에너지의 공급량은 20X1년 9,543.1toe, 20X2년 11,092.5toe, 20X3년 13,015toe이다. 따라서 매년 신재생에너지의 공급량은 증가하였다.

15 도표분석능력 자료의 수치 분석하기

| 정답 | ④

| 해설 | 이용률이 100%이면 발전량과 설비용량의 값이 같고, 가동률이 100%이면 실제 가동시간과 발전 가능한 전체 시간이 같다. 이용률은 설비용량 대비 실제 발전량이므로 발전소 A5의 설비용량을 x라고 할 때, 이용률이 85%인 경우와 대비하여 100%인 경우의 발전량을 다음과 같이 구할 수 있다.

$$7,722:85=x:100$$

$$85\times x=7,722\times100$$

$$x≒9,085$$

따라서 발전소 A5의 이용률이 100%일 때 발전량은 약 9,085GMh가 되므로, 발전소 C6의 이용률이 100%일 때의 발전량 9,197GMh보다 낮다.

| 오답풀이 |

① C 원자력본부의 평균 이용률과 가동률은 각각 81.9%, 87.45%로 다른 원자력본부보다 모두 높다.

② A 원자력본부의 이용률 및 가동률은 모두 100% 미만이다.

③ 발전량이 가장 높은 발전소는 발전량이 9,213GMh인 B3이고, B3은 발전량의 합계가 32,051GMh로 세 원자력본부 중 가장 낮은 B 원자력본부의 소속이다.

⑤ A 원자력본부의 발전소 이용률의 평균은 약 78%이다.

16　도표작성능력　그래프로 변환하기

| 정답 |　①

| 해설 |　A 원자력본부의 평균 발전량은 $\frac{32,413}{5}=6,482.6$ (GMh)이다. 따라서 ⓐ에는 6,482.6이 적절하다.

| 오답풀이 |

② 이용률과 가동률 모두 최댓값이 100%, 최솟값이 0%이므로 B 원자력본부에 관한 자료임을 알 수 있다. 따라서 ⓑ에는 B가 들어가야 한다.

③ 막대그래프와 꺾은선 그래프의 높이와 제시된 수치를 통해 왼쪽부터 이용률과 가동률이 큰 순서대로 배열되었음을 알 수 있다. 따라서 두 번째로 이용률이 큰 발전소 B1의 이용률 98.2가 ⓒ에 들어가야 한다.

④ 네 번째로 이용률이 큰 발전소 B6의 62.4가 ⓓ에 들어가야 한다.

⑤ B 원자력본부의 평균 발전량은 약 5,341.8GWh이다.

17　도표분석능력　자료의 수치 분석하기

| 정답 |　②

| 해설 |　2019년 4분기 자동차 수입액 2,475억 원의 5배는 $2,475\times5=12,375$(억 원)으로 4분기 수출액 13,310억 원보다 적다. 따라서 2019년 4분기 자동차 수출액은 수입액의 5배 이상이다.

| 오답풀이 |

① 2020년 하반기 자동차 수출액은 $11,467.5+11,247.5=22,715$(억 원)이므로 2조 2천억 원 이상이다.

③ 분기별 수출액과 수입액의 차이가 가장 작은 때는 2020년 4분기로 그 차이는 $11,247.5-3,327.5=7,920$(억 원)이며, 8천억 원 미만을 기록하였다.

④ 자동차의 수입 대수와 수출 대수의 차이가 가장 큰 때는 2019년 1분기이며 수입 대수인 1,586대의 3배는 4,758대로 2019년 1분기의 자동차 수출 대수인 4,657대보다 많다. 따라서 2019년 1분기 자동차 수출 대수는 수입 대수의 3배 미만이다.

⑤ 자동차 수출액이 가장 많았던 분기는 2019년 4분기, 자동차 수출 대수가 가장 많았던 분기는 2019년 1분기이다.

18　도표작성능력　그래프로 변환하기

| 정답 |　③

| 해설 |　(A) $12,375+12,870+13,255+13,310=51,810$(억 원)

(B) $4,556+4,229+4,115+4,029=16,929$(대)

(C) $1,780\times4=7,120$(대)

19　도표분석능력　증감률 구하기

| 정답 |　④

| 해설 |　ⓔ 1990년 대비 2000년 전 세계 전력 소비량은 $\frac{12,698-9,702}{9,702}\times100\fallingdotseq30.9$(%) 증가하였다.

| 오답풀이 |

① ㉠ 1990년 대비 2000년 한국의 전력 소비량은 $\frac{240-94}{94}\times100\fallingdotseq155.3$(%) 증가하였다.

② ㉡ 2000년 대비 2010년 한국의 전력 소비량은 $\frac{434-240}{240}\times100\fallingdotseq80.8$(%) 증가하였다.

③ ㉢ 2010년 대비 2020년 한국의 전력 소비량은 $\frac{508-434}{434}\times100\fallingdotseq17.1$(%) 증가하였다.

⑤ ㉤ 2000년 대비 2010년 전 세계 전력 소비량은 $\frac{17,887-12,698}{12,698}\times100\fallingdotseq40.9$(%) 증가하였다.

20　도표분석능력　자료의 수치 분석하기

| 정답 |　②

| 해설 |　1990년 대비 2000년 중국의 전력 소비량 증가값은 $1,073-478=595$(TWh)임에 비해 미국의 전력 소비량 증가값은 $3,500-2,634=866$(TWh)으로 더 크다.

| 오답풀이 |

① 제시된 국가들 중 1990년 전력 소비량이 가장 큰 국가는 2,634TWh의 미국이며, 전 세계 합계 전력 소비량의 25%는 $9,702\times0.25=2425.5$(TWh)이다. 따라서 1990년 전력 소비량이 가장 큰 미국은 같은 해 전 세계 합계 전력 소비량의 25% 이상을 소비했다.

www.gosinet.co.kr gosinet

1회 기출유형
2회 기출유형
3회 기출유형
4회 기출유형
5회 기출유형

③ 2000년 대비 2010년의 전력 소비량은 변화가 없는 영국을 제외한 제시된 모든 국가가 증가했다.

④ 제시된 10개 국가들 중 2010년 대비 2020년 전력 소비량이 감소한 국가는 미국, 일본, 독일, 프랑스, 영국, 이탈리아로 총 6개로 전력 소비량이 감소한 국가 수가 증가한 국가 수보다 더 많다.

⑤ 제시된 10개 국가들 중 2020년 전력 소비량이 가장 작은 국가는 292TWh의 이탈리아이다. 전력 소비량이 가장 큰 국가인 중국의 전력 소비량 5,582TWh의 5%는 279.1TWh이므로, 2020년 이탈리아의 전력 소비량은 중국의 5% 이상이다.

---

21 문제처리능력 요금 계산하기

| 정답 | ①

| 해설 | 전기요금과 수도요금을 각각 표로 정리하면 다음과 같다.

구분	전기요금계	부가가치세	전력산업기반기금	청구요금합계
A 가구	23,020원	2,302원	850원	26,170원
B 가구	31,720원	3,172원	1,170원	36,060원
C 가구	21,520원	2,152원	790원	24,460원
D 가구	31,520원	3,152원	1,160원	35,830원
E 가구	29,220원	2,922원	1,080원	33,220원

구분	구간별 수도요금 합계
A 가구	$(20 \times 430) + (10 \times 570) + (70 \times 840)$ =73,100(원)
B 가구	$70 \times 980 = 68,600$(원)
C 가구	$(30 \times 830) + (20 \times 900) + (30 \times 1,010)$ =73,200(원)
D 가구	$120 \times 590 = 70,800$(원)
E 가구	가정용 : $(20 \times 430) + (10 \times 570) = 14,300$(원) 영업용 : $(30 \times 830) + (20 \times 900) + (10 \times 1,010)$ =53,000(원) 합계 : $14,300 + 53,000 = 67,300$(원)

따라서 전기요금은 B 가구가, 수도요금은 C 가구가 가장 많이 나온 것을 알 수 있다.

---

22 문제처리능력 에너지 생산량 추론하기

| 정답 | ③

| 해설 | 20X1년 에너지 생산량은 부산은 1,026toe, 서울은 976toe이므로 부산이 더 많다. 그러나 총보급용량(누적)을 보면 부산은 41,954(m³/년), 서울은 106,734(m³/년)으로 서울이 더 많다.

| 오답풀이 |

① 20X1년 용도별 보급용량의 합계를 지역별로 비교해보면, 서울이 388(m³/년)으로 세 번째로 많다.

② 전국 공공시설과 사회복지시설 보급용량의 합계는 $5,320 + 5,315 = 10,635$(m³/년)이다. 이는 10,247(m³/년)인 가정용보다 많다.

④ 20X1년 지역별 에너지 생산량은 대구가 1,252toe로 가장 많다.

⑤ 20X1년 대전, 울산, 세종 지역의 보급용량은 20X0년 대비 증가하였다.

---

23 문제처리능력 노선 우선순위 파악하기

| 정답 | ④

| 해설 | 각 노선별 점수를 계산하면 다음과 같다.

- 갑 노선 : $(90 \times 0.25) + (100 \times 0.25) + (80 \times 0.20) + (90 \times 0.10) + (80 \times 0.10) + (80 \times 0.10) = 88.5$(점)
- 을 노선 : $(90 \times 0.25) + (90 \times 0.25) + (100 \times 0.20) + (100 \times 0.10) + (100 \times 0.10) + (60 \times 0.10) = 91$(점)
- 병 노선 : $(100 \times 0.25) + (90 \times 0.25) + (90 \times 0.20) + (100 \times 0.10) + (80 \times 0.10) + (60 \times 0.10) = 89.5$(점)
- 정 노선 : $(80 \times 0.25) + (100 \times 0.25) + (100 \times 0.20) + (90 \times 0.10) + (80 \times 0.10) + (80 \times 0.10) = 90$(점)

따라서 우선순위가 두 번째인 노선은 정 노선이다.

---

24 문제처리능력 노선 우선순위 파악하기

| 정답 | ③

| 해설 | 추가된 노선의 점수를 계산하면 다음과 같다.

- A 노선 : $(80 \times 0.25) + (90 \times 0.25) + (100 \times 0.20) + (100 \times 0.10) + (80 \times 0.10) + (80 \times 0.10) = 88.5$(점)

- B 노선 : $(90×0.25)+(80×0.25)+(100×0.20)+(90×0.10)+(100×0.10)+(100×0.10)=91.5$(점)
- C 노선 : $(100×0.25)+(90×0.25)+(90×0.20)+(90×0.10)+(80×0.10)+(80×0.10)=90.5$(점)

따라서 노선이 추가되면 1순위가 을 노선에서 B 노선으로 바뀐다.

| 오답풀이 |

① C 노선은 90.5점으로 우선순위 3번째이다.

② 마지막 순위는 갑 노선에서 A 노선으로 바뀐다.

④ 정 노선의 우선순위는 2순위에서 4순위로 내려간다.

⑤ 병 노선의 우선순위는 3순위에서 5순위로 내려간다.

25 문제처리능력 주의사항 이해하기

| 정답 | ②

| 해설 | 장기간 보관, 겨울철 전동제품 관리는 M사가 요구한 카테고리가 아니라 Q 사원이 별도로 작성한 부분이다.

| 오답풀이 |

③ 관리 및 유지보수 부분에 작성되어 있다.

26 문제처리능력 자료를 기반으로 합격자 파악하기

| 정답 | ④

| 해설 | A가 직무적합도 테스트에서 5점을 더 맞았더라면 D와 동점이 되지만, 경력이 더 짧아서 탈락한다.

| 오답풀이 |

① 3년 이상 경력자 중에서 D가 합격한다.

② G는 151점으로 불합격한다. C, F는 156점으로 동점이다.

③ B, E는 과락자이다.

⑤ 사회봉사 5시간을 더 할 경우 29시간으로 반올림하여 추가 1점을 획득하므로 157점이 되어 합격할 수 있다.

27 문제처리능력 자료를 기반으로 합격자 파악하기

| 정답 | ⑤

| 해설 | 바뀌는 합격자는 C이다. C의 조건은 '90점, A/B/C,

경력 없음'으로 직무적합도 점수와 면접 점수는 L과 동일하나 L의 경력이 더 길어 L이 합격하게 된다.

28 문제처리능력 자료 읽고 추론하기

| 정답 | ⑤

| 해설 | 〈신 · 재생에너지설비 설치계획서 첨부서류〉를 보면 건물설계개요에는 건물명, 주소, 연면적, 주차장 면적 등의 내용이 포함되어야 한다고 건물설계개요의 비고란에 제시되어 있다.

29 문제처리능력 자료를 바탕으로 추론하기

| 정답 | ②

| 해설 | 제시된 자료를 바탕으로 사원번호에 대한 추론을 하면 다음과 같다.

- 사원번호 4 ~ 5번째 숫자(팀별로 통일) : 소속팀 번호
- 맨 앞자리 영문(두 번째 설명 참고) : 'N'은 신입직, 'C'는 경력직
- 사원번호 2 ~ 3번째 숫자(첫, 세 번째 설명 참고) : 입사년도

2 ~ 3번째 숫자가 '13'인 직원 중 홍보기획팀 손○○대리는 맨 앞자리가 'N'이므로, 신입직으로 채용되었음을 알 수 있다. 따라서 2013년에는 경력직 채용만 진행되었다는 추론은 적절하지 않다.

| 오답풀이 |

① 직원 명단 일부의 사원번호를 보면 2 ~ 3번째 숫자가 '18'인 직원은 총 3명이다. 따라서 2018년에 입사한 직원은 최소 3명이다.

③ 소속팀을 가리키는 4 ~ 5번째 숫자가 '02'이므로 노○○사원은 연구팀 소속임을 알 수 있다.

④ 사원번호 중 6 ~ 8번째 숫자가 직급이 높은 순서대로 순차 생성된다면, 홍보기획팀은 총 7명이고 윤○○사원의 6 ~ 8번째 숫자가 '003'이므로 홍보기획팀에서 직급이 사원인 사람은 003 ~ 007로 총 5명임을 알 수 있다.

⑤ 경영지원팀과 연구팀, 전산팀 팀장의 사원번호가 모두 C로 시작하므로 모두 경력직으로 입사하였다.

30 문제처리능력 공고 이해하기

| 정답 | ②

| 해설 | 태양열에너지 기술을 접목한 작품은 친환경에너지 분야에 해당하여 출품주제에 포함된다.

| 오답풀이 |

① 출품신청 항목의 신청방법에 제시된 내용이다.

③ 출품요건 항목의 출품규격에 제시된 내용이다.

④ 유의사항에 제시된 내용이다.

⑤ 출품요건 항목의 출품자격에 제시된 내용이다.

31 인적자원관리능력 인사발령 결과 파악하기

| 정답 | ②

| 해설 | 인사발령 규정을 반영한 결과는 다음과 같다.

지점	필요인원	직원	지점의 선호순위
가	1명	부장 A	3위
나	1명	과장 D	3위
다	2명	대리 H	4위
		대리 J	9위
라	1명	과장 E	5위
마	3명	대리 G	10위
		대리 F	4위
		부장 B	3위
바	2명	과장 C	7위
		대리 I	8위

따라서 5 ~ 10위에 해당하는 직원은 대리 F, 과장 E, 부장 B, 대리 H, 대리 G 총 5명임을 알 수 있다.

32 인적자원관리능력 발령지점 파악하기

| 정답 | ③

| 해설 | 인사발령 규정의 변경사항을 반영한 결과는 다음과 같다.

지점	필요인원	직원
가	1명	대리 I
나	1명	과장 C
다	2명	부장 A
		과장 D
라	1명	과장 E
마	3명	부장 B
		대리 H
		대리 J
바	2명	대리 F
		대리 G

따라서 발령지점이 변경된 직원은 대리 I, 과장 C, 부장 A, 과장 D, 대리 H, 대리 F 총 6명임을 알 수 있다.

33 예산관리능력 성과급 계산하기

| 정답 | ④

| 해설 | 각 라인별 성과달성률의 평균이 가장 높은 라인인 제2생산라인에서 가장 높은 달성률을 기록한 G가 가장 많은 성과급을 지급받게 된다. 제2생산라인의 성과달성률 평균은 $\frac{82+96+117+95}{4} ≒ 98(\%p)$이므로, G가 받게 될 성과급의 합은 개인별 성과급 90,000원과 라인별 성과급 160,000원을 4로 나눈 40,000원을 더하여 총 130,000원을 지급받는다. 따라서 상반기 성과급을 가장 많이 받는 직원의 성과급은 150,000원 미만이다.

| 오답풀이 |

① 2/4분기 개인별 성과급을 지급받지 못하는 직원은 성과달성률이 83% 미만인 D, E, I 세 명이다.

② 제2생산라인에서 성과달성률이 82%로 가장 저조하여 개인별 성과급을 받지 못하는 E도 라인별 성과급은 40,000원은 지급받으므로, 제2생산라인의 모든 직원들은 최소 40,000원 이상의 성과급을 지급받는다.

③ 2/4분기 성과급이 100,000원 이상인 직원은 130,000원인 G와 110,000원인 K 두 명이다.

⑤ 2/4분기 성과급을 가장 적게 받는 사람은 라인별 성과급 20,000원만을 받는 D와 I이다.

34 예산관리능력 성과급 지급규정 개선하기

| 정답 | ④

| 해설 | 제1생산라인의 성과달성률 평균은

$\dfrac{92+88+106+79}{4} \fallingdotseq 91(\%p)$, 제3생산라인은

$\dfrac{70+94+122+89}{4} \fallingdotseq 94(\%p)$이므로 모든 직원들은 최소 20,000원의 라인별 성과급을 지급받게 된다.

| 오답풀이 |

① 업무달성률 84%인 B와 96%인 F 둘 다 같은 개인별 성 과급 지급 기준인 83 ~ 100% 구간에 위치하므로 동일 하게 20,000원씩을 받게 된다.

② 제3생산라인 직원 K의 업무달성률은 122%로 120%를 초과하였다.

③ 업무달성률 82%인 E와 84%인 B의 성과급 지급 구간이 서로 각각 83% 미만, 83 ~ 100% 구간에 해당하여 각 각 다른 개인별 성과급을 지급받는다.

⑤ 제3생산라인 직원 I와 J의 달성률의 차이는 24%p이나, 직원 I는 성과급 20,000원을 받고 직원 J는 성과급 40,000원을 받게 된다.

35 예산관리능력 합리적 선택하기

| 정답 | ③

| 해설 | 변경된 기준에 따라 자료를 다시 정리하고 점수를 매기면 다음과 같다.

기준 프로그램	가격	난이도	수업 만족도	교육 효과	소요 시간
요가	120만 원	보통	보통	높음	3시간
댄스 스포츠	100만 원	낮음	보통	낮음	2시간 30분
요리	150만 원	보통	매우 높음	보통	2시간
캘리그래피	150만 원	높음	보통	낮음	2시간 30분
코딩	120만 원	매우 높음	높음	높음	3시간

(단위 : 점)

기준 프로그램	가격	난이도	수업 만족도	교육 효과	소요 시간	합계
요가	4	4	3	5	2	18
댄스 스포츠	5	5	3	2	4	19
요리	2	4	5	3	5	19
캘리그래피	2	2	3	2	4	13
코딩	4	1	4	5	2	16

따라서 ○○기업은 점수가 가장 높은 댄스 스포츠와 요리 중 교육 효과가 더 높은 요리를 선택한다.

36 물적자원관리능력 조건에 맞게 배치도 수정하기

| 정답 | ②

| 해설 | FRESH ZONE에는 자극적이지 않고 염분이 적은 매장들로 배치하라고 하였으므로 저염식 음식을 판매하는 A 매장과 자극적이지 않은 음식을 판매하는 D 매장이 배치 되어야 한다. 상반기 매출액이 가장 저조했던 C 매장은 상 반기 매출액이 가장 높았던 B와 F 매장 사이에 배치되어야 하므로 C 매장의 위치는 수정하지 않아도 된다. O 부장의 메일에 따라 수정된 배치도는 다음과 같다.

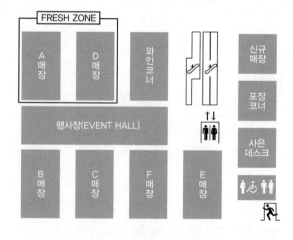

37 예산관리능력 | 자료를 바탕으로 업체 선정하기

| 정답 | ④

| 해설 | 각 업체별 점수를 계산하면 다음과 같다.

(단위 : 점)

업체	업종	소비자 선호도	예상 매출액	임대료	평균 점수
㉠	중식	100	80	80	86.6
㉡	중식	60	40	100	66.6
㉢	채식당	100	60	80	80
㉣	한식당	80	100	100	93.3
㉤	한식당	40	60	60	53.3

점수가 기존 업체보다 높은 업체는 ㉣이므로 신규 입점 계약을 하게 될 업체는 ㉣이다.

38 인적자원관리능력 | 규칙에 맞게 근무지 배치하기

| 정답 | ②

| 해설 | 희망 근무지로 강원도를 선택한 나 직원과 다 직원, 제주도를 선택한 마 직원은 그대로 배치된다.

희망 근무지로 서울을 선택한 직원은 가, 차, 타 직원이며 한 근무지당 2명의 직원만 배치되어야 하므로 1명은 서울로 배치될 수 없다. 고속전호 업무를 하는 차 직원과 타 직원이 우선 배치되어야 하는데, 이때 한 근무지에 배치된 직원들은 업무 분야가 달라야 하고, 분야가 동일할 경우 경력이 많은 순으로 우선 배치하므로 타 직원이 서울로 배치된다. 따라서 서울에 배치되는 직원은 가 직원과 타 직원이다.

희망 근무지로 경기도를 선택한 직원은 라, 사, 자 직원이며 마찬가지로 1명은 경기도로 배치될 수 없다. 고속전호 업무를 하는 라 직원이 우선 배치되고, 다음으로 입환유도 업무를 하는 사 직원과 자 직원 중 경력이 더 많은 사 직원이 배치된다. 따라서 경기도에 배치되는 직원은 라 직원과 사 직원이다.

희망 근무지로 부산을 선택한 직원은 바, 아, 카 직원이며 세 명의 직원 모두 구내운전 업무를 하므로 이 중 경력이 가장 많은 카 직원만 부산으로 배치된다.

〈근무지 배치 규칙〉에 따라 희망 근무지에 배치되는 직원은 다음과 같다.

직원	희망 근무지	직원	희망 근무지
가	서울	사	경기도
나	강원도	아	부산
다	강원도	자	경기도
라	경기도	차	서울
마	제주도	카	부산
바	부산	타	서울

39 인적자원관리능력 | 규칙에 맞게 근무지 배치하기

| 정답 | ③

| 해설 | 주어진 규칙에 따라 희망 근무지에 배치된 직원을 제외하면, 남은 직원들은 희망자가 미달인 제주도(1명), 부산(1명), 광주(2명)에 배치된다. 우선 배치 업무분야에 따라 입환유도 업무를 하는 자 직원이 남은 세 지역 중 가장 평점이 높은 광주에 배치된다. 다음으로 구내운전 업무를 하는 바 직원(경력 4년)과 아 직원(경력 2년) 중 경력이 적은 아 직원이 우선 배치되어야 하는데, 먼저 광주에 배치된 자 직원의 경력이 4년 이상이 되지 않으므로 아 직원은 광주에 배치될 수 없다. 그 다음으로 평점이 높은 부산에는 같은 업무분야 직원이 배치되어 있으므로, 아 직원은 제주도에 배치된다. 이어 바 직원은 광주에 배치되고, 차 직원은 부산에 배치된다.

최종 배치된 근무지를 정리하면 다음과 같다.

직원	근무지	직원	근무지
가	서울	사	경기도
나	강원도	아	제주도
다	강원도	자	광주
라	경기도	차	부산
마	제주도	카	부산
바	광주	타	서울

따라서 마 직원과 같은 근무지에 배치되는 직원은 아 직원이다.

40 인적자원관리능력 부서 배치하기

|정답| ①

|해설| 모든 신입사원을 직원 평가 점수가 높은 순서대로 정렬하여 희망 부서에 따라 부서를 배치하면 다음과 같다.

기준 신입사원	직원 평가 점수	희망 부서 (1지망)	희망 부서 (2지망)	배치 부서
마	5점	영업팀	홍보팀	영업팀
가	4점	영업팀	총무팀	영업팀
라	4점	총무팀	생산팀	총무팀
나	3점	총무팀	영업팀	총무팀
바	3점	생산팀	총무팀	생산팀
사	3점	생산팀	총무팀	생산팀
아	2점	총무팀	영업팀	홍보팀
다	1점	영업팀	홍보팀	홍보팀

따라서 영업팀에 배치되는 사원은 가, 마이다.

41 컴퓨터활용능력 엑셀 함수 적용하기

|정답| ⑤

|해설| 박 부장은 '(가) 성명'의 가운데 글자를 0으로 바꾸고자 하므로 문자를 변환하는 함수인 REPLACE를 활용해야 한다. 해당 함수식은 REPLACE(셀, 시작하는 문자 위치, 바꿀 문자의 개수, 변환할 문자)로 쓰인다. 따라서 E4의 셀에서 2번째에 위치한 문자부터 1개의 문자를 0으로 바꾸기 위해서는 '=REPLACE(E4,2,1,0)'을 넣어야 한다.

42 정보능력 개인정보보호법 이해하기

|정답| ①

|해설| 개인정보보호법 제2조 제1항 다목에서 가명처리한 정보 또한 개인정보에 해당함을 알 수 있다.

43 컴퓨터활용능력 워드프로세서 기능 이해하기

|정답| ②

|해설| ㄷ. 차트를 선택하고 마우스 오른쪽 버튼을 눌러 [범례]를 선택하여 범례에 들어갈 글자의 옵션과 범례의 위치를 지정할 수 있다.

ㄹ. 차트를 선택하고 마우스 오른쪽 버튼을 눌러 [제목]을 선택하여 제목의 글자 크기 및 속성을 지정할 수 있다. 차트를 설명하는 캡션을 달기 위해서는 마우스 오른쪽 버튼을 눌러 [캡션 달기]를 선택하여 입력하며, 캡션의 위치는 [개체 속성]에서 설정할 수 있다.

44 정보처리능력 제품 일련번호 입력하기

|정답| ④

|해설| 제조 연월은 2208, 제조공장은 7, 용도는 가정용이므로 H, 유통 경로는 유럽이므로 506, 생산순서는 네 자리인 0125 이므로 해당 제품의 일련번호는 22087H5060125이다.

45 컴퓨터활용능력 컴퓨터 백신 이해하기

|정답| ④

|해설| 발견적 식별 방법은 바이러스가 아닌 정상적인 프로그램 또한 바이러스로 판단하여 사용자에게 제시할 수 있으므로, 발견적 식별 방법을 사용할 경우 중요한 파일 또한 제거하게 될 수 있다. 따라서 백신으로부터 중요한 파일을 보호하기 위해 발견적 식별 방법이 아닌 서명식별 방법을 사용하는 것이 좋다.

46 컴퓨터활용능력 코드 입력하기

|정답| ⑤

|해설| Status Code가 207이므로 그 다음 줄의 숫자인 272, 104, 52, 74, 209중 가장 큰 숫자인 272와 가장 작은 숫자인 52의 합인 324를 FEV로 한다. 따라서 FEV가 300 이상이므로 〈FEV별 조치 매뉴얼〉에 따라 입력코드로 Fatal을 입력하는 것이 적절하다.

47 컴퓨터활용능력 코드 입력하기

|정답| ②

|해설| Status code가 999이므로 Status code 아래의 숫자들과 Section 번호를 비교한다. Status code 숫자들 중

171보다 더 큰 숫자인 182가 존재하므로, 입력코드로 Passed를 입력하는 것이 적절하다.

48 컴퓨터활용능력 코드 입력하기

| 정답 | ①

| 해설 | Status code가 301이므로 Status code 아래의 숫자들 중 홀수인 숫자의 합을 FEV로 한다. 그런데 홀수인 숫자인 □71, 161, 2□5에서 보이지 않는 부분의 숫자가 모두 0이라고 가정하더라도 71+161+205=437이 되어 FEV가 300을 초과하게 된다. 따라서 입력코드로 Fatal를 입력하는 것이 적절하다.

49 정보처리능력 올바른 바코드번호 파악하기

| 정답 | ⑤

| 해설 | 지역 코드는 전북인 63, 세부지역 코드는 익산인 62, 주재료 코드는 망고인 35, 부재료 코드는 딸기인 24이므로 해당 음료 상품의 바코드번호는 63623524가 맞다.

| 오답풀이 |

① 세부지역 코드가 잘못된 것으로 올바른 바코드번호는 54812413이다.

② 세부지역 코드가 잘못된 것으로 올바른 바코드번호는 31223557이다.

③ 세부지역 코드와 두 재료 코드가 잘못된 것으로 올바른 바코드번호는 55926835이다.

④ 지역 코드가 잘못된 것으로 올바른 바코드번호는 41529980이다.

50 정보처리능력 올바른 바코드번호 파악하기

| 정답 | ③

| 해설 | 부재료 없이 주재료로 키위만 주문했으므로 부재료 코드번호 두 자리에는 키위 코드번호 앞뒤를 바꾸어 써야 한다. 따라서 올바른 바코드번호는 55927997이다.

2회 기출예상문제   문제 72쪽

01 ⑤	02 ③	03 ①	04 ⑤	05 ②
06 ④	07 ③	08 ④	09 ④	10 ①
11 ③	12 ②	13 ③	14 ①	15 ③
16 ②	17 ①	18 ②	19 ③	20 ①
21 ②	22 ②	23 ①	24 ④	25 ②
26 ②	27 ②	28 ②	29 ③	30 ③
31 ②	32 ②	33 ②	34 ③	35 ④
36 ③	37 ③	38 ①	39 ①	40 ③
41 ⑤	42 ④	43 ④	44 ①	45 ③
46 ④	47 ⑤	48 ②	49 ①	50 ⑤

01 문서이해능력 세부 내용 이해하기

| 정답 | ⑤

| 해설 | RPS 제도 하에서는 정해진 최소 공급량이 있기 때문에 공급규모 예측이 용이하다는 장점이 있는 반면, FIT 제도는 신재생에너지의 분산 배치에 효과적이긴 하지만 보급 규모 예측이 어렵다는 단점이 있다.

| 오답풀이 |

① FIT 제도는 생산한 전기의 거래 가격이 에너지원별로 표준비용을 반영한 '기준가격'보다 낮을 경우 그 차액을 정부에서 지원해주는 제도이므로 생산비용이 거래 가격보다 낮다면 차액을 지원받을 이유가 없게 된다.

② FIT 제도의 지원 대상에는 정부 무상지원금이 30% 미만인 태양광, 풍력, 소수력, 바이오에너지, 폐기물 소각, 조력, 연료전지가 해당된다고 하였으므로 이를 통해 FIT 제도의 적용을 받지 않는, 30% 이상의 정부 무상지원금을 받는 대체에너지원이 있음을 알 수 있다.

③ FIT 제도는 정부의 재정 부담이 크고 보급 규모를 예측하기 어렵다는 단점이 있고, 이것이 FIT 제도를 중단하고 RPS 제도로 방향을 돌린 가장 큰 이유라고 설명하고 있다.

④ FIT 제도 하에서는 태양광, 풍력, 소수력, 바이오에너지, 폐기물 소각, 조력, 연료전지 등 다양한 신재생에너지원이 지원금을 받으며 발전에 활용될 수 있었으나, RPS 제도 하에서는 사실상 폐기물과 우드펠릿만 활용되고 있다.

02 문서작성능력 내용 요약하기

|정답| ③

|해설| ⊙ 개별요금제는 자사의 발전기 사정에 맞게 경제적으로 LNG를 구매하는 것이므로 ○○공사가 직접 가격 협상을 진행하는 것은 개별 발전사이다.

ⓒ 기존에는 계약 시점마다 책정 가격 등이 달라지는 가격 차이를 없애기 위해 평균 가격으로 공급하는 평균요금제를 실시하였다.

ⓒ 개별요금제는 발전사들의 선택권을 확대하는 요금제도이다.

② 개별요금제를 시행하면 천연가스를 싸게 수입해오는 것에 대해 원료비 이윤을 추구하지 않아도 되므로 요금이 인하되어 소비자에게도 영향을 미친다.

03 문서작성능력 문단별 제목 작성하기

|정답| ①

|해설| (가)에서는 기존 평균요금제의 비효율적인 부분을 개선하고자 발전사들의 선택권을 확대하는 개별요금제를 도입하였다는 탄생 배경을 말하고 있다.

(나)에서는 개별요금제가 발전사와 공사, 소비자에게 제공하는 이점에 대해 말하고 있으므로 '개별요금제의 이점'이라는 제목을 붙일 수 있다.

04 문서이해능력 세부 내용 이해하기

|정답| ⑤

|해설| ㄷ. 4A를 통해 디지털 커뮤니케이션으로 인해 다양한 모임이 생겨나고 있다는 것은 알 수 있다.

ㄹ. 2A에서 소비가 급격히 디지털 플랫폼으로 이동한 이유로 감염 위험을 제시하고 있다.

|오답풀이|

ㄱ. 1A에서 '분위기 좋은 카페에서 커피 한 잔 마시는 경험은 커피 배달로 대체될 수 없다'는 대답을 통해 디지털로 대체할 수 없는 아날로그 고유의 좋은 경험이 존재함을 긍정하고 있다.

ㄴ. 2A에서 음악, 송금, 음식 주문을 예시로 소비문화가 급격하게 디지털 플랫폼으로 이동하게 됐고, 그 경험이

표준이 되어감을 설명하고 있고, 3A에서는 아날로그가 미덕인 분야에서도 온라인으로 양식을 옮겨 이를 만족할 기회를 제공해야 한다고 주장한다.

05 문서이해능력 글을 바탕으로 사례 제시하기

|정답| ②

|해설| 제시한 글은 디지털 문명으로 스포츠, 예술 등 다양한 분야를 누리는 바탕이 상황과 때에 따라 온라인으로 이동되는 것을 말하고 있다. 교외 카페에 가서 휴식을 취하고 사진을 찍는 것은 디지털 플랫폼으로 이동한 것이라고 볼 수 없다.

06 문서이해능력 세부 내용 이해하기

|정답| ④

|해설| '수익사업'을 보면 수익사업은 ○○공사의 유휴공간 및 교통시설을 활용하여 진행할 수 있는 창의적이고 수익성 있는 신규사업을 말한다.

|오답풀이|

① '운영개요-사업유형'을 보면 공사 홈페이지를 통한 접수만 최종적으로 가능하다.

② '접수 제외대상'을 보면 ○○공사에서 이미 시행된 수익사업은 접수 제외대상에 해당한다.

③ 주어진 자료에는 기술개발 및 R&D 사업 내용에 대해 자세히 설명되어 있지 않다. 따라서 주어진 자료만으로는 해당 내용을 알 수 없다.

⑤ '신기술 및 특허'를 보면 기술인증제품의 경우에만 기술인증마크등록이 필수임을 알 수 있다.

07 문서작성능력 누락된 내용 검토하기

|정답| ③

|해설| '신기술 및 특허-활용방법·절차'에 이미 제시되어 있는 내용이다.

| 오답풀이 |

② '운영개요 - 대상사업'을 보면 우리공사 정관 내 사업범위에 명시된 분야라고 나와 있지만 이에 관한 구체적 자료가 제시되어 있지 않으므로 적절한 요구이다.

⑤ 기술개발 및 R&D 사업 내용에 대한 설명이 누락되어 있으므로 적절한 요구이다.

08 문서이해능력 빈칸에 들어갈 내용 찾기

| 정답 | ④

| 해설 | 글에서 조사 대상이 된 전투기들은 전체 전투기 중에서 격추되지 않고 돌아온 전투기이므로 실제로는 편향된 표본이지만, 군 장성들은 이것이 출격한 전투기 전체에서 무작위로 추출된 표본이라고 가정하였다. 이에 장성들은 동체 쪽에 많은 총알구멍이 박혀서 돌아온 전투기를 보고 '전투기에서 총알을 가장 많이 맞는 곳은 동체'라고 판단하게 되었다는 내용이다.

09 문서이해능력 글을 바탕으로 추론하기

| 정답 | ④

| 해설 | 에너지 수요관리를 위한 수요반응은 전력 소비에 따른 요금이나 인센티브를 제공하는 전력공급자가 선택할 수 있는 방법이다. 가전제품 제조 회사가 에너지 수요관리에 참여할 수 있는 대표적인 방법은 수요 반응이 아닌 에너지 효율 향상이 적절하다. 에너지 효율 향상은 전력소비자가 높은 에너지 효율을 가진 제품을 쓰도록 유도하는 것이며, 높은 에너지 효율의 전자/가전제품에 지원금을 주는 정책 등이 고려될 수 있다고 하였으므로 이는 곧 가전제품 제조 회사가 에너지 효율 향상에 참여할 수 있는 방법이 된다.

| 오답풀이 |

① 에너지 수요관리는 시간이나 계절에 따른 수요변화에 대응한 요금 및 인센티브 설정인 수요 반응과 에너지 효율이 높은 제품을 사용하는 에너지 효율 향상 등을 통해 에너지를 사용하는 패턴을 변화시켜 에너지의 수요를 충족시키는 것을 의미한다.

② 에너지 수요관리는 전력망 분산화를 포함하여 수요자 측면에서 에너지 소비 및 전력망 부하 감축을 위한 에너지 효율 향상 등의 활동을 수행하는 것으로 정의하고 있다. 따라서 전력망 분산화에 관한 활동인 분산형 전원 보급은 중앙집약형 전력망의 부하에 부담을 주지 않는 방법이 되므로 에너지 수요관리에 큰 도움이 될 것으로 추론할 수 있다.

③ 에너지 효율 향상에는 전력사용량을 시각화하여 전력소비자가 이를 모니터링할 수 있는 기술인 스마트 미터가 포함되어 있다고 설명하고 있다.

⑤ 마지막 단락에서 소개된 에너지관리시스템은 전자/가전기기의 전력사용을 자동으로 제어하고 이에 따른 전력 사용량, 전기요금 변화 등을 스마트폰/컴퓨터 앱을 통해 표시하는 기능을 포함하고 있다.

10 문서이해능력 세부 내용 이해하기

| 정답 | ①

| 해설 | 수소에너지의 주원료인 천연가스의 가격은 셰일가스 혁명에 힘입어 이미 경쟁력을 회복한 상태라는 언급을 통해 봉착한 문제가 아닌 극복된 문제로 보아야 한다.

| 오답풀이 |

② 수소에너지의 생산 방식으로 전통적인 생산 방식인 천연가스의 개질과 물을 전기분해하여 생산하는 수전해 방식이 있다고 설명하고 있다.

③ P2G는 신재생에너지의 잉여전력을 이용하여 수소에너지를 생산하고자 하는 방식이므로 신재생에너지의 잉여전력이 많을수록 생산 가능한 수소에너지가 더 많아지게 된다.

④ 수소에너지를 사용하는 연료전지 시장이 확대되고 있으며 이 중 발전용 연료전지는 우리나라에서, 가정용 연료전지는 일본에서 각각 그 수요가 확대되고 있다고 언급되어 있다.

⑤ 주요국의 수송부문 환경규제가 강화되면 이에 따른 기준을 준수하기 위해 수소충전소 등의 인프라가 보급될 것이며, 국가적 지원이 이어져야 하므로, 이것은 수소에너지 시장의 확대와 수소에너지 보급에 긍정적인 영향을 미치는 요인이 된다.

11 도표분석능력 자료의 수치 분석하기

| 정답 | ③

| 해설 | ⓒ 비수도권의 전기요금 변동률이 수도권의 전기요금 변동률보다 높은 연도는 20X2년, 20X5년으로 2개년이다.

ⓒ 수도권과 비수도권의 전기요금 변동률 차이가 가장 크게 나타나는 연도는 6.48−5.28=1.2(%p)의 차이가 나는 20X9년이다.

| 오답풀이 |

㉠ 20X5년에는 전년 대비 전기요금 변동률이 감소하였다.

ⓔ 변동률 차이가 가장 큰 해는 수도권은 2.88−1.38=1.5(%p)인 20X4년, 비수도권은 5.28−4.31=0.97(%p)인 20X9년이다.

12 도표분석능력 수치 분석하기

| 정답 | ②

| 해설 | 각 측정연도별 전체 생산가능인구 대비 40대 생산가능인구의 비중을 구하면 다음과 같다.

- 2006년 : $\frac{11.3+8.6}{90.2}\times100 ≒ 22.1(\%)$

- 2011년 : $\frac{10.7+10.6}{87.8}\times100 ≒ 24.3(\%)$

- 2016년 : $\frac{10.4+10.2}{86.3}\times100 ≒ 23.9(\%)$

- 2021년 : $\frac{9.4+9.9}{84.1}\times100 ≒ 22.9(\%)$

따라서 지속적으로 증가하였다는 설명은 적절하지 않다.

| 오답풀이 |

① 2016년 대비 2021년의 전체 생산가능인구수는 $\frac{36,587-35,428}{35,428}\times100 ≒ 3.3(\%)$ 증가하였다.

③ 각 측정연도별 전체 생산가능인구 대비 30대 생산가능인구의 비중을 구하면 다음과 같다.

- 2006년 : $\frac{11.7+11.5}{90.2}\times100 ≒ 25.7(\%)$

- 2011년 : $\frac{10.6+11.1}{87.8}\times100 ≒ 24.7(\%)$ $(-1.0\%p)$

- 2016년 : $\frac{9.4+10.1}{86.3}\times100 ≒ 22.6(\%)$ $(-2.1\%p)$

- 2021년 : $\frac{8.4+9}{84.1}\times100 ≒ 20.7(\%)$ $(-1.9\%p)$

따라서 2006년과 2011년의 비중 차이가 1.0%p로 가장 작다.

④ • 전체 생산가능인구 대비 15 ~ 29세 생산가능인구의 비중을 구하면 다음과 같다.

2011년 : $\frac{8+7.4+10}{87.8}\times100 ≒ 28.9(\%)$

2016년 : $\frac{8.1+6.5+8.7}{86.3}\times100 ≒ 27.0(\%)$

따라서 2011년에 비해 2016년 전체 생산가능인구 대비 15 ~ 29세 생산가능인구 비중은 감소하였다.

• 전체 생산가능인구 대비 50대 생산가능인구의 비중을 구하면 다음과 같다.

2011년 : $\frac{8.2+6.2}{87.8}\times100 ≒ 16.4(\%)$

2016년 : $\frac{9.9+7.4}{86.3}\times100 ≒ 20.0(\%)$

따라서 2011년에 비해 2016년 전체 생산가능인구 대비 50대 생산가능인구 비중은 증가하였다.

⑤ 2016년 전체 생산가능인구 대비 30대 생산가능인구 비중은 $\frac{9.4+10.1}{86.3}\times100 ≒ 22.6(\%)$이고, 2021년 전체 생산가능인구 대비 40대 생산가능인구 비중은 $\frac{9.4+9.9}{84.1}\times100 ≒ 22.9(\%)$로 22.9−22.6=0.3(%p)의 차이를 보인다.

13 도표분석능력 자료의 수치 분석하기

| 정답 | ③

| 해설 | '올해 실업자 · 실업률 추이'를 보면 실업자 수는 20X4년 1월부터 100만 명을 상회하고 있으며, 9월에는 102.4만 명임을 알 수 있다.

| 오답풀이 |

① 20X4년 1월부터 9월까지의 평균 실업률은 $\frac{3.7+4.6+4.5+4.1+4.0+3.7+3.7+4.0+3.6}{9}$ ≒ 3.99 ⋯ (%)로 4% 미만이다.

② 전년 동월 대비 취업자가 두 번째로 많이 증가한 산업은 부동산업으로, 8만 명이 증가하였다.

④ 20X4년 9월에 전년 동월 대비 취업자가 감소한 산업의 취업자 총 감소량은 13+10+8.6+4.2+1.2=37(만 명)이다.

⑤ 20X4년 9월에 전년 동월 대비 취업자가 증가한 산업의 취업자 총 증가량은 2.7+4.5+5.1+5.7+7.3+8.0+13.3=46.6(만 명)이다.

14 도표분석능력 자료를 추가하여 수치 분석하기

|정답| ④

|해설| 추가로 주어진 자료와 '9월 산업별 취업자 증감 현황'을 바탕으로 20X4년 9월의 산업별 취업자 수를 구하면 다음과 같다.

(단위 : 천 명)

구분	20X1년 9월	20X2년 9월	20X3년 9월	20X4년 9월
교육 서비스업	1,852	1,890	1,869	1,869−12 =1,857
제조업	4,632	4,538	4,555	4,555−42 =4,513
숙박 및 음식점업	2,217	2,318	2,298	2,298−86 =2,212
도매 및 소매업	3,793	3,773	3,819	3,819−100 =3,719
사업시설관리, 사업지원 및 임대서비스업	1,361	1,401	1,400	1,400−130 =1,270

따라서 20X4년 9월의 제조업 취업자 수는 숙박 및 음식점업 취업자 수의 $\dfrac{4,513}{2,212} ≒ 2.04$(배)이다.

15 도표분석능력 자료의 수치 분석하기

|정답| ③

|해설| 20X1년 유럽연합 대비 한국의 석유 소비량은 $\dfrac{128.9}{646.8} \times 100 ≒ 19.9$(%)로 20% 미만이다.

|오답풀이|

① 20X1년 OECD 대비 한국의 석유 소비량은 $\dfrac{128.9}{2,204.8} \times 100 ≒ 5.8$(%)로 5% 이상이다.

② 20X1년 OECD 대비 중국의 석유 생산량은 $\dfrac{189.1}{1,198.6} \times 100 ≒ 15.8$(%)로 15% 이상이다.

⑤ 20X1년 유럽연합의 석유 생산량 대비 석유 소비량은 $\dfrac{646.8}{72.7} ≒ 8.9$배로 8배를 초과한다.

16 도표분석능력 자료의 수치 분석하기

|정답| ②

|해설| ㉠ 가사노동을 부인이 전담한다고 응답한 남성의 수는 전체 45,000명 중 87.9%인 39,555명, 여성의 수는 전체 55,000명 중 49,445명으로 49,445−39,555 =9,890(명) 차이이다.

㉢ 가사노동 부담형태별로 취업자와 미취업자가 응답한 비율의 차이는 다음과 같다.

• 부인전담 : 90.1−87.4=2.7(%p)

• 부부 공동분담 : 8.6−6.7=1.9(%p)

• 남편전담 : 3.0−2.3=0.7(%p)

• 가사도우미 활용 : 1.0−0.9=0.1(%p)

따라서 응답비율의 차이는 부인전담, 부부 공동분담, 남편전담, 가사도우미 활용 순으로 높다.

|오답풀이|

㉡ 가사노동을 부부가 공동으로 분담한다고 응답한 50대의 비율은 5.9%, 60대 이상의 비율은 6.7%로 60대 이상이 더 높게 나타났다.

㉣ 취업자가 가사노동을 부인전담 또는 남편전담으로 응답한 비율은 90.1+2.3=92.4(%), 미취업자는 87.4+3.0 =90.4(%)로, 취업자가 미취업자에 비해 더 높다.

17 도표분석능력 자료의 수치 분석하기

|정답| ①

|해설| ㉠ 각 연도별 민간부담금의 비율은 다음과 같다.

- 20X0년 : $\dfrac{31,527}{110,913} \times 100 \fallingdotseq 28.4(\%)$

- 20X1년 : $\dfrac{32,705}{109,841} \times 100 \fallingdotseq 29.8(\%)$

- 20X2년 : $\dfrac{23,586}{92,606} \times 100 \fallingdotseq 25.5(\%)$

- 20X3년 : $\dfrac{32,874}{127,747} \times 100 \fallingdotseq 25.7(\%)$

- 20X4년 : $\dfrac{32,271}{120,603} \times 100 \fallingdotseq 26.8(\%)$

따라서 민간부담금의 비율은 20X2년에 가장 낮았다.

ⓛ 민간부담금 중 현금부담은 20X3년에 가장 큰 폭인 $12,972-5,358=7,614$(백만 원) 상승했다.

| 오답풀이 |

ⓒ 20X1년 민간부담금 중 현물부담금은 총사업비의 $\dfrac{23,820}{109,841} \times 100 \fallingdotseq 21.7(\%)$로, 25% 미만이다.

ⓔ 20X4년 민간부담금 중 현금부담금은 정부지원금 대비 $\dfrac{13,378}{88,332} \times 100 \fallingdotseq 15.1(\%)$로, 20% 미만이다.

18 도표분석능력 자료의 수치 분석하기

| 정답 | ②

| 해설 | (가) 건당 사용량은 현재 성장을 유지할 경우 $\dfrac{48}{4.7} \fallingdotseq 10.2$(MW), 도입을 촉진할 경우는 $\dfrac{49}{4.2} \fallingdotseq 11.7$(MW)로 도입을 촉진할 경우 커진다.

(다) 현재 성장을 유지할 경우 신축주택 전체에서 10kW 이상 용량의 설비 도입 건수의 비중은 $\dfrac{4.7}{165.3+4.7} \times 100 \fallingdotseq 2.8(\%)$이며, 도입을 촉진할 경우는 $\dfrac{4.2}{185.2+4.2} \times 100 \fallingdotseq 2.2(\%)$이므로 약 $2.8-2.2=0.6(\%p)$ 하락하게 된다.

| 오답풀이 |

(나) 10kW 미만의 천 건 당 사용량은 $\dfrac{454}{94.1} \fallingdotseq 4.8$(MW)이며, 10kW 이상은 $\dfrac{245}{23.3} \fallingdotseq 10.5$(MW)이므로 건당 사용량은 10kW 이상의 설비가 더 많다.

(라) 태양광 설비 도입을 촉진하게 되면 현재 성장을 유지할 경우에 비해 20X5년의 10kW 미만 기존주택의 도입 건수의 증가율은 $\dfrac{165-145.4}{145.4} \times 100 \fallingdotseq 13.5(\%)$로 15%를 넘지 않는다.

19 도표분석능력 자료의 수치 분석하기

| 정답 | ③

| 해설 | 2X20년 대비 2X28년의 전력소비량 절감계획에서 기기보급에 의한 증가량은 $19,709-7,159=12,550$(GWh)로 부하관리 및 정책의지에 의한 증가량인 $21,482-5,559=15,923$(GWh)보다 더 적다.

| 오답풀이 |

① 각 연도별 절감계획의 증가율은 다음과 같다.

연도	최대전력 절감계획	전력소비량 절감계획
2X22년	$\dfrac{5,224-3,623}{3,623} \times 100$ $\fallingdotseq 44.2(\%)$	$\dfrac{26,460-17,537}{17,537} \times 100$ $\fallingdotseq 50.9(\%)$
2X24년	$\dfrac{6,852-5,224}{5,224} \times 100$ $\fallingdotseq 31.2(\%)$	$\dfrac{35,754-26,460}{26,460} \times 100$ $\fallingdotseq 35.1(\%)$
2X26년	$\dfrac{8,567-6,852}{6,852} \times 100$ $\fallingdotseq 25.0(\%)$	$\dfrac{45,348-35,754}{35,754} \times 100$ $\fallingdotseq 26.8(\%)$
2X28년	$\dfrac{10,269-8,567}{8,567} \times 100$ $\fallingdotseq 19.9(\%)$	$\dfrac{54,862-45,348}{45,348} \times 100$ $\fallingdotseq 21.0(\%)$

절감계획의 증가율은 두 지표 모두 시기가 지날수록 줄어들고 있음을 알 수 있다.

② 전력소비량 절감계획 중 총 예상 절감량이 전년대비 가장 많이 증가할 것으로 예상되는 기간은 $45,348-35,754=9,594$(GWh) 증가한 2X26년이다.

④ 효율관리로 인해 절감될 것으로 예측되는 최대전력의 예상 절감계획량은 2X22년 최소 $437-302=135$(MW)부터 2X26년 최대 $737-581=156$(MW)까지의 범위에서 증가하고 있다.

⑤ 기기보급에 의한 효율향상으로 절감될 것으로 예측되는 전력소비량의 2X22년 예상 절감계획량은 2X20년보다 $10,478-7,159=3,319$(GWh) 증가하여 다른 해

와 비교했을 때 가장 큰 증가량을 나타낼 것으로 예측되고 있다.

20 도표분석능력 자료의 수치 계산하기

| 정답 | ①

| 해설 | 2X20년 효율향상을 통한 전력소비 절감량은 7,159 + 4,819 = 11,978(GWh)이며, 부하관리를 통한 전력소비 절감량은 5,559GWh이다. 따라서 2X20년의 소요재정총액을 각각의 절감량으로 나누어 산출하면 다음과 같다.

- 효율향상을 통한 전력소비 절감량 1GWh당 평균 소요

재정 : $\dfrac{41,900,000}{11,978} ≒ 3,498$(천 원)

- 부하관리 및 정책의지를 통한 전력소비 절감량 1GWh당

평균 소요재정 : $\dfrac{22,600,000}{5,559} ≒ 4,065$(천 원)

21 문제처리능력 설문조사 내용 파악하기

| 정답 | ②

| 해설 | 언급한 두 문항인 '귀하가 원하는 사내 복지제도는 무엇입니까?', '현재 가장 부족하다고 생각하는 사내 복지제도는 무엇입니까?'에서 두 번째로 수요가 많은 답변은 '휴가비 지원(53.0%, 22.4%)'이다.

22 문제처리능력 설문조사 내용 파악하기

| 정답 | ③

| 해설 | '귀하가 원하는 사내 복지제도는 무엇입니까?'는 복수응답이 가능하다고 언급되어 있으며, 선택률이 높은 여가활동지원(69.1%), 휴가비 지원(53.0%)만 보아도 100%가 넘으므로 일부 사원은 두 가지 이상을 선택했음을 알 수 있다.

| 오답풀이 |

① '사내 복지제도가 좋은 기업이라면 현재보다 연봉이 다소 적더라도 이직할 의향이 있다'고 밝힌 직원이 아닌 직원보다 많다.

② 사내 복지제도 중 가장 적은 선택을 받은 항목은 '사내 동호회 지원'이다.

④ 편의시설이 가장 부족한 복지제도라고 생각하는 사원은 26명(7.2%)으로 편의시설을 원하는 직원인 121명(33.4%) 보다 적다.

⑤ 사내 복지제도가 미흡한 이유에 관하여 응답자의 55.2% 가 사내 복지제도에 대한 CEO의 의식 미흡을 지적한 점을 통해 과반수가 사내 복지제도에 대한 CEO의 의식 개선을 촉구하고 있다고 분석할 수 있다.

23 문제처리능력 자료 읽고 추론하기

| 정답 | ①

| 해설 | 전자기파 방식은 에너지를 전송하는 도중의 에너지 손실이 크고 안정성이 입증되지 않았다는 내용을 통해 현재 전자기파 방식으로 충전을 할 경우 유선 충전 방식과 비교하여 같은 양의 전기를 충전하기 위해 더 많은 전기를 소비해야 할 것임을 예상할 수 있다.

| 오답풀이 |

② 전자기기에 부착된 코일의 공진 주파수를 일치시켜 에너지를 전달하는 방식은 자기 공진 방식이므로, 만일 주파수를 일치시키기 어려운 기기는 자기 유도 방식이 아닌 자기 공진 방식 무전 충전기를 사용할 수 없음을 추론할 수 있다.

③ 자기 유도 방식은 송신 코일이 수신 코일을 감지하여 자기장을 발생시켜 전자의 흐름으로 충전을 하는 방식이므로, 만일 핸드폰 기기에 코일이 없다면 자기 유도 방식의 충전은 사용할 수 없다. 하지만 전자기파 방식은 충전기의 송신부에서 전자기파를 직접 발생시켜 수신부에서 전력으로 변환하므로 코일이 장착되어 있지 않아도 사용할 수 있는 방식임을 추론할 수 있다.

④ 자기 유도 방식은 원 전력의 60%까지만 수신이 가능한 정도의 전력손실이 발생하므로 급속 충전에는 적합하지 않음을 추론할 수 있다.

⑤ 자기 공진 방식에는 전자파의 유해성 문제뿐만 아니라 코일 설계가 어렵고 전력손실이 많다는 점을 함께 지적하는 내용을 통해 자기 공진 방식의 상용화를 위해서는 해당 문제를 해결하는 연구 개발이 이루어져야 함을 추론할 수 있다.

24 문제처리능력 계약 기준 분석하기

| 정답 | ④

| 해설 | A ~ E 업체의 평가총점을 계산하면 다음과 같다.
- A : 20×0.3+40×0.5+50×0.2=36(점)
- B : 50×0.3+50×0.5+60×0.2=52(점)
- C : 40×0.3+50×0.5+40×0.2=48(점)
- D : 40×0.3+50×0.5+70×0.2=51(점)
- E : 60×0.3+30×0.5+30×0.2=39(점)

서류심사에서 40점 이하인 A와 E는 탈락되므로 B, C, D 중 계약심사 기준에 따라 안전성 지수가 가장 높으면서 완료예상시점이 가장 빠른 업체를 선정한다. B, C, D의 안전성 점수는 동일하므로 완료예상시점이 가장 빠른 D를 선정해야 한다.

25 사고력 조건을 통해 추론하기

| 정답 | ②

| 해설 | 제시된 조건에 따라 가르치는 취미와 배우는 취미를 분류하면 다음과 같다.

구분	갑	을	병	정	무
가르침	보드게임	뜨개질	미술		야구
배움	뜨개질		야구	미술	

이때 을과 무 중에서 갑에게 보드게임을 배우는 사람이 있는데, 갑은 을에게 뜨개질을 배우고 있으므로 〈조건〉에 의해 을은 갑에게 보드게임을 배우지 않는다.

구분	갑	을	병	정	무
가르침	보드게임	뜨개질	미술	자전거 타기	야구
배움	뜨개질	자전거 타기	야구	미술	보드게임

따라서 보드게임을 배우는 사람은 무이며, 정은 자전거타기를 을에게 가르쳐 준다.

26 사고력 참·거짓 판단하기

| 정답 | ②

| 해설 | 정승이와 민석이의 의견이 상충하므로 둘 중 한 명이 거짓을 말하고 있는 경우로 나누어 생각하면 다음과 같다.

i) 정승이 거짓을 말하는 경우
정승이의 말이 거짓이므로, 정승이는 10일에 휴가를 가지 않았고, 종호는 13일에 휴가를 가지 않았다. 민석이의 말이 진실이므로 민석이는 10일에, 윤석이는 13일에 휴가를 다녀왔다. 윤석이의 말이 진실이므로 윤석이는 13일에, 정승이는 14일에 휴가를 다녀왔다. 종호의 말이 참이므로, 종호는 14일 이후에 휴가를 다녀왔다. 이를 표로 정리하면 다음과 같다.

민석	윤석	정승	종호
10일	13일	14일	14일 이후

ii) 민석이 거짓을 말하는 경우
민석의 말이 거짓이므로, 민석이는 10일에 휴가를 가지 않았고, 윤석이는 13일에 휴가를 가지 않았다. 정승이의 말이 진실이므로 정승이는 10일에, 종호는 13일에 휴가를 다녀왔다. 종호의 말이 진실이므로 윤석이와 정승이는 13일 이전에 휴가를 다녀와야 한다. 윤석이의 말이 진실이므로 윤석이는 9일에 휴가를 다녀왔다. 민석이가 휴가를 다녀온 날에 대해서는 알 수 없다. 이를 표로 정리하면 다음과 같다.

윤석	정승	종호	민석
9일	10일	13일	알 수 없음.

따라서 선택지 중 가능한 조합은 ②가 유일하다.

27 문제처리능력 세미나 장소 채택하기

| 정답 | ②

| 해설 | 각 평가 기준에 따른 점수를 계산하면 다음과 같다.

(단위 : 점)

구분	이동 시간	수용가능 인원	대관료	교통편	빔 프로 젝터	합계
갑 센터 401호	4	2	4	2	2	14
을 구민회관 2층	3	3	5	4	2	17
병 교통회관 302호	5	1	2	4	2	14
정 지역상공 회의소 3층	1	5	3	4	2	15
무 빌딩 5층	2	4	1	5	0	12

따라서 총점이 가장 높은 을 구민회관 2층이 채택된다.

28 문제처리능력 회식 메뉴 선택하기

| 정답 | ④

| 해설 | ㄱ. 기준 1에 따르면 1순위로 선택한 사람이 3명으로 가장 많은 매운탕으로 정해진다. 기준 3과 기준 4를 위해 메뉴 선호 순위를 점수로 환산하여 그 합을 구하면 다음과 같다.

메뉴\팀원	한우	닭백숙	매운탕	중화요리	일식
A	3	4	5	2	1
B	2	3	5	1	4
C	3	5	1	2	4
D	4	5	1	3	2
E	3	1	5	2	4
합계	15	18	17	10	15

따라서 합산 점수의 상위 2개 메뉴인 닭백숙과 매운탕 중 1순위로 선택한 사람이 3명으로 더 많은 매운탕으로 정해지므로, 기준 1과 기준 4 모두 매운탕으로 정해진다.

ㄴ. 기준 2에 따르면 아무도 5순위로 선택하지 않은 한우로 정해진다.

ㄹ. 기준 5에 따르면 5순위로 선택한 사람이 2명으로 가장 많은 매운탕을 제외하고 남은 메뉴 중 1순위가 가장 많은 메뉴인 닭백숙으로 정해진다. 따라서 기준 5에 따르면 〈상황〉에 의해 E는 회식에 불참하게 된다.

| 오답풀이 |

ㄷ. 기준 3에 따르면 메뉴 선호 순위를 점수로 환산한 점수의 합계가 가장 높은 메뉴인 닭백숙으로 정해지므로, 〈상황〉에 의해 E가 회식에 불참한다.

29 문제처리능력 자료 읽고 추론하기

| 정답 | ④

| 해설 | 한전 에너지마켓플레이스는 제3자간 전력거래계약에 대한 상세한 정보를 제공하는 곳으로, 구매와 판매 계약이 실제 체결되는 곳이라는 설명은 찾아볼 수 없다.

| 오답풀이 |

① 제3자간 전력거래계약 제도 시행에 발맞춰 RE100 이행을 적극 지원하고, 2050 탄소중립 달성에 기여하고자

하는 목적이 있음을 알 수 있다.

② 한전이 구매계약(재생에너지발전사업자-한전), 판매계약(한전-전기사용자)을 각각 체결한다고 하였으므로 상호간 계약의 당사자가 되는 것은 아니다.

③ 사업대상에 해당하는 발전에너지원으로는 태양광, 풍력, 수력, 지열, 해양에너지, 바이오의 6개 분야로 설명되어 있다.

⑤ RE100이란 기업이 전력사용량의 100%를 재생에너지로 대체하는 자발적 캠페인으로, 이행 방안에 자가 발전이 포함되어 있다.

30 문제처리능력 에너지원 선정하기

| 정답 | ③

| 해설 | 각 에너지원에 대한 경영진의 선호 순위에 대한 가중치가 모두 동일하다고 하였으므로, 1순위부터 4순위까지에 각각 4, 3, 2, 1점을 부여하여 각 에너지원의 선호도를 점수로 나타내면 다음과 같다.

구분	경영진 A	경영진 B	경영진 C	경영진 D	합계
태양광	2	1	4	1	8
풍력	4	3	2	3	12
바이오	1	2	3	4	10
폐기물	3	4	1	2	10

따라서 점수가 같은 바이오와 폐기물이 선정되었을 경우 경영진 C의 선호도는 바이오가 더 높으므로 최종 에너지원으로 선정될 에너지원은 바이오가 된다.

31 인적자원관리능력 징계를 받는 직원 찾기

| 정답 | ②

| 해설 | 직원 A ~ E의 총 벌점과 업무처리 건수 대비 실수 건수의 비율을 계산하면 다음과 같다.

(단위 : 점)

구분	일반실수	중대한실수	차감	총벌점	업무처리 건수 대비 실수 건수의 비율
A	30×10 $=300$	6×20 $=120$	-	420	$\dfrac{30+6}{200} \times 100$ $=18(\%)$

B	23×10 $=230$	17×20 $=340$	$-$	570	$\dfrac{23+17}{200}\times100$ $=20(\%)$
C	18×10 $=180$	21×20 $=420$	-100	500	$\dfrac{18+21}{200}\times100$ $=19.5(\%)$
D	34×10 $=340$	8×20 $=160$	-100	400	$\dfrac{34+8}{200}\times100$ $=21(\%)$
E	39×10 $=390$	8×20 $=160$	-100	450	$\dfrac{39+8}{200}\times100$ $=23.5(\%)$

따라서 징계를 받는 직원은 B이다.

32 예산관리능력 예산 수립하기

|정답| ②

|해설| 3월 21일과 22일 양일간 A 대리와 B 과장의 일정에 소요된 교육비와 주차요금을 각각 구하여 이를 합산한다.

1. 3월 21일의 A 대리

A 대리는 3월 21일 오전 9시부터 12시 30분까지 인재개발팀 오전회의와 협력업체 선정회의에 참가하므로 해당 시간에는 직무역량 강화 교육 프로그램에 참가할 수 없다. 12시 30분에 바로 교육 장소로 출발한다고 할 때 이동에 30분이 소요되므로 A 대리는 13시부터 17시까지 총 3개의 교육 프로그램을 수강할 수 있다. 따라서 교육비는 7만 원, 주차시간은 4시간이므로 주차요금은 1,000 $+500\times6=4,000$(원)이다.

2. 3월 21일의 B 과장

B 과장은 3월 21일 오전 9시부터 10시까지 인재개발팀 오전 회의와 15시 30분부터 18시까지 장기 프로젝트 회의 출장 일정이 있다. 10시에 바로 교육 장소로 출발한다고 할 때 이동에 30분이 소요되므로 B 과장은 10시 30분부터 15시까지 교육 프로그램 2개를 수강할 수 있다. 따라서 교육비는 4만 원, 주차시간은 총 4시간 30분이므로 주차요금은 1,000$+500\times7=4,500$(원)이다.

3. 3월 22일의 A 대리

A 대리는 3월 22일 오전 9시부터 12시까지 오전 출장, 그 직후 12시부터 14시 30분까지는 출장 결과 보고서를 작성해야 하므로 해당 시간에는 직무역량 강화 교육 프

로그램에 참가할 수 없다. 따라서 A 대리는 14시 30분에 바로 교육 장소로 출발하여 15시부터 17시 30분까지 교육 프로그램 하나를 수강할 수 있다. 따라서 교육비는 3만 원, 주차시간은 2시간 30분이므로 주차요금은 1,500 $+500\times3=3,000$(원)이다.

4. 3월 22일의 B 과장

B 과장은 3월 22일 오전 9시부터 30분간 주간 전략 회의, 그리고 14시부터 17시 30분까지 오후 출장이 예정되어 있다. 9시 30분에 바로 교육 장소로 출발한다고 할 때 B 과장은 10시부터 14시까지 총 2개의 교육 프로그램을 수강할 수 있다. 따라서 교육비는 5만 원, 주차시간은 4시간이므로 주차요금은 1,500$+500\times6=4,500$ 원이다.

따라서 A 대리와 B 과장이 이틀 간 교육 프로그램 수강을 하면서 소요한 교육비와 주차비의 총액은 74,000$+44,500$ $+33,000+54,500=206,000$(원)이다.

33 물적자원관리능력 특별 관리 지역 파악하기

|정답| ②

|해설| 근접 유전 번호가 지역 간 중복되지 않는 것은 9번(D 지역), 10번(B 지역)이므로 두 개의 지역이 특별 관리 지역이다.

34 예산관리능력 최저 건설비용 구하기

|정답| ③

|해설| 〈정유시설 건설 유의사항〉 2.에 따라 5km 이내에 화력발전소가 있는 C 지역과 예상 비용이 가장 높은 E 지역은 제외한다.

〈정유시설 건설 유의사항〉 3.에 따라 3단계 공정이 가능한 B 지역과 F 지역은 반드시 포함한다.

〈정유시설 건설 유의사항〉 5.에 따라 1단계, 4단계 공정이 가능한 A 지역과 D 지역은 포함한다.

따라서 A 지역, B 지역, D 지역, F 지역에 정유시설을 건설해야 하며, 〈정유시설 건설 유의사항〉 4.까지 고려하면 예상 비용은 $(70+5)+(40+5)+60+50=230$(백만 달러)이다.

35 인적자원관리능력 우수 인재 선발하기

| 정답 | ④

| 해설 | A ~ E의 평가점수 총점을 계산하면 다음과 같다.

- A : 80×0.3+86×0.3+90×0.4=85.8(점)
- B : 84×0.3+80×0.3+92×0.4=86(점)
- C : 85×0.3+90×0.3+87×0.4=87.3(점)
- D : 93×0.3+88×0.3+85×0.4=88.3(점)
- E : 91×0.3+94×0.3+80×0.4=87.5(점)

따라서 평가점수의 총점이 가장 높은 D가 우수 인재로 선발된다.

36 인적자원관리능력 부서 배치하기

| 정답 | ③

| 해설 | 총점이 높은 순서는 D-E-C-B-A이다. 먼저 D는 희망 부서인 홍보기획팀에 배치되고, E는 미래전략팀에 배치된다. 다음으로 C의 희망부서는 미래전략팀인데 미래전략팀의 정원은 1명이므로 C는 희망 부서에 배치되지 못한다.

37 예산관리능력 자료 분석하기

| 정답 | ⑤

| 해설 | 앱스토어와 OS에 대한 중요도가 모두 소폭이나마 증가하고 있으나 보안기능에 대한 중요도는 전년 대비 감소하였으므로 예산 배정을 늘릴 필요가 없다.

| 오답풀이 |

① 2020년 들어 스마트폰의 선택 기준으로 저렴한 가격을 중시한다는 응답자의 수가 크게 상승하였다.

② 스마트폰의 선택 기준으로 이용가능 앱스토어를 중시한다는 응답자의 수가 소폭 상승하였다.

③ 스마트폰의 선택 기준으로 제조사를 중시한다는 응답자의 수가 크게 감소하였다.

④ 스마트폰의 선택 기준으로 디자인 및 크기, 화면 크기 및 화질을 중시한다는 응답자의 수가 크게 상승하였다.

38 예산관리능력 추가 예산 배정 비율 구하기

| 정답 | ①

| 해설 | 소비자들이 스마트폰 구매 시 품질 경쟁력을 최우선적으로 고려하고 동일한 품질의 제품이라면 먼저 출시한 것을 구매한다고 했으므로 현재 상황에서는 K 전자에 비해 자사의 스마트폰 출시가 늦기 때문에 매몰비용을 감수하더라도 앞으로의 예산은 배정하지 않는 것이 합리적이다.

39 시간관리능력 휴가 일정 설정하기

| 정답 | ①

| 해설 | 휴가 신청 유의사항에서 사장님과의 휴가 일정과 겹치지 않도록 휴가를 신청하도록 하고 있으나, 휴가 신청 가능 기간인 1월 8일부터 28일까지의 일정에서 사장님의 휴가 일정이 없으므로 특히 고려할 필요는 없다.

40 시간관리능력 휴가 일정 설정하기

| 정답 | ③

| 해설 | 휴가 신청 가능 기간인 1월 8일부터 28일까지 중 주말을 포함하여 5일을 신청해야 하므로 19일부터 23일까지 휴가를 신청하면 비서실장과의 휴가 일정과 사장님의 업무 일정, 총무팀 휴가 일정과 겹치지 않는 휴가 일정이 될 수 있다.

| 오답풀이 |

① 8일 ~ 10일 사장님 업무 일정과 겹치게 된다.

② 13일 ~ 15일에 비서실장 휴가 일정과 겹치게 된다.

④ 24일 ~ 27일에 총무팀 휴가와 일정이 겹치게 된다.

⑤ 휴가 신청 가능 기간인 1월 28일을 초과하고, 30일에 사장님 업무 일정과 겹치게 된다.

41 정보처리능력 제품코드 입력하기

| 정답 | ⑤

| 해설 | 인도 '병' 업체에서 생산된 장식장은 국가코드 762, 업체코드 3385, 상품코드 305와 85가 이어진 762338530

1회 기출유형
2회 기출유형
3회 기출유형
4회 기출유형
5회 기출유형

585 코드를 갖게 된다. 이 코드의 마지막 자리에 들어갈 체크숫자를 구하는 방법은 다음과 같다.

$(6+3+8+3+5+5) \times 3 = 90$

$7+2+3+5+0+8 = 25$

$90+25 = 115$

$115+5 = 120$

따라서 체크숫자는 5이므로 전체 13자리의 EAN-13 코드는 7623385305855가 된다.

42 컴퓨터활용능력 엑셀 함수 이해하기

| 정답 | ③

| 해설 | ROUND는 숫자를 반올림하여 설정한 자릿수까지 표시하는 함수이고, ROUNDUP은 숫자를 올림하여 설정한 자릿수까지 표시하는 함수이다. 주어진 자료를 백의 자리에서 올림한 값으로 구해야 하므로 ROUNDUP 함수를 이용하면 된다.

G 아파트에서 사용한 월별 발전사용량의 평균을 AVERAGE 함수를 이용하여 나타내면 AVERAGE(B9:F9)가 되고, 이를 백의 자리에서 올림해야 하므로 자릿수는 -3으로 설정한다. 따라서 함수식을 정리하면 =ROUNDUP(AVERAGE(B9:F9), -3)이 되어야 한다.

43 컴퓨터활용능력 프로그램 코드 사용법 이해하기

| 정답 | ④

| 해설 | ㄱ. input 명령문은 변수에 레코드에 있는 숫자의 위치를 지정해 이를 저장한다.

ㄷ. 여러 개의 레코드가 있고 input 명령문이 하나라면 모든 레코드를 차례대로 이용하게 된다.

| 오답풀이 |

ㄴ. 두 개의 input 명령문을 사용하면 각각 순서대로 다른 레코드를 이용하게 되며, 같은 레코드를 두 개의 input 명령문에 사용하기 위해서는 첫 번째 input 명령문에 @를 추가해야 한다.

44 컴퓨터활용능력 프로그램 코드 사용법 이해하기

| 정답 | ①

| 해설 | • input a 1-6 b 3-4; → 변수 a는 첫 번째 레코드의 1~6번째 위치에 있는 수인 '020824'에서 앞의 0을 뺀 '20824'를 저장하고, b는 3~4번째 수에 있는 '08'에서 앞의 0을 뺀 '8'을 저장한다.

• input c 5-6@; → 변수 c는 두 번째 레코드의 5~6번째 위치에 있는 수인 '02'에서 앞의 0을 뺀 '2'를 저장한다.

• input d 3-4; → 앞의 input 명령문에 @가 있으므로 변수 d는 c와 같은 두 번째 레코드의 3~4번째 위치에 있는 수인 '11'을 저장한다.

• input e 3-5; → 변수 e는 세 번째 레코드의 3~5번째 위치에 있는 수인 '050'에서 앞의 0을 뺀 '50'을 저장한다.

이들을 모두 출력한 결과는 다음과 같다.

a	b	c	d	e
20824	8	2	11	50

따라서 출력된 수를 모두 더하면 $20,824+8+2+11+50 = 20,895$이다.

45 정보처리능력 제품코드 입력하기

| 정답 | ③

| 해설 | 2019년에 출시(19)된 스탠다드 시리즈(S) i9등급(9) 중 USB-C를 지원(U)하고 크기가 17인치(17)인 윈도우가 설치(A)된 128GB(1) 베트남산(V) 노트북의 제품 코드는 19S9U-17A1V이다.

46 정보처리능력 제품코드 입력하기

| 정답 | ④

| 해설 | 임도건 고객은 용량이 256GB 이상(2 또는 5)이고 CPU 등급이 i7 이상(7 또는 9)인 노트북을 원하므로 제품 코드가 ○○○70-○○○2○ 또는 ○○○70-○○○5○ 또는 ○○○90-○○○2○ 또는 ○○○9○-○○○5○이어야 한다.

| 오답풀이 |

① 이홍주 고객은 등급이 가장 높은 시리즈(U)의 가장 최신형(20) 노트북을 원하므로 제품 코드가 20U○○ - ○○○○○이어야 한다.

② 최지원 고객은 윈도우가 설치(A)되어 있고 썬더볼트를 지원(T)하는 노트북을 원하므로 제품 코드가 ○○○○T - ○○A○○이어야 한다.

③ 박지민 고객은 크기가 15인치 이상(15 또는 17)인 한국산(K) 노트북을 원하므로 제품 코드가 ○○○○○ - 15○○K 또는 ○○○○○ - 17○○K여야 한다.

⑤ 박성진 고객은 최신 연도(20)의 가장 높은 등급의 시리즈(U), 가장 큰 용량(5)의 노트북을 원하므로 제품코드가 20U○○ - ○○○5○이어야 한다.

47 정보처리능력 | 제품코드 입력하기

| 정답 | ⑤

| 해설 | 2019년 1월에 입고된 제품이므로 생산연월 코드는 1901, 독일의 Boshu사로부터 입고된 제품이므로 공급자 코드는 4I, 5mm 규격의 판넬이므로 입고 분류 코드는 03009, 35번째 입고 제품이므로 다섯 자리 시리얼 넘버 기준으로 00035가 된다. 따라서 이를 모두 연결한 19014I0300900035가 정답이 된다.

48 컴퓨터활용능력 | 프로그램 조작법 이해하기

| 정답 | ②

| 해설 | System Code가 C#인 경우는 모든 장치의 Error Code를 선정하므로, 시스템에 포함된 장치가 3개 이상인 경우에는 FV의 절댓값이 3을 초과할 수 있다.

| 오답풀이 |

③ FV가 -1일 경우의 입력 코드는 Yellow, -1보다 작을 경우의 입력 코드는 Green이다.

④ SV와 FEV를 비교했을 때 SV>FEV면 FV의 조정값은 -1, SV=FEV라면 FV의 조정값은 0, SV<FEV면 FV의 조정값은 +1이 된다.

⑤ System Code가 D#이고 먼저 발견된 Error Code의 SV가 FEV보다 작으면 FV의 조정값은 +1이 된다. 따라서 그 다음으로 발견된 Error Code로 산출되는 FV의

조정값에 따라 최종적으로 산출되는 FV의 값은 0, 1, 2 중 하나의 값을 가지게 되며, 이때의 입력코드는 각각 Orange, Red, Black이다.

49 컴퓨터활용능력 | 프로그램 조작법 이해하기

| 정답 | ①

| 해설 | System Code가 C#, System Type이 64#이므로 나타난 모든 Error Code의 EV를 평균한 값이 FEV가 된다.

- X 장치의 SV는 21, FEV는 $\frac{18+5+22}{3}=15$이므로 SV>FEV가 되어 FV값은 -1

- Y 장치의 SV는 10, FEV는 $\frac{10+10+10}{3}=10$이므로 SV=FEV가 되어 FV값 변동은 없다.

- Z 장치의 SV는 12, FEV는 $\frac{6+20+1}{3}=9$이므로 SV>FEV가 되어 FV값에 -1

따라서 최종 산출된 FV값은 -1+0-1=-2므로 입력 코드는 Green이다.

50 컴퓨터활용능력 | 프로그램 조작법 이해하기

| 정답 | ⑤

| 해설 | System Code가 D#, System Type이 32#이므로 먼저 발견된 Error Code 2개를 선정하여 해당 장치의 EV 중 최대/최소값을 평균한 값이 각각의 FEV가 된다. 문제에서 먼저 발견된 두 개의 Error Code는 U 장치와 S 장치이다.

- 첫 번째로 Error Code가 발견된 U 장치의 SV는 30, FEV는 $\frac{60+2}{2}=31$이므로 SV<FEV가 되어 FV값에 +1

- 두 번째로 Error Code가 발견된 S 장치의 SV는 44, FEV는 $\frac{98+2}{2}=50$이므로 SV<FEV가 되어 FV값에 +1

따라서 최종 산출된 FV값은 1+1=2이므로 입력 코드는 Black이다.

3회 기출예상문제									문제 126쪽
01	③	02	③	03	⑤	04	③	05	②
06	⑤	07	⑤	08	③	09	⑤	10	②
11	②	12	④	13	④	14	②	15	③
16	③	17	①	18	③	19	③	20	④
21	②	22	④	23	④	24	④	25	⑤
26	③	27	②	28	③	29	③	30	④
31	①	32	③	33	①	34	④	35	④
36	②	37	④	38	③	39	⑤	40	④
41	④	42	②	43	③	44	①	45	③
46	③	47	②	48	⑤	49	①	50	⑤

01 문서이해능력 지문을 바탕으로 추론하기

|정답| ③

|해설| 세 번째 문단에서 탄소배출권 거래중개인은 판매자와 구매자가 확보되면 협상을 체결하기 위해 적절한 매매 가격 산정이나 배출권 이전 및 발행의 보증 문제 등에 대해 조율한다고 하였다. 따라서 공식적으로 정해진 탄소배출권 가격을 정확히 파악하고 전달해야 한다는 추론은 적절하지 않다.

|오답풀이|

① 정책, 경제의 흐름에 따라 구매자와 판매자의 변동이 있을 수 있으므로 이를 파악하는 것이 중요하다.

② 온실가스 저감을 통해 탄소배출권을 확보할 수 있으므로 판매자에게 조언하거나 직접 관여할 경우 저감 기술에 대한 이해가 필요하다.

④ 탄소배출권 시장의 판매자(공급)와 구매자(수요)를 중개해야 하므로 관련 지식을 가지고 있어야 한다.

⑤ 구매 계약을 책임지고 체결하는 사람이므로 계약서 작성과 보증 등에 관한 법적 절차를 알아야 한다.

02 문서작성능력 문맥에 맞게 문단 배열하기

|정답| ③

|해설| 우선 스마트그리드의 정의에 대해 설명하는 (다)가 제시되고 스마트그리드의 장점을 소개하는 (가)가 이어지는 것이 자연스럽다. 다음으로 (마)에서 정전 최소화, 분산형 전원체제로의 전환, 신재생에너지 활용도 증대, 환경문제 해소 등의 다양한 장점을 추가로 소개하고, (라)를 통해 이러한 장점으로 인한 세계 및 한국의 스마트그리드 추진 현황에 대해 설명한 후, (나)에서 한국의 향후 계획에 대해 서술하며 글을 마무리 하는 것이 적절하다. 따라서 글의 순서는 (다)－(가)－(마)－(라)－(나)이다.

03 문서이해능력 자료를 읽고 의견 제시하기

|정답| ⑤

|해설| MZ 세대 뿐만 아니라 50 ~ 60대 소비층인 오팔 세대가 새로운 소비층으로 급부상하고 있는 소비 트렌드에 따라, 소비연령층에 대한 개선안으로는 두 세대를 모두 포용할 수 있는 폭넓은 서비스를 제공하는 것을 강조해야 한다.

04 문서이해능력 자료를 읽고 의견 제시하기

|정답| ③

|해설| 마지막 문단을 보면 공인인증제도가 폐지돼도 기존의 공인인증서는 이용기관 및 이용자 선택에 따라 일반 전자서명 중 하나로 사용할 수 있다고 하였으므로 새로운 전자서명 방식으로 완전히 대체되어 이용자 편의성이 낮아진다고 보기는 어렵다.

|오답풀이|

① 국제통용 평가기준에 맞춘 신기술 전자서명 평가 · 인정제도를 마련하여 국제시장을 선도하는 전자서명 기술 개발 · 이용이 촉진될 것을 기대할 수 있다.

② 공인전자서명의 우월한 법적 효력이 폐지되면서 공인 · 사설 인증서 차별이 없어지고 전자서명시장에서 자율경쟁이 촉진된다.

05 문서작성능력 글의 내용에 맞게 제목 작성하기

|정답| ②

|해설| 제시된 기사문은 울산시가 부유식 해상풍력 생산에 적절하며, 그린뉴딜 사업으로 2030년까지 6GW 이상의 부유식 해상풍력발전단지를 조성하겠다는 내용을 담고 있다. 따라서 제목으로 ②가 적절하다.

06 문서이해능력 세부 내용 이해하기

| 정답 | ⑤

| 해설 | 1문단에서 울산시는 '수심 200m 이내 넓은 대륙붕과 연중 평균풍속 초속 8m 이상 우수한 자연조건, 신고리 원전이나 울산화력 등의 발전소와 연결된 송·배전망 인프라, 여기에 미포산업단지 등 대규모 전력 소비처, 세계적인 조선해양 플랜트 산업 기반'을 가지고 있어 부유식 풍력발전 생산에 유리하다고 하였다. 3문단에서 부유식 해상풍력 클러스터는 조성을 검토하고 있다고 언급하였다.

07 문서이해능력 세부 내용 이해하기

| 정답 | ⑤

| 해설 | 2문단을 보면 20 ~ 30대의 설문조사 결과만 주어져 있으므로 전체 직장인의 비율은 알 수 없다.

| 오답풀이 |
① 직장인들이 하는 공부는 크게 업무 역량 강화를 위한 공부와 자기계발 및 개인적인 목표를 위한 공부로 나눌 수 있다.
② 20 ~ 30대는 어학과 업무 전문성을 높이기 위한 공부, 중년층은 사회, 경제, 문화 전반의 트렌드 등을 공부한다.
③ 중년층은 실직이나 은퇴 후를 대비한 자격증 공부를 우선시한다.
④ 학습 장소와 방식은 집, 백화점 문화센터 등 다양하다.

08 문서작성능력 효과적인 전달방법 파악하기

| 정답 | ③

| 해설 | 샐러던트의 공부에 관한 정보를 제시한 후 효과적이고 성공적인 공부를 위한 두 가지 방안을 제시하고, 더 나아가 괴테의 말을 인용하여 공부의 필요성을 역설하고 있다. 그러나 필자가 미래지향적인 방향을 제시하고 있다고 보기는 어렵다.

09 문서작성능력 내용에 알맞은 그래프 파악하기

| 정답 | ⑤

| 해설 | © 1문단에서 2020년 러시아 화장품 시장 매출은 2,080억 루블로 7년 전 대비 2배 성장했다고 하였으므로 적절하다.
② 2문단에서 페이스 스킨케어 제품이 19%, 향수 18%, 색조 화장품 15%, 헤어 제품 11%, 샤워 제품 9%, 바디케어 제품 5%라고 언급하였으므로 적절하다.

| 오답풀이 |
㉠ 화장품 수입국 비중 및 동향은 언급되지 않았다.
㉡ 러시아 헤어 제품 매출 규모는 언급되지 않았다.

10 문서이해능력 자료를 읽고 의견 제시하기

| 정답 | ②

| 해설 | 저가 대중브랜드 선호가 뚜렷해졌으며 코로나19로 경제 내 불확실성이 증가함에 따라 한동안 저가 코스메틱이 인기를 끌 것이 예상되는 상황이다. 따라서 핸드크림, 마스크팩 등 대중적인 제품군에서 프리미엄 브랜드로 경쟁하는 것은 적절하지 않다.

| 오답풀이 |
① 코로나19 유행으로 인해 화장품 구매에 대한 관심은 줄었으나 온라인 거래가 증가하고 있으므로 온라인 판매에 주력하는 것이 합리적이다. 향수의 경우 제품 특성상 온라인 구매로는 시향이 어렵기 때문에 그와 관련된 판매전략이 요구된다.
③ 온라인과 SNS를 통한 정보 수집 및 구매가 늘어나는 상황에서 온라인 판매전략을 수립하는 것이 중요하다.
④, ⑤ 고가 살균제의 인기가 끝난 이후에는 항균 효과가 있는 코스메틱이 성장할 것으로 전망되므로 적절하다.

11 도표분석능력 자료의 수치 계산하기

| 정답 | ②

| 해설 | P는 저압, Q는 고압의 전력을 사용하므로 다음과 같이 전기요금을 산출할 수 있다.

〈P의 전기요금〉
• 기본요금 : 1,300kWh 사용이므로 7,200원
• 전력량 요금 : $(200 \times 90) + (200 \times 180) + (600 \times 279) + (300 \times 720) = 437,400$(원)
→ $7,200 + 437,400 = 444,600$(원)

〈Q의 전기요금〉
• 기본요금 : 180kWh 사용이므로 720원
• 전력량 요금 : $180 \times 72 = 12,960$(원)
• 200kWh 이하 사용에 따른 필수사용량 보장공제 −2,500원
→ $720 + 12,960 - 2,500 = 11,180$(원)

12 도표분석능력 자료의 수치 계산하기

|정답| ④

|해설| 각 병원에서의 본인부담금과 임산부 진료비 감면내역은 다음과 같다.

구분	본인부담금 (임산부 진료비 지원 혜택 적용 전)	임산부 진료비 감면내역
H 병원	$(410,000-120,000)$ $\times\dfrac{30}{100}+120,000\times\dfrac{60}{100}$ $=159,000(원)$	• 초기임신 중 출혈, 산후풍 $\left\{(360,000-120,000)\right.$ $\left.\times\dfrac{30}{100}+120,000\times\dfrac{60}{100}\right\}$ $\times\dfrac{50}{100}=72,000(원)$
A 병원	$(470,000-80,000)$ $\times\dfrac{30}{100}+80,000\times\dfrac{60}{100}$ $=165,000(원)$	• 양수검사 $150,000\times\dfrac{30}{100}\times\dfrac{50}{100}$ $=22,500(원)$
C 병원	$(655,000-90,000)$ $\times\dfrac{40}{100}+90,000\times\dfrac{50}{100}$ $=271,000(원)$	• 초음파, 임당검사 $\left\{(360,000-60,000)\right.$ $\left.\times\dfrac{40}{100}+60,000\times\dfrac{50}{100}\right\}$ $\times\dfrac{50}{100}=75,000(원)$
합계	595,000원	169,500원

따라서 외국인 임산부 A의 본인부담금은 595,000-169,500=425,500(원)이다.

13 도표분석능력 자료의 수치 계산하기

|정답| ④

|해설| 평점 총합이 27점인 '바'가 1위이며, '나'와 '라'가 24점으로 동일하나 근무성적 점수에 따라 '나'가 2위, '라'가 3위가 된다. 다음으로 '가', '사', '아'의 총합이 22점으로 동일하므로 조직 기여도 점수가 가장 낮은 '사'가 6위, 직급이 높은 '아'가 4위, '가'가 5위가 된다. 이어서 총합 19점인 '다'가 7위, 18점인 '마'가 8위이다. 순위에 따른 지급률과 등급에 따른 상여금을 고려하여 계산하면 다음과 같다.

사원	평점 합	순위	등급	상여급 지급액 (단위 : 만 원)	1월 직급
가	22	5	B	100	계약직
나	24	2	S	450	5
다	19	7	B	300	5
라	24	3	A	260	6
마	18	8	B	400	4
바	27	1	S	150	6
사	22	6	B	400	4
아	22	4	A	–	3

따라서 성과상여금을 가장 많이 받는 '나'와 가장 적게 받는 '가'의 차이는 350만 원이다.

14 도표분석능력 자료의 수치 계산하기

|정답| ②

|해설| **13**의 해설을 참고하면 1월 기준 6급 ~ 4급 사원의 수는 6명이고, 이 중 5급 이하의 사원은 4명이다. 따라서 5급 이하의 두 사원이 팀을 옮길 확률은 $\dfrac{_4C_2}{_6C_2}=\dfrac{6}{15}$ $=\dfrac{2}{5}$ 이다.

15 도표분석능력 빈칸에 들어갈 수치 계산하기

|정답| ③

|해설| 〈표 1〉의 가로줄의 합과 〈표 2〉의 가로줄의 합은 각각 〈표 3〉의 합계와 같다는 사실을 이용하면 쉽게 구할 수 있다. 계산이 복잡하면 끝자리를 먼저 비교함으로써 빠르게 계산 가능하다.

ⓒ $48,472-(12,025+4,255+4,553+5,001+4,408+12,285)=5,945$

따라서 ⓒ에 들어갈 숫자는 5,945이다.

|오답풀이|

① $41,572-(10,071+18,725+191+9,856+290+2,316)$ $=123$

② $41,776-(9,803+19,624+164+100+9,623+299)$ $=2,163$

④ 12월 합계가 주어져 있지 않으므로 〈표 1〉로부터 12월 합계인 ⓔ를 먼저 구하면 47,824이다.

$47,824-(10,878+4,977+4,158+4,059+4,169+14,969)=4,614$

⑤ $(10,514+17,965+188+643+16,003+300+2,211)=47,824$

16 도표분석능력 | 자료의 수치 분석하기

| 정답 | ③

| 해설 | 양수의 평균 전력거래량은 $(300+266+290+299+313+306)÷6≒296$(GWh)로 300GWh 이하이다.

| 오답풀이 |

① 2020년 9월 총 전력거래량은 41,776GWh로 전월 대비 $\dfrac{48,472-41,776}{48,472}×100≒13.8(\%)$ 감소하였다.

② 증가, 감소, 감소, 증가, 증가로 동일하다.

④ 2020년 10월 양수와 LNG의 전력거래량 합은 $290+9,856=10,146$(GWh)로 원자력의 전력거래량인 10,071 GWh보다 많다.

⑤ 가장 많이 거래된 월은 8월, 가장 적게 거래된 월은 10월로, 전력거래량 차이는 $4,408-3,549=859$(GWh)이다.

17 도표분석능력 | 빈칸에 들어갈 항목 나열하기

| 정답 | ①

| 해설 | 2015년 대비 2020년의 에너지공급량 증가율을 구하면 다음과 같다.

• (가) : $\dfrac{2,216-2,215}{2,215}×100≒0.05(\%)$

• (나) : $\dfrac{3,066-2,629}{2,629}×100≒16.62(\%)$

• (다) : $\dfrac{1,741-1,526}{1,526}×100≒14.09(\%)$

• (라) : $\dfrac{721-623}{623}×100≒15.73(\%)$

• 그 외 국가 : $\dfrac{4,280-4,139}{4,139}×100≒3.41(\%)$

따라서 2015년 대비 2020년의 에너지공급량 증가율이 가장 큰 (나)가 중국이고, '그 외 국가'보다 작은 (가)가 미국이다.

(다)와 (라)의 2005년 대비 2020년 에너지공급량 증가율을 구하면 다음과 같다.

• (다) : $\dfrac{1,741-1,038}{1,038}×100≒67.7(\%)$

• (라) : $\dfrac{721-354}{354}×100≒103.7(\%)$

따라서 (라)는 중동, (다)는 중국 외 아시아이다.

18 도표분석능력 | 자료의 수치 분석하기

| 정답 | ③

| 해설 | 권역별 1차 에너지 공급량의 시기별 증감 추이는 다음과 같다.

구분	2010년	2015년	2020년
유럽(OECD)	+	−	−
미국	+	−	+
중국	+	+	+
중국 외 아시아	+	+	+
중동	+	+	+
그 외 국가	+	+	+

따라서 유럽과 미국을 제외한 전 권역에서 1차 에너지 공급량의 시기별 증감 추이는 동일하다.

19 도표분석능력 | 빈칸에 들어갈 항목 나열하기

| 정답 | ③

| 해설 | 〈보고서〉에서 경복궁과 창덕궁의 유료 관람객 수는 매년 무료 관람객 수의 2배 이상이었다고 했으므로, ㉠과 ㉣이 이에 해당한다. 또한 유료 관람객을 내국인과 외국인으로 나누어 분석해보면, 창덕궁의 내국인 유료 관람객 수는 매년 증가하였다고 했으므로, ㉠과 ㉣의 내국인 유료 관람객 수를 계산해 보면 ㉠과 ㉣의 문화유적지 명칭을 알 수 있다.

(단위 : 천 명)

구분	㉠의 내국인 유료 관람객 수	㉣의 내국인 유료 관람객 수
2016년	673−299=374	1,704−773=931
2017년	739−352=387	2,029−1,191=838
2018년	1,001−327=674	2,657−1,103=1,554
2019년	1,120−443=677	2,837−1,284=1,553
2020년	1,287−587=700	3,309−1,423=1,886

위의 표를 보면 ㉠의 내국인 유료 관람객 수가 매년 증가한 것을 알 수 있다. 그러므로 ㉠은 창덕궁, ㉣은 경복궁이 된다.

〈보고서〉에서 덕수궁과 종묘의 유료 관람객 수와 무료 관람객 수는 각각 2016년보다 2020년에 감소한 것으로 나타났다고 했으므로 ㉡과 ㉢이 이에 해당한다. 특히 종묘는 전체 관람객 수가 매년 감소하였다고 했으므로 아래 표를 참조하면 ㉢이 매년 관람객 수가 감소한 것을 알 수 있다. 그러므로 ㉢은 종묘, ㉡은 덕수궁이다.

(단위 : 천 명)

문화 유적지	관람료	2016	2017	2018	2018	2020
㉡	유료	779	851	716	749	615
	무료	688	459	381	434	368
	합계	1,467	1,310	1,097	1,183	983
㉢	유료	370	442	322	275	305
	무료	618	344	168	148	111
	합계	988	786	490	423	416

20 문제처리능력 조건에 맞는 구매 방법 찾기

| 정답 | ④

| 해설 | 희연이는 티셔츠 2장, 레깅스 하나 총 3개의 상품을 구매하고자 한다. 첫 구매 할인쿠폰과 스토어 찜 할인쿠폰은 중복 사용할 수 없으므로 2번에 나누어 주문하는 것이 더 많은 금액을 할인받을 수 있는 방법이다. 이때 브랜드데이 할인쿠폰을 티셔츠에 적용하면 2,000원을 할인받을 수 있지만, 레깅스에 적용하면 5,000원을 할인받을 수 있으므로 레깅스에 적용해야 한다.

i) 스토어 찜 할인쿠폰을 레깅스 구매에 사용하는 경우 첫 구매 할인쿠폰은 티셔츠를 구매할 때 적용한다. 따라서 레깅스는 총 5,000+1,000=6,000(원) 할인받을 수 있으며 티셔츠는 5,000원 할인받는다.

ii) 스토어 찜 할인쿠폰을 티셔츠 구매에 사용하는 경우 첫 구매 할인쿠폰은 레깅스를 구매할 때 적용한다. 따라서 티셔츠는 1,000원 할인받고 레깅스는 총 5,000+5,000= 10,000(원) 할인받는다.

두 경우 모두 총 구매금액은 45,000−11,000=34,000(원)으로 동일하다. 티셔츠 2장의 가격이 20,000원으로 스토어 찜 할인쿠폰을 티셔츠 2장 또는 레깅스 하나에 모두 적용 가능하기 때문이다. 따라서 티셔츠와 레깅스를 별도로 주문할 때 34,000원으로 가장 저렴하게 구매할 수 있다.

21 문제처리능력 국가별 정책 이해하기

| 정답 | ②

| 해설 | 이스라엘에 대한 설명이다. 대만은 모든 외국인의 입국이 금지됨이 원칙이다. 다만 영주권이 있거나 외교 또는 사업 등 예외적인 경우에 한하여 허가 하에 입국할 수 있다.

| 오답풀이 |
① 중국인이 사업상 출장을 위해 대만에 입국하는 경우 입국 후 2주간 건강상태 모니터링에 동의해야 한다.
③ 한국 국적자는 제3국 교민을 포함하여 일본 방문 시 주한일본대사관에서 새로 비자를 발급받아야 한다.

22 문제처리능력 내년도 사업 예측하기

| 정답 | ④

| 해설 | 독일 ◇◇사업은 $\dfrac{89+98+95+96+98}{5}=95.2$ (점)으로 A 등급이다. 김 부장이 독일 ◇◇사업에 99점을 부여하는 경우 평가자들 중 최고점을 부여하는 것이 되어 점수의 평균을 구하는 과정에서 제외된다. 따라서 독일 ◇◇사업의 평균 점수는 $\dfrac{89+98+95+96}{4}=94.5$(점)으로 B 등급이 된다.

23 문제처리능력 자료를 바탕으로 질의응답하기

|정답| ④

|해설| 주희는 영어 실력이 뛰어나고 아이들을 좋아하므로 데미 페어나 오페어를 추천하는 것이 적절하다.

24 사고력 로직트리 분석하기

|정답| ④

|해설| ⓒ 예산과 인적자원의 활용에 관한 내용이 들어가야 한다. 유통 단계 축소는 개발역량과 관련이 없는 내용이다.

ⓜ 시장 포화상태로 인해 시장 진입 여부를 검토할 필요성이 있다. 따라서 디자인을 개선한다는 내용은 적절하지 않다.

25 문제처리능력 자료를 바탕으로 질의응답하기

|정답| ⑤

|해설| 수강신청은 4월에 해야 하나, 강의 자체는 5월 1일부터 시작인 것으로 안내되어 있으므로 4월 출장 일정 때문에 수강하지 못한다는 것은 옳지 않다.

|오답풀이|

① 우선순위 요건은 수강 신청자가 많을 경우에 판단하는 것이므로 수강신청 상황에 따라 아무 요건에도 해당되지 않더라도 수강이 가능할 수 있다.

② 수출입 절차, 글로벌 비즈니스, 수출입회계와 세무 등은 모두 무역실무와 관련 있는 과정으로 볼 수 있다.

③ 이용대상은 중소 협력기업의 임직원으로 한정되어 있으므로 학생은 수강할 수 없다.

④ 승인여부가 개별 SMS(문자 서비스 등)로 안내된다고 하였으므로 홈페이지를 확인할 필요는 없다.

26 문제처리능력 회의실 임대료 구하기

|정답| ③

|해설| K사가 지불해야 할 임대료와 기타 비용을 계산해 보면 다음과 같다.

• 6월 : 소회의실 1 또는 소회의실 2
136,000+68,000+20,000=224,000(원)

• 8월 : 빔 프로젝터를 이용해야 하므로 별실 임대
400,000+30,000+10,000=440,000(원)

• 10월 : 소회의실 1과 소회의실 2
(136,000+68,000)×2=408,000(원)

• 12월 : 대회의실 360,000원

따라서 회의실 임대료는 8월 - 10월 - 12월 - 6월의 순으로 많다.

27 문제처리능력 안내문 이해하기

|정답| ②

|해설| 무통장 입금은 반드시 회의실 담당자와 통화 후 입금해야 한다고 나와있으므로 ②는 준수사항을 바르게 숙지한 경우이다.

|오답풀이|

① 책상이나 의자 등의 추가 또는 이동 배치는 승인되지 않는다.

③ 도시락 반입은 금지되어 있다.

④ 안내문은 지정된 위치에만 부착할 수 있고 맞이방 및 연결통로에는 부착할 수 없다.

⑤ 회의실 이용시간은 오전 9시부터로 예약시간 30분 전부터 입실이 가능하다. 따라서 가장 빠른 입실 가능 시간은 오전 8시 30분이다.

28 문제처리능력 이익 계산하기

|정답| ③

|해설| 각 제품의 발주 1회당 이익은 다음과 같다(1회 발주당 총수익-생산비용).

• A 제품 : 800×(5-1)-2,000=1,200(만 원)

• B 제품 : 1,200×(6-1)-4,000=2,000(만 원)

• C 제품 : 1,000×(4-1)-1,500=1,500(만 원)

• D 제품 : 1,400×(7-1)-6,500=1,900(만 원)

총 영업일은 (5×9)-4=41(일)이므로 A 제품은 9번, B 제품은 7번, C 제품은 11번, D 제품은 6번 발주한다. 다만 마지막 발주 건의 경우 수익을 얻는 날이 적어서 1회당 총수익을 모두 얻지 못함에 주의해야 한다. 마지막 발주 건에서 A 제품은 4일, B 제품은 1일, C 제품은 3일, D 제품은 1일만큼의 수익을 얻지 못하므로 이를 빼서 계산한다.

- A 제품 : $1,200 \times 9 - 800 \times 4 = 7,600$(만 원)
- B 제품 : $2,000 \times 7 - 1,200 = 12,800$(만 원)
- C 제품 : $1,500 \times 11 - 1,000 \times 3 = 13,500$(만 원)
- D 제품 : $1,900 \times 6 - 1,400 = 10,000$(만 원)

따라서 8 ~ 9월 동안 가장 많은 이익을 낼 수 있는 제품은 C이다.

29 문제처리능력 발생 이익 산출하기

|정답| ③

|해설| 간격이 각각 8일, 6일로 변경되므로 1회 발주당 순이익이 달라진다는 것에 주의해야 한다. 8월 한 달만 고려해야 하므로 영업일은 22일이다. A 제품은 3번, D 제품은 4번 발주한다. 발주 횟수만큼 모두 이익이 발생한다고 가정하였으므로 마지막 발주건도 1회당 순이익으로 계산해야 한다.

- A 제품 : $(800 \times 7 - 2,000) \times 3 = 10,800$(만 원)
- D 제품 : $(1,400 \times 5 - 6,500) \times 4 = 2,000$(만 원)

따라서 8월 한 달간 발생하는 A와 D 제품의 순이익의 합은 12,800만 원이다.

30 문제처리능력 자료를 읽고 추론하기

|정답| ④

|해설| 영아 할인은 성인 1명당 1명에 한해 무료가 적용되므로 영아 3명 모두 만 2세 미만이라 하여도 2명까지만 할인 적용이 된다.

|오답풀이|

① 부부 둘 다 만 65세 이상이므로 경로 할인 대상이다.
② 2급 장애인의 동반 보호자는 1인까지 동급 할인을 받을 수 있다.
③ 학생증을 지참하지 않았으므로 학생 할인은 받지 못한다. 따라서 10%의 일반 단체 할인만 받을 수 있다.
⑤ 15인 이상인 경우 일반 단체 할인이 적용되어 10% 할인을 받을 수 있다.

31 문제처리능력 자료를 참고하여 경비 산출하기

|정답| ①

|해설| 전원 2박 숙박인 점에 주의하여 인원별로 요금을 계산해 보면 다음과 같다.

- 64세 교수 : 3,500,000원
- 60세 이하 교수 2명 : $935,000 \times 2 = 1,870,000$(원)
- 4학년 학생 5명 : $420,000 \times 5 \times 0.8 = 1,680,000$(원)
- 3학년 학생 10명 : $(370,000 \times 9 + 770,000 \times 1) \times 0.8 = 3,280,000$(원)
- 2학년 학생 5명 : $370,000 \times 5 \times 0.8 = 1,480,000$(원)
- 1학년 학생 3명 : $370,000 \times 3 = 1,110,000$(원)
- 조교 2명 : $770,000 \times 0.8$(장애인 동반 보호자 1인 동급 할인) $+ 420,000 = 1,036,000$(원)

요금의 총합은 13,956,000원인데 15인 이상이므로 10% 할인이 적용되어 $13,956,000 \times 0.9 = 12,560,400$(원)이 된다.

32 예산관리능력 카드별 혜택 계산하기

|정답| ③

|해설| 카드별 혜택을 계산하면 다음과 같다.

- A 카드
  전월 실적이 350만 원 미만이므로 혜택이 없다.
- B 카드
  연회비 12만 원을 월 분할 납부 : $-10,000$원
  서점 10% 할인 : $215,000 \times 0.1 = 21,500$(원)
  ➡ 할인금액 2만 원 한도
  주유소 1% 할인 : $380,000 \times 0.01 = 3,800$(원)
  식당 14시 이전 결제건 1% 할인 : $1,300,000 \times 0.01 = 13,000$(원)
  식당 18 ~ 22시 결제건 2% 할인 : $850,000 \times 0.02 = 17,000$(원)
  따라서 $-10,000 + 20,000 + 3,800 + 13,000 + 17,000 = 43,800$(원)의 혜택을 받는다.
- C 카드
  식당 18 ~ 22시 결제건 3% 할인 : $850,000 \times 0.03 = 25,500$(원)

대중교통비 10% 할인 : $79,000 \times 0.1 = 7,900$(원)

주유소 5% 할인 : $380,000 \times 0.05 = 19,000$(원)

따라서 $25,500 + 7,900 + 19,000 = 52,400$(원)의 혜택을 받는다.

• D 카드

식당 14시 이전 결제건 1% 할인 : $1,300,000 \times 0.01 = 13,000$(원)

서점 5% 할인 $\times 215,000 \times 0.05 = 10,750$(원)

주유소 3% 할인 : $380,000 \times 0.03 = 11,400$(원)

따라서 $13,000 + 10,750 + 11,400 = 35,150$(원)의 혜택을 받는다.

따라서 김 사원이 선택할 카드는 C 카드이다.

33 시간관리능력 워크숍 날짜 선정하기

|정답| ①

|해설| 〈조건〉에 따라 가능하지 않은 날짜를 지우면 다음과 같다.

〈12월〉

일	월	화	수	목	금	토
		~~1~~	~~2~~	~~3~~	4	5
~~6~~	~~7~~	~~8~~	~~9~~	~~10~~	~~11~~	~~12~~
~~13~~	14	15	~~16~~	17	18	~~19~~
~~20~~	21	~~22~~	~~23~~	24	~~25~~ (공휴일)	~~26~~
~~27~~	~~28~~	~~29~~	~~30~~	~~31~~		

〈1월〉

일	월	화	수	목	금	토
					~~1~~	~~2~~
~~3~~	~~4~~	~~5~~	~~6~~	~~7~~	~~8~~	~~9~~

따라서 워크숍을 진행할 수 있는 날짜는 12월 14 ~ 15일, 12월 17 ~ 18일이다.

34 인적자원관리능력 성과급 지급 순위 정하기

|정답| ④

|해설| 각 직원의 평가점수를 구하면 다음과 같다.

구분	성실성 점수	효율성 점수	가점	평가점수
팀장 A	90	85	5	127
사원 B	90	90	1	127
사원 C	75	100		125
사원 D	85	95		127
사원 E	90	80		118

따라서 평가점수는 A, B, D가 127점으로 동일하게 가장 높다. 이중 효율성 점수가 높은 D가 성과급 지급 순위가 가장 높다.

35 인적자원관리능력 성과급 지급액 구하기

|정답| ④

|해설| 34의 해설을 참고하면 E의 경우 평가점수가 118점으로 120점 미만이므로 결격 사유에 해당하여 성과급 지급 대상에서 제외된다. A ~ D에게 적용되는 기준 금액을 정리하면 다음과 같다.

• A : $3,500,000 \times 0.25 = 875,000$(원)

• B ~ D : $3,000,000 \times 0.2 = 600,000$(원)

성과급 지급 순위는 D-B-A-C이므로 성과가중치를 적용하여 최종 성과급 지급액을 도출하면 다음과 같다.

• D : $600,000 \times 1.5 = 900,000$(원)

• B : $600,000 \times 1.4 = 840,000$(원)

• A : $875,000 \times 1.3 = 1,137,500$(원)

• C : $600,000 \times 1.2 = 720,000$(원)

따라서 성과급 총액은 3,597,500원이다.

36 물적자원관리능력 조건에 맞는 도서와 비용 구하기

|정답| ②

|해설| 직원들의 선호도 및 조건을 반영하여 구입하게 되는 도서의 목록은 다음과 같다.

구분	A	B	C	D	E
1 순위	강자와 약자	인생을 바꾸는 성공 습관	월간 패션	건축으로 보는 해외 도시	–
2 순위	미래에 나는 어디에 있는가	미국 주식 투자법	건축으로 보는 국내 도시	무작정 회화하기	–
3 순위	독서 길라잡이	–	–	잘 쉬는 방법	월간 K-pop
계	52,500	43,000	36,500	56,000	9,000

따라서 최소 도서 구입비는 52,500+43,000+36,500+56,000+9,000=197,000(원)이며 E가 구입하는 도서는 월간 K-pop이다.

37 물적자원관리능력 조건에 맞는 도서와 비용 구하기

|정답| ④

|해설| 각 분야의 선호도 점수와 가격 점수는 다음과 같다.

구분	선호도 점수	가격 점수	총점
자기계발서	26	11	37
외국어 수험서	10	11	21
인문교양서	28	8	36
경제서적	10	9	19
잡지	16	16	32

이에 따라 자기계발서의 모든 도서를 구매하게 되며, 그 결과 14,000+12,000+25,000=51,000(원)의 구입비가 든다.

38 물적자원관리능력 조건에 맞는 휴가지 정하기

|정답| ③

|해설| 총 점수를 구하면 다음과 같다.

구분	필리핀 +1	베트남 +1	태국 +1	제주도	괌
맛	2	5+2	3	4	2
1인 교통비	4	6	7	8+2	2
분위기	3	2	5+5	1	4
거리	3	4	2	5	1

방문횟수	4	3	2	1	5+3
총점	17	23	25	21	17

따라서 태국이 최종 휴가지로 결정된다.

39 물적자원관리능력 조건에 맞는 휴가지 정하기

|정답| ⑤

|해설| 최 이사의 요구사항이었던 분위기가 가장 좋은 곳인 태국을 제외하고, 팀장을 제외한 주임과 사원의 요구사항만 반영하여 의사결정한 결과는 다음과 같다.

구분	필리핀 +1	베트남 +1	제주도	괌
맛	2	5+2	4	2
1인 교통비	4	6	8+2	2
분위기	3	2	1	4
거리	3	4	5	1
방문횟수	4	3	1	5
총점	17	23	21	14

따라서 총점이 가장 낮은 휴가지는 괌이다.

40 시간관리능력 일정표 작성하기

|정답| ④

|해설| 대표이사의 석식 시간은 따로 정해지지 않았으며 공항에 도착한 후 인천공항 라운지에서 요기를 한 뒤 기내식을 먹는다고 했다.

41 시간관리능력 출발시간 정하기

|정답| ④

|해설| 저녁 10시(22시)로 예약되어 있는 런던행 비행기에 탑승하기 위해서는 출발 3시간 전(19시)까지 공항에 도착해야 한다고 했다. 그리고 본사에서 공항까지 1시간 정도 걸린다고 했으므로 적어도 18시에 회사에서 출발해야 한다.

42 정보처리능력 보안 관련 용어 알기

|정답| ②

|해설| 제로 트러스트 보안의 기본 전략은 기업 내·외부를 막론하고 적절한 인증 절차를 통해 신원이 파악되기 전까지 네트워크에 대한 모든 접속을 차단하는 것이다.

|오답풀이|

① 폼재킹 : 사용자의 결제 정보 양식을 탈취하는 범죄이다.

③ 크립토재킹 : 일반인 PC를 암호화폐 채굴에 이용하는 신종 사이버 범죄이다.

④ 랜섬웨어 : 사용자 컴퓨터 시스템에 침투하여 중요 파일에 대한 접근을 차단하고 금품을 요구하는 악성 프로그램이다.

⑤ 웹 스키밍 : 온라인 결제거래를 하는 클라이언트에 삽입한 코드를 변조하여 신용카드 정보 등 금융 결제 정보를 탈취하는 공격이다.

43 컴퓨터활용능력 단축키 이해하기

|정답| ③

|해설| 기호나 문자표를 불러올 수 있는 '문자표 입력' 단축키는 Ctrl+F10이다.

|오답풀이|

① 용지의 서식이나 편집 작업을 할 수 있는 '편집 용지' 단축키이다.

② '표 만들기' 단축키이다.

④ 글자의 크기, 색, 위치, 음영 등을 조절하는 '글자 모양' 단축키이다.

⑤ 줄 간격, 한글 정렬, 문단 간격 등의 문단 모양을 변경할 수 있는 '문단 모양' 단축키이다.

44 정보처리능력 플래시메모리 이해하기

|정답| ①

|해설| 플래시메모리는 전원을 끄면 데이터를 상실하는 DRAM, SRAM과 다르게 전원이 꺼져도 저장된 정보가 사라지지 않는 비휘발성 메모리이다.

|오답풀이|

② SRAM : 정적 램(SRAM)이란 전원 공급이 계속되는 동안에는 저장된 내용을 계속 기억하고 소용량의 메모리나 캐시메모리에 주로 사용된다.

③ DRAM : 흔히 컴퓨터의 메인 메모리로 사용되며 동적 램(DRAM)이라 하고, 속도가 빠르고 대용량 저장이 가능하지만 데이터가 일정 시간이 지나면 사라지기 때문에 다시 기록해야 한다.

④ 광메모리 : 광디스크를 컴퓨터 프로그램이나 데이터의 기억에 활용한 기억매체를 말한다.

⑤ X-ROM : 능동영역 형태를 X자로 만든 읽기전용 기억장치(ROM) 회로를 말한다.

45 컴퓨터활용능력 검색 연산자 활용하기

|정답| ③

|해설| 쉼표(,)나 세미콜론(;)을 구분자로 하여 여러 단어를 찾을 수 있다.

46 컴퓨터활용능력 엑셀 수식 입력하기

|정답| ③

|해설| ROUNDUP 함수는 올림, ROUND 함수는 반올림하는 함수이다. '=ROUND(수, 자릿수)'의 형태로 사용되며 자릿수는 소수 첫째 자리가 1, 소수 둘째 자리가 2, … 일의 자리가 -1, 십의 자리가 -2, 백의 자리가 -3이다. 따라서 [C2]셀에 들어갈 수식은 '=ROUND(B2, -3)'이다.

47 컴퓨터활용능력 엑셀 수식 입력하기

|정답| ②

|해설| IF 함수의 용법은 '=IF(조건, 조건이 참일 때 값, 조건이 거짓일 때 값)'이다. 초과를 나타내는 기호는 >이고, 이상을 나타내는 기호는 >=이다. 인상률 10%가 들어 있는 셀은 채우기핸들을 사용할 때 주소가 변경되면

안 되므로 절대주소화하여 $B$7로 나타낸다. 엑셀은 %를 자동으로 인식하기 때문에 100으로 나누지 않아야 한다. 따라서 'IF(C2>70000, D2+D2*$B$7, D2)'를 입력하면 된다.

48 컴퓨터활용능력 HTML 언어 활용하기

| 정답 | ⑤

| 해설 | ㉱ ⟨br⟩은 줄을 바꿀 때 사용하는 것으로 제시된 표에는 여러 줄에 걸쳐서 입력된 내용이 없다.

㉲ ⟨u⟩, ⟨/u⟩는 내용에 밑줄을 치는 것으로 사용하지 않는다.

49 컴퓨터활용능력 HTML 언어 활용하기

| 정답 | ①

| 해설 | 표를 시작해(⟨table⟩) 첫 번째 행을 만들어(⟨tr⟩) 그 첫 번째 열(⟨td⟩)에 'NCS 영역'을 입력하고(⟨/td⟩), 두 번째 열을 시작해(⟨td⟩) '하위 영역'을 입력한다(⟨/td⟩ ⟨/tr⟩). 또 행을 만들어(⟨tr⟩) 첫 번째 열(⟨td⟩)에 굵은 글씨(⟨b⟩)로 '정보능력'를 입력하고(⟨/td⟩), 두 번째 열을 시작해(⟨td⟩) 밑줄 친(⟨u⟩) '컴퓨터활용능력'를 입력(⟨/td⟩ ⟨/tr⟩)한 뒤 표를 마친다(⟨/table⟩).

50 컴퓨터활용능력 HTML 언어 활용하기

| 정답 | ⑤

| 해설 | 2행 2열의 '좌우 바람'에 밑줄을 표시하기 위해 '⟨td⟩⟨u⟩좌우 바람⟨/u⟩이 설정되어 있는가?⟨/td⟩'로 입력해야 한다.

4회 기출예상문제 문제 174쪽

01	②	02	⑤	03	⑤	04	④	05	②
06	②	07	⑤	08	⑤	09	①	10	③
11	③	12	③	13	④	14	④	15	③
16	①	17	⑤	18	④	19	③	20	⑤
21	③	22	⑤	23	⑤	24	③	25	①
26	②	27	⑤	28	②	29	③	30	④
31	③	32	⑤	33	②	34	⑤	35	③
36	②	37	③	38	②	39	⑤	40	④
41	①	42	③	43	⑤	44	①	45	④
46	③	47	⑤	48	⑤	49	①	50	①

01 문서작성능력 문맥에 맞게 문단 나열하기

| 정답 | ②

| 해설 | 정부가 실시한 정책을 간략히 설명하며 시작하는 (다)에 이어 그 내용을 상세히 설명하는 (마)가 다음에 오는 것이 적절하며, 이러한 정책의 시행이 전력수급에 문제가 없었음을 설명하는 (가), 이에 따라 석탄발전을 더 줄여야 한다는 필요성이 부각되고 있다는 (나), 이와 관련한 전문가의 향후 정책 방향에 대한 의견인 (라)가 순서대로 이어지는 것이 적절하다.

02 문서이해능력 세부 내용 이해하기

| 정답 | ⑤

| 해설 | 마지막 문단에서 헬스케어와 디지털 분야 간 결합을 통해 혁신적인 변화가 진행 중이지만 빠른 시일 내에 급격한 전환이 이루어지기는 어렵다고 말하고 있다.

| 오답풀이 |

① 헬스케어 사업과 기존 사업을 연계하여 기존의 사업 기반을 동시에 강화할 수 있다고 판단하기 때문에 쉽게 사업을 중단하지 않을 것이다.

② 신기술이 발전됨에 따라 기업(공급 측면)이 헬스케어 사업을 성장시키고자 하며 병원·소비자·보험사 등(수요

측면)이 새로운 IT기술 도입을 필요로 하는 점을 기반으로 헬스케어 IT사업이 성장하고 있다.

③ 글로벌 IT기업인 IBM, 구글, 애플의 헬스케어 사업 추진 전략에 대한 설명이다.

④ 병원과 같은 물리적 공간의 제약을 벗어나 환자들이 연속적인 관리를 받을 수 있다.

03 문서이해능력 세부 내용 이해하기

| 정답 | ⑤

| 해설 | 글은 신재생에너지의 보급 활성화를 위한 필자의 의견 제시로 이루어져 있다. 전반부에서는 신재생에너지 공급의무화제도인 RHO, 후반부에서는 신재생에너지 의무할당제도인 RPS에 대한 설명과 적용 시의 전망 등이 이어지고 있다. 글에서는 두 가지 제도를 모두 신재생에너지의 보급 활성화 방안으로 제시하고 있으며, 둘 중 어느 하나를 보다 더 확대해야 한다는 의견을 제시하는 것은 아니다.

| 오답풀이 |

① 사업 경제성이 악화되는 환경에서 의무할당제도 불이행에 따른 과징금 등은 큰 부담으로 작용한다고 언급되어 있다.

② RHO와 RPS의 적용 확대를 위해 필자는 4세대 지역난방 모델을 전반부와 후반부에 모두 언급하여 설명하고 있다.

③ 2035년 목표에서는 온실가스 감축 수단의 비중으로 신재생에너지보다 타 에너지에 대한 의존도가 더 높을 것으로 전망하고 있다.

④ RHO는 신재생열에너지 공급의무화제도이며 RPS는 발전사업자와 판매사업자에게 적용하는 발전 또는 판매 의무화제도이므로, 각각 열공급과 발전 측면의 정책이라고 할 수 있다.

04 문서이해능력 성격이 같은 소재 파악하기

| 정답 | ④

| 해설 | ㉡, ㉢은 B 기업이 필름을 만들던 기술과 노하우를 활용하여 새롭게 개발한 제품을 말하는 것이며, ㉤은 D 기업이 광산업에서 쌓은 기술을 바탕으로 스카치테이프를 만들고 그 후 접착제에 대한 연구를 바탕으로 개발한 것이다.

따라서 ㉡, ㉢, ㉤은 모두 기존의 기술을 바탕으로 새롭게 개발된 제품을 나타내는 것이므로 성격이 같다.

05 문서이해능력 자료 읽고 질의응답하기

| 정답 | ②

| 해설 | 희망키움통장Ⅰ의 경우 3년 후 받게 되는 최대 금액은 2,757만 원이다. 2,664만 원의 경우는 매월 10만 원씩 적립하고 근로소득장려금으로 평균 64만 원을 지원받는다고 가정할 때의 금액으로 최대 액수가 아니다.

| 오답풀이 |

① 매월 30만 원을 지원해 주므로 3년 후에 총 30×36= 1,080(만 원)을 지원받게 된다.

④ 7월 1일이 수요일이므로 11일은 토요일, 12일은 일요일이다.

06 문서이해능력 문단의 중심 내용 파악하기

| 정답 | ②

| 해설 | 제시글을 세 문단으로 나누면, 다섯째 줄의 '～ 더욱 뜻깊습니다.'까지를 첫 번째 문단으로, 열셋째 줄의 '～ 다양화하고 있습니다.'까지를 두 번째 문단으로, 나머지를 세 번째 문단으로 구분할 수 있다.

첫 번째 문단에서는 A 기업이 세계적인 기업 순위 내에 들었다는 사실과 세계적인 신용평가사로부터의 긍정적인 평가 결과 등 세계적인 성과를 거둔 기업이라는 내용으로부터 '글로벌 기업'이 핵심 메시지임을 알 수 있다. 두 번째 문단에서는 A 기업의 다양한 사업모델과 미래 에너지 전환을 주도하는 신산업의 내용으로부터 '에너지 신산업을 통한 새로운 미래'라는 메시지를 파악할 수 있다. 세 번째 문단에서는 지역사회 발전과 중소기업과의 동반 성장을 통해 '상생하는 에너지 세상'을 만들고자 하는 점이 핵심 메시지이다.

07 문서작성능력 홍보자료 작성 요령 파악하기

| 정답 | ⑤

| 해설 | 보도자료의 제목으로는 읽는 이가 제목만 보고도

전체 내용이나 취지, 성격을 알 수 있도록 내용을 최대한 포괄하면서 가능한 20자 이내로 압축해 표현하는 것이 바람직하다. 따라서 긴 제목을 통해 많은 내용을 담으려고 하기보다는 여러 키워드를 포괄하는 상위 핵심 어구를 통해 홍보 효과를 높일 수 있다.

| 오답풀이 |

① 통계수치를 내세우면 신뢰도가 높아져 글의 가치를 제고할 수 있다.

08 문서이해능력 세부 내용 이해하기

| 정답 | ⑤

| 해설 | 출판 콘텐츠에서 5번째로 콘텐츠 이용 비중이 높은 경로와 영화 콘텐츠에서 4번째로 콘텐츠 이용 비중이 높은 경로는 P2P/웹하드로 동일하다.

| 오답풀이 |

① 무료(불법) 콘텐츠 이용 비율이 높은 경로 1 ~ 3순위가 음악은 UGC−모바일 앱−포털 내 커뮤니티 공간 순이고 방송은 UGC−모바일 앱−P2P/웹하드 순으로 동일하지 않다.

② 합법 저작물 이용 사례는 콘텐츠별 사례 수에 각 경로 비율을 곱한 값과 같다.
- 음악 : $834 \times 0.627 ≒ 523$(건)
- 영화 : $884 \times 0.691 ≒ 611$(건)
- 방송 : $531 \times 0.684 ≒ 363$(건)
- 출판 : $117 \times 0.496 ≒ 58$(건)
- 웹툰 : $408 \times 0.809 ≒ 330$(건)
- 게임 : $400 \times 0.766 ≒ 306$(건)

따라서 합법 저작물 이용 사례는 영화가 가장 많다.

③ 영화의 경우 각종 웹사이트를 통한 무료(불법)콘텐츠 이용 비율이 가장 낮다.

④ 영화는 IPTV, 방송은 TV가 차지하는 비중이 가장 높다.

09 문서이해능력 세부 내용 이해하기

| 정답 | ①

| 해설 | 고급 해산물에 대한 수요를 대상으로 하므로 프리미엄 이미지를 구축함이 적절하다. 따라서 프리미엄 식자재

마트, 호텔, 고급 레스토랑 등을 공략해 고급 이미지를 구축해야 한다.

| 오답풀이 |

② 코로나19로 인한 사회적 거리두기 흐름과 맞게 대형 마트보다는 온라인 플랫폼 중심의 유통망을 구축함이 적절하다.

③ 베트남인들은 바다에서 포획된 자연산 해산물이 영양 가치가 더 높다고 선호하며, 건강에 도움이 된다는 특정 수산물의 경우 더욱 프리미엄으로 취급하는 경향이 있다.

④ 프리미엄 해산물에 대한 베트남인들의 수요가 증가하고 있으므로 고급 해산물 위주로 판매하는 것이 적절하다.

⑤ 최근 유행하는 먹방 트렌드를 이용하여 젊은 층을 공략하는 것도 방법이 될 수 있다.

10 문서작성능력 자료에 적절한 그래프 추가하기

| 정답 | ③

| 해설 | 제시문의 내용은 베트남의 수산물 수입 현황에 관한 것이므로 베트남의 수산물 수출 규모는 관련이 없다.

| 오답풀이 |

① 해산물에 대한 소비자들의 관심 확대와 관련된다.

② 삶의 질 향상으로 인한 수산물 소비품목의 확대와 관련된다.

④ 프리미엄 해산물 시장의 확대와 관련한 내용이다.

⑤ 한국산 수산물의 수출 증감률과 관련된다.

11 기초연산능력 학생 요금을 지불한 인원 구하기

| 정답 | ③

| 해설 | 해당 달의 첫째 주 수요일이 k일이면 수요일의 날짜를 모두 더한 값은 $k+(k+7)+(k+14)+(k+21)=4k+42=58$, $k=4$이다. 즉 4, 11, 18, 25일은 수요일, 19일은 목요일이므로 평일 요금으로 계산해야 한다. 성인 요금을 낸 사람을 x명, 학생 요금을 낸 사람을 y명으로 두면 다음과 같이 정리할 수 있다.

$x+y=7$

$5,000x+4,000y=30,000$ $5x+4y=30$

$$\therefore \ x=2, \ y=5$$

따라서 학생 요금을 지불하고 입장한 사람은 5명이다.

12 기초연산능력 주행 및 주유 기록 분석하기

|정답| ③

|해설| A와 B의 주행 및 주유 기록을 정리하면 다음과 같다.

• A

기름을 50% 채우는 데 4만 원 ➡ 기름을 가득 채우는 데 8만 원

350km를 달리는 데 기름탱크의 60% 사용 ➡ 남은 250km를 달리는 데 기름탱크의 $\dfrac{300}{7}$% 사용

따라서 A는 주유비로 총 $40,000(50\%\ 주유)+48,000(60\%$ 주유$)+\dfrac{240,000}{7}\left(\dfrac{300}{7}\%\ 주유\right) = 122,286$(원)을 지불했다.

• B

550km를 달렸을 때 기름이 10% 이하로 남음 ➡ 100%는 최대 $\dfrac{5,500}{9}$km 주행 가능

250km를 달리는 데 30,000원어치 기름 필요 ➡ 800km를 달리는 데 96,000원어치 기름 필요

따라서 B는 주유비로 총 96,000원을 지불했다.

㉠ 주유비로 A는 약 122,286원, B는 96,000원을 지불했으므로 B가 A보다 적은 주유비를 지불했다.

㉣ 추가 주유 없이 B의 차량의 최대 주행가능거리는 $\dfrac{5,500}{9} = 611$(km)이다.

|오답풀이|

㉡ 기름탱크를 가득 채우는 데 A의 차량은 8만 원, B의 차량은 최대 $\dfrac{5,500}{9} \times \dfrac{30,000}{250} = 73,333$(원)이 든다. 따라서 기름탱크의 용량은 A의 차량이 더 크다.

㉢ A의 차량은 600km를 달리는 데 기름탱크의 $\dfrac{720}{7} =$ 102.9(%)만큼의 기름이 필요하므로 추가 주유가 필요하다.

13 도표분석능력 자료의 수치 분석하기

|정답| ④

|해설| 가정 내 대기전력 감소를 위해 노력한다고 응답한 비율을 계산하면 다음과 같다.

• 20X8년 남자 : 22.9＋52.0＝74.9(%)
• 20X9년 남자 : 23.8＋50.3＝74.1(%)
• 20X8년 여자 : 34.1＋49.7＝83.8(%)
• 20X9년 여자 : 32.4＋50.0＝82.4(%)

따라서 남자와 여자 모두 20X8년 대비 20X9년에 가정 내 대기전력 감소를 위해 노력한다는 비율이 감소하였다.

|오답풀이|

① 가정 내 대기전력 감소를 위해 노력한다고 응답한 비율이 가장 높은 연령층은 20X8년의 경우 65세 이상 집단으로 43.6＋43.9＝87.5(%)였으며, 20X9년의 경우 60 ~ 64세 집단으로 41.4＋44.3＝85.7(%)였다.

② 여성과 남성의 인구수가 제시되지 않았으므로 조사기간 동안 가정 내 대기전력 감소를 위해 노력하는 여자가 남자보다 많았는지는 알 수 없다.

③ 20X8년 20 ~ 29세 집단에서 가정 내 대기전력 감소를 위해 노력한다고 응답한 비율은 19.7＋50.2＝69.9(%)로 70%를 넘지 못하였다.

⑤ 여성과 남성의 인구수가 제시되지 않았으므로 응답자 수는 알 수 없다.

14 도표분석능력 자료의 수치 계산하기

|정답| ④

|해설| 주어진 〈산출공식〉과 자료를 바탕으로 직원 A ~ E의 탄소포인트를 구하여 정리하면 다음 표와 같다.

직원	주행 시간 (분)	총 공회전 시간(분)	공회전 발생률(%)	탄소 포인트	공회전 시 연료소모량 (cc)	탄소 포인트
A	200	20	$\dfrac{20}{200}\times100=10$	100	400	0
B	30	15	$\dfrac{15}{30}\times100=50$	50	300	25
C	50	10	$\dfrac{10}{50}\times100=20$	80	200	50

D	25	5	$\frac{5}{25}\times100=20$	80	100	75
E	50	25	$\frac{25}{50}\times100=50$	50	500	0

따라서 탄소포인트 총합이 큰 순서는 D(155)＞C(130)＞A(100)＞B(75)＞E(50)가 된다.

15 도표분석능력 자료의 수치 분석하기

| 정답 | ③

| 해설 | ㉡ 20X4년부터 원자력 발전소에서 전기결함으로 인한 사고·고장은 1건, 2건, 2건, 1건, 2건, 2건으로 매년 발생하고 있다.

㉣ 20X4 ~ 20X9년 중 원자력 발전소에서 기계결함으로 인한 사고·고장이 가장 많았던 해는 20X6년으로 9건이다.

| 오답풀이 |

㉠ 원자력 발전소에서 발생하는 사고·고장 건수는 20X6년이 22건으로 가장 많았다.

㉢ 원자력 발전소에서 발생하는 사고·고장의 원인 중 기계결함이 가장 많았던 해는 20X6 ~ 20X8년이다.

16 도표분석능력 자료의 수치 분석하기

| 정답 | ①

| 해설 | 의사결정트리를 왼쪽에서 오른쪽으로 읽으며 최종적으로 해당되는 칸의 평균 점수를 파악한다.

① 취업준비를 하면서 사회적 관계망이 없는 집단 : 4.71

② 농림어업직에 종사하면서 사회적 관계망이 없는 집단 : 5.72

③ 사무직에 종사하면서 사회적 관계망이 없고 농촌에 거주하는 집단 : 6.47

④ 서비스·판매직에 종사하면서 사회적 관계망이 없고 이혼한 집단 : 5.01

⑤ 육아를 하면서 가구소득이 106.1만 원 미만이고 사회적 관계망이 없는 집단 : 5.10

따라서 평균 점수가 가장 낮은 집단은 ①이다.

17 도표작성능력 자료의 지표 파악하기

| 정답 | ⑤

| 해설 | 직업군에 따른 구분은 되어 있으나 고용형태(정규직, 비정규직 등)에 대한 정보는 자료에 주어지지 않았다.

18 도표분석능력 자료의 수치 분석하기

| 정답 | ④

| 해설 | 〈자료 1〉의 단위는 1원이 아니라 1천 원이다. 일반용 전력판매수입이 가장 적은 때인 5월의 판매수입이 9억 5,185만 6천 원이므로 100만 원 아래로 떨어진 적이 없다.

| 오답풀이 |

③ 산업용－일반용－주택용－교육용으로 동일하였다.

⑤ 산업용 전력판매수입은 7월이 2,963,120천 원으로 가장 많았다. 7월 주택용 전력판매수입은 677,098천 원으로 8월, 2월, 1월에 이어 4번째로 많다.

19 도표분석능력 자료의 수치 계산하기

| 정답 | ③

| 해설 | 용도별 20X6년 대비 20X7년 전력판매수입의 변화율을 구하면 다음과 같다.

- 주택용 : $\frac{7,437-8,270}{8,270}\times100 ≒ -10.1(\%)$

- 일반용 : $\frac{14,515-14,164}{14,164}\times100 ≒ 2.5(\%)$

- 교육용 : $\frac{857-900}{900}\times100 ≒ -4.8(\%)$

- 산업용 : $\frac{30,715-29,866}{29,866}\times100 ≒ 2.8(\%)$

- 농사용 : $\frac{820-786}{786}\times100 ≒ 4.3(\%)$

- 가로등 : $\frac{403-392}{392}\times100 ≒ 2.8(\%)$

- 심야용 : $\frac{864-906}{906}\times100 ≒ -4.6(\%)$

따라서 20X6년 대비 20X7년 전력판매수입의 변화율이 두 번째로 큰 용도는 교육용이다.

20 도표분석능력 자료의 수치 분석하기

| 정답 | ③

| 해설 | 공연장은 20X9년에 1,024개로 전년과 동일하다.

| 오답풀이 |

①, ② 공공도서관은 20X9년에 전년 대비 $\frac{1,010-978}{978} \times 100 ≒ 3.3(\%)$ 증가하였고, 20X8년에 전년 대비 $\frac{978-930}{930} \times 100 ≒ 5.2(\%)$ 증가하였다.

④ 문예회관은 20X8년에 229개로 전년도 232개에 비해 감소하였다.

⑤ 20X6 ~ 20X9년의 문화예술시설 수를 구하면 다음과 같다.
- 20X6년 : 754+190+865+992+220=3,021(개)
- 20X7년 : 809+202+930+991+232=3,164(개)
- 20X8년 : 826+219+978+1,024+229=3,276(개)
- 20X9년 : 853+229+1,010+1,024+236=3,352(개)

따라서 문화예술시설 수는 지속적으로 증가했다.

21 도표작성능력 자료를 바탕으로 그래프 작성하기

| 정답 | ③

| 해설 | ㉠ 박물관 853개, 미술관 229개, 공연장 1,024개, 문예회관 236개로 수정해야 한다.

㉣ 20X7년 100.49조 원, 20X8년 105.51조 원으로 수정해야 한다.

22 사고력 조건에 따라 추론하기

| 정답 | ⑤

| 해설 | 10명이 4개의 부서에 배정되어야 하며 인원수가 동일한 부서가 2개 있으므로 다음 세 가지로 추려진다.

1) 1명, 1명, 2명, 6명
2) 1명, 1명, 3명, 5명
3) 1명, 2명, 2명, 5명

따라서 계통계획처의 신입사원 수가 5명일 경우, 전력수급처의 신입사원 수는 4개의 부서 중 가장 많지도, 가장 적지도 않은 2명 또는 3명이어야 한다.

| 오답풀이 |

① 3)의 경우 1명이 배정된 부서가 상생협력처일 가능성과 전력시장처일 가능성이 둘 다 존재한다.

② 3)의 경우 계통계획처의 신입사원 수를 5명으로 가정했을 때, 전력수급처와 상생협력처의 신입사원 수가 2명으로 동일할 수 있지만 항상 올바른 설명으로는 볼 수 없다.

④ 3)의 경우 상생협력처에 1명의 신입사원이 배정되었다고 가정하면 계통계획처에 배정된 신입사원의 수는 2명일 수 있다.

23 사고력 조건을 바탕으로 추론하기

| 정답 | ③

| 해설 | 다음과 같은 순서로 각 사원이 마신 음료와 그 가격을 유추할 수 있다.

- 첫 번째 조건에서 A는 가격이 4,000원인 음료를 주문했음을 알 수 있다.
- 두 번째 조건에서 C는 가격이 6,000원인 음료를 주문했음을 알 수 있다.
- 다섯 번째 조건에서 B는 홍차를 주문하였음을 알 수 있다. 이때 D와 E가 주문한 음료와 금액이 달라야 하고 위의 두 조건에서 A는 4,000원, C는 6,000원을 지불했으므로 B가 주문한 음료의 가격은 4,000원, D와 E가 주문한 음료는 5,000원이라 추론할 수 있다.
- 네 번째 조건에서 D는 커피 범주에 속하는 음료 중 하나를 주문하였음을 알 수 있다.
- 세 번째 조건에서 C와 E는 주스 범주에 속하는 음료를 주문하였음을 알 수 있다.
- 여섯 번째 조건에서 아메리카노와 수박 주스의 가격은 5,000원으로 동일함을 알 수 있다. 이때 D는 커피 범주의 음료, E는 주스 범주의 음료를 주문하였으므로 D는 아메리카노, E는 수박 주스를 주문했음을 추론할 수 있다.

모든 대응 관계를 표로 정리하면 다음과 같다.

사원	음료	가격
A	카페라테	4,000
B	홍차	4,000
C	자몽 주스	6,000
D	아메리카노	5,000
E	수박 주스	5,000

24 문제처리능력 성과상여금 지급 기준 이해하기

| 정답 | ③

| 해설 | 성과상여금 지급 대상은 지급기준일 현재 근무자이므로 휴직한 상태라면 성과상여금을 받을 수 없을 것이다. 따라서 성과상여금을 받기 위해서는 휴직 날짜를 성과상여금 지급일과 겹치지 않도록 조정해야 한다.

| 오답풀이 |

① 각주에 따라 예산범위 내, 지급등급별 인원비율 및 지급률을 10%p 범위 내 자율 조정이 가능하므로 현재 상위 약 62%인 경우, 지급인원 비율이 조정된다면 A 등급을 받을 수도 있다.

② 다태아도 출산 가점은 5점 부여되므로 출산 가점을 1번 받는다.

④ 절대적인 평가점수와 관계없이 조직 내에서 상대적인 등수에 따라 성과 등급이 달라진다. 따라서 총점이 92.5점이라 하더라도 특정 등급을 확신할 수 없다.

⑤ 각주에 따라 실제 근무기간이 2개월 미만인 자는 지급 대상에서 제외된다.

25 문제처리능력 조건에 맞는 상품 선택하기

| 정답 | ①

| 해설 | 고객은 여러 개 통화로 예금거래가 가능하면 좋겠다고 하였으므로 ㄹ은 제외되며, 5 ~ 6만 원 정도로 시작하고 싶다고 하였으므로 가입금액이 USD 100불 이상인 ㄷ도 제외해야 한다. 3년 정도 두고 싶다고 하였으므로 ㄴ 상품도 적절하지 않다. 따라서 고객에게 추천할 상품은 모든 조건을 충족하는 ㄱ이다.

26 문제처리능력 자료를 바탕으로 질의응답하기

| 정답 | ②

| 해설 | SP는 아동의 현재 감각처리 능력을 평가하는 감각통합프로파일 검사이다. 문의자의 자녀는 감각능력에는 문제가 없으므로 해당 검사를 추천하는 것은 적절하지 않다.

| 오답풀이 |

④ 만 3세 2개월은 38개월로 제시된 모든 발달검사 프로그램을 실시하기에 적합한 연령이다.

27 문제처리능력 행동지침 이해하기

| 정답 | ④

| 해설 | 천재지변이나 전기 고장으로 인한 정전피해에 대하여는 배상하지 않으므로 자연재해로 인한 손실에 대해서는 한전에서 배상하지 않을 것이다.

28 문제처리능력 경유차 저공해화 사업 파악하기

| 정답 | ③

| 해설 | 조기폐차 추진 대수가 아니라, 조기폐차, 매연저감장치 부착, LPG 엔진 개조, 미세먼지 – 질소산화물 저감장치 부착 보조금 지원 대상이 38,190대이다.

29 문제처리능력 적절한 사례 판단하기

| 정답 | ③

| 해설 | ㄷ 2005년 이전에 등록한 2.5톤 이상 경유차량에 매연저감장치를 부착하면 비용의 약 90%를 지원받을 수 있다.

| 오답풀이 |

ㄱ 조기폐차 지원금은 차종 규모별 최대 770만 원까지 지원받을 수 있다.

ㄴ 지원대상은 수도권에 2년 이상 등록된 차량에 한하므로 대전시에 등록한 차량은 지원대상이 아니다.

30 문제처리능력 자료 분석하기

| 정답 | ④

| 해설 | 종업원 수 5인 미만의 포장처리업소는 전산신고 의무가 없을 뿐, 내부적으로 포장처리 실적에 대한 장부를 가지고 관련 정보를 관리해야 한다.

| 오답풀이 |

① 묶음번호는 여러 개의 이력번호를 가진 개체들을 하나로 묶어 포장처리한 경우 사용되므로 하나의 묶음번호에는 여러 개의 이력번호가 표시될 수 있다.

② 귀표가 부착되지 않은 개체는 개체식별번호를 부여받아야 도축이 가능하다고 설명하고 있으므로 귀표 부착 자

체보다 관련 사항의 전산 등록 여부가 도축의 기준이 되는 것이라고 판단할 수 있다.

③ 전산 정보를 확인하여 등록정보 변경 후 도축이 가능하므로 실제와 전산 정보가 다를 경우에는 도축이 불가능하다.

⑤ '도축장에 연접한 영업장도 아닌데'라는 언급으로 보아 도축장 연접 여부가 전산 등록 의무의 판단 기준이 된다고 유추할 수 있다.

31 문제처리능력 자료 분석하기

|정답| ③

|해설| 영업자코드를 나타내는 4자리 수가 1234와 4321로 다르므로 2개의 업체가 각각 3개의 이력번호를 가진 개체를 포장처리한 것이다.

|오답풀이|

① 두 개의 묶음번호 날짜가 2017년 10월 15일과 23일로 동일하지 않다.

② 소고기를 의미하는 0과 돼지고기를 의미하는 1이 쓰인 묶음번호 내에 개체가 3개씩 있으므로 올바른 판단이다.

④ 묶음번호에서 변하지 않는 것은 맨 앞에 쓰인 L('LOT'를 의미) 1개뿐이다.

⑤ 묶음번호의 마지막 세 자리는 묶음구성일별로 중복되지 않도록 영업자가 자체적으로 부여한 일련번호이다.

32 문제처리능력 조건을 바탕으로 회의실 예약하기

|정답| ⑤

|해설| 〈회의실 예약 현황〉에 따라 회의실 이용이 가능한 것은 월요일 오전, 수요일 오후, 목요일 오후, 금요일 오전이다. 월요일 오전에는 김 부장, 유 과장 2명이 참여하지 못하고, 수요일 오후에는 유 과장, 박 대리, 최 사원 3명이 참여하지 못하며, 목요일 오후에는 김 부장, 박 대리, 최 사원 3명이 참여하지 못하고, 금요일 오전에는 박 대리 1명이 참여하지 못한다. 따라서 홍길동은 금요일 오전에 회의실을 예약할 것이다.

33 자원관리능력 로직트리 분석하기

|정답| ②

|해설| ㉠ 디자인 변경은 무선충전기능 개발과 컨트롤러 기능 개선이라는 하위 항목을 포괄하는 개념이라고 보기 어렵다.

㉢ 광고영역 추가는 관리비 절감이라는 상위항목에 포함되는 개념이라고 보기 어렵고, 기존 악성재고 폐기와 같은 개념으로 보기도 어렵다.

34 예산관리능력 조건을 만족하는 가정 찾기

|정답| ⑤

|해설| 희망 구매 단가와 발전 가능 연한은 A ~ E 가정 모두 조건을 만족하므로 나머지 세 가지 조건을 충족하는지 판단한다. 먼저 생산 설비 용량을 고려해 보면 시간당 5kW 이하여야 하므로 C 가정은 조건에 알맞지 않다. 1개월 평균 전기 생산량의 경우 A 가정은 600kW(=5×4×30), B 가정은 225kW(=5×1.5×30), D 가정은 600kW(=5×4×30), E 가정은 540kW(=5×3.6×30)로 B 가정이 조건에 알맞지 않음을 알 수 있다. 송전 거리를 고려할 경우 10km 이상이어야 하므로 A 가정과 E 가정이 알맞지 않다. 따라서 〈태양광 전기 구매 조건〉을 충족한 가정은 D뿐이다.

35 인적자원관리능력 자료를 바탕으로 직원 선발하기

|정답| ③

|해설| C 팀장은 직전 해외 파견근무 종료가 2019년 11월로 2021년 10월 기준으로 2년이 경과되지 않아 선발되지 않는다. 지원자 중 업무능력 우수인 D 팀장은 반드시 선발되어야 하며, 동일 부서에 근무하는 2명 이상의 팀장을 선발할 수 없으므로 같은 영업부 E 팀장은 선발되지 않는다. 업무능력이 미흡인 B 과장과 G 사원도 선발될 수 없으므로 파견근무에 선발될 직원은 A 과장, D 팀장, F 사원이다.

36 예산관리능력 자료를 바탕으로 환불금액 계산하기

| 정답 | ②

| 해설 | 강습 잔여횟수는 11회, 자유이용 횟수는 3회이고 B 씨는 성인이므로 환불금액은 $280,000 \times \frac{11}{16} - 3 \times 20,000 = 132,500$(원)이다.

37 예산관리능력 주문 금액 계산하기

| 정답 | ③

| 해설 | 각 업체의 주문 금액은 [인쇄 장수(제본인 경우 권당 페이지 수×제본 권수)×장당 인쇄 비용]+[제본 권수×권당 제본비용]+[운송료(페이지 수 혹은 제본 권수×장당/권당 운송료)]로 계산한다.

- A 업체 : (1,400×200)+0(제본 없음)+(1,400×15)=301,000(원)
- B 업체 : (30×100×50)+(100×1,500)+0(운송료 무료)=300,000(원)
- C 업체 : (10×110×75)+(110×2,000)+0(운송료 무료)=302,500(원)
- D 업체 : (50×90×25)+(90×1,000)+(90×100)=211,500(원)
- E 업체 : (30×50×100)+(50×2,500)+(50×200)=285,000(원)

따라서 C 업체의 주문부터 처리해야 한다.

38 예산관리능력 주문 금액 계산하기

| 정답 | ②

| 해설 | D 업체가 종이 사이즈를 A7에서 A6로 바꾸면 장당 인쇄비용 25원, 권당 제본비용 500원, 권당 운송료 50원의 추가금액이 발생한다. 이를 계산하면 (50×90×25)+(90×500)+(90×50)=162,000(원)이다. 따라서 주문을 변경한 D 업체의 주문 금액은 211,500+162,000=373,500(원)이다.

39 예산관리능력 급여 계산하기

| 정답 | ⑤

| 해설 | 직원별 기본급과 성과급, 급여를 표로 정리하면 다음과 같다.

(단위 : 만 원)

구분	기본급	성과급	총 급여
A	400	400	800
B	350	175	525
C	450	450	900
D	430	430	860
E	290	0	290
F	380	190	570
G	500	750	1,250
H	470	470	940
I	330	165	495

따라서 직원들에게 지급한 급여의 총합은 6,630만 원이다.

40 예산관리능력 급여 지출내역 구하기

| 정답 | ④

| 해설 | 지난달보다 실적이 오른 사원은 A, C, E, F, H 5명이다. 5명의 총 급여는 39의 해설을 참고하면 다음과 같다.

구분	총 급여(만 원)
A	800
C	900
E	290
F	570
H	940

총 급여의 10%씩을 추가로 지급하므로 ○○기업이 추가로 지급하게 되는 금액은 80+90+29+57+94=350(만 원)이다.

41 예산관리능력 총 급여 상승액 구하기

| 정답 | ①

| 해설 | 팀별 실적 평균을 구하면 1팀 약 4,333만 원, 2팀 약 4,433만 원, 3팀 약 3,233만 원이다. 따라서 1, 2팀은

100%, 3팀은 50%의 성과급을 지급받게 된다. 이를 정리하면 다음과 같다.

(단위 : 만 원)

구분	소속	기본급	성과급	총 급여
A	1팀	400	400	800
B	3팀	350	175	525
C	2팀	450	450	900
D	1팀	430	430	860
E	3팀	290	145	435
F	2팀	380	380	760
G	2팀	500	500	1,000
H	1팀	470	470	940
I	3팀	330	165	495

○○기업이 지급할 총 급여는 6,715만 원이므로 이번 달 지급액 6,630만 원보다 85만 원 상승할 것이다.

42 예산관리능력 신용카드 선정하기

| 정답 | ③

| 해설 | 김 사원의 총예산 내역은 1,340,000원이며, 각 카드별 할인 금액을 정리하면 아래와 같다.

카드	할인 금액
A	• 버스 및 지하철 요금 15% 할인 : 15,000원 할인 • 카페 사용액 20% 청구 할인 : 14,000원 할인 • 마트 사용액 5% 적립 : 10,000원 적립 • 총 할인금액 : 39,000원 할인 • 월회비 적용 시 : 24,000원 할인
B	• 유류비 10% 할인 : 14,000원 할인 • 영화 관람비 20% 할인(월 최대 4,000원) : 4,000원 할인 • 전통시장 사용액 5% 할인 : 7,500원 할인 • 총 할인금액 : 25,500원 할인
C	• 의류비 5% 할인 : 10,000원 할인 • 영화 관람비 30% 할인 : 9,000원 할인 • 통신비 10% 적립 : 5,000원 적립 • 도서 구입비 10% 할인 : 8,000원 할인 • 총 할인금액 : 25,000원 할인(최대 할인 금액 적용)

따라서 할인혜택이 가장 많은 신용카드는 B이며, 한달 요금은 1,340,000−25,500=1,314,500(원)이다(적립은 현금으로 계산하므로 할인되는 금액이라고 볼 수 있다).

43 정보처리능력 사이버 범죄 이해하기

| 정답 | ⑤

| 해설 | 파밍(Pharming)은 악성코드에 감염된 사용자의 PC를 조작하여 정확한 웹 페이지 주소를 입력하여도 가짜 웹 페이지로 유도하여 금융정보를 빼내는 수법이다.

| 오답풀이 |

① 파싱(Phishing) : 개인정보(Private data)와 낚시(Fishing)의 합성어로 불특정 다수에게 이메일을 보내 정상 홈페이지로 가장한 가짜 사이트로 접속을 유도한 뒤 보안카드번호 등 이용자들의 금융정보를 입력하게 하여 이를 불법적으로 이용하는 사기수법을 말한다.

② 스누핑(Snooping) : 네트워크상에서 남의 정보를 염탐하여 중요 정보를 불법으로 가로채는 행위를 말한다.

③ 스푸핑(Spoofing) : 의도적인 행위를 위해 타인의 신분으로 위장하는 것으로, 승인받은 사용자인 것처럼 시스템에 접근하거나 네트워크상에서 허가된 주소로 가장하여 접근 제어를 우회하는 공격 행위를 말한다.

④ 랜섬웨어(Ransomware) : 사용자 컴퓨터 시스템에 침투하여 중요 파일에 대한 접근을 차단하고 금품을 요구하는 악성프로그램이다.

44 정보처리능력 기억장치 종류 파악하기

| 정답 | ①

| 해설 | ROM은 컴퓨터에 미리 장착되어 있는 메모리로, 읽을 수는 있지만 변경을 가할 수는 없다. ROM에 저장된 데이터는 영구적 또는 반영구적으로 보관되고, 전원이 꺼져도 지워지지 않는다. 주로 사전으로서의 기능을 수행하며 워드프로세서의 한자, 메모리, IC카드 등에 쓰인다.

| 오답풀이 |

② RAM : 컴퓨터가 켜지는 순간부터 CPU 연산과 동작에 필요한 모든 내용이 저장되며, 전원을 차단하면 모든 내용이 지워지는 휘발성 기억장치이다.

③ 하드 디스크 드라이브(Hard Disc Drive) : 컴퓨터의 보조기억장치로 주로 사용되는 대용량의 비휘발성 기억장치이다.

④ 캐시 메모리(Cache Memory) : 데이터를 빠르게 로드하기 위한 데이터를 미리 복사하여 저장하는 기억장치로 주로 CPU나 디스크 옆에 부착되어 있다.

⑤ 클라우드 스토리지(Cloud Storage) : 데이터를 네트워크에 저장하는 시스템 혹은 이를 제공하는 호스팅 업체의 서비스를 의미한다.

45 컴퓨터활용능력 엑셀 함수식 작성하기

| 정답 | ④

| 해설 | SUMPRODUCT 함수는 배열 또는 범위의 대응되는 값끼리 곱해서 그 합을 구하며, 수식은 =SUMPRODUCT (범위1, 범위2, …)이다. 총 판매수입은 제품별 판매수량과 판매가격을 곱하여 더한 값이므로 [C6]셀에 들어갈 수식으로 =SUMPRODUCT(B2 : B5, C2 : C5)가 옳다.

46 컴퓨터활용능력 엑셀 활용법 이해하기

| 정답 | ③

| 해설 | ⓒ 엑셀의 날짜 표시는 =Today( )나 Ctrl+;로 입력이 가능하다.
ⓔ 입력한 내용과 같은 내용을 적용하려면 채우고자 하는 부분에 블록을 잡고 수식입력줄에 내용을 입력한 후 Ctrl+Enter를 누른다.

47 컴퓨터활용능력 내림차순 정렬하기

| 정답 | ⑤

| 해설 | 다음과 같이 자료가 정렬된다.

	A	B	C
1	사원명	영업건수	근속연수
2	김은형	25	3
3	김진우	30	5
4	박주연	51	5
5	최민아	18	7
6	이세준	39	8

48 정보이해능력 클라우드 컴퓨팅 이해하기

| 정답 | ⑤

| 해설 | 클라우드 컴퓨팅은 초기 투자비용 없이 이용한 만큼 지불하는 탄력성, 최소 자원으로 시작 후 사용량에 따라 동적확장이 가능한 확장성을 가지므로 중소기업이 클라우드

플랫폼을 도입하는 것이 비용 측면에서 바람직하지 않다는 것은 옳지 않다.

| 오답풀이 |

① 탄력성은 초기 투자비용 없이 이용한 만큼 지불하는 것을 말하므로 클라우드 컴퓨팅 서비스에 대한 초기 접근성이 높음을 알 수 있다.

② 이용자가 많아질수록 다양한 요구사항에 대한 대응이 발전할 것이고 자연히 플랫폼 구축 기술에 대한 중요성이 증가할 것이므로 서비스 제공자들은 플랫폼 개발을 가속화할 것이라고 추론할 수 있다.

③ 저성장, 저소비, 고실업, 고위험 등은 4차 산업혁명과 더불어 2008 글로벌 경제위기 이후 세계경제에 나타난 뉴노멀 현상을 나타내는 키워드이다. 이러한 뉴노멀 시대의 도래로 인해 클라우드 컴퓨팅이 중요해졌다는 내용이 두 번째, 세 번째 문단에 나타나 있다.

④ 기업들의 전환 가속화는 경쟁사뿐 아니라 동종업계에도 영향을 주어 전 산업 영역으로 확대되고 있으므로 클라우드 컴퓨팅 서비스 제공자와 소비자 모두 데이터 관리 역량을 키워야 변화에 적응할 수 있다.

49 정보처리능력 리눅스 프로그램 이해하기

| 정답 | ①

| 해설 | 팀원별 로그인 기록의 #lastlog −t 5 /var/log/ wtmp.1 명령 출력 결과에 따르면 가장 최근에 로그인한 사용자는 3월 30일 목요일 3시에 로그인한 DORA이다.

| 오답풀이 |

② #last −f /var/log/wtmp.1에서 BRAVO 사용자는 1월 13일 금요일과 3월 25일 토요일에 로그인 기록이 있는데, 이 둘의 Port가 각각 pts/3과 pts/4로 기록되어 있다. 즉 BRAVO 사용자는 pts/3과 pts/4 두 개의 하드웨어에서 로그인을 하였음을 알 수 있다.

④ #lastlog −t 5는 사용자의 마지막 로그인 시각 중 명령을 입력한 날을 기준으로 5일 이내의 기록만을 출력한다. 명령을 입력한 시점이 3월 31일이므로, #lastlog −t 5를 입력하면 3월 26일부터 31일까지의 로그인 기록만을 분석하여 출력하며 3월 24일의 로그인 기록은 읽지 않는다. 따라서 ELITE의 최근 5일간의 마지막 로그인 정보를 확인하는 #lastlog −t 5 −u ELITE를 입력하면 로그인 기록이 없다는 의미의 **Never logged in**이 출력된다.

⑤ #lastlog −t 5 /var/log/wtmp.1에서 CHLOE가 3월 27일 월요일 17시 11분에 pts/2를 통해 마지막으로 로그인한 기록이 있음을 확인할 수 있다. #last −f /var/log/wtmp.1에도 이에 대응하는 기록이 있어야 하므로 ⓒ에는 Mon March 27이 들어가는 것이 적절하다.

50 정보처리능력 리눅스 프로그램 이해하기

| 정답 | ①

| 해설 | #last −2 /var/log/wtmp.1 명령어는 /var/log/wtmp.1 로그 파일의 로그인과 로그아웃에 대한 정보 중 가장 마지막 두 줄을 출력하는 명령어이다. 따라서 출력 결과로 3월 28일 화요일에 접속한 ALEPH 사용자의 접속기록과 3월 30일 목요일에 접속한 DORA 사용자의 기록이 출력되어야 한다.

| 오답풀이 |

② #last −1 −a /var/log/wtmp.1 명령어는 /var/log/wtmp.1 로그 파일의 로그인과 로그아웃에 대한 정보 중 가장 마지막 한 줄을 출력하되, 출력되는 목록에서 인터넷 IP주소 필드를 맨 오른쪽에 출력하도록 하는 명령어이다. 따라서 선택지와 같이 로그 파일의 가장 마지막 줄의 3월 30일 목요일에 접속한 DORA 사용자의 기록에서 IP 주소 필드를 가장 오른쪽에 위치시킨 결과를 출력해야 한다.

③ #lastlog −u CHLOE /var/log/wtmp.1 명령어는 /var/log/wtmp.1 로그 파일에서 CHLOE 사용자의 마지막 로그인 정보를 출력하는 명령어이다.

④ #lastlog −u FENNEC /var/log/wtmp.1 명령어는 /var/log/wtmp.1 로그 파일에서 FENNEC 사용자의 마지막 로그인 정보를 출력하는 명령어이다. 그런데 자료의 #last −f /var/log/wtmp.1 명령어 입출력 결과에서 FENNEC 사용자에 대한 로그인 정보가 존재하지 않으므로, 로그인 기록이 없다는 의미의 **Never logged in**이 출력되어야 한다.

⑤ #lastlog −t 3 /var/log/wtmp.1 명령어는 /var/log/wtmp.1 로그 파일에서 최근 3일간의 마지막 로그인 기록을 출력하는 명령어이다. 명령을 입력한 현재 시점이 3월 31일이므로, 3월 28일부터 31일까지의 마지막 로그인 기록이 있는 ALEPH, DORA의 로그인 기록이 출력된다.

5회 기출예상문제 문제 224쪽

01	⑤	02	②	03	④	04	③	05	③
06	④	07	⑤	08	③	09	①	10	④
11	①	12	⑤	13	②	14	②	15	④
16	②	17	⑤	18	③	19	③	20	③
21	③	22	⑤	23	⑤	24	③	25	②
26	⑤	27	①	28	④	29	③	30	⑤
31	⑤	32	④	33	③	34	④	35	⑤
36	④	37	⑤	38	④	39	④	40	⑤
41	④	42	④	43	②	44	⑤	45	②
46	⑤	47	⑤	48	③	49	①	50	③

01 문서작성능력 적절한 주제 파악하기

| 정답 | ⑤

| 해설 | 주어진 글에서는 중앙과 지역 간 에너지 분권을 위해 요구되는 준비 작업에 관해 설명하고 있다. 전반부에서는 지역의 에너지 권한 부족으로 인한 문제점을 논의하면서 권한 이양의 필요성을, 후반부에서는 중앙과 지역의 소통창구 마련의 필요성을 논의한다. 따라서 글 전체를 아우르는 가장 적절한 주제는 ⑤이다.

| 오답풀이 |

② 에너지 권한의 쏠림 현상으로 인한 문제의 해결방안에 대해 논의하고 있다.

④ 각 지자체가 스스로 에너지 계획을 수립하여도 권한이 없어 이를 실행할 수 없음이 명시되어 있다.

02 문서이해능력 적절한 사례 연결하기

| 정답 | ②

| 해설 | ㉠의 오토스케일 기술, ㉣의 수신기 전원 차단 기술은 전력 효율을 높이기 위한 기술이므로 (가)와 연결되는 것이 적절하다. ㉢의 바닷속 데이터센터와 ㉤의 고지대에 지어진 데이터센터는 냉각을 효율적으로 하기 위한 시스템으로 (나)와 연결되는 것이 적절하다. ㉡의 경우 딥마인드 인공지능을 활용해서 전력과 온도를 조절하는 것이므로 (가), (나) 두 경우 모두 쓰일 수 있다.

5회 기출예상문제 47

03 문서이해능력 세부 내용 이해하기

| 정답 | ④

| 해설 | 살롱은 온라인 커뮤니티가 오프라인 공간으로 탈출한 것이며 SNS가 활성화되더라도 대면적·직접적 소통이 가능한 오프라인 만남에 대한 수요는 꾸준히 존재할 것이다. 따라서 온라인 살롱이 오프라인 살롱을 대체할 것이란 예측은 지문과 일치하지 않는다.

| 오답풀이 |

① 살롱은 '반(半) 개방성'의 공간으로 취향이 비슷한 이들이 모인다는 점에서 배타성을, 결이 다른 다분화된 취향을 지닌 이들이 모인다는 점에서 개방성을 띤다.

② 마지막 문단에 제시된 내용이다.

⑤ 세 번째 문단에 제시된 내용이다.

04 문서이해능력 자료를 읽고 의견 제시하기

| 정답 | ③

| 해설 | 개인 이동수단 특성상 전기자전거 또는 전동킥보드는 장맛비 등 날씨 변화의 영향을 받을 수밖에 없다. 따라서 날씨 영향 차단 가능 여부가 성공의 관건이라는 의견은 적절하지 않다.

| 오답풀이 |

① 전동킥보드는 한 번 타본 사람이 계속 타면서 타는 행위 자체에 재미를 느끼기도 하지만 전기자전거는 자전거인 만큼 비교적 거부감 없이 탈 수 있다는 점에서 이용자 친화적이다.

② 아직까지는 전동킥보드가 개인 이동수단으로 더 크게 주목받고 있는 상황이다.

④ K 모빌리티는 최근 타기업과 협력해 전기자전거 충전·정비 거점도 추가 확보하며 서비스 확장에 박차를 가하고 있다.

⑤ 전기자전거는 자전거의 일종이기 때문에 사업자 입장에서 비교적 규제로부터 자유롭다는 점에서 규제영역에 모호한 회색지대가 존재하는 전동킥보드에 비해 유리하다고 볼 수 있다.

05 문서이해능력 내용 추론하기

| 정답 | ③

| 해설 | 인간이 생각하고 말을 할 수 있는 복잡한 생물임에도 가지고 있는 의미 있는 유전자 수는 다른 단순한 동물들의 유전자 수와 크게 다르지 않으며, 심지어 식물이 가진 유전자보다 그 수가 적다는 것이 확인되었으므로 복잡한 생물일수록 보유 유전자 수가 많다는 것을 추론할 수는 없다.

| 오답풀이 |

① 침팬지와 사람의 유전자가 99% 일치함에 따라 침팬지 기원설에도 확신을 얻게 되었다.

② 생명공학 기술의 발달로 기존에 15년으로 예상되었던 인간 게놈 프로젝트가 13년 만에 완료되었다.

④ 염기서열이 모두 밝혀지는 것의 단점으로 태아의 염기서열에서 유전병 요인이 발견될 경우 아이를 포기하는 일이 생길 수 있다는 문장에서 추론할 수 있다.

⑤ 염기서열의 수가 워낙 방대하여 세계 각국의 유전자 센터와 대학 등에서 나누어 실시되었다.

06 문서이해능력 빈칸에 들어갈 내용 파악하기

| 정답 | ④

| 해설 | 역진성의 정의에 의하면 수요가 감축되었을 경우 그에 따른 SMP가 하락해야 한다. 따라서 기준수요 대비 100MW 감축 시의 7월 9일 SMP는 164.67원 → 163.04원으로 변동되어 수요 감축에 따른 가격 하락을 보이고 있으므로 역진성에 해당되지 않는다. 나머지 선택지의 일자들에는 모두 수요가 감축되었음에도 불구하고 가격이 오히려 상승한 역진성을 보이고 있다.

07 문서이해능력 자료를 읽고 질의응답하기

| 정답 | ⑤

| 해설 | 제출물에 대한 지식재산권 또는 소유권은 제출자에게 있다. 따라서 논문의 소유권이 주관기관에 이전된다는 답변은 옳지 않다.

08 문서이해능력 단어의 의미관계 파악하기

| 정답 | ③

| 해설 | 제시문은 디지털 기술 발전으로 시간과 공간의 경계가 무너졌다고 설명하고 있다. 그러나 기술 진보와 자동화는 경계가 무너진 것이 아니라 4차 산업혁명의 기술 진보가 자동화를 이끌어 냈다고 볼 수 있다.

| 오답풀이 |

① 세 번째 문단에서 이종 결합이 증가함에 따라 제조업과 서비스업 등 업종 및 기업 간 경계가 사라지고 있다는 것을 알 수 있다.

② 두 번째 문단에서 원격 근무 또는 모바일 근무가 늘어나면서 근로자는 24시간 연락체계 및 근무 환경에 놓이게 되었고 이에 따라 노동과 여가의 경계가 무너지고 있다는 것을 알 수 있다.

④ 세 번째 문단에서 이종 결합이 증가함에 따라 생산기술직과 사무직 간의 경계도 더욱 희미해지고 있다는 것을 알 수 있다.

⑤ 네 번째 문단에서 초연결사회는 온라인과 눈, VR, AR 등을 통해 가상과 현실의 경계가 무너지고 있다는 것을 알 수 있다.

09 문서이해능력 글의 특징 파악하기

| 정답 | ①

| 해설 | 초연결사회의 특징은 대용량 데이터가 아닌 '대용량 데이터의 이동'이다. 두 번째 문단을 보면 대용량 데이터의 전송 가격이 제로에 가까워지고 속도는 더욱 빨라지고 있다고 설명하고 있다. 따라서 초연결사회의 특징으로 보기 어려운 것은 ①이다.

| 오답풀이 |

② 네 번째 문단을 보면 가상공간과 현실공간이 연결됨에 따라 4차 산업혁명의 대표 브랜드인 스마트공장이 등장했다고 말한다. 즉 가상과 물리가 실시간으로 통합되는 시스템을 기반으로 하는 스마트공장 역시 초연결사회의 특징이라고 볼 수 있다.

③ 두 번째 문단을 보면 초고속 무선통신과 클라우드 네트워크 등의 디지털 기술 발전으로 인해 원격 근무 또는 모바일 근무가 확대된다고 설명하고 있는데 이는 초연결사회의 특징이라고 볼 수 있다.

④ 마지막 문단을 보면 기계와 상품, 사람이 데이터로 연결되어 자율성과 상호작용이 가능한 '소셜 기계시스템'이 등장했다고 이야기하고 있다. 이는 초연결사회로 인해 인간의 삶과 노동, 생산 및 물류가 동시성을 가지는 것을 의미한다.

⑤ 첫 번째 문단을 보면 4차 산업혁명의 특징이 탈경계화와 초연결사회이며 이로 인해 초고속 무선통신과 클라우드 네트워크의 발전이 가능해졌다고 설명하고 있다.

10 문서이해능력 세부 내용 이해하기

| 정답 | ④

| 해설 | 제6조 제1항에 따르면 원자력안전위원회는 대통령령으로 정하는 바에 따라 관계 중앙행정기관의 장과 협의하여 매년 종합계획의 연도별 시행계획을 세우고, 이를 관계 중앙행정기관의 장에게 통보하여야 한다.

| 오답풀이 |

① 제1조에 제시되어 있다.

② 제5조 제2항 제3호에 제시되어 있다.

③ 제8조 제1항에 제시되어 있다.

⑤ 제7조 제1항, 제2항에 제시되어 있다.

11 문서이해능력 세부 내용 이해하기

| 정답 | ①

| 해설 | 본문의 종합계획은 '생활주변방사선방호 종합계획'으로, 생활 주변에서 유출되는 방사선의 관리에 관한 계획이다. 따라서 원전 지역 주변에서 방출되는 인공 방사선의 격리 기술 개발에 관한 사항은 해당 종합계획에 포함되기 어렵다.

| 오답풀이 |

⑤ 제5조 제2항 제7호의 '우주방사선 등의 안전관리 체계 구축을 위하여 필요한 사항'에 해당한다.

12 도표분석능력 자료의 수치 계산하기

| 정답 | ②

| 해설 | 행사 예산안에 따라 예산을 계산하면 다음과 같다.

〈기존 예산〉

- 대관료
  1관, 2관 모두 4시간씩 대관해야 하므로 $(250,000+200,000) \times 4 = 1,800,000$(원)

- 간식
  생수, 음료, 약과 모두 320개씩 주문해야 하므로 $(300+700+1,000) \times 320 = 640,000$(원)

- 출력물
  팸플릿 320개, 현수막은 2개가 필요하므로 $130,000+(1,500 \times 320)+70,000+(80,000 \times 2) = 840,000$(원)

- 강연료
  2월 4일은 3시간, 2월 11일, 18일, 25일은 각각 2시간에 해당되는 강연료가 지급되므로 $200,000 \times 9 = 1,800,000$(원)

따라서 추가 일정 편성 전의 기존 예산은 $1,800,000+640,000+840,000+1,800,000 = 5,080,000$(원)이다.

〈추가 신청 예산〉

- 대관료
  1관을 2시간 대관해야 하므로 $250,000 \times 2 = 500,000$(원)

- 간식
  생수, 음료, 약과 모두 100개씩 주문해야 하므로 $(300+700+1,000) \times 100 = 200,000$(원)인데, 기존 일정을 포함하여 약과를 총 420개 주문하므로 $1,000 \times 420 \times 0.1 = 42,000$(원)이 할인된다.

- 출력물
  팸플릿 100개만 추가로 필요하므로 $1,500 \times 100 = 150,000$(원)

- 강연료
  2시간에 해당되는 강연료가 지급되므로 $200,000 \times 2 = 400,000$(원)

따라서 추가로 신청할 예산은 $500,000+(200,000-42,000)+150,000+400,000 = 1,208,000$(원)이다.

13 [도표분석능력] 자료의 수치 계산하기

| 정답 | ②

| 해설 | 각 가입자가 지급받는 탄소포인트를 정리하면 다음과 같다.

- 가입자 A
  $0+2,500+5,000 = 7,500$(포인트)

- 가입자 B
  $5,000+0+5,000 = 10,000$(포인트)

- 가입자 C
  $(5,000+1,250+2,500) \times 1.1 = 9,625$(포인트)

- 가입자 D
  $(5,000+1,250+0) \times 1.1 = 6,875$(포인트)

따라서 가장 많이 지급받는 가입자는 B, 가장 적게 지급받는 가입자는 D이다.

14 [도표작성능력] 도표 작성하기

| 정답 | ②

| 해설 | 연도별 최대전력 수요 대비 예비전력 비중은 '$\dfrac{예비전력}{최대전력\ 수요} \times 100$'으로 이것은 주어진 자료의 공급예비율을 의미하나, ②에 기재된 수치는 설비예비율을 나타내고 있다.

15 [도표분석능력] 자료의 수치 분석하기

| 정답 | ④

| 해설 | 모든 주택형태에서 도시가스 에너지가 가장 많이 소비되고 있다.

| 오답풀이 |

① 단독주택은 열에너지를 소비하지 않는다.

② 모든 주택형태에서 소비되는 에너지 유형은 석유, 도시가스, 전력으로 3가지이다.

③ 가구 수는 나와 있지 않으므로 가구당 에너지 소비량은 알 수 없다.

⑤ 단독주택 전체 에너지 소비량의 30%는 $7,354 \times 0.3 = 2,206.2$(천 TOE)로 단독주택에서 소비한 전력 에너지량인 2,118천 TOE보다 많다.

16 [도표분석능력] 자료를 바탕으로 비율 계산하기

| 정답 | ②

| 해설 | 아파트 전체 에너지 소비량 중 도시가스 소비량이 차지하는 비율은 $\dfrac{5,609.3}{10,125} \times 100 ≒ 55.4$(%)이다.

17 도표분석능력 자료의 수치 분석하기

|정답| ⑤

|해설| 개소당 평균 시설용량을 계산하면 다음과 같다.

- 전체 : $163,789 \div 65 \fallingdotseq 2,520(kW)$
- 소수력 : $48,763 \div 36 \fallingdotseq 1,355(kW)$
- LFG : $30,293 \div 10 \fallingdotseq 3,029(kW)$
- 풍력 : $83,395 \div 4 \fallingdotseq 20,849(kW)$
- 태양광 : $1,338 \div 15 \fallingdotseq 89(kW)$

따라서 전체 에너지원 시설의 개소당 평균 시설용량보다 작은 에너지원은 소수력과 태양광이다.

|오답풀이|

① 총 지원금이 가장 많은 해는 (Y+3)년으로 지원금이 7,596백만 원이다.

② 태양광은 13 → 524MW로 상승하여 상승률이 가장 큰 에너지원임을 알 수 있다.

③ 풍력의 지원금 규모는 소수력과 LFG에 비해 눈에 띄게 큰 폭의 증가를 기록하고 있다(186 → 3,911백만 원).

④ 풍력을 제외한 나머지 에너지원은 거래량이나 지원금이 전년보다 감소하거나 동일한 해가 있으나 풍력은 매년 증가하였다.

18 도표분석능력 자료의 수치 계산하기

|정답| ③

|해설| 17에서 계산한 각 에너지원별 개소당 평균 시설용량과 (Y+3)년의 백만 원당 거래량을 정리하면 다음과 같다(소수점 아래 첫째 자리에서 반올림한다).

구분	소수력	LFG	풍력	태양광
개소당 평균 시설용량	1,355kW	3,029kW	20,849kW	89kW
(Y+3)년의 백만 원당 거래량	66MW	134MW	26MW	2MW
차이	66,000 −1,355 =64,645 (kW)	134,000 −3,029 =130,971 (kW)	26,000 −20,849 =5,151 (kW)	2,000 −89 =1,911 (kW)

단위에 유의하여 차이가 작은 순서대로 정리해 보면, 태양광−풍력−소수력−LFG의 순임을 알 수 있다.

19 도표분석능력 자료의 수치 분석하기

|정답| ③

|해설| ㉠ 1인당 국민소득 그래프를 보면, 2015년까지 모든 국가의 1인당 국민소득이 증가하였음을 알 수 있다. 2020년은 2015년에 비해 1인당 국민소득이 감소한 국가도 있으나, 증가한 국가의 증가폭이 더 크기 때문에 다섯 국가의 1인당 국민소득 합의 평균은 2005년 이후 증가하는 추세라고 볼 수 있다.

㉣ 대한민국의 외환거래량은 매년 증가하는 반면 캐나다는 2015년까지 증가하다 2020년에는 감소하였다. 그러므로 2015년 이후 일평균 외환거래량의 추이가 지속된다면 언젠가 대한민국의 외환거래량이 캐나다를 앞지를 것이다.

|오답풀이|

㉡ 2010년에는 캐나다의 1인당 국민소득이 가장 크고 일평균 외환거래량은 프랑스가 가장 크다.

㉢ 2010년을 제외하고는 프랑스의 1인당 국민소득이 가장 높다.

20 도표분석능력 자료의 수치 분석하기

|정답| ③

|해설| 다른 나라의 경우 일평균 외환거래량이 조사기간 동안 꾸준히 증가하였으나 캐나다와 폴란드는 2015년도까지는 증가하다가 이후 감소하는 추세를 보인다.

21 사고력 규칙에 따라 추론하기

|정답| ③

|해설| 각 지점의 숫자가 가진 양의 약수의 개수를 통해 접근하면 쉽게 문제를 해결할 수 있다.

㉠ 최대 방문 지점은 36번 지점으로 총 9회 방문한다.

㉡ 2회만 방문한 지점은 양의 약수가 1과 자기 자신뿐인 소수에 해당하는 지점이므로 2, 3, 5, 7, 11, 13, 17, 19, 23, 29, 31, 37번째 지점으로 총 12개이다.

㉢ 40번 지점은 1, 2, 4, 5, 8, 10, 20, 40번째 점검에서 방문하므로 총 8회 방문한다.

1회 기출유형
2회 기출유형
3회 기출유형
4회 기출유형
5회 기출유형

| 오답풀이 |

ㄹ 6번째 점검이 이루어지지 않는 경우 6, 12, 18, 24, 30, 36번 지점의 점검 횟수가 줄어들게 되므로 총 6개 지점의 방문 횟수가 줄어든다.

22 문제처리능력 보수액 차이 산출하기

| 정답 | ③

| 해설 | 평일 야근 1시간과 지각 1회는 1만 5천 원, 주말 야근 1시간은 2만 원이다. 이를 참고하여 보수액을 계산하면 다음과 같다.

- A : $85+(3×1.5)+(3×2)-(3×1.5)=91$(만 원)
- B : $90+(1×1.5)+(3×2)-(3×1.5)=93$(만 원)
- C : $90+(2×1.5)+(2×2)-(3×1.5)=92.5$(만 원)
- D : $80+(5×1.5)+(1×2)-(4×1.5)=83.5$(만 원)
- E : $85+(1×1.5)+(5×2)-(4×1.5)=90.5$(만 원)

총 보수액이 가장 많은 사람은 93만 원을 받는 B이고, 세 번째로 많은 사람은 91만 원을 받는 A이다. 따라서 두 사람의 총 보수액 차이는 20,000원이다.

23 문제처리능력 출장을 갈 직원 선정하기

| 정답 | ⑤

| 해설 | 〈직원별 특징〉에서 이 부장과 최 팀장은 비행기 탑승이 불가능하며 강 사원과 윤 사원은 운전면허가 없으므로 출장을 갈 수 없다. 〈3월 스케줄〉을 보면 출장 시기에 한 사원, 정 사원, 최 팀장은 일정이 있으므로 제외된다. 따라서 모든 조건을 충족하는 직원은 박 부장, 김 팀장이다.

24 문제처리능력 자료를 바탕으로 내용 분석하기

| 정답 | ③

| 해설 | 지역전문사원 지원 시 해당 권역 내 소재 학교(대학까지의 최종학력 기준, 대학원 이상 제외) 졸업(예정)·중퇴한 자 또는 재학·휴학 중인 자만 지원 가능하므로, 전북권 소재 대학을 졸업 예정인 C는 전남권 지역전문사원으로 지원할 수 없다.

25 문제처리능력 운영 자료 이해하기

| 정답 | ②

| 해설 | 직원에 대한 할인율은 20%, 고객에 대한 할인율은 10%로 고객에 대한 할인율의 2배이므로 100% 더 높다.

| 오답풀이 |

① 가요를 금요일에 수강하면 4개의 강좌를 모두 수강할 수 있다.

③ ○○기업 고객이 아니면서 문화센터만 등록하고자 하는 회원은 할인을 받을 수 없다.

④ SMF는 ○○기업 직원 가족을 표기하는 것이다.

⑤ 혼자 등록한 직원은 월 15,000원에 20% 할인을 받아 총 36,000원을 내야 한다. 가족을 동반한 직원은 할인이 중복 적용되어 월 8,000원을 내므로 총 24,000원을 내면 된다. 즉 12,000원 차이이다.

26 문제처리능력 운영 자료 이해하기

| 정답 | ⑤

| 해설 | 화, 목에 수업하는 ◎는 다이어트 댄스이고, 주 1회 수업하는 ♣는 가요이다. 월, 수, 금에 수업하는 □는 요가, ○는 벨리댄스이다.

직원 가족이 다이어트 댄스와 요가를 등록한다면 15% 할인을 적용하여 $(35,000+70,000)×0.85×3=267,750$(원)이 되어 250,000원을 넘는다.

| 오답풀이 |

① (B)는 직원 가족이 요가를 등록한 경우이므로 $70,000×0.85×3=178,500$(원)이 된다. (D)는 가요와 벨리댄스를 등록한 고객이므로 $(15,000+50,000)×0.9×3=175,500$(원)이 된다. 따라서 (B)가 더 많다.

② (E)는 벨리댄스와 가요이다.

③ ◎는 다이어트 댄스이다.

④ 동시 등록 할인은 가요 프로그램에만 적용된다. 박지수 회원은 요가만 등록하였으므로 동시 등록 할인을 받지 못한다.

27 문제처리능력 자료 이해하기

| 정답 | ①

| 해설 | 반의 인원 34명이 다 함께 들어갈 수 있는 테마는 수용 인원이 34명 이상인 무협, 마법, 곰돌이 테마로 총 3개이다.

| 오답풀이 |

② 로봇 테마는 자원봉사자의 수가 한 명 부족하므로, 다른 선생님이 인솔자로 참여해야 한다.

③ 문의사항은 ○○시청(339−9999)으로 문의할 수 있다.

④ 로봇 테마와 마법 테마의 경우, 사진 촬영이 금지된다.

⑤ 구내식당의 정원이 200명이므로 380명의 학생이 식사를 할 경우 교대로 식사를 해야 한다.

28 문제처리능력 견학 계획하기

| 정답 | ④

| 해설 | 5월 29일은 주말, 5월 30일은 가정의 달 행사라 견학을 갈 수 없고, 5월 31일에는 무협 테마에서만 행사가 진행되므로, 무협 테마가 아닌 견학 일정을 잡을 수 없다.

| 오답풀이 |

① 학생들이 평일에 학교 행사 일정을 한 번도 가지 않는 주는 둘째 주와 넷째 주인데, 곰돌이 테마에 참여할 수 있는 날이 23일(넷째 주)뿐이므로 학교에 있는 날이 가장 많은 주는 둘째 주이다.

② 학생들이 학교에 가는 2 ~ 6일 중 5일과 6일에는 어린이날 행사로 학교를 비우므로 학교에 있는 날은 최대 3일이다.

③ 아이들은 토요일, 일요일에 행사에 참여할 수 없으므로, 로봇 테마에 아이들을 데리고 갈 수 있는 날은 5월 20일 하루뿐이다.

⑤ 셋째 주에 견학 가능한 날은 17일, 18일, 19일, 20일이므로 가능한 테마는 마법 테마와 숲속의 친구 테마, 로봇 테마, 무협 테마로 네 개다.

29 문제처리능력 자료 분석하기

| 정답 | ④

| 해설 | $\dfrac{37.6-36.5}{36.5} \times 100 ≒ 3(\%)$ 증가하였다.

| 오답풀이 |

① $\dfrac{30,685-29,162}{29,162} \times 100 ≒ 5.2(\%)$ 증가하였다.

② $\dfrac{20,179-19,313}{19,313} \times 100 ≒ 4.5(\%)$ 증가하였다.

③ 전체 시장규모는 77.4억 달러이고 그 50%는 38.7억 달러이므로 일본의 시장규모인 37.6억 달러는 50% 미만이다.

⑤ 중국과 인도의 바이오산업 시장규모는 일본에 비해 적으며 그 비중도 각각 $\dfrac{15.7}{77.4} \times 100 ≒ 20.3(\%)$, $\dfrac{6.8}{77.4} \times 100 ≒ 8.8(\%)$로 일본의 $\dfrac{37.6}{77.4} \times 100 ≒ 48.6(\%)$에 대등한 규모의 비중으로 볼 수 없다.

30 문제처리능력 자료를 분석하여 결과 도출하기

| 정답 | ③

| 해설 | 2019년 일본 바이오산업 시장규모는 37.6억 달러이다. 이 중 '환경 및 공정분야'와 '보건의료 분야'의 총 비중은 33.8+5+29.3+5=73.1(%)이므로, 두 산업분야의 합계 시장규모는 37.6×0.731≒27.5(억 달러)이다.

31 예산관리능력 최대 이윤 파악하기

| 정답 | ⑤

| 해설 | A가 각각의 납품가격을 채택했을 때 A와 B의 이윤을 계산하면 다음과 같다.

납품가격 (만 원)	2	4	6	8	10
판매가격 (만 원)	6	7	8	9	10
판매량 (켤레)	4	3	2	1	0
A의 이윤 (만 원)	2×4−4×2=0	4×3−3×2=6	6×2−2×2=8	8×1−1×2=6	10×0−0×2=0
B의 이윤 (만 원)	6×4−2×4=16	7×3−4×3=9	8×2−6×2=4	9×1−8×1=1	10×0−10×0=0

따라서 극대화된 A의 이윤과 그때 B가 얻을 수 있는 이윤의 합은 8+4=12(만 원)이다.

32 예산관리능력 적절한 카드 선택하기

| 정답 | ④

| 해설 | 지출내역을 토대로 A ~ E 카드의 할인금액을 계산해야 한다. 총 할인 한도액이 있는 경우 할인 한도액 초과분은 할인이 되지 않기 때문에 모든 항목을 계산하지 않아도 된다. 각각의 할인금액을 계산하면 다음과 같다.

- A 카드 : 카페 사용액의 20%는 420,000×0.2=84,000(원)으로 할인 한도액 초과(총 3만 원 할인)
- B 카드 : 도서 구입비의 10%는 30,000원으로 할인 한도액과 동일, 연회비 2만 원(총 1만 원 할인)
- C 카드 : 마트 사용액의 15%는 45,000원으로 할인 한도액 초과(총 3만 원 할인)
- D 카드 : 총 할인 한도액이 없으므로 200,000×0.1+450,000×0.1+420,000×0.05=86,000(원) 할인
- E 카드 : 도서 구입비의 10%는 30,000원으로 할인 한도액과 동일, 연회비 1만 원(총 2만 원 할인)

따라서 가장 이득이 되는 카드는 D 카드이다.

33 예산관리능력 예산에 따라 숙소 예약하기

| 정답 | ③

| 해설 | 크게 식사비용, 숙박비용, 연회장 대관비용으로 나누어 계산한다.

- 식사 : 2박 3일간의 일정 중 첫째 날은 점심을 먹고난 후 호텔로 이동하며 저녁은 연회장 기본요금에 포함되어 있으므로 식사비용은 2일차의 아침, 점심, 저녁 식사와 3일차의 아침 식사 총 4회분을 계산한다. 따라서 2회의 조식과 2회의 일반 식사 가격에 숙박 이용 시 기본금 20% 할인이 적용되어 총 식사비용은 (15,000+25,000)×2×(1−0.2)×30=1,920,000(원)이다.
- 숙박시설 : 스탠다드 A에 1인 추가 요금을 더해 스탠다드 A 객실 10개를 대여하는 경우가 가장 저렴하며 이는 280,000×10=2,800,000(원)이다.
- 연회장 : 연회장 이용 고객에 숙박 이용 고객이 포함되어 있어 기본요금만 지불한다. 위원장 지시에 따라 야외 연회장인 영빈관을 대여하는 경우 대관비용 800,000원을 지불해야 하는데, 이 경우 식사비용과 숙박비용까지 합친 총 비용이 1,920,000+2,800,000+800,000=5,520,000(원)으로 배정된 예산을 초과하게 되므로 중/소 연회장을 대관해야 한다.

따라서 K 호텔에 최소로 지불할 수 있는 총 비용은 1,920,000+2,800,000+500,000=5,220,000(원)이다.

34 인적자원관리능력 사업 책임자 선발하기

| 정답 | ④

| 해설 | 총괄 책임자는 관련 분야 전문성 및 근무경험, 외국어 의사소통 능력, 현지 적응력 등이 요구된다. D는 영어회화가 우수하고 현지에 거주한 경험이 있으며 업무 습득력이 뛰어나고, 현장 경험이 많으며 융통성 있고 변화를 선호하므로 책임자로 적절하다.

| 오답풀이 |

① A는 변화를 수용하지 못한다는 평가를 받았으므로, 현지 적응력에서 부적절하다.
② B는 영어 회화능력과 현장 근무경험이 부족하므로 근무경험 측면과 의사소통 능력 측면에서 부적절하다.
③ C는 변화 상황에 대한 대처능력, 융통성이 부족하다고 했으므로 현지 적응력 측면에서 부적절하다.

35 인적자원관리능력 직원 일정 파악하기

| 정답 | ⑤

| 해설 | 수도권역의 경우 4. 8.(수) ~ 4. 9.(목)에 진행되는 교육이 유일하며, 사원은 매주 목요일 직장내성추행 방지 사원교육에 참여해야 하므로 사원 E는 R&D 기획역량 강화 교육프로그램에 참여할 수 없다.

| 오답풀이 |

① 이동기간까지 고려한 4. 5.(일) ~ 4. 8.(수)에 충청권역 사원이 참여해야 할 다른 스케줄이 없으므로, 사원 A는 참여 가능하다.
② 이동기간까지 고려한 4. 13.(월) ~ 4. 16.(목)에 강원권역 팀장이 참여해야 할 다른 스케줄이 없으므로, 팀장 B는 참여 가능하다.
③ 호남권역 사원은 우선 목요일 직장내성추행 방지 사원교육에 참여해야 하므로 4. 16.(목) ~ 4. 17.(금)의 교육에는 참여할 수 없다. 그러나 이동기간까지 고려한 4. 19.(일) ~ 4. 22.(수)에 호남권역 사원이 참여해야 할 다른 스케줄이 없으므로, 사원 C는 참여 가능하다.

④ 동남권역 팀장은 우선 금요일 정기회의 때문에 4. 23. (목) ~ 4. 24.(금)의 교육에는 참여할 수 없다. 그러나 이동기간까지 고려한 4. 26.(일) ~ 4. 29.(수)에 동남권역 팀장이 참여해야 할 다른 스케줄이 없으므로, 팀장 D는 참여 가능하다.

36 예산관리능력 최대 수익 찾기

| 정답 | ④

| 해설 | A 업체가 M 제품을 홍보하고, B 업체가 L 제품을 홍보했을 때 수익의 합은 13−2=11(억 원)으로 가장 크다.

| 오답풀이 |

① A 업체가 L 제품을 홍보하고, B 업체가 N 제품을 홍보했을 때 수익의 합은 5+3=8(억 원)이다.

② A 업체가 M 제품을 홍보하고, B 업체가 N 제품을 홍보했을 때 수익의 합은 (−9)+16=7(억 원)이다.

③ A 업체와 B 업체가 L 제품을 홍보했을 때 수익의 합은 4+3=7(억 원)이다.

⑤ A 업체가 N 제품을 홍보하고, B 업체가 L 제품을 홍보했을 때 수익의 합은 (−4)+9=5(억 원)이다.

37 예산관리능력 최대 수익 찾기

| 정답 | ③

| 해설 | 설날의 소비자 선호를 반영한 월 수익표를 기준으로 A 업체가 M 제품을 홍보하고, B 업체가 N 제품을 홍보했을 때 수익의 합은 $(-9)+16 \times \frac{150}{100} = 15$(억 원)으로 가장 크다.

| 오답풀이 |

① A 업체가 M 제품을 홍보하고, B 업체가 L 제품을 홍보했을 때 수익의 합은 $13 + \left(-2 \times \frac{50}{100}\right) = 12$(억 원)이다.

② A 업체와 B 업체가 L 제품을 홍보했을 때 수익의 합은 $4 \times \frac{150}{100} + 3 \times \frac{150}{100} = 10.5$(억 원)이다.

④ A 업체가 L 제품을 홍보하고, B 업체가 N 제품을 홍보했을 때 수익의 합은 $5 \times \frac{150}{100} + 3 \times \frac{150}{100} = 12$(억 원)이다.

⑤ A 업체가 N 제품을 홍보하고, B 업체가 M 제품을 홍보했을 때 수익의 합은 $-5 \times \frac{50}{100} + 13 = 10.5$(억 원)이다.

38 자원관리능력 조건에 맞는 업체 선정하기

| 정답 | ④

| 해설 | A ~ E 업체의 점수를 계산하면 다음과 같다.

구분	A	B	C	D	E
기업 신뢰도	6	8	5	8	7
	8	7	7	8	7
	6	5	4	4	5
업무 수행능력	4	7	9	5	9
	7	5	6	5	8
	7	5	5	7	5
사업 제안서	4	3	4	4	2
	2	2	4	5	4
관리능력 총점	44	42	44	46	47
입찰가격	25	24	27	25	24
관리×0.4	17.6	16.8	17.6	18.4	18.8
입찰×0.6	15	14.4	16.2	15	14.4
총점	32.6	31.2	33.8	33.4	33.2

기업신뢰도가 가장 낮은 C와 사업계획 적합성이 가장 낮은 E는 제외해야 하므로 이를 제외한 업체들 중 총점이 가장 높은 D 업체가 낙찰자로 선정된다.

39 자원관리능력 조건에 맞는 결과 분석하기

| 정답 | ⑤

| 해설 | 가중치를 관리능력 60%, 입찰가격 40%로 바꾸는 경우의 점수는 다음과 같다.

• A : 44×0.6+25×0.4=36.4(점)
• B : 42×0.6+24×0.4=34.8(점)
• C : 44×0.6+27×0.4=37.2(점)
• D : 46×0.6+25×0.4=37.6(점)
• E : 47×0.6+24×0.4=37.8(점)

따라서 동점을 기록한 업체는 존재하지 않는다.

| 오답풀이 |

① 가중치를 부여하지 않은 최종 점수는 A가 69점, B가 66점, C가 71점, D가 71점, E가 71점으로, 3개의 업체가 동점을 기록한다.

② 38의 해설에 따라 가중치를 부여한 최종 점수에서 동점을 기록한 업체는 없다.

③ 33.2점으로 3위를 차지한 E 업체와 33.8점으로 1위를 차지한 C 업체의 차이는 0.6점이므로, E 업체의 입찰가격이 1점 추가되어 0.6점의 가점을 받으면 동점을 기록할 수 있다.

④ 가중치를 바꿀 경우, 최종 낙찰업체는 E 업체가 된다.

40 | 예산관리능력 | 사업 예산 파악하기

| 정답 | ③

| 해설 | 지정공모과제와 품목지정과제를 확인해야 한다. 기존 제품의 성능 및 품질 향상 등 제품경영의 강화를 위한 기술 및 공정 개발은 '제품 · 공정개선'에 해당한다. 따라서 한 과제당 지정공모과제의 예산은 $\frac{2.24}{7} = 0.32$(억 원), 품목지정과제의 예산은 $\frac{4}{4} = 1$(억 원)이다.

| 오답풀이 |

① 신규 서비스기술 연구 및 신규 비즈니스 모델 구축은 '신규서비스 창출'에 해당한다. 따라서 한 과제당 지정공모과제의 예산은 $\frac{4.5}{2} = 2.25$(억 원)이다.

② 제품 · 공정설계, 생산의 전 주기 관리를 위한 클라우드 플랫폼 개발은 '스마트공장 R&D의 클라우드 기반 플랫폼 개발'에 해당한다. 따라서 한 과제당 품목지정과제의 예산은 2억 원이다.

④ 생산현장 노하우 디지털화를 위한 공장 연계형 소프트웨어 개발은 '스마트공장 R&D의 디지털현장 개발'에 해당한다. 따라서 한 과제당 지정공모과제의 예산은 2.5억 원이다.

⑤ 협력 R&D 활성화를 통한 기술 개발은 '산학연 R&D'에 해당한다. 따라서 한 과제당 지정공모과제의 예산은 1.7억 원이다.

41 | 예산관리능력 | 사업 예산 파악하기

| 정답 | ②

| 해설 | 중소벤처기업부 장관이 품목을 지정하는 과제, 즉 품목지정과제의 경우 4개가 선정되었으므로 5개 중 1개는 포함될 수 없다.

| 오답풀이 |

① 지정공모과제는 1개의 과제만 선정되므로, 총 10개의 과제가 포함되지 않는다.

③ 제품 · 공정개선, 신규서비스 창출에 해당하는 과제는 지정공모과제 9개, 품목지정과제 4개이므로 모두 포함될 수 없다.

④ 지정공모과제는 1개만 포함되므로, 제품 · 공정개선 분야의 연구과제는 최대 1개가 포함될 수 있다.

⑤ 신규서비스 창출에 관한 지정공모과제는 총 2개 중 최대 1개만 포함될 수 있다.

42 | 컴퓨터활용능력 | 스프레드시트 기능 알기

| 정답 | ③

| 해설 | 스프레드시트에 대한 설명이다.

| 오답풀이 |

① 여러 형태의 문서를 작성, 편집, 저장, 인쇄할 수 있는 프로그램으로 워드프로세서를 이용하여 글을 쓰거나 문서를 작성하게 되면 화면으로 확인하면서 쉽게 문서를 고칠 수 있고, 작업한 문서를 인쇄하거나 디스크와 같은 보조기억장치에 보관해 두었다가 필요할 때 다시 불러내어 사용할 수 있어 편리하다.

② 특정 프로그래밍 언어로 쓰여 있는 문서를 다른 프로그래밍 언어로 옮기는 프로그램을 말한다.

④ 파일의 크기를 압축하거나 줄여 주는 프로그램으로 파일을 압축하면 저장 용량을 적게 차지하므로 디스크의 저장 공간을 넓혀 주고, 파일을 전송하거나 내려 받을 때 걸리는 시간을 단축할 수 있다.

⑤ 일반 사용자들이 편리하게 자료를 이용할 수 있도록 대량의 자료를 저장하고 관리하는 프로그램이다.

43 컴퓨터활용능력 비트와 픽셀 이해하기

|정답| ②

|해설| 360×480의 해상도를 가진 이미지는 360×480= 172,800(픽셀)로 이루어져 있다. 하나의 픽셀은 4바이트이고 1바이트는 8비트이므로, 하나의 픽셀은 32비트로 이루어져 있다. 따라서 360×480의 해상도를 가진 이미지는 172,800×32=5,529,600(비트)로 이루어져 있다.

44 컴퓨터활용능력 단축키 이해하기

|정답| ⑤

|해설| 단축키 [Tab+I]의 경우 글자에 취소선을 긋는 것이며, [Shift+B]는 글자 크기를 3pt 증가시키는 것이다. 그 결과는 다음과 같다.

> ### 인생은 반짝반짝 빛난다.

|오답풀이|

① 단축키 [Tab+B]는 글자를 지우는 것이며, 원래 문장에서 '반짝반짝'을 지웠으므로 옳은 설명이다.

② 단축키 [Tab+I]의 경우 글자에 취소선을 긋는 것이므로 옳은 설명이다.

③ 단축키 [Tab+I]는 글자에 취소선을 긋는 것이나, 단축키 [Space+Z]는 이전으로 되돌리는 것이다. 원래의 문장으로 되돌아갔으므로 옳은 설명이다.

④ 단축키 [Enter+B+I]는 글자에 밑줄을 긋는 것이므로 옳은 설명이다.

45 정보능력 정보 보안 용어 알기

|정답| ②

|해설| 캡차(CAPTCHA)는 사람과 컴퓨터를 구별하기 위한 자동계정생성방지기술로 흔히 인터넷에서 회원가입 등에 사용된다.

46 컴퓨터활용능력 엑셀 활용하기

|정답| ⑤

|해설| ⊙ DSUM 함수는 범위에서 조건에 맞는 레코드 필드 열에 있는 값의 합계를 계산할 때 사용된다.

⊙ CHOOSE 함수는 인수의 번호에 해당하는 값을 구하는 것으로, CHOOSE(인수, 값1, 값2, …)로 표현되며 인수가 1이면 값1, 인수가 2이면 값2를 선택하게 된다. 따라서 주어진 수식은 E4 셀부터 E7 셀까지의 값을 모두 더하는 것을 의미하여 300+240+180+175=895가 된다.

ⓒ DAVERAGE 함수는 범위에서 조건에 맞는 레코드 필드 열에 있는 값의 평균을 계산할 때 사용된다.

ⓐ RANK 함수는 순위를 결정할 수 있는 함수로, '=RANK(순위를 구하고자 하는 수, 순위를 구할 범위, 순위 결정 방법)'의 수식을 입력한다. 순위를 구할 범위는 절대참조 표기 '$'를 추가해야 하며, 급여총액이 가장 많은 직원이 1순위가 되어야 하므로 숫자상으로는 내림차순에 해당되어 0을(오름차순일 경우 1) 붙이게 된다.

따라서 ⊙ ~ ⓐ 모두 올바른 설명으로 총 4개이다.

47 정보처리능력 시리얼 넘버 이해하기

|정답| ①

|해설| 해당 제품은 16인치 분홍색 노트북으로 해외 공장인 중국 공장과 베트남 공장에서 모두 이와 같은 종류의 제품을 생산한다.

|오답풀이|

② 0000부터 순차적으로 고유 코드를 부여하므로 이 제품은 생산일 당일 경남 공장에서 342번째로 출고된 전자제품이다.

③ 경남 공장에서는 4.7인치를 제외한 모든 휴대폰을 생산한다.

④ 경남 공장은 2020년 이후 15인치 노트북을 생산하지 않지만, 16인치 노트북은 계속 생산한다.

⑤ 노트북의 크기 종류로는 14, 15, 16, 17인치가 있다.

48 정보처리능력 시리얼 넘버 이해하기

|정답| ③

|해설| 시리얼 넘버가 TCLW051901221438인 제품은 2019년 1월 22일 중국 공장에서 1,439번째로 출고된 화면 크기가 10.5인치인 하얀색 태블릿 PC다. 이 제품보다 화면 크기가

큰 제품은 12.5인치 태블릿 PC와 모든 크기의 노트북으로, 표의 시리얼 넘버 중 이에 해당하는 것을 표시하면 다음과 같다.

LTPR031910150341	CPPK041904171204	LTPG011907070361	LTLK031904280360
LTLK061903202054	TCLK011812070055	CPPK051905082569	TCPK061810151842
CPMW051908113973	TCMG061809182989	CPLK011806200124	LTPB021811190437
TCLK031902090266	LTPK021901150610	LTMW051901222884	CPLW031903010244
LTLB011905250149	LTXK021810300493	TCMR051905144503	LTXW051905313317

표시된 제품의 시리얼 넘버 중 해당 제품보다 늦게 출고된 제품만 다시 표시하면 다음과 같다.

LTPR031910150341	CPPK041904171204	LTPG011907070361	LTLK031904280360
LTLK061903202054	TCLK011812070055	CPPK051905082569	TCPK061810151842
CPMW051908113973	TCMG061809182989	CPLK011806200124	LTPB021811190437
TCLK031902090266	LTPK021901150610	LTMW051901222884	CPLW031903010244
LTLB011905250149	LTXK021810300493	TCMR051905144503	LTXW051905313317

따라서 문제에서 찾고자 하는 제품의 수는 7개이다.

49 정보처리능력 | 시리얼 넘버 이해하기

|정답| ①

|해설| 자료에 주어진 생산 공장 현황을 참고하여 생산되지 않는 제품의 시리얼 넘버를 표시하면 다음과 같다.

LTPG011907070361	TCMR051905144503	CPLK041902271174	LTXK032001040086
TCLR011811260475	CPMB051812084197	CPMK031909140228	LTLG051908311857
LTMK021809180646	CPLW031806161034	TCPK032001060650	CPMW051908113973
TCLW061910104897	CPPW062001100935	LTMW051901222884	CPPR011807230249
TCPB061905292563	LTLK051907052429	TCMW021808070701	CPLG061910171525

따라서 시리얼 넘버가 잘못된 것은 5개이다.

50 정보처리능력 | 시리얼 넘버 부여하기

|정답| ③

|해설| i) 휴대폰
- 경기 공장 : 모든 화면 크기 및 모든 색상의 제품 생산, 3×5=15(가지)
- 경남 공장 : 5.5인치와 6.3인치 크기 및 모든 색상의 제품 생산, 2×5=10(가지)
- 전북 공장 : 모든 화면 크기 및 모든 색상의 제품 생산, 3×5=15(가지)
- 중국 공장 : 모든 화면 크기 및 모든 색상의 제품 생산, 3×5=15(가지)
- 베트남 공장 : 6.3인치 크기의 모든 색상의 제품 생산, 1×5=5(가지)

따라서 총 조합은 15+10+15+15+5=60(가지)이다.

ii) 노트북
- 경기 공장 : 15인치, 16인치, 17인치 크기 및 모든 색상의 제품 생산, 3×5=15(가지)
- 충북 공장 : 모든 화면 크기 및 모든 색상의 제품 생산, 4×5=20(가지)
- 경남 공장 : 16인치 크기의 모든 색상의 제품 생산, 1×5=5(가지)
- 중국 공장 : 모든 화면 크기 및 모든 색상의 제품 생산, 4×5=20(가지)
- 베트남 공장 : 모든 화면 크기 및 모든 색상의 제품 생산, 4×5=20(가지)

따라서 총 조합은 15+20+5+20+20=80(가지)이다.

iii) 태블릿 PC
- 경기 공장 : 10.5인치, 12.5인치 크기 및 검정, 하양, 회색 제품 생산, 2×3=6(가지)
- 충북 공장 : 10.5인치, 12.5인치 크기 및 모든 색상의 제품 생산, 2×5=10(가지)
- 경남 공장 : 모든 화면 크기 및 모든 색상의 제품 생산, 3×5=15(가지)
- 중국 공장 : 모든 화면 크기 및 모든 색상의 제품 생산, 3×5=15(가지)
- 베트남 공장 : 모든 화면 크기 및 모든 색상의 제품 생산, 3×5=15(가지)

따라서 총 조합은 6+10+15+15+15=61(가지)이다.

따라서 전체 시리얼 넘버의 조합은 60+80+61=201(가지)이다.

Memo

미래를 창조하기에 꿈만큼 좋은 것은 없다.
오늘의 유토피아가 내일 현실이 될 수 있다.

There is nothing like dream to create the future.
Utopia today, flesh and blood tomorrow.
빅토르 위고 Victor Hugo

한국전력공사
NCS
기출예상모의고사